胡馬度陰山

中古華北山居族群
丁零與稽胡

Unreturnable Hometown
North China's Mountain Ethnic Groups such as Dingling and Jihu
during the Medieval Period

深入探討未受關注的兩支中古華北入塞族群，
利用多種材料呈現山居族群與統治者的相互關係，
解析匈奴等族漢化歷程。

嚴昊 著

元華文創

推薦序一

　　作為嚴昊博士的口試委員，在相隔數月後收到其博士論文修改而成的書稿，倍感欣喜。歷史治學講究「左圖右史」，還記得口試之時，嚴博士在論文中列入大量手繪圖表，不但鮮明地呈現出歷次事件的經緯，對於史籍中一些可能存在的訛誤也有校讎之裨益。其書稿又補充了一些論文未收入的細節材料，豐富了其研究課題。

　　對於匈奴、丁零等族群問題，中外學者已有廣泛探討，取得了豐碩的研究成果。然而對於這些族群的入塞後裔，學界卻存在關注不足之處。入塞匈奴的研究往往止於十六國，對丁零的探討則集中於其塞外族群。在匈奴諸國滅亡後，匈奴餘部避入山、陝山中，與其他族群融合形成了稽胡，直到隋唐之時，此族仍有活動。一部分丁零從中亞啓程，跋涉千里入居中原，最後定居於太行山區。在十六國末丁零甚至躍馬黃河，建立了曇花一現的翟魏政權。雖然近世以來不乏學者研究這段歷史，但論述多散見各家文中，相關問題點到即止，難稱系統性研究。

　　不得不說該書為嚴博士在搜集傳統史料及近現代考古資料後，作出的系統整理與總結之作，對此前學者未深入涉及的問題進行了探討，並提出了一些新穎的觀點。比如稽胡中鮮卑的融入問題，嚴博士從胡部首領的姓名入手，提出鮮卑某些部落與入塞匈奴融合，進而發展為稽胡的可能性。雖非鐵證如山，但可自圓其說，成一家之言。其利用圖表研究的方法，也校正了《魏書》等史籍可能存在的訛誤之處。在撰寫過程中，其較為重視使用墓誌、造像記等考古金石資料，書中收入的〈劉細利造像記〉、〈郝伏顛墓誌〉等資料雖然出土已有時日，但未被以往學者重視。嚴博士卻發現其中存在對於稽胡研究頗有助益的文字資料，以之探討稽胡族群信仰轉變、心理認同等問題。

　　值得一提的是，嚴博士為了尋訪當地可能存在的相關史蹟，搜集民間傳說，親赴太行山區、黃土高原、呂梁山區考察，取得了一些有利研究的口碑史料，也自我修正了一些觀點。讀萬卷書，行萬里路，司馬遷為撰寫《史記》曾走遍大江南北，有時只有身臨其境才能理解同情古人之所作所為。這種實地調查之治學方法無疑是當代學人不能忽視的。

　　當然由於本書涉及族群較多，時間線較長，故其中一些論述未免武斷，是否成立存在值得商榷之處，一些觀點也期待將來或有考古發現能予以支持。不過總體來說，本書對稽胡與入塞丁零作出了全面性論述，堪稱目前該課題研究的總結性著作，具備一定的學術價值。不管嚴博士將來如何發展，在此預祝其更上一層樓。

　　　　　　　　　　　　　中央研究院　　張廣達　　院士

　　　　　　　　　　　　　　　　　　　　　　　癸卯季秋

推薦序二

　　自西元 304 年南匈奴劉淵建立漢魏式政權「漢」後，北方諸胡族紛紛建立政權，中國北方進入諸胡列國時代，也就是一般史書所說的「五胡十六國」或「五胡亂華」。其實當時建立政權者，不止匈奴、鮮卑、羯、氐、羌五族，另有丁零、盧水胡等，所以稱五胡並不合適；至於說「亂華」，更是不妥，試問自古以來可曾有一律法規定黃河流域只能由華夏之族建元立號，如有非華夏之族命王稱帝，則斥之為「亂華」？因此「五胡亂華」之詞絕不可取，稱之為諸胡列國較為妥適。

　　北方諸胡列國最後為鮮卑拓跋氏的北魏所統一，也有許多胡族融入鮮卑之中，再隨鮮卑融入廣義的漢人之中。這是眾所周知的歷史，如元稹為鮮卑族裔，劉禹錫是匈奴族裔，但是仍有一些胡族遁入秦、晉山區伺機而動。這一部分歷來史傳鮮少提到，而這些山居胡族卻對中古時期的社會造成了一定程度的影響。但在既有的歷史著作中，卻少見這一方面的論著，造成史學上的一個缺口。

　　政治大學歷史研究所博士嚴昊專攻中古時期山居民族活動歷史，正好填補了史學上的空白。所謂山居民族以丁零、稽胡為主，丁零歷史悠久，史傳稱西漢蘇武曾被匈奴放逐北海牧羊，其羊又被丁零所盜，可見丁零一族源遠流長，其分佈地域極為廣袤，自貝加爾湖（北海）周邊，西至鹹海以東均有丁零之族游牧其間，之後南下大漠南北，更有進入華北地區者。丁零或稱敕勒，北朝以其俗乘高輪車，多稱之為高車，南朝則稱之為丁零，一度在今新疆建有高車汗國。至於稽胡，其族源極為複雜，形成於北朝後期，多分佈於秦晉山區，遂成為中古時期之山居民族，為中古時期社會造成一定程度之影響。以往史傳對此往往未多著墨，或雖曾提及，但僅三言兩語輕輕帶過，對山居民族之來龍去脈仍然

無法明瞭。

　　嚴昊以〈中古時期華北的山居族群：以丁零、稽胡為例〉作為其博士論文，並經中央研究院張廣達院士等五位知名教授口試通過，可見此論文確具相當學術水準。筆者忝為口試委員，對論文曾詳加閱讀，並提出若干意見，對全書有頗為深入瞭解，此書有以下幾項特色：

　　一、對中古時期山居民族的源流及分佈作了清晰的敘述。丁零分佈地域廣袤，其進入中原為時頗早，其中一支高車與拓跋魏屢有接觸，《敕勒歌》一曲即是歌詠敕勒人駐牧地區之風光。敕勒乃丁零之一支，此一《敕勒歌》傳唱千年。至於稽胡，其族源複雜，但嚴昊於著作中詳加剖析，按稽胡又稱步落稽或山胡，自諸胡列國匈奴漢趙、[1]羯族石氏之後趙滅亡後，稽胡即出現於秦、晉一帶，至隋、唐之數百年間，諸史傳均零星提到稽胡，但均未能作較詳細之敘述，嚴昊之書對此一部分有極詳盡之析論，頗為難得。

　　二、丁零、稽胡也均有嘗試建立政權（王朝），其與中原王朝之關係，時服時叛。[2]丁零一支翟氏曾建有國祚短暫之「魏」政權，嚴著對此等情況有深入之敘述及分析，並附以地圖，使讀者有一目瞭然之感。

　　三、中原王朝如何治理境內丁零、稽胡，歷來史傳雖有記載，卻極為零碎，難窺真貌。嚴著對此作了系統化之整理，加以分門別類，如置之以鎮州、徵之以賦役、行之以教化、誘之以官爵等（詳見該書第四章），讀之秩序井然。

　　四、該書詳細論述了入塞丁零、稽胡與中原漢人融合的情形。不過該書使用「漢化」一詞並不十分妥適，因為「漢人」並不是單一血緣之民族，最早期之漢人（應指兩漢時期）已包含了華夏系、東夷系、百

1　劉淵所建者稱漢，劉曜篡位後改稱趙，一般史書均稱之為前趙，此對劉淵而言頗不公平，合稱漢趙較為妥適。

2　對丁零、稽胡而言，諸胡列國也可稱為中原王。

越系及荊吳系四大族群。之後由於各民族之接觸（包括武力衝突及和平交流），使漢人的內涵隨時代演進而不斷擴大，如兩漢時有不少匈奴降於漢，當然也有不少漢人降於匈奴，因此稱之為相互融合較為合適，稱「漢化」總帶有大漢族主義之嫌。然該書對丁零、稽胡與中原漢人之融合有頗詳細的敘述，也為此書的一個亮點。

五、此書最難能可貴之處時嚴昊在寫作過程中曾親赴山西、陝西中古時期丁零、稽胡之聚居地區實地考察並訪問耆老，探詢古老傳說，這是一般歷史論著者所辦不到的。因為要去這些偏遠縣鄉調研，除了主觀的身體因素、經濟因素外，還有客觀的政治因素，嚴昊能克服這些主客觀因素，使本書更具可信度。

由於以上五種原因，嚴昊在該書即將出版時請我為之作序，乃樂為之。

中國邊政協會　劉壂鍵　秘書長

2023 年 8 月 22 日

目　次

推薦序一／張廣達（中央研究院院士）………………………………i

推薦序二／劉學銚（中國邊政協會秘書長）…………………………i

第一章　緒論 ………………………………………………………… 1

　第一節　研究緣起…………………………………………………… 1

　第二節　研究回顧…………………………………………………… 3

　　一、稽胡 ………………………………………………………… 3

　　二、丁零 ………………………………………………………… 14

　第三節　研究方法………………………………………………… 21

　　一、史料的搜集與考證、分析………………………………… 22

　　二、比較法與歸納法…………………………………………… 25

　　三、分析綜合法………………………………………………… 26

　　四、圖表分析法………………………………………………… 26

　　五、比較語言學………………………………………………… 27

　　六、歷史人類學理論…………………………………………… 27

　　七、田野調查法………………………………………………… 28

　　八、文化心理學分析…………………………………………… 28

第二章　丁零之入塞與分佈 ……………………………………… 29

　第一節　丁零之概述……………………………………………… 30

　第二節　丁零之內徙路線………………………………………… 37

　　一、西線 ………………………………………………………… 38

　　二、東線 ………………………………………………………… 51

　　　　三、其他族群之融入 ……………………………………… 52
　　第三節　入塞丁零之分佈 …………………………………… 58
　　　　一、定州 …………………………………………………… 58
　　　　二、西山 …………………………………………………… 59
　　　　三、北山 …………………………………………………… 60
　　　　四、榆山 …………………………………………………… 60
　　　　五、上黨 …………………………………………………… 61
　　　　六、井陘 …………………………………………………… 62
　　　　七、白澗 …………………………………………………… 62
　　　　八、西河 …………………………………………………… 62
　　　　九、代郡 …………………………………………………… 63
　　　　十、密雲 …………………………………………………… 63
　　　　十一、白鹿 ………………………………………………… 63

第三章　稽胡之形成 ………………………………………………… 65
　　第一節　稽胡之名稱由來 ………………………………………… 65
　　第二節　稽胡的族源構成 ………………………………………… 68
　　　　一、匈奴、屠各 ………………………………………… 69
　　　　二、西域胡 ………………………………………………… 77
　　　　三、羯、契胡 ……………………………………………… 95
　　　　四、鮮卑 …………………………………………………… 99
　　　　五、烏桓 …………………………………………………… 103
　　　　六、羌 ……………………………………………………… 106
　　　　七、蜀 ……………………………………………………… 110
　　　　八、高車 …………………………………………………… 112
　　第三節　稽胡的分佈 ……………………………………………118

第四章　中央政權對丁零、稽胡之治理 ················ 123

　第一節　歷代政權之華夷觀與山居族群地位 ········· 123

　第二節　中央王朝對丁零、稽胡之治理方式 ········· 128

　　一、置之以鎮、州 ····························· 128

　　二、輔之以交通 ····························· 149

　　三、徵之以賦役 ····························· 158

　　四、行之以教化 ····························· 178

　　五、誘之以官爵 ····························· 188

　　六、凌之以兵威 ····························· 199

　　七、與政府治下他族之對比 ··················· 210

第五章　入塞族群與中央政權之衝突 ················ 221

　第一節　十六國至北魏丁零之舉事 ··············· 221

　　一、十六國之丁零舉事 ······················· 221

　　二、北魏之丁零舉事 ························· 236

　第二節　十六國至唐之稽胡舉事 ················· 242

　　一、十六國之稽胡舉事 ······················· 242

　　二、北魏之稽胡起事 ························· 245

　　三、東魏北齊之稽胡起事 ····················· 264

　　四、西魏北周之稽胡起事 ····················· 273

　　五、隋唐之稽胡起事 ························· 284

　第三節　起事、衝突之分析 ····················· 301

　　一、起事原因分析 ··························· 301

　　二、起事所用戰術 ··························· 308

　　三、起事無法成功之原因 ····················· 312

第六章　面對中央的應對之策——反抗中的嘗試 ⋯⋯⋯⋯⋯⋯ 323

　第一節　外援之尋求 ⋯⋯⋯⋯⋯⋯⋯⋯⋯⋯⋯⋯⋯⋯⋯⋯⋯ 323

　第二節　包容與排他——兩族建政之嘗試 ⋯⋯⋯⋯⋯⋯⋯⋯ 326

　　一、丁零之包容合作 ⋯⋯⋯⋯⋯⋯⋯⋯⋯⋯⋯⋯⋯⋯⋯⋯ 326

　　二、稽胡之胡族本位 ⋯⋯⋯⋯⋯⋯⋯⋯⋯⋯⋯⋯⋯⋯⋯⋯ 329

　第三節　稽胡的新凝聚手段——宗教綜述 ⋯⋯⋯⋯⋯⋯⋯⋯ 337

　　一、稽胡彌勒信仰來源 ⋯⋯⋯⋯⋯⋯⋯⋯⋯⋯⋯⋯⋯⋯⋯ 338

　　二、稽胡中其他宗派及流行崇拜 ⋯⋯⋯⋯⋯⋯⋯⋯⋯⋯⋯ 347

　　三、從造像記看胡漢信仰之差異 ⋯⋯⋯⋯⋯⋯⋯⋯⋯⋯⋯ 366

第七章　入塞族群的漢化及差異原因 ⋯⋯⋯⋯⋯⋯⋯⋯⋯⋯⋯ 379

　第一節　丁零之漢化 ⋯⋯⋯⋯⋯⋯⋯⋯⋯⋯⋯⋯⋯⋯⋯⋯⋯ 379

　第二節　稽胡之漢化 ⋯⋯⋯⋯⋯⋯⋯⋯⋯⋯⋯⋯⋯⋯⋯⋯⋯ 386

　第三節　丁零、稽胡漢化差異之原因 ⋯⋯⋯⋯⋯⋯⋯⋯⋯⋯ 405

　　一、地理因素 ⋯⋯⋯⋯⋯⋯⋯⋯⋯⋯⋯⋯⋯⋯⋯⋯⋯⋯⋯ 405

　　二、經濟形態 ⋯⋯⋯⋯⋯⋯⋯⋯⋯⋯⋯⋯⋯⋯⋯⋯⋯⋯⋯ 407

　　三、外部作用 ⋯⋯⋯⋯⋯⋯⋯⋯⋯⋯⋯⋯⋯⋯⋯⋯⋯⋯⋯ 414

　　四、文化類型差異及原文化保留程度 ⋯⋯⋯⋯⋯⋯⋯⋯⋯ 422

結論　兼論漢化後續與文化遺蹤 ⋯⋯⋯⋯⋯⋯⋯⋯⋯⋯⋯⋯⋯ 449

參考書目 ⋯⋯⋯⋯⋯⋯⋯⋯⋯⋯⋯⋯⋯⋯⋯⋯⋯⋯⋯⋯⋯⋯⋯ 465

　一、傳統史料 ⋯⋯⋯⋯⋯⋯⋯⋯⋯⋯⋯⋯⋯⋯⋯⋯⋯⋯⋯⋯ 465

　二、近人著述 ⋯⋯⋯⋯⋯⋯⋯⋯⋯⋯⋯⋯⋯⋯⋯⋯⋯⋯⋯⋯ 472

　三、漢譯著作 ⋯⋯⋯⋯⋯⋯⋯⋯⋯⋯⋯⋯⋯⋯⋯⋯⋯⋯⋯⋯ 484

　四、其他語言 ⋯⋯⋯⋯⋯⋯⋯⋯⋯⋯⋯⋯⋯⋯⋯⋯⋯⋯⋯⋯ 486

　五、工具書 ⋯⋯⋯⋯⋯⋯⋯⋯⋯⋯⋯⋯⋯⋯⋯⋯⋯⋯⋯⋯⋯ 487

六、電子資源 ……………………………………………… 488

附錄一　丁零、稽胡活動大事記 ………………………… 489
附錄二　金石資料中稽胡婚姻關係表 …………………… 505
後　記 ……………………………………………………… 507

表　次

表 3-1　稽胡曹氏、王氏活動表 ……………………………… 115

表 3-2　稽胡殘存語言擬音表 ………………………………… 116

表 3-3　稽胡地域族源表 ……………………………………… 122

表 4-1　胡區風俗表 …………………………………………… 127

表 4-2　胡區州縣社會經濟、設置時間表 …………………… 142

表 4-3　胡區貢物表 …………………………………………… 164

表 4-4　原丁零區貢物表 ……………………………………… 166

表 4-5　唐代胡區軍府表 ……………………………………… 176

表 4-6　周、隋、唐稽胡勳位表 ……………………………… 196

表 4-7　丁零軍事行動路線 …………………………………… 202

表 4-8　十六國到隋唐對稽胡作戰之方式表 ………………… 203

表 4-9　北朝酋長品階表 ……………………………………… 211

表 5-1　稽胡起事頻率表 ……………………………………… 300

表 5-2　齊、周胡區牧守政績表 ……………………………… 300

表 5-3　丁零起事時間分佈表 ………………………………… 304

表 6-1　稽胡佛教造像發願表 ………………………………… 367

表 7-1　十六國貢馬表 ………………………………………… 410

表 7-2　北魏前期帝王巡視胡區、丁零區域表 ……………… 414

表 7-3　河東、河西稽胡起事對比 …………………………… 418

表 7-4　入塞丁零姓氏表 ……………………………………… 430

表 8-1　山、陝非漢語地名略表 ……………………………… 456

圖　次

圖 2-1　塞外丁零諸族分佈圖 ‥‥‥‥‥‥‥‥‥‥‥36

圖 2-2　丁零遷徙推測路線 ‥‥‥‥‥‥‥‥‥‥‥‥50

圖 2-3　歷代丁零分佈圖 ‥‥‥‥‥‥‥‥‥‥64

圖 3-1　入塞匈奴分佈遷徙形勢圖 ‥‥‥‥‥‥‥‥70

圖 3-2　稽胡白氏分佈圖 ‥‥‥‥‥‥‥‥‥‥‥80

圖 3-3　山西臨縣索達干村 ‥‥‥‥‥‥‥‥‥‥89

圖 3-4　介休祆神樓 ‥‥‥‥‥‥‥‥‥‥‥‥91

圖 3-5　李公麟《五馬圖》于闐奚官帽 ‥‥‥‥‥‥‥92

圖 3-6　綏德白家山漢墓匈奴尖帽 ‥‥‥‥‥‥‥92

圖 3-7　胡琛起事路線圖 ‥‥‥‥‥‥‥‥‥113

圖 3-8　稽胡族裔來源圖 ‥‥‥‥‥‥‥‥‥118

圖 3-9　匈奴五部與稽胡活動區域 ‥‥‥‥‥‥‥119

圖 3-10　塞上胡語地名遺存與胡女布貢區 ‥‥‥‥‥120

圖 4-1　魏初胡區、丁零區軍鎮、護軍分佈 ‥‥‥‥‥137

圖 4-2　魏初胡區、丁零區城防、新修道路分佈 ‥‥‥‥150

圖 4-3　北齊禦胡長城 ‥‥‥‥‥‥‥‥‥‥153

圖 4-4　郭榮築城位置推測 ‥‥‥‥‥‥‥‥‥156

圖 4-5　銀州城遺址 ‥‥‥‥‥‥‥‥‥‥‥157

圖 4-6　延州豐林城遺址 ‥‥‥‥‥‥‥‥‥‥158

圖 4-7　大統十四年宇文泰巡行路線 ‥‥‥‥‥‥‥201

圖 4-8　齊、周胡區管理圖 ‥‥‥‥‥‥‥‥‥219

圖 5-1　翟斌起兵形勢圖 ‥‥‥‥‥‥‥‥‥‥222

圖 5-2　丁零友軍動態 ‥‥‥‥‥‥‥‥‥‥‥228

圖 5-3　慕容垂滅翟真 ………………………………………………… 229

圖 5-4　翟魏立國情勢圖 ……………………………………………… 231

圖 5-5　翟釗敗亡圖 …………………………………………………… 234

圖 5-6　中古華北平原山澤與丁零分佈 ……………………………… 241

圖 5-7　後秦平貳城胡 ………………………………………………… 244

圖 5-8　魏軍平白龍起事 ……………………………………………… 250

圖 5-9　魏軍平定曹平原起事 ………………………………………… 254

圖 5-10　元彬、奚康生平吐京胡 ……………………………………… 256

圖 5-11　魏軍平劉龍駒起事 …………………………………………… 258

圖 5-12　源子雍轉戰形勢圖 …………………………………………… 259

圖 5-13　裴良討胡 ……………………………………………………… 262

圖 5-14　裴慶孫討胡 …………………………………………………… 263

圖 5-15　東魏討王迢觸、曹貳龍起事 ………………………………… 267

圖 5-16　高歡擊山胡 …………………………………………………… 269

圖 5-17　高洋伐胡 ……………………………………………………… 271

圖 5-18　高洋三路伐胡 ………………………………………………… 272

圖 5-19　西魏平黑水稽胡 ……………………………………………… 273

圖 5-20　西魏平劉平伏起事 …………………………………………… 275

圖 5-21　劉雄北巡 ……………………………………………………… 278

圖 5-22　宇文憲平劉沒鐸舉事 ………………………………………… 279

圖 5-23　北周平劉受邏干起事 ………………………………………… 281

圖 5-24　白榆妄奴賊起事 ……………………………………………… 285

圖 5-25　大世通寶拓片 ………………………………………………… 288

圖 5-26　屈突通平劉迦論起事 ………………………………………… 289

圖 5-27　劉季真、劉六兒舉事 ………………………………………… 290

圖 5-28　李世民破劉鷂子 ……………………………………………… 293

圖 5-29　唐初稽胡騷擾圖 ……………………………………………… 294

圖 5-30　李建成破劉仚成 ………………………………… 297

圖 5-31　唐軍平白鐵余起事 ……………………………… 299

圖 5-32　駱駝脖子摩崖造像之持環首刀力士 …………… 311

圖 5-33　齊齊哈爾出土之「魏丁零率善佰長」印 ……… 317

圖 6-1　賀蘭山巖畫──刑白馬（拓片）………………… 329

圖 6-2　寧波古阿育王寺之劉薩訶靈骨塔 ……………… 344

圖 6-3　慧達、法通活動影響區域圖 …………………… 345

圖 6-4　延安嶺山寺塔（寶塔山）……………………… 364

圖 6-5　延安清涼山石窟彌勒窟 ………………………… 365

圖 7-1　梁家河摩崖造像之持槊力士 …………………… 394

圖 7-2　胡漢兵事季節分佈 ……………………………… 411

圖 7-3　寧夏博物館藏金方奇 …………………………… 437

圖 8-1　陝西延長縣可也村村牌樓 ……………………… 457

圖 8-2　山西介休縣張壁古堡可汗祠供奉之可汗 ……… 458

第一章　緒論

第一節　研究緣起

　　十六國北朝在國史上是一個草原游牧族群入塞，掀起一連串多米諾骨牌式變化的動盪時期。「五胡」諸族原本生活於塞外草原、河西邊陲，卻自漢末以來紛紛入居中原，上演了一齣齣金戈鐵馬的歷史話劇，其影響也頗為深遠。

　　到十六國後期，嘯聚中原的諸族有不少已名存實亡，或者說在舊族基礎上脫胎換骨、改頭換面，以新的族群身份出現。這些族群雖為游牧族群之後，但生活的地理環境與祖先卻截然不同——由草原、平原策馬揚鞭轉為進入山區生存。此二者之代表即丁零與稽胡，以此二族群為例，對於探討山居族群的生活、其族與政府之互動等問題具有典型意義。

　　丁零早在秦漢以前就已進入中原人的視野，時常出現在有關匈奴的記載中。兩漢之交，北疆邊郡也有了丁零分佈。漢末戰亂四起，不少丁零人淪為各軍閥勢力的傭兵，為之衝鋒陷陣。魏晉以前，南下或東遷丁零多分佈在邊境，緣塞而居。晉代匈奴入塞，進而丁零也逐漸隨之南入中原。匈奴時有入塞十九種，丁零之「赤勒」種亦在其中。南下之入塞丁零主要分佈於華北太行山區，在十六國時期多次與羯胡、鮮卑諸政權發生關係，戰和不定，甚至在淝水之戰後積極參與後燕復國運動。到北魏時期，丁零的反抗成為北魏不得不面對的頭痛問題。

　　與丁零這一古老族群相對的新興族群則為呂梁山區、黃土高原之稽胡，匈奴劉氏政權覆滅後，曾經叱吒風雲的匈奴（胡）雖然在史籍中仍時有出現，但頻率漸少，取而代之的是與其存在密切聯繫的稽胡。稽

1

胡又稱山胡、步落稽，為與原匈奴有關的諸雜胡之後，可以視為新興的融合胡人，對匈奴習俗多有繼承之處。與丁零相似，其族亦為統治政權役使的對象，從北魏至唐，反抗起事不絕於史。

事實上，這兩大族群不止在祖先經濟形態、自身生活環境方面存在相似之處，語言上也存在互通可能。丁零在塞外之胞族——敕勒所使用的語言與匈奴大同小異，稽胡作為匈奴後裔，語言自然多有承襲匈奴語之處。二者語言可互通並不意外。此共性之外，在統治者眼中，二者身份性質也較為相似。丁零亦被稱為「丁零胡」，在北魏對外戰爭中，有時也與稽胡處於同一作戰序列。儘管兩者存在諸多相近處，可最後的消失途徑、過程卻大相徑庭。二者均在十六國時期登上歷史舞臺，前者作為區別於他族的獨立實體至北魏中後期已罕見史冊，但後者直到中晚唐仍然活躍，在族群身份上較早已被同化的丁零多延續了三百餘年。

在少數族入塞建立政權，華夷秩序重構的時代背景中，這些山居族群與統治族之間的關係不能不說是個值得注意的問題。釐清二者在漢族統治之下與少數族統治之下的異同，對於揭示這一階段族群關係也有一定意義。

以往學界對此一時期族群問題之研究不可謂不充分，然而前輩學者多將目光集中於北方少數族之入塞、建政以及漢化諸問題，中央與少數族之關係亦以鮮卑、柔然等統治族或邊疆強勢族居多。研究重點多置於曾建立政權之統治族與邊疆域外族群，而對於域內諸少數族，雖也有涉及，但綜合對比較為欠缺。故此一時期域內諸族之生活地域與經濟形態的關係如何？其對中央之策略與祖先之習俗是否存在繼承之處，對其與中央之互動有何影響？除政府之壓迫外，其反抗是否有其他因素影響？中央治理下，本族地位之高低由哪些因素決定？面對中央政權試圖控制自身時，該族又有何種應對策略？何以在相似的居住環境、歷史傳統下，不同族群的漢化過程卻差異巨大？這些問題無疑值得思考。另一方面，從統治者角度而言，中央政權將其納入統治秩序的用意究竟為

何？何種原因影響策略轉變？這也是需要深思的問題。因此，本書選擇稽胡與丁零這兩個相似的族群進行對比，在相似的地理環境中，其發展、漢化過程以及面對中央之應對之策有何異同？此異同由何種原因造成？這些將是本書試圖探討的問題。

第二節　研究回顧

　　本書研究探討的對象族群為北方之丁零與稽胡（山胡、步落稽）。關於這兩種族群之研究，以下分別略述以往學者之見。

一、稽胡

　　相較於匈奴研究的歷史悠久，成果汗牛充棟，對稽胡的探討則相形見絀，不過仍有一定數量的研究成果見諸於世。目前學界對於稽胡之研究主要集中於以下幾方面：

（一）族源問題

　　雖然《周書·稽胡傳》將其祖先定為入塞匈奴五部，山戎赤翟起源也備一說。[1]不過學界對此並未完全認同，各種族源推測議論紛紛。

1、匈奴說

　　較早提出稽胡與匈奴關係密切者為馬長壽先生，其從分佈地域、姓氏、語言特徵等方面考證，認為稽胡「可能是由幾種胡人融合而成的，但就其大多數來說，應該是匈奴之裔為主」。[2]其高足周偉洲先生深化了老師的觀點，在〈試論魏晉時與匈奴有關的諸胡〉中，認為稽胡主體應該是內遷之匈奴五部，以後融合了山居土著、西域胡等。促成其族形成的關鍵為前趙之滅亡，餘部在「并州之西山谷間，與當地居民雜

---

[1]　令狐德棻，《周書》（北京：中華書局，1983），卷四十九，〈稽胡傳〉，頁897。
[2]　馬長壽，《北狄與匈奴》（桂林：廣西師範大學出版社，2006），頁128。

處」，逐漸融合。[3] 田毅、王傑瑜也持「稽胡定以大量的匈奴人為基礎而形成」之觀點。[4]

2、西域胡說

據筆者掌握之資料，周一良先生是目前可見最早研究稽胡族源問題者，西域胡後裔說為其主張。在〈北朝的民族問題與民族政策〉中，周一良先生認為其族源為匈奴別種，而非匈奴本部。當匈奴稱霸西域時，有不少西域胡人部落附屬於匈奴，成為所謂匈奴別種，即「匈奴胡」，因為「本非匈奴，所以下面贅以胡字」。[5]這些西域胡隨匈奴來到中原，其中部分在并州居住，成為後來之稽胡。對於稽胡姓氏多為匈奴舊姓之問題，周先生認為此乃胡酋對匈奴冒姓，目的在於「提高自己的地位」。[6]

3、土著戎狄說

林幹先生所持意見為稽胡既非匈奴後裔，也非西域胡，其主體「是一個土生土長的獨自形成的部族，不過後來羼入了少數的匈奴和西域胡的民族成分」。[7]認為稽胡在族群特性、人口、姓氏等方面均有別於匈奴與西域胡。總之，依林幹先生之見，稽胡主體當為山居之土著族群。

加拿大學者蒲立本（E. G. Pulleyblank）認同《周書》所錄稽胡祖先之另一說──山戎赤翟，認為稽胡與先秦之義渠、山戎存在密切關係，為北狄之後。至於林幹之土著居民觀點，蒲立本對前者未進一步認

---

[3] 周偉洲，〈試論魏晉時與匈奴有關的諸胡〉，收入中國社會科學院民族研究所主編，《中國民族史研究》（北京：中國社會科學出版社，1987），頁 372。

[4] 田毅、王傑瑜，〈南北朝時期呂梁山區的稽胡叛亂與行政區劃變遷〉，《山西檔案》，2015 年第 6 期，頁 15。

[5] 周一良，〈北朝的民族問題與民族政策〉，收入氏著，《魏晉南北朝史論集》（北京：北京大學出版社，2010），頁 130。

[6] 周一良，〈北朝的民族問題與民族政策〉，頁 132。

[7] 林幹，〈稽胡（山胡）略考〉，《社會科學戰線》，1984 年第 1 期，頁 149。

同戎狄起源感到奇怪。呼籲「人們應該更認真地研究他們是早期生活在這一地區戎狄之後裔的可能性」。[8]蒲立本主張稽胡祖先主體為很久以前已遷到陝北、晉西之土著，即所謂戎狄。

4、鐵勒說

鐵勒之說最早見於李志敏〈魏晉六朝「雜胡」之稱釋義問題〉，作者認為「史載北魏初期鐵勒（高車）多居住在離石以西，安定以東的山區」，稽胡與之「居住地又合，可見其成分應以鐵勒為主」。[9]不過必須指出，李氏對史書及地理之理解可能存在一些偏差，有穿鑿附會之嫌。

相比李氏曲解《魏書》，林梅村之鐵勒說主張要嚴謹得多，通過對語言及民族遷徙史之分析，認為「稽胡主體屬於講突厥語的北狄系統民族，源於中亞鐵勒」。[10]

5、混合說

混合說以唐長孺先生為代表，其在〈魏晉雜胡考〉中指出，北齊之山胡即北周之稽胡，推測到北魏之後，除與漢族同化的部分外，其族退入山谷者一律被稱為稽胡。[11]對於周一良先生之西域胡族源說，唐先生表示「稽胡既然為各種族之混合，必然也包含西域胡以外的其他各族」。[12]其次，稽胡中的匈奴著姓，不能一概認為假冒。[13]在稽胡的歷

---

[8] E. G. Pulleyblank（蒲立本），"JI HU 稽胡: Indigenous Inhabitants of Shanbei and Western Shanxi", in E. H. Kaplan and D. W. Whisenhunt (ed.), Opuscula Altaica: Essays Presented in Honor of Henry Schwarz, Western Washington, 1994, p.514.

[9] 李志敏，〈魏晉六朝「雜胡」之稱釋義問題〉，《民族研究》，1996 年第 1 期，頁 77。

[10] 林梅村，〈稽胡史蹟考——太原新出虞弘墓誌的幾個問題〉，《中國史研究》，2002 年第 1 期，頁 83。

[11] 唐長孺，〈魏晉雜胡考〉，收入氏著，《魏晉南北朝史論叢》（北京：中華書局，2011），頁 426-427。

[12] 唐長孺，〈魏晉雜胡考〉，頁 428-429。

[13] 唐長孺，〈魏晉雜胡考〉，頁 429。

史地位方面，唐先生認為稽胡是最後出現的各種雜胡的混合，「稽胡的同化與分化是漢代以來入塞匈奴及其別部在長期分併過程中最後的消失」。[14]杜登在總結各家之說時，將唐先生之觀點提煉為其「並不認為哪個族體是稽胡的構成主體」，「傾向認為稽胡（山胡）是個混雜體，包含了許多的部族」。[15]最早研究稽胡的歐美學者——西方漢學巨擘卜弼德（Peter A. Boodberg）亦認同稽胡的混血屬性，[16]其論述僅一筆帶過，未如唐先生之深入。然卜弼德根據某些詞彙之相似讀音，推測稽胡可能與保加爾人（Bulgars）存在聯繫，藉以強調其族之混合性。[17]但此論點未提供其他論據。「酈學」泰斗陳橋驛之子陳三平先生也指出在稽胡形成過程中除匈奴舊部外，高加索人種也扮演了重要作用。[18]換言之即大量西域胡融入其中。

　　呂思靜在其碩士論文〈稽胡史研究〉中，對此問題之看法更為折衷，稱之為「複合型民族結構」。在肯定其以入塞匈奴為主體外，也主張促成稽胡形成的其他族群為「與匈奴有密切歷史聯繫的諸別部，曾受匈奴統治的西域胡和先秦以來就生活在此古老突厥語民族白狄」也在其中。[19]不同於周偉洲所主張之前後趙興衰推動族群形成的觀點，呂氏認為蓋吳起事在稽胡形成過程中起了關鍵作用。[20]

---

[14]　唐長孺，〈魏晉雜胡考〉，頁 429-430。

[15]　杜登，〈稽胡族源問題研究綜述〉，收入《元史及民族與邊疆研究集刊（第二十二輯）》（上海：上海古籍出版社，2010），頁 164。

[16]　Peter A. Boodberg（卜弼德），"Two Notes on The History of The Chinese Frontier", *Harvard Journal of Asiatic Studies*, Harvard-Yenching Institute, Nov., 1936, Vol. 1, No. 3/4, p.297.

[17]　Peter A. Boodberg（卜弼德），"Two Notes on The History of The Chinese Frontier", p.300-301.

[18]　Sanping Chen（陳三平），*Multicultural China in the Early Middle Ages*, University of Pennsylvania Press, 2012, p.95.

[19]　呂思靜，〈稽胡史研究〉（武漢：華中師範大學碩士論文，2012），頁 33。

[20]　呂思靜，〈稽胡史研究〉，頁 46。

（二）與政府之關係

在稽胡與政府之關係方面，周一良先生分析了北魏時期政府對該族與敕勒之統治差異，認為其中既存在相同點，又有相異之處。相同點即「徵發為兵」，相異之處為敕勒得以保存部落，稽胡則「大部分列於編戶」，政府對其所謂「輕其徭賦」之說「未盡可信」。[21]

唐長孺先生在〈北魏末年的山胡敕勒起義〉中，將周一良先生的看法進一步深化，在對所謂「輕其徭賦」的看法上，唐先生與周先生觀點一致，認為「由於官吏貪污、兵役繁重和所居都是山谷貧瘠之地，實際的負擔絕不會輕」。[22]在軍鎮、護軍設置之考證方面，唐先生亦更加細化，對於稽胡（山胡）的反抗運動，唐先生肯定其行為正義性與作用積極性，認為這些抗爭「不僅每一次都打擊了北魏的統治，而且還制止了北魏統治者的南侵」。[23]

馬長壽先生的分析較為細緻，認為北魏等政權對其統治主要是經濟剝削以及戍役。為了統治稽胡，北朝統治者在稽胡集中分佈之地設立軍事重鎮。[24]稽胡與北朝統治階級之間的關係十分緊張，原因是統治階級不斷的剝削和壓迫。[25]難能可貴的是，在當時鼓吹、肯定階級鬥爭的氛圍中，馬長壽先生區別對待胡變，指出雖然胡民受到壓迫，但並不能認為其一切行動都是正義的，在文化方面使用巫術為反抗組織武器，無疑是落後的，而其中存在的擄掠亦是奴隸制殘餘。[26]稽胡的所有制雖然落後於北朝當局，但多次鬥爭使得北朝周齊政權進行政治上的某些改

---

[21] 周一良，〈北朝的民族問題與民族政策〉，頁 128-129。

[22] 唐長孺，〈北魏末年的山胡敕勒起義〉，收入氏著，《山居存稿》（北京：中華書局，2011），頁 65。

[23] 唐長孺，〈北魏末年的山胡敕勒起義〉，頁 99。

[24] 馬長壽，《北狄與匈奴》，頁 134-135。

[25] 馬長壽，《北狄與匈奴》，頁 136。

[26] 馬長壽，《北狄與匈奴》，頁 141。

革，因此在互動之下，其奴隸制殘餘被進一步加速消滅。[27]

呂思靜對稽胡與政府之關係探討較為全面，細化了諸位前輩學者之觀點，將政府之統治方式歸納為三點：其一，增設郡縣，加強統治；其二，徵收貢賦、租調和徭役；其三，徵發兵役。並敘述歷代政府對稽胡之鎮撫經過。[28]

廖幼華先生則從歷史地理學的角度闡發政府對稽胡之管理以及隨之而來的漢化問題。〈丹州稽胡漢化之探討──歷史地理角度的研究〉一文中，廖先生以丹州稽胡為研究對象，分析了丹州境內不同區域胡人漢化的先後順序、開發方向，提出當地開發在北魏中期邁向高峰，胡人與漢人接觸亦增多，漢化速度加快，武則天朝完全漢化。[29]廖先生通過對丹州的個案研究，為其他地區稽胡之漢化歷程提供了一些可能的參考。

同樣從歷史地理學角度討論稽胡與政府之關係者，還有田毅、王傑瑜，在〈南北朝時期呂梁山區的稽胡叛亂與行政區劃變遷〉中，二人認為「稽胡在呂梁山區的頻繁活動，迫使政府對呂梁山區的行政區劃作出調整，對呂梁山區的政治格局產生了深刻的影響」。[30]

安介生在《山西移民史》中討論了稽胡的遷徙，列舉歷代政府對其族群實施之移民政策。推斷稽胡為當時山西地區人口僅次於漢人的第二大族群，稽胡問題「是山西文化史上具有特殊意義的重要課題」。[31]

日本學者滝川正博在政府與胡人關係之論述上，視角較為獨特。其在〈北周における「稽胡」の創設〉中，認為「稽胡」一族是北周時

---

[27] 馬長壽，《北狄與匈奴》，頁144。

[28] 呂思靜，〈稽胡史研究〉，頁93-107。

[29] 廖幼華，〈丹州稽胡漢化之探討──歷史地理角度的研究〉，《國立中正大學學報》（人文分冊），1996年第1期，頁281-313。

[30] 田毅、王傑瑜，〈南北朝時期呂梁山區的稽胡叛亂與行政區劃變遷〉，頁18。

[31] 安介生，《山西移民史》（太原：山西人民出版社，1999），頁478。

期創造的族群詞彙，此前為山胡或地區胡。北周政府在以「周禮」作為立國指導思想的前提下，需要確立與中華相對的四夷，故北周將作為夷狄集團的「稽胡」列為北狄，以圖符合「周禮」。[32]

（三）經濟形態

關於稽胡主要經濟形態之見解，主要存在兩種觀點，即農業說與農牧混合說。

持農業說者，主要為林幹先生。其根據《周書・稽胡傳》「亦知種田」之記載，認為稽胡是農業部族，且在以麻布生產為代表的手工業方面較匈奴發達。憑藉此二區別，林幹先生進一步認為稽胡與匈奴並非同類。[33]

強調農牧混合經濟之學者，以史念海先生、譚其驤先生為代表。史先生並不否認稽胡中存在農業，但對「亦知種田」之看法與林幹先生相左。認為此記載說明稽胡「並不一定以種田為主」，推測居於平原者多從事農耕，居於山谷者仍從事畜牧，並強調為畜牧，而非游牧。[34]譚其驤先生觀點與史念海先生相近，也認為「種田並不是他們的主要生產活動」，山谷居住者，「大致仍以畜牧為主」。[35]

呂思靜觀點較為折衷，認為稽胡經濟為以農業主導的混合經濟，「畜牧仍然保持有相當的地位」。[36]北朝後期其主要經濟類型為農耕，糧食為重要產品。不過畜牧傳統仍體現在生活習俗、地名遺址上，胡人

---

[32] 滝川正博，〈北周における「稽胡」の創設〉，早稲田大學史學會，《史觀》，第 160 期，頁 37-56。

[33] 林幹，〈稽胡（山胡）略考〉，頁 150。

[34] 史念海，〈隋唐時期黃河中上游的農牧業地區〉，收入氏著，《史念海全集》（北京：人民出版社，2013），第五卷，頁 171。

[35] 譚其驤，〈何以黃河在東漢以後會出現一個長期安流的局面〉，收入氏著，《長水集》（北京：人民出版社，2011），下冊，頁 26。

[36] 呂思靜，〈稽胡史研究〉，頁 107-110。

亦多有憑藉舊俗成為政府治下牧了者。此外仕佛藏中亦留下了稽胡從事狩獵的記載,當時較為良好的生態環境支撐了胡中狩獵業的存在。呂氏通過對當時胡人風俗、信仰之推測,進一步提出胡中存在商業交換與商品經濟。

(四)宗教信仰

稽胡宗教信仰之討論大致可分為如下幾類:

1、佛教

學界廣為囑目的稽胡宗教信仰專題當為其族之彌勒信仰,開此研究先河者當為唐長孺先生。唐先生提出了稽胡在起事中可能以彌勒教為宣傳手段之說。在〈白衣天子試釋〉中,唐先生列舉了稽胡起事中白衣舉事者之存在情形,提出這些胡眾有彌勒信徒之可能。[37]〈北魏末年的山胡敕勒起義〉中對此亦有探討,指出宗教活動在稽胡起事中頻頻出現,崇尚白色之彌勒教特徵亦頗為凸顯。[38]唐先生之說對後世影響頗大,後輩論及稽胡起事時多延續彌勒教之說,如張繼昊、黃敏枝等。[39]

呂思靜除更深一步討論彌勒教信仰外,又通過翻檢佛藏等資料,提出稽胡中存在的佛教派別尚有禪、淨二宗。[40]

在有關稽胡佛教信仰的討論中,除彌勒教外,另一受人關注者為劉薩訶研究。毋庸置疑,慧達大師(劉薩訶)對稽胡佛教傳播起到了重要作用,蒲立本有敘述劉薩訶之生平,提出慧達等人弘揚佛法入胡中後,稽胡利用佛教培養、維持了自己的民族特性。[41]

---

[37] 唐長孺,〈白衣天子試釋〉,收入氏著,《山居存稿三編》(北京:中華書局,2011),頁 11-14。

[38] 唐長孺,〈北魏末年的山胡敕勒起義〉,頁89。

[39] 參見黃敏枝,〈唐代民間的彌勒信仰及其活動〉,《大陸雜誌》,第78卷,頁 7-19。張繼昊,〈北魏的彌勒信仰與大乘之亂〉,《食貨月刊》復刊,1986 年第 6 卷第 3-4 期,頁 59-79。

[40] 呂思靜,〈稽胡史研究〉,頁 129。

[41] E. G. Pulleyblank(蒲立本),"JI HU 稽胡: Indigenous Inhabitants of Shanbei and Western

　　陳祚龍先生撰有〈劉薩訶研究──敦煌佛教文獻解析之一〉，文中校錄了敦煌文獻──《劉薩訶因緣記》。陳先生提出其書寫年代不早於初唐，藍本為釋道宣之《續高僧傳》。[42]陳先生的校錄使得稽胡宗教研究在《續高僧傳》、《集神州三寶感通錄》等傳統佛藏外，又獲得了其他資料，多少令人耳目一新。

　　劉苑如通過分析王琰、慧皎、道宣三家對劉薩訶之撰述，提出劉薩訶為作為中古聖僧的人物類型之一，其形象的形成經歷了前後多次敘述重構。「從輔教雜傳而至僧人正傳，以至於作為僧人宣驗的傳記記載」，其整體為逐步拼合、衍化而生成。[43]

　　尚麗新亦將劉薩訶作為研究對象，撰有〈劉薩訶信仰解讀──關於中古民間佛教信仰的一點探索〉、〈敦煌本《劉薩訶因緣記》解讀〉、〈從劉薩訶和番禾瑞像看中古絲路上民間佛教的變遷〉等文，通過解讀劉薩訶之傳說，分析佛教入華後的民間傳播方式、特點，探討民間佛教、哲學形態的正統佛教與上層權力社會的互動。[44]

　　日本學者田林啓對劉薩訶亦有研究，其在〈神異僧図を軸とした美術作品の伝播と受容の様相──劉薩訶像を中心に〉中以劉薩訶為例，歸納總結圍繞神僧特質呈現的各種特點，以及為適應時代、地域變化，這些特點如何變化。並有介紹劉薩訶相關的美術作品。[45]〈劉薩訶

Shanxi", p.527.

[42] 陳祚龍，〈劉薩訶研究──敦煌佛教文獻解析之一〉，《華岡佛學學報》，1973 年第三冊，頁 33-57。

[43] 劉苑如，〈重繪生命地圖──聖僧劉薩訶形象的多重書寫〉，《中國文哲研究集刊》，第 34 期，頁 1-51。

[44] 參見尚麗新，〈敦煌本《劉薩訶因緣記》解讀〉，《文獻》，2007 年第 1 期，頁 65-74。〈劉薩訶信仰解讀──關於中古民間佛教信仰的一點探索〉，《東方叢刊》，2006 年第 3 期，頁 6-23。〈從劉薩訶和番禾瑞像看中古絲路上民間佛教的變遷〉，《西南民族大學學報》（人文社會科學版），2018 年 11 期，頁 68-72。

[45] 田林啓，〈神異僧図を軸とした美術作品の伝播と受容の様相──劉薩訶像を中心に〉，收入百橋明穂、田林啓，《神異僧と美術伝播》（東京：中央公論美術出版，

の美術——吳越阿育王塔と敦煌莫高窟第ㄥ二窟〉中，田林先生探討了該窟的世界觀，分析了南壁〈劉薩訶因緣變〉與北壁〈彌勒經變〉的關係。[46]

2、祆教

稽胡祆教信仰之提出者為林梅村先生，通過分析〈虞弘墓誌〉，其認為祆教（火祆教）不僅存在於波斯人、粟特人中，「講突厥語的稽胡人也曾信仰火祆教」。[47]呂思靜雖不認同林梅村將虞弘定為稽胡之結論，但亦不否認有祆教傳入稽胡中可能。[48]

3、摩尼教

呂思靜從唐代稽胡白鐵余起事時自稱「光王」出發，認為其具有摩尼教特徵，並進一步認為在彌勒教與摩尼教合流的社會環境下，稽胡之原彌勒信仰為促使其改宗之有利條件。[49]

4、道教

該觀點之提出者亦為呂思靜，其從《太平廣記》之神話及道教地理分佈推測稽胡地區也有存在道教信仰之可能。[50]

（五）語言

由於在唐宋地方志中，留下了少數存在漢語解釋的稽胡詞彙，故有學者對稽胡語言進行了一些探索。最先探討稽胡語言問題者當屬卜弼德先生，其推斷出稽胡語中「庫利」、「可野」二詞屬於突厥語族。[51]

2021），頁 51-67。

46　田林啓，〈劉薩訶の美術——吳越阿育王塔と敦煌莫高窟第十二窟〉，收入百橋明穗、田林啓，《神具僧と美術伝播》，頁 97-132。

47　林梅村，〈稽胡史蹟考——太原新出虞弘墓誌的幾個問題〉，頁 84。

48　呂思靜，〈稽胡史研究〉，頁 130。

49　呂思靜，〈稽胡史研究〉，頁 130。

50　呂思靜，〈稽胡史研究〉，頁 130。

51　Peter A. Boodberg（卜弼德），"Two Notes on The History of The Chinese Frontier", p.297-

此後馬長壽先生也對這一問題作出了一些推測，由於稽胡對「奴隸」之稱呼與匈奴存在顯著區別，馬先生推測稽胡語為一種以匈奴語為主，融合龜茲等族的語言。[52]

蒲立本對稽胡語言提出了一種有趣的猜測，認為其名「步落稽」可能與中古漢語「白」的發音有關，但前提是稽胡語為漢藏語系，或者其族名為漢語借詞。在討論「白」、「貲」、「庫利」等詞後，蒲立本對稽胡語與蒙古語族、突厥語族之關係予以否定意見。[53]

較早對稽胡語言給出比較合理的對音解釋者為何星亮先生，其利用突厥語、蒙古語及漢語方言，對「庫利」、「賀蘭」等八個稽胡詞彙給出了解釋，認為現存之稽胡詞彙屬於阿爾泰語系，雖然難以進一步確定其語族，但「似與突厥語族關係較為密切」。[54]

與何星亮將稽胡之族名「步落稽」釋為突厥語「部分」之意不同，林梅村認為該詞彙當來自突厥語「魚」，[55]亦可自圓其說，在此詞彙上二人之見解可謂見仁見智。

呂思靜也利用比較語言學方法，在前人基礎上又對「白室」等詞彙給予了解釋，並蒐出「吐延」、「奢延」等可能為稽胡語之詞彙。認為「稽胡語是一種與匈奴語有傳承，但又不同於匈奴語的新語言」，受到突厥語、漢語之影響。[56]

（六）稽胡之去向

在稽胡最終之去向方面，學界普遍認為其族主要融合於漢人。較

300.

[52] 馬長壽，《北狄與匈奴》，頁 156-157。

[53] E. G. Pulleyblank（蒲立本），"JI HU 稽胡: Indigenous Inhabitants of Shanbei and Western Shanxi", p.523-526.

[54] 何星亮，〈稽胡語若干詞試釋〉，《民族語文》，1982 年第 3 期，頁 41。

[55] 林梅村，〈稽胡史蹟考——太原新出虞弘墓誌的幾個問題〉，頁 81。

[56] 呂思靜，〈稽胡史研究〉，頁 124-125。

早進行研究的林惠祥先生提出該族乃「匈奴中最後同化於漢族者」。[57]唐長孺先生認為稽胡大部分漢化,小部分「北入突厥,西入党項、吐谷渾諸族中」。[58]白翠琴《魏晉南北朝民族史》的見解踵唐先生之說。[59]以上諸家僅提及大略推測,呂思靜則對此四種去向有加以考證,補充同化之例證。[60]

二、丁零

與學界對稽胡問題討論尚稱活躍不同,對入塞丁零之研究則較為沉寂,關注度甚至不如其塞外胞族——高車。就目前所見之研究而言,其焦點主要為以下幾類:

(一)丁零起源及與高車之關係

1、丁零之起源

對丁零之起源問題,主要存在兩種說法,其一為赤狄說,主張者以姚薇元先生為代表。姚先生在《北朝胡姓考》中引用《元和姓纂》等史料,認為入塞丁零之大姓——翟氏即狄氏,出自春秋時之赤狄,以族名為姓。[61]勢力僅次於翟氏的鮮于氏亦為古狄國鮮虞之餘種。[62]

胡秋原先生亦認同此說,認為丁零即狄。其族本起源於西伯利亞,逐水草而居,一部分經蒙古高原再進入河套平原,與三晉接觸後成為華夏族晉人所謂的「狄」。[63]

---

57 林惠祥,《中國民族史》(臺北:臺灣商務印書館,1965),上冊,頁 251。

58 唐長孺,〈魏晉雜胡考〉,頁 430。

59 白翠琴,《魏晉南北朝民族史》(北京:社會科學文獻出版社,2007),頁 171。

60 呂思靜,〈稽胡史研究〉,頁 134-137。

61 姚薇元,《北朝胡姓考》(北京:中華書局,2007),頁 335-336。

62 姚薇元,《北朝胡姓考》,頁 338-339。

63 胡秋原,《丁零‧突厥‧回紇——其起源,其興衰,其西邊及其文化史意義》(臺北:中土文化協會出版,1961),頁 3。

　　譚其驤先生並不認同赤狄之說，認為「其說不知所本」，「無由證其為赤狄」。[64]故譚先生提出第二種說法，即丁零本為漢代位於匈奴之北的族群，而非華北之赤狄，其族原作丁靈，入居華北者，五胡十六國以來「或作丁零」。[65]

　　隨著一系列考古發掘的重見天日，取地下之文物對照古籍之記載，以二重證據法探討丁零起源者日眾，周偉洲、段連勤二位即為代表。周偉洲先生根據漢文史籍，結合西伯利亞卡拉蘇克文化、塔加爾文化之考古發現，認為丁零祖先即赤狄。[66]段連勤先生除利用蘇俄考古成果外，也配合殷墟甲骨之釋讀，進一步在赤狄與鬼方之間建立聯繫，認為丁零即商代遠遁的鬼方後裔。[67]

　　此外，周國琴通過分析丁零與羯胡之關係，對丁零起源有所補充，在其碩士論文〈十六國時期太行山區丁零翟氏研究〉中提出丁零與羯胡同源於康居之說，二者存在千絲萬縷之聯繫，可能以匈奴之名相攜入塞，入塞後又在同一地區居住。[68]

2、丁零與高車之關係

　　雖然史籍謂丁零、高車為同族，但對於二者之關係學界也存在兩種截然不同的說法。持否定意見者主要有馮承鈞先生，主張丁零、高車二者有別，高車強盛時，丁零曾為其役屬。[69]岑仲勉先生通過對史料整理，加以語言對比，舉《魏書》分稱高車、丁零等例，以為「康居、丁

---

[64] 譚其驤，〈記五胡元魏時之丁零〉，收入氏著，《長水集》，上冊，頁242。

[65] 譚其驤，〈記五胡元魏時之丁零〉，頁241。

[66] 周偉洲，《敕勒與柔然》（桂林：廣西師範大學出版社，2006），頁9-12。

[67] 段連勤，《丁零、高車與鐵勒》（桂林：廣西師範大學出版社，2006），頁7-10。

[68] 周國琴，〈十六國時期太行山區丁零翟氏研究〉（呼和浩特：內蒙古師範大學碩士論文，2003），頁8-9。

[69] 馮承鈞，〈高車之西徙與車師鄯善國人之分散〉，收入氏著，《西域南海史地考證論著彙輯》（香港：中華書局香港分局，1976），頁36。

令為兩種，則高車丁零亦兩種」，「丁零、高車應不能混而為一」。[70]
周連寬先生亦支持二者相異說，以《晉書》中丁零、敕勒對舉，證明其
並非一族。[71]不過持此說者屬於少數派。

《魏書》等史籍中既稱高車、丁零同族，又不時將二者對舉，何
以有如此自相矛盾之表述？王日蔚先生最早給出了答案，在〈丁零民族
史〉提出丁零、鐵勒等詞彙為同一詞語的音譯，「高車音不相近，當係
以其乘高輪車而名之」。[72]周一良先生也認為狄歷、敕勒、丁零均為
「一聲之轉，高車丁零者，以其乘高車，故冠此二字以形容之，又省稱
曰高車」。[73]周偉洲先生提出這些名稱均為古代各族對阿爾泰語系突厥
語族民族的統稱，是漢文史籍在不同時代反映的各民族對敕勒的稱謂，
北朝人稱之高車，南朝人稱之敕勒。[74]段連勤先生對此二稱呼進一步提
出了解釋，即因內遷丁零的存在，北朝政府為區別二者，故對居於北方
居草原者以高車稱呼。這一作法表明二者既存在相同的族源，也存在區
別。將此二者與漢魏丁零之關係概括為「北朝時期的高車與北朝時期的
丁零是族內兄弟或支派的關係，同漢魏丁零是祖裔關係」。[75]

（二）入塞丁零之活動

這一方面之研究主要可分為兩部分，即入塞丁零與政府之互動、
翟魏建國之問題。

---

[70] 岑仲勉，〈突厥屬部傳校注〉，收入氏著，《突厥集史》（北京：中華書局，1958），
下冊，頁 746。

[71] 周連寬，〈丁零的人種和語言及其與漠北諸族的關係〉，《中山大學學報》（社會科學
版），1957 年第 2 期，頁 55。

[72] 王日蔚，〈丁零民族史〉，收入國立北平研究院史學集刊編輯委員會編，《史學集
刊》（臺北：臺灣學生書局，1969），冊一，頁 90。

[73] 周一良，〈論宇文周之種族〉，收入氏著，《魏晉南北朝史論集》，頁 200。

[74] 周偉洲，《敕勒與柔然》，頁 8。

[75] 段連勤，《丁零、高車與鐵勒》，頁 15-16。

1、入塞丁零與政府之互動

周一良先生較早考證此問題,其〈北朝的民族問題與民族政策〉一文中記述了自十六國到北魏,入塞丁零對政府之反抗活動,提出丁零「對統治者反抗的最勤,並且對北魏政權之覆亡有很大關係」。而歷次「叛亂」的原因則是丁零遭受不平等待遇,「並且特別受壓迫和剝削」。[76]段連勤先生分析十六國諸政權對丁零之統治,發現除前燕較少摩擦外,後趙、前秦等政權均對其採取高壓政策。到北魏時期,政府甚至對其實行「歷史上罕見的民族壓迫和民族歧視政策」,主要表現為殘酷的經濟剝削和政治壓迫,強迫丁零人服兵役,遷移一部分丁零人,強迫其就近納貢或守邊。[77]

周國琴在丁零對政府之反抗論述上,不出以上幾位討論之範圍。不過對丁零在各政權間叛服無常這點,周國琴為之辯護,認為應在當時北方混亂的時局背景下理解這一行為。弱時需要依附強權以自保,強時希望擁有獨立的主權與地位,這是民族求生之本能。[78]

2、翟魏建國

十六國末期,丁零翟氏曾建立曇花一現的魏國,史稱翟魏。最早進行翟魏研究者為譚其驤先生,譚先生在〈記翟魏始末〉中,綜合各家史書之記載,將翟氏從前秦時出仕苻堅,到反秦助燕,再到反燕建國,最後亡於後燕之過程加以敘述。對翟魏所領之七郡,氏考證為滎陽、頓丘、貴鄉的一部分,黎陽、陳留、濟陰、濮陽的西半部。但考慮到中間之併省等因素,則實際曾控制之地區不止七郡。[79]

周偉洲、段連勤、周國琴等學者在對翟魏建國之敘述上對譚先生

---

[76] 周一良,〈北朝的民族問題與民族政策〉,頁 117、120。

[77] 段連勤,《丁零、高車與鐵勒》,頁 171-174。

[78] 周國琴,〈淺談丁零在十六國時期北方政權博弈中的作用〉,《黑龍江民族叢刊》,2016 年第 5 期,頁 89。

[79] 譚其驤,〈記翟魏之始末〉,收入氏著,《長水集》,上冊,頁 253。

之簡略説明加以補強，內容大同小異。[80]唯周國琴提出酋長翟斌曾參與淝水之戰的觀點。[81]對其政權所控制之七郡問題，周國琴確定其中五郡，即黎陽、河南、泰山、高平、滎陽，[82]較譚説有所不同。

（三）丁零入華之遷徙路線

十六國以來在中原活動最為活躍之丁零部落為翟氏，對於翟氏之來歷，《資治通鑑》稱其「世居康居，後徙中國」。[83]這條記載引發了學界的探討，周一良先生提出其早在北魏統一北方前就定居中原，雖不知道其何時遷來，但不晚於後趙。[84]後輩學者提出的具體路線主要如下：

1、南下説

南下説之代表為段連勤先生，其認為東漢檀石槐之鮮卑聯盟瓦解後，居住於南西伯利亞的丁零人再次進入蒙古草原，翟氏作為前鋒穿越大漠，進入漠南及黃河中下游地區。[85]

2、西來説

持西來説者，如前述之周國琴即主張丁零翟氏與羯胡一同從康居入華。在丁零入華的中轉站方面，敦煌成為焦點。最早關注到此點者當為馮承鈞先生，其指出內附丁零人中多翟氏，翟、狄相通，唐代敦煌翟姓眾多，可能有來自西域之丁零。[86]王晶闡發該意見，認為西域遷來的翟

80　參見周偉洲，《敕勒與柔然》，頁 21-25。段連勤，《丁零、高車與鐵勒》，頁 132-135。周國琴，〈十六國時期太行山區丁零翟氏研究〉，頁 16-19。

81　周國琴，〈十六國時期太行山區丁零翟氏研究〉，頁 12。

82　周國琴，〈十六國時期太行山區丁零翟氏研究〉，頁 18。

83　司馬光，《資治通鑑》（北京：中華書局，1956），卷九十四，〈晉紀十六·咸和五年〉，頁 2977。

84　周一良，〈北朝的民族問題與民族政策〉，頁 118。

85　段連勤，《丁零、高車與鐵勒》，頁 117。

86　馮承鈞，〈高車之西徙與車師鄯善國人之分散〉，頁 36。

氏先入敦煌，再有一支進入河西，參與西秦建政，後可能又有支系回到
敦煌。[87]在敦煌、隴西翟氏的先後關係上，陳菊霞之看法與王晶相反，
認為敦煌翟氏中有源於隴西翟氏者，這支翟氏可能出自丁零，為貝加爾
湖南下之乞伏鮮卑成員，西秦滅亡後，遷居敦煌，冒籍攀附漢人。[88]

（四）入塞丁零之分佈

　　最早對丁零入塞後之分佈、居住狀況予以分析者為譚其驤先生，
其指出定州之中山、常山、趙郡三地為丁零根本所在。[89]太行山區之
外，黃河、汾水、燕山也有少量分佈，上述地區為其原始分佈地，此後
有播遷各地者。[90]

　　周偉洲先生對丁零入塞後之分佈進一步細化，舉北魏時之情況，
列出西山、定州、并州、密雲、榆山、西河、朔州和代郡等八支。[91]段
連勤先生則通過姓氏部族等加以劃分，增加建安、朔方等分佈地區。[92]

（五）後世入華翟氏與丁零之關係

　　當翟斌諸翟銷聲匿跡後，北朝以後又有翟氏在西域等地頻繁出
現，在契約文書中屢屢見到翟氏人名，而且帶有粟特特徵之翟氏人物更
是重新出現在中原，某些墓誌中甚至出現「翟國」之稱。這些翟氏是否
為丁零後裔？諸家說法不一。

　　趙超先生對此意見審慎，認為丁零翟氏已在中原長期活動，而且
與政府保持一定的聯繫，故在中原人的認識中，會對丁零與西域其他民

---

[87] 王晶，〈論漢宋間翟氏的民族融合〉，《中國邊疆史地研究》，2015 年第 1 期，頁 106-107。

[88] 陳菊霞，《敦煌翟氏研究》（北京：民族出版社，2012），頁 53。

[89] 譚其驤，〈記五胡元魏時之丁零〉，頁 243。

[90] 譚其驤，〈記五胡元魏時之丁零〉，頁 245-246。

[91] 周偉洲，《敕勒與柔然》，頁 47。

[92] 段連勤，《丁零、高車與鐵勒》，頁 126。

族區別對待。故並非所有翟氏都為丁零，還存在粟特與其他民族的可能。[93]

羅豐、榮新江二位則傾向於將這些「西胡出身的翟姓看作是粟特人」，這些翟姓來自康居，在丁零盛時進入其中，後進入中原，一如此後粟特人進入突厥或中原王朝。[94]陳菊霞之看法與此二位相反，認為原康居境內有大量丁零人，未外遷之丁零在康國滅亡成為康居臣民，後來來到敦煌。[95]法國漢學家童丕（Eric Trombert）亦傾向帶粟特色彩之翟氏本為丁零或高車。[96]

綜上所述，學界對此二族群已經進行了一定深度的研究，不過其中還存在一些不足之處。稽胡研究方面，唐長孺先生等前輩學者在分析稽胡起事時，由於時代背景特殊，往往採用馬克思主義階級分析法，強調其反抗正義性，令文章之可讀性受到影響。呂思靜之〈稽胡史研究〉可以說是近年來較為全面論述、分析稽胡史事之作品，不過由於所用文獻版本、地理考證等問題，某些論點存在值得商榷之處。比如其引用《太平寰宇記》（中華書局 2007 年版）中保留之《後魏風土記》之記載——「山胡內侵，太原之戶來向山東，戎即居之」，以論證戎狄在稽胡形成中之作用。[97]然翻查原文，卻非「山胡」，而為「山戎」。此外在諸如匈奴對稽胡之文化影響等方面，亦有進一步討論的空間。

在丁零研究中，對於入塞丁零與政府關係、翟魏建國等問題，學

---

[93] 趙超，〈介紹胡客翟門生墓門誌銘及石屏風〉，收入榮新江、羅豐，《粟特人在中國：考古發現與出土文獻的新印證》（北京：科學出版社，2016），頁 678。

[94] 榮新江、羅豐，〈北周西國胡人翟曹明墓誌及墓葬文物〉，收入氏編，《粟特人在中國：考古發現與出土文獻的新印證》，頁 297-298。

[95] 陳菊霞，《敦煌翟氏研究》，頁 53-64。

[96] 童丕撰，阿米娜譯，〈中國北方的粟特遺存——山西的葡萄種植業〉，收入《法國漢學》叢書編委會編，《粟特人在中國：歷史、考古、語言的新探索》（北京：中華書局，2005），頁 213。

[97] 呂思靜，〈稽胡史研究〉，頁 32。

界之討論往往大同小異，或者可改變角度，從政府治理、對抗手段等角度再深入探討。內徙丁零之文化習俗目前尚未見有深入研究者，不能不說尚為學術空白。在前輩學者已經進行的討論中，由於翻檢史乘之疏忽、理解偏差，值得重新探討者亦存在。如姚薇元先生在《北朝胡姓考》中謂後燕曾封丁零翟德、翟楷為王，[98]此說對後輩較有影響，如陳菊霞即承其說。[99]然此條實為傳統書法對王公書名不書姓之習慣所致之誤讀，二人本為慕容德、慕容楷，只因名列翟斌之後，故致此誤。又譚其驤先生將榆山丁零之地望擬於居庸關附近，[100]周偉洲先生承此說。[101]然對照北魏軍隊平定榆山丁零之行軍路線，可知此說非也。這些需要利用地圖分析等方式重新進行檢討。

更值得深思的是，二者同為山居族群，但入塞後之發展軌跡卻存在明顯差異，究竟是何種原因造成？尚待分析、對比與闡釋。以此二者作為對比研究之對象，對於揭示入塞族群之變遷可以說存在一定的意義與研究價值。

第三節　研究方法

本書以稽胡、丁零兩大族群為研究對象，探索其族從塞外草原到中原山區的演進過程，與中央政權之互動，以及其漢化之不同軌跡。該研究涉及兩族群之內部發展以及與中央政權的關係，為了描繪其發展歷程以及中央與其族之相互關係，擬利用如下方法進行研究：

---

[98] 姚薇元，《北朝胡姓考》，頁336。

[99] 陳菊霞，《敦煌翟氏研究》，頁61。

[100] 譚其驤，〈記五胡元魏時之丁零〉，頁245。

[101] 周偉洲，《敕勒與柔然》，頁47。

一、史料的搜集與考證、分析

　　由於本書所研究的對象時間跨度較大，其歷史活動軌跡從漢末三國延續到唐代，事蹟散見於各種文獻，因此在史料的搜集方面需要作較大工作。主要有以下幾類：

（一）正史、編年、類書

　　最早將稽胡作為傳主記載者為《周書》，其後《北史》、《通典》之有關專門記載大同小異。丁零翟魏之專史本有梁人所撰《翟遼書》二卷，惜已亡佚無存，相關事蹟只能從唐人《晉書》中加以勾稽。

　　由於相關史籍在長期流傳中散佚者眾多，故除八書二史等必要正史外，收錄了大量當時尚存史料的《資治通鑑》亦能提供不少相關線索。如對於十六國時期馳騁中原的丁零豪帥諸翟之來源，《通鑑》明確提及其源自康居。[102]此外也提供了一些對於研究族群治理頗有裨益的材料，如後燕在稽胡居住區設置護軍加以管理，[103]將胡區護軍設置時間由北魏提前到後燕，這些對補正史之闕大有幫助。對於記錄這一時期歷史頗多的《十六國春秋》，雖然崔鴻原本已經亡佚，但散見於《太平御覽》等類書，明人屠喬孫、清人湯球亦有輯本，可窺其一斑。屠本《十六國春秋》收錄的某些條目即可為丁零遷徙與稽胡形成提供一些線索與思考。如在西秦政權中表現活躍的翟瑥諸翟，雖然其來源當為丁零，但對於其入塞後之籍貫、居住地，目前可見之材料唯屠本明確錄有「武始」之記載，[104]對探索丁零入塞後之遷徙頗有意義。另外稽胡馬氏並非匈奴傳統貴族姓氏，當為其他族群。屠本有盧水胡馬氏之記

---

[102] 司馬光，《資治通鑑》，卷九十四，〈晉紀十六‧咸和五年〉，頁 2977。

[103] 司馬光，《資治通鑑》，卷一百八，〈晉紀三十‧太元二十一年〉，頁 3430。

[104] 崔鴻撰，屠喬孫輯，《十六國春秋》（收入紀昀等總纂，臺灣商務印書館編審委員會主編，《景印文淵閣四庫全書》，臺北：臺灣商務印書館，1983，冊四六三），卷八十七，〈西秦錄三‧翟瑥〉，頁 463-1020。

載，[105]可資證明稽胡形成過程中大量吸收其他族群。

（二）方誌

　　《魏土地記》為二族活動頻繁之北魏時期方誌之代表，可惜原本亡佚，不過在《太平寰宇記》等後世志書中有援引部分內容，其中亦有關於稽胡活動的部分佚文。《元和郡縣圖志》、《太平寰宇記》均保留了一些稽胡詞彙片段，並錄有漢語解釋，也留存了一些含有稽胡內容的隋代史料。在《元和郡縣圖志》中，對翟氏建政也有涉及，記錄了翟遼城之地望，可供探索其在中原的活動歷程。

（三）金石

　　由於本書涉及具體人物，因此碑刻、墓誌、神道碑、造像記等金石碑刻也為必須之物。如唐代之〈劉仁願紀功碑〉，展現了稽胡豪帥入唐後之從軍經歷。[106]中唐稽胡軍官墓誌——〈劉明德墓誌〉則為稽胡之認同變化、遷徙過程提供了線索。[107]對於其漢化之軌跡，冊命、家狀等材料也存在從側面提供佐證之可能，如劉光世所受冊命載有其家族先世女性成員之姓氏，為證明其可能存在稽胡血統提供了證據。論及宗教信仰時，造像記也是必須參考的資料。〈白伏原造像記〉為唐代延州地區的稽胡宗教信仰之轉變——彌勒逐漸為淨土所取代提供了可能的支持依據。[108]〈翟興祖造像記〉除解釋北魏末期之佛教影響外，也為附魏丁零之政治待遇及與其他族群之關係提供了一些參考。[109]

---

[105] 崔鴻撰，屠喬孫輯，《十六國春秋》，卷九十七，〈北涼錄四・馬權〉，頁 463-1085。

[106] 董誥等，《全唐文》（北京：中華書局，1983），卷九百九十，闕名〈唐劉仁願紀功碑〉，頁 10249-2。

[107] 胡聘之，《山右石刻叢編》（收入《石刻史料新編》，臺北：新文豐出版公司，1977，冊二十），卷八，〈劉明德墓誌〉，頁 15101。

[108] 〈白伏原造像記〉，參見白文、尹夏清，〈陝西延長的一批唐代窖藏造像碑調查〉，《文博》，2008 年第 2 期，頁 18。

[109] 參見李獻奇，〈北魏正光四年翟興祖等人造像碑〉，《中原文物》，1985 年第 2 期（鄭

（四）佛藏

由於稽胡之中佛教信仰流行，故在佛藏中留下了不少關於稽胡酋帥部民的記載。如慧達大師（劉薩訶）對佛教進入稽胡之中居功至偉，其人亦列於道宣之《續高僧傳》，敦煌變文中也有〈劉薩訶變文〉。其餘與稽胡有關之僧人如釋法通、普滿等亦在佛藏中留下記載。通過這類史料，除紙面之佛教傳播外，也可挖掘佛教之外的其他方面，如生活習俗、語言變遷、族群關係等，《法苑珠林》等佛藏史料即在正史之外補充了唐初稽胡酋帥騷擾關中的相關史實。對研究胡人的生活區域，佛藏作用亦不可忽視，嚴耕望先生即利用佛藏資料分析了稽胡空間地理分佈。[110]

（五）詩文筆記

詩文資料中可能也存在能從側面提供當時知識階層視角中該族形象之記敘，或可展現同一族群中某些成員之漢化歷程，如唐初稽胡後裔賀遂亮等人之詩作。筆記小說如《太平廣記》中收入丁零王翟釗之故事，雖為小說家之言，卻或多或少反映了翟魏之宮廷生活。同書關於慈州稽胡獵戶之故事或蘊藏了唐代當地各宗教勢力消長、競爭的史實。

在資料蒐集過程之中，以直接史料為主，與後漢三國、十六國北朝、隋唐相關之部分，儘量使用本朝正史與文獻，如《三國志》、《晉書》等，如直接史料不存在，或對於某一事件記載過於簡略，則參考《資治通鑑》等史料。墓誌碑刻等金石資料對於印證、對比史書等「紙上史料」之作用不可忽視，故墓誌碑銘等資料亦作為本書不可或缺的參考。

州，1985.04），頁 21-26。

[110] 嚴耕望，〈佛藏所見之稽胡地理分佈區〉，《大陸雜誌》，1986 年第 4 期第 72 卷，頁 3-5。

二、比較法與歸納法

　　比較法用於不同時期對於相同族群之對照研究以及分析相似自然條件下不同族群發展之異同。本書在運用該方法時，一方面將年代跨度較大的族群在不同政權統治下與中央之關係作比較。如北魏治下之稽胡與隋唐治下之稽胡，雖然稽胡之被統治地位在數百年中沒有發生根本變化，然而其與中央之關係卻不大一樣。北魏治下頻頻起事之稽胡到隋唐時起事頻率大為減少，與中央之關係出現緩和趨勢。另一方面，由於文中所著重分析的稽胡、丁零雖然同為山居族群，但分佈地區之地形不盡相同，故其經濟形態、族內組織形式也存在差異。以丁零而言，雖為山居族群，但主要依託太行山山麓生活，而且太行山自古即存在聯通外界的道路──「太行八陘」，所以至少部分丁零並非處於完全意義上的封閉狀態。相比之下，生活在呂梁山區、黃土高原的稽胡則由於山巒的阻隔，與外界之交通遠比丁零惡劣，封閉性自然較強。因此就客觀條件而言，由於環境作用，丁零更容易受到外界影響，在除西河以外的其他地區，稽胡與外界交流較為困難。故少數族群的傳統社會組織方式──部落制度也比前者存在更久。

　　歸納法則是將不同政權對山居族群統治政策之異同予以歸納，儘管兩族均處於中央政權的控制之下，但控制力有所差異，統治方式、族群地位也有所不同。這些差異及背後的深層原因，必須要通過對比、歸納才可能說明問題。如北魏在長時間內對稽胡之統治雖然剛柔並濟，然以剛猛為主，且傾向軍政管理，榨取稽胡部民可利用之價值。但隋朝建立之後，隋文帝對稽胡之統治策略卻大為緩和，甚至削減胡人服役工期。二者雖然在治理策略上寬嚴不同，但利用稽胡為政府服務之目的並沒有根本區別。

三、分析綜合法

筆者將通過對一系列有關此時期山居族群與中央政權關係之史料的歸納、分析、整理、對比，綜合提出一些新的觀點，如影響其族對中央政權叛服之決定因素。對於中央政權向其居住地區擴張、施加影響力，丁零、稽胡的應對措施無非降服與反抗兩端。如果綜合分析歷次起事之經過與最終結果，可以看出這兩種策略的選擇除對祖先與中原政權打交道時採取的一貫政策之繼承外，實際上也是出於自身利益最大化之考量。此外，酋長之個人意志、其他政權或族群的介入也是影響因素。對於這些族群宗教的變化，大體為傳統巫術信仰到佛教之變革，若分析歷代之造像記，可以綜合得出其族在接觸佛教後，宗教信仰大致經歷了一條由左道異端到「正法」的變遷之路。

四、圖表分析法

因現有史料之限，如果完全拘泥於史料，對某些問題顯然難以深入解釋，所以有必要在史料解讀的基礎上，結合歷史地理學研究法，在丁零匈奴內徙、歷次與中央之衝突等方面繪製地圖，以便較為清晰地展示諸過程，並以推理的方式解決一些問題、釐定史書可能之訛誤，如通過胡女布、龍鬚席等稽胡傳統手工製品之分佈探討稽胡分佈範圍，或可以將稽胡文化之影響區域由黃河兩岸擴大到黃土高原南端，甚至塞上。另外以繪圖之方法展示歷次衝突過程，也可以對史書的某些記載進行校正。如《魏書》所云之白龍起兵區域，魏收將白龍餘黨列於五原，然五原位於塞上，以距離而論，白龍敗亡後其餘眾絕無數日內到達之可能，且五原為此役前魏太武帝巡行之所，當為魏師控制之地，撤退之胡人當無自投羅網之理。通過地圖比對，可以推斷此「五原」或為「五城」之誤，距西河較近、且為稽胡居住區之五城成為白龍餘黨撤退目的地之可能性遠較五原塞上為高。

　　在起事頻率、管理機構設置方面，量化列表分析當為可行之道。與其單純羅列史料，不如將有關資料一一統計，更能說明問題。如在起事方面，若將不同時代之起事頻率列表，則結果一目瞭然，對於解釋不同時段之族群關係必有助益。

五、比較語言學

　　雖然這兩大族群已經成為歷史的過客，但稽胡卻在《元和郡縣圖誌》、《太平寰宇記》等史料中留下了一些存在漢語釋義的胡語詞彙，而且在稽胡曾經活躍的山西、陝西等地存在一些用漢語難以解釋的地名，或與稽胡有關，可能為其當年活動留下之印記。此外，某些酋帥之名可以通過中古漢語擬音，推測其身份及可能之族屬。利用比較語言學方法對釐清其族群形成當有幫助，而判斷目前留存的胡語地名也能在某種程度上展現稽胡在此區域曾經的歷史活動。

六、歷史人類學理論

　　雖然本書研究的山居族群作為獨立的文化主體，目前已不存在，但歷史人類學理論對於分析這些族群的行為仍存在可借鑑之處。如其文化行為、對外交流方式等，稽胡中存在的男女服飾之分別在近代川西山區少數族中也有反映，而屢屢出現的掠奴行為在近代四川彝族中也存在。即使身為封閉性較強、儘量避免與外界接觸的族群，可出於獲得必要生活物資之需求，也不得不尋求與外界之商品交換。這在近代臺灣泰雅系諸族中可見一斑，泰雅諸族雖然居於深山，但需不時下山與外界換取食鹽等生活物資以為生計。而受稽胡青睞之某些裝飾品在其原鄉並無出產，必然仰賴於對外商品交換。諸如此類生活模式，古今族群存在相似之處，這些現象背後的文化意涵或可以嘗試用現代理論分析。

七、田野調查法

　　即使這些族群早已與漢人融合，但在其生活過的地方卻可能存在一些文化遺存或歷史記憶。如在丁零活躍的華北平原，仍有不少「翟」氏村莊，村民對於自己的身份是否還留存歷史記憶？是否還記得自己祖先的族屬？這對於探索其漢化過程有一定幫助。而在山陝地區，至今還有一些難解之村名，如延長縣之可也村，其得名顯然不是漢語，很可能與歷史上在此顯赫一時的稽胡有關。除利用比較語言學外，直接尋訪當地村民，問詢名稱來歷，也不失為一探索身份記憶的方法。另一方面，當地分佈較廣的可汗崇拜或許也與某稽胡酋長存在一定聯繫，向村民請教其來歷與傳說，也是探討可能來源的途徑之一。故筆者曾於西元2021 年 5 月赴河北、山西、陝西三省，到當地鄉村搜集口述資料。

八、文化心理學分析

　　由於此二族群在漢化速度上存在較大差異，所以除外在力量之影響外，其內部之族群心理亦需要加以分析。是否有某些存在於族人內心深處的特性致使二者差異明顯？這可能需要借助文化心理學理論分析原因。稽胡之祖先主要為匈奴，匈奴曾統治草原，而丁零在塞外則長期處於被統治地位，二者祖先之統治地位差異或導致了其後人在被他族統治時，心理抵觸程度不盡相同，從而影響其漢化進程。

第二章　丁零之入塞與分佈

　　十六國初期丁零翟氏之名出現開始於華北平原，故其入塞時間必然不晚於十六國。但對於其入塞途徑、時間，史籍記載卻較為含糊，僅《資治通鑑》有翟氏世居康居之語。如果此記載可靠，則該族是在何時，通過何種路線東行入華？確實值得探討。有趣的是，河西走廊也先後出現了不少翟氏活動的蹤跡，甚至包括敦煌大姓──翟氏，其中一些不乏粟特色彩，這些翟氏和丁零翟氏是否存在關係？如果可判定其為丁零翟氏東遷路上居留者之後代，無疑對探討丁零入華路線存在幫助。

　　《魏書·高車傳》將「狄氏」列為高車六種之一，無論是唐長孺先生還是姚薇元先生，均認為狄、翟互通，此即翟氏。不過弔詭的是，比起高車六種的其他部族，這一支似乎缺乏草原活動的蹤跡。然而以拓跋鮮卑之北族出身，不太可能對這些草原部族不甚熟悉，至少可以表明這一支曾在其治下或鄰近草原生活過。此狄氏是否為入塞翟氏之屬？需要加以分析。

　　由於丁零居塞外者分為北丁零與西丁零，王莽、曹魏時期均有丁零駐守或款叩邊郡之記錄。這些應與北丁零關係密切者是否南下構成了另一條丁零入塞道路？從地理上並非不可能。

　　至於入塞丁零中地位僅次於翟氏者──鮮于氏，其來源更發人思考。翟氏還可從高車六種中尋得蹤跡，鮮于氏則無法在塞外丁零中看到，反倒是春秋戰國時白狄中山國有鮮虞種類。其為漢魏以來之入塞丁零，抑或是更早之非漢族群，又何以會與丁零翟氏形成同盟？尚待合理解釋之提出。

第一節　丁零之概述

「敕勒川，陰山下，天似穹廬，籠罩四野，天蒼蒼，地茫茫，風吹草低見牛羊」。

一曲〈敕勒歌〉經北齊名將斛律金傳唱而家喻戶曉，至今仍在長城內外迴響，不過曲名中的族群卻並非一直在蒙古草原陰山腳下過著牧牛放馬的田園牧歌式生活。其胞族從草原進入中原，在十六國到北魏的歷史舞臺上留下了濃墨重彩的印記，以金戈鐵馬書寫了屬於自己的族群故事。這一支即通常被認為與敕勒同源，名曰丁零的族群。

丁零之起源可以追溯到西元前 3000 年左右南西伯利亞的阿法納謝沃文化（Afanasevan Culture），該文化帶位於阿爾泰山、米努辛克斯盆地，其居民以石器、骨器為生產工具，飼養牛、羊等家畜，並有發現馬的遺骸，擁有一定的原始農業，還有頗具特色的車輛出土。[1]此後相繼出現的卡拉蘇克文化（Karasuk Culture）、塔加爾文化（Tagar Culture）及塔施提克文化（Tashtyk Culture）均有丁零參與之嫌。

卡拉蘇克文化已普遍使用青銅工具，製陶業發達，並且形成龐大的氏族公社。[2]陶器、青銅器器形風格多有與華北商周時代器物類似者，甚至有出土與殷墟器形相同之弓形器、青銅矛、簇等。[3]蘇俄學者即肯定該文化為丁零人傳播中國文化因素之結果。[4]

西元前 8-2 世紀活躍於葉尼塞河流域的塔加爾文化在經濟上沿襲卡拉蘇克文化，也為半游牧與鋤耕農業。鑄銅業生產開始專業化，以出土類似中國北方風格的銅鍑而著稱，[5]後期鐵器逐漸取代青銅。其居民與

---

[1]　Mallory, J. P., *Encyclopedia of Indo-European Culture*, Taylor & Francis, 1997, p.4-6.

[2]　楊聖敏，《回紇史》（長春：吉林教育出版社，1991），頁 14。

[3]　段連勤，《北狄族與中山國》（桂林：廣西師範大學出版社，2007），頁 13。

[4]　Академия Наук *СССР:Всемирная история*, TOM I, стр.458, M.1956.

[5]　郭物，〈青銅鍑在歐亞大陸的初傳〉，《歐亞學刊》，1999 年第一輯，頁 140。

斯基泰人體質類型接近，有認為其為丁零者。[6]

　　塔施提克文化上承塔加爾文化，後來發展為點戛斯文化。為半游牧和犁耕社會，階級分化日益加強，鐵器廣泛使用，陶器以圈足杯形器為代表。蘇俄學者認為其為原居住於米努辛斯克盆地（Minusinsk）之丁零人與西元前2-1世紀由外蒙古西北遷徙而來的堅昆人的混合。[7]總之到漢代，丁零已經發展為一個龐大的部落聯合體，中間雖包括操各種語言之族群，然其主要通用語言仍屬突厥語族。

　　雖然《魏書·高車傳》謂高車、丁零為同類，[8]不過反對意見古已有之。契丹出身的元代詩人耶律鑄認為「諸書所載丁靈、丁零、丁令三字不同，詳其先後事蹟，似非一種」。[9]紀曉嵐認為耶律鑄「足跡涉歷多西北極遠之區，故所述塞外地理典故往往詳核」，其關於丁零之註釋「辨論頗詳」，「有裨於考證」。[10]但王日蔚先生認為耶律鑄根據讀音判斷族屬的方法「置正史及重要史實於不顧」，有「好立奇論」之嫌。[11]

　　根據時代及地域之分，丁零又稱釘靈、丁令、狄歷、高車、敕勒，是突厥興起前北亞、中亞地區突厥語族群之共稱。依胡秋原先生之見，「丁零」得名當與今外蒙中北部之土拉河（Tula）有關，此河古名Til（意味大河），「鐵勒」（Til）大概為「匈奴時代以河為氏之稱」，為漢人傳為「丁零」。[12]另一觀點則認為該族名源於突厥語族之

---

[6]　Леонид Романович Кызласов, *Очерки по истории Сибирии и Центральной Азии*, Изд-во Красноярского университета, 1992, p.17.

[7]　Таскин В.С., *Материалы по истории сюнну（по китайским источникам）*, Предисловие, перевод и примечания В. С. Таскина М., 1968, p.136.

[8]　魏收，《魏書》（北京：中華書局，1974），卷一百三，〈高車傳〉，頁2307。

[9]　耶律鑄，《雙溪醉隱集》（收入紀昀等總纂，臺灣商務印書館編審委員會主編，《景印文淵閣四庫全書》，冊一一九九），卷五，〈丁零二首〉，頁1199-448。

[10]　紀昀等總纂，臺灣商務印書館編審委員會主編，《景印文淵閣四庫全書》，冊一一九九，〈集部五·提要〉，頁1199-356。

[11]　王日蔚，〈丁零民族史〉，頁87。

[12]　胡秋原，《丁零·突厥·回紇——其起源，其興衰，其西邊及其文化史意義》，頁8。

「Türk」或「Türks」（含「聯盟」之意），持這一觀點者以施瑛先生、馬長壽先生、劉義棠先生為代表。[13]施瑛先生進一步提出「丁令的末音『ng』」對於「不慣讀此音的民族」往往省去，故成「鐵勒」。[14]二說雖存在一定分歧，但均肯定「丁零」、「鐵勒」為同音異譯。

既然丁零與敕勒為胞族已是學界共識，所以中外學者通常也多認為丁零與隋以後之鐵勒、回紇有著密切的親緣關係，可以視為同一祖先的後代。唯岑仲勉先生等少數學者意見審慎，認為丁零不能等於全部鐵勒，「回紇對高車只是一時臣屬，並不是高車族之分子」。[15]

丁零與後世興起之突厥亦存在一定的親緣關係。清人丁謙謂「突厥與狄歷、敕勒、鐵勒皆一音之轉，其同出一族又何疑乎？」[16]馬長壽先生、胡秋原先生均直接提出突厥本為丁零一部。[17]林幹先生舉出〈闕特勤碑〉、〈苾伽可汗碑〉之突厥文記載，明確「突厥為鐵勒同族即出於鐵勒的一支」。[18]段連勤先生認為丁零祖先即商周時期的鬼方、北狄，「丁零」為「狄（翟）」之音轉，並考證該族為「我國遠古時期以翟鳥為圖騰的民族」。[19]無獨有偶，在後世突厥傳說中也提到其同祖分支族群之鳥類崇拜習俗。《周書·突厥傳》云：

---

[13] 參見施瑛，《中國民族史講話》（北京：中國圖書館學會高校分會委託中獻拓方電子製印公司複印，2009），頁 72。馬長壽，《突厥人和突厥汗國》（桂林：廣西師範大學出版社，2006），頁 5。劉義棠，《中國邊疆民族史》（臺北：臺灣中華書局，1969），頁 210-211。

[14] 施瑛，《中國民族史講話》，頁 72。

[15] 岑仲勉，〈敕勒與鐵勒、高車與回紇之區別（附論丁令、烏護）〉，收入氏著，《突厥集史》，下冊，頁 1060-1061。

[16] 丁謙，〈漢書匈奴傳考證〉，收入氏著，《蓬萊軒地理叢書》（北京：北京圖書館出版社，2008），冊一，頁 73。

[17] 參見馬長壽，《突厥人和突厥汗國》，頁 5。胡秋原，《丁零·突厥·回紇——其起源，其興衰，其西邊及其文化史意義》，頁9。

[18] 林幹，《突厥與回紇史》（呼和浩特：內蒙古人民出版社，2007），頁 18。

[19] 段連勤，《北狄族與中山國》，頁 2-4。

或云突厥之先出於索國，在匈奴之北。其部落大人曰阿謗步，兄
弟十七人。其一曰伊質泥師都……娶二妻……一孕而生四男。其
一變為白鴻；其一國於阿輔水、劍水之間，號為契骨；其一國於
處折水；其一居踐斯處折施山，即其大兒也。[20]

　　依薛宗正先生之見，所謂白鴻之後即丁零，白鴻為其族鳥圖騰崇
拜之產物。[21]通過鳥崇拜之傳說，也可知突厥與丁零當為堂兄弟之關
係，同源異流。

　　對於丁零和高車的區別，《魏書・高車傳》指出「高車，蓋古赤
狄之餘種也，初號為狄歷，北方以為勅勒，諸夏以為高車、丁零。」[22]
又《南齊書・芮芮虜傳》謂柔然西北之高車阿伏至羅國為「丁零」，[23]
可見高車與勅勒、丁零實為一族，只是由於冠名者文化、族群的差異，
產生了同族異名的結果。「云高車者，不過因車制之異，從而呼之，並
非部名」。[24]王日蔚先生對此一族二名的現象有精闢的解釋，「或因魏
與高車為鄰，高車必為彼時通行之名，故魏人用之。南朝諸國與之相距
甚遠，於高車一詞不甚熟悉，故沿用舊名」。[25]認為「高車」為該族群
之意譯乃是學界共識，唯英國學者巴克爾（E. H. Parker）認為「高車」
一詞出自突厥語「康里」（Kankly）。[26]

　　除十六國北朝時期生活於中原的入塞丁零外，似乎還存在高車丁
零。北魏明元帝曾於泰常三年（西元 418 年）春，「自長川詔護高車中

---

[20] 令狐德棻，《周書》，卷五十，〈突厥傳〉，頁 908。

[21] 薛宗正，《突厥史》（北京：中國社會科學出版社，1992），頁 50。

[22] 魏收，《魏書》，卷一百三，〈高車傳〉，頁 2307。

[23] 蕭子顯，《南齊書》（北京：中華書局，1972），卷五十九，〈芮芮虜傳〉，頁 1023。

[24] 丁謙，〈魏書高車傳補地理考證〉，收入氏著，《蓬萊軒地理叢書》，冊二，頁 119。

[25] 王日蔚，〈丁零民族史〉，頁 91。

[26] 巴克爾著，向達、黃靜淵譯，《韃靼千年史》（太原：山西人民出版社，2015），頁
182。

郎將薛繁率高車丁零十二部大人眾北略，至弱水，降者二千餘人，獲牛馬二萬餘頭」。[27]對於「高車丁零」之斷句，段連勤先生認為，由於入塞丁零的分佈位置以及經濟形態限制，很難與草原上的胞族一樣以騎兵長驅北上，因此此處的高車丁零並非指代兩個分支——高車與丁零，而是專指草原分支。即入居塞內者為丁零，仍居塞外之敕勒又稱為高車丁零。[28]其觀點可備一說。

　　與前述考古資料顯示的丁零發展史有所不同，在以漢文史籍承載的中原人之記憶中，丁零的歷史可以追溯至先秦時期。《山海經‧海內經》謂其釘靈，「其民從膝以下有毛，馬蹏善走」。[29]釘靈即丁零、丁令之異譯。到兩漢時期，隨著中原王朝勢力向北疆不斷擴展，丁零也進一步為前者熟悉，史籍中之記載不斷增多。《漢書‧蘇武傳》留下了蘇武牧羊時，丁令盜其牛羊的記載。[30]又《漢書‧李陵傳》稱漢武帝時，匈奴單于曾以衛律為丁零王，[31]該記錄反映了在匈奴稱霸草原的時代，丁零臣服於匈奴權威之下的事實。由於這段歷史的存在，丁零在語言文化上不可避免受到匈奴影響，甚至可能存在通婚融合，故而《魏書‧高車傳》錄有「其先匈奴之甥」之說，指出「其語略與匈奴同而時有小異」。[32]隨著匈奴在漢朝打擊下衰弱，丁零也反客為主、扮演了趁火打劫的角色。在匈奴攻烏孫無果後，「丁令乘弱攻其北，烏桓入其東，烏孫擊其西」，[33]丁零與其他各族一起發難，加劇了匈奴帝國的瓦解。

　　由於游牧經濟的移動性，逐水草而居的生活形態使丁零分佈區域

[27] 魏收，《魏書》，卷三，〈明元紀〉，頁 58。

[28] 段連勤著，《丁零、高車與鐵勒》，頁 14-15。

[29] 袁珂校注，《山海經校注》（上海：上海古籍出版社，1980），卷十八，〈海內經〉，頁 463。

[30] 班固，《漢書》（北京：中華書局，1962），卷五十四，〈蘇武傳〉，頁 2463。

[31] 班固，《漢書》，卷五十四，〈李陵傳〉，頁 2457。

[32] 魏收，《魏書》，卷一百三，〈高車傳〉，頁 2307。

[33] 班固，《漢書》，卷九十四上，〈匈奴傳上〉，頁 3787。

極廣，在草原各地多有留下身影，其部落主要分為匈奴以北的北丁令及西域的西丁零。魚豢之《魏略》云：

> 丁令國在康居北，勝兵六萬人，隨畜牧，出名鼠皮，白昆子、青昆子皮……或以為此丁令即匈奴北丁令也，而北丁令在烏孫西，似其種別也。又匈奴北有渾窳國，有屈射國，有丁令國，有隔昆國，有新梨國，明北海之南自復有丁令，非此烏孫之西丁令也。烏孫長老言北丁令有馬脛國，其人音聲似雁鶩，從膝以上身頭，人也，膝以下生毛，馬脛馬蹄，不騎馬而走疾馬，其為人勇健敢戰也。[34]

當匈奴的權威已難號令其他草原部族時，擺脫控制的丁零亦開啓了南下進程。這一過程也逐漸改變了中原人以往的種種神話想像。在此之前，由於匈奴阻隔，瞭解丁零的生活形態對漢人來說存在一定困難，在道聽途說及主觀想像下，產生了《山海經》、《魏略》等對其不同尋常的體貌特徵之描述，即中原人對邊徼風物奇異想像的體現。這些當然帶有神話成分，不過也或多或少反映了其經濟生活。其實「膝下生毛」當為寒冷氣溫下對保暖毛皮服裝的依賴，人腿似馬腿的特徵則說明在游牧生活中馬的重要地位。

---

[34] 陳壽，《三國志》（北京：中華書局，1982），卷三十，〈烏丸鮮卑東夷傳〉裴注引魚豢《魏略·西戎傳》，頁858。

圖 2-1　塞外丁零諸族分佈圖

　　隨著丁零人不斷南遷、接近漢王朝的北疆，一部分丁零人也被漢朝納入了管理體系。在王莽時期，已有丁零牧民成為政府的兵士，和其他族群一起防衛邊疆。《後漢書・烏桓傳》云：

> 及王莽篡位，欲擊匈奴，興十二部軍，使東域將嚴尤領烏桓、丁令兵屯代郡，皆質其妻子於郡縣。烏桓不便水土，懼久屯不休，數求謁去。莽不肯遣，遂自亡畔，還為抄盜，而諸郡盡殺其質，由是結怨於莽。匈奴因誘其豪帥以為吏，餘者皆羈縻屬之。[35]

　　由於邊將的人身控制意圖過於強烈，烏桓等族不堪壓力，終於走上反抗之路，重歸匈奴懷抱。而丁零的動向可能稍比烏桓溫和，反抗的力度似不及烏桓激烈，可能仍在政府的控制下。這些丁零可能以服兵役

---

[35]　范曄，《後漢書》（北京：中華書局，1965），卷九十，〈烏桓傳〉，頁2981。

的形式換取居留權，最後融合於邊郡漢民。而在更遠的塞外，仍有丁零以獨立族群身份生活，並通過朝貢等方式，與中原發生聯繫。其向中央職貢之最早記錄出現在東漢末年，曹操執政時有「鮮卑、丁零，重譯而至」。[36]到三國時，丁零仍向邊郡貢獻，魏明帝太和五年（西元 231年），丁零大人兒禪即隨鮮卑首領軻比能至幽州貢名馬。[37]此時草原為鮮卑首領軻比能稱霸，丁零應為鮮卑之役屬。隨著時間的發展，丁零內部不可能長期保持不變，部族分化也在不斷進行，新的氏族不斷出現，《魏書·高車傳》云：

> 其種有狄氏、袁紀氏、斛律氏、解批氏、護骨氏、異奇斤氏……高車之族，又有十二姓：一曰泣伏利氏，二曰吐盧氏，三曰乙旃氏，四曰大連氏，五曰窟賀氏，六曰達薄干氏，七曰阿崙氏，八曰莫允氏，九曰俟分氏，十曰副伏羅氏，十一曰乞袁氏，十二曰右叔沛氏。[38]

六種十二姓代表了北魏官方對塞外高車內部支系情況的認識，其中「狄氏」即「翟氏」，為內徙丁零中執牛耳者，在太行山麓、黃河流域上演了一齣縱橫百年的大戲。

第二節　丁零之內徙路線

先秦時期，丁零居匈奴之北，在今貝加爾湖一帶游牧，到西漢末方進入中原王朝之北疆邊郡。但至十六國時期，太行山以東的華北平原中山、常山諸郡卻成為了入塞丁零的最大聚居區。丁零何以能由塞外入

---

[36] 陳壽，《三國志》，卷一，〈武帝紀〉，頁 38。

[37] 陳壽，《三國志》，卷三，〈明帝紀〉，頁 98。

[38] 魏收，《魏書》，卷一百三，〈高車傳〉，頁 2307。

居內地？其入居路線又如何？均發人思考。筆者認為其入居中原之路徑
應該存在多條：

一、西線

對於太行山以東中山丁零的由來，《資治通鑑・咸和五年》給出
了簡要解答：

> 初，丁零翟斌，世居康居，後徙中國，至是入朝於趙；趙以斌為
> 句町王。[39]

「世居康居」的記載無疑對應了《魏略》「丁令國在康居北」，
「隨畜牧」之說。[40]綜合兩家說法，結合貝加爾湖周邊為北丁零，鹹海
以東為西丁零之族內劃分，翟斌之祖先當即漢代康居之北的西丁零。需
要看到的是，雖然丁零木在康居以北，但丁零卻可能存在後來南下進入
康居境內居住之可能。《隋書・康國傳》云：

> 康國者，康居之後也。遷徙無常，不恒故地，然自漢以來相承不
> 絕。其王本姓溫，月氏人也……其王索髮，冠七寶金花，衣綾羅
> 錦繡白疊……丈夫翦髮錦袍。[41]

康國國王與平民之髮式區別較大，何以如此？或與其族源不同有
關。日本學者白鳥庫吉不贊成《隋書》之王室月氏說，推斷「漢代有一
游牧民族建立此國，其統治階級則非伊蘭人，此乃北方闖入之游牧民

---

[39] 司馬光，《資治通鑑》，卷九十四，〈晉紀十六・咸和五年〉，頁 2977。

[40] 陳壽，《三國志》，卷三十，〈烏丸鮮卑東夷傳〉裴注引魚豢《魏略・西戎傳》，頁
858。

[41] 魏徵，《隋書》（北京：中華書局，1974），卷八十三，〈康國傳〉，頁 1848。

族，而將伊蘭土民克服之」。[42]該論述頗有見地，然而白鳥氏謂其王室為突厥。[43]如果結合時代及族群之空間分佈，可知該入居康居之游牧族群當為丁零。雖然丁零髮式史無明確記載，但不妨通過其胞族高車加以推斷。《魏書・崔浩傳》將高車與柔然並稱為「旄頭之眾」，[44]柔然之髮式為「編髮左衽」，[45]則高車亦當相似。「索髮」與「編髮」同意，故康居國王之髮式為從丁零制度的可能性較高，或為丁零之後。

　　丁零南下與康居雜居，兩大族群之間混血自然難免。漢末繁欽之〈三胡賦〉描述康居胡人外貌為「焦頭折頞，高輔陷無，眼無黑眸，頰無餘肉」。[46]康居原住民本為高加索類型白種人，但漢末居民卻呈現出鮮明的混血特徵，既有類似白種人的頭髮捲曲、高眉骨等，又有蒙古人種常見的黑髮、低鼻樑。為其帶來蒙古人種血統的族群當即南下之丁零游牧民。在入居康居的諸丁零部族中，翟氏未必擁有國君地位，但當為重要之權貴，而且較長時間內保持了一定獨立性。北周天和六年（西元571年）〈康業墓誌〉稱誌主為康居國王之後，其父曾被「雍州呼藥、翟門及西國豪望等舉為大天主」。[47]對於推舉康業之父任大天主的諸群體中之「翟門」，羅豐先生、榮新江先生認為此當為一類人的通稱，推測其所在胡人聚落中，翟姓最大，要有翟姓民眾和西國豪望一起推舉，才能為大天主。[48]翟氏這一地位的取得或許可以追溯至漢代進入康居

[42] 白鳥庫吉著、傳勤家譯，《康居粟特考》（太原：山西人民出版社，2015），頁35。

[43] 白鳥庫吉著、傳勤家譯，《康居粟特考》，頁36。

[44] 魏收，《魏書》，卷三十五，〈崔浩傳〉，頁816。

[45] 蕭子顯，《南齊書》，卷五十九，〈芮芮虜傳〉，頁1023。

[46] 李昉等，《太平御覽》（北京：中華書局，1998），卷三百八十二，〈人事部二十三・醜丈夫〉，頁1764-2。

[47] 〈康業墓誌〉，參見程林泉、張翔宇、山下將司，〈北周康業墓誌考略〉，《文物》，2008年第6期，頁82。呂蒙、張利芹，〈北周《康業墓誌》釋文校正〉，《宜賓學院學報》，2009年第2期，頁97。

[48] 羅豐、榮新江，〈北周西國胡人翟曹明墓誌及墓葬文物〉，頁285。

時，為對原權貴地位之承襲。

　　然而康居位於中亞，中山則位於太行山以東，二者直線距離將近萬里，在交通不便的古代，若無外部力量的驅動，如政府主導移民，這種長距離遷徙恐怕難以完成。即使是游牧部族，若無特別目的，其遷徙也不至於將目的地定在萬里之外。對於這股影響丁零遷徙的外力，筆者認為應是匈奴。

　　在張騫通西域，漢代政府介入天山南北前，「西域本屬匈奴」。[49]因此張騫通西域途中不止一次遇險，甚至遭到扭送匈奴之命運。匈奴對西域的控制不止為藩屬式的羈縻，而且設有官吏代表單于征收賦稅、進行統治。《漢書·西域傳》云：

> 西域諸國大率土著，有城郭田畜，與匈奴、烏孫異俗，故皆役屬匈奴。匈奴西邊日逐王置僮僕都尉，使領西域，常居焉者、危須、尉黎間，賦稅諸國，取富給焉。[50]

　　漢朝與匈奴反復爭奪西域，主導權雖然幾度易手，然在匈奴內部分裂，郅支單于向西發展後，更西部的中亞地區一度成為匈奴北單于盤踞之所。中亞大國康居也曾是匈奴盟友，康居王甚至與郅支單于互為婚姻，「以女妻郅支，郅支亦以女予康居王。康居甚尊敬郅支，欲倚其威以脅諸國」。[51]

　　既然匈奴鐵騎能將勢力直入康居，則自然可以將其巨大的影響力施加於康居境內的丁零等部族，讓丁零成為其役屬。匈奴因勞動力需求而廣泛存在掠奴傳統，在對待西域諸國、部落時，不乏人為干預、主導

---

[49] 班固，《漢書》，卷七十，〈陳湯傳〉，頁 3010。

[50] 班固，《漢書》，卷九十六上，〈西域傳〉，頁 3872。

[51] 班固，《漢書》，卷七十，〈陳湯傳〉，頁 3009。

之人口遷徙。如在扶植親匈奴之車師王後，「收其餘民東徙」。[52]在這
些人口爭奪中，可能也有一些與康居混居或原生活於康居以北的丁零人
屈從匈奴武力，整部落成為其牧奴，隨著匈奴的遷徙而移動。事實上，
匈奴中確實存在丁零奴隸。《魏略·西戎傳》云：

> 貲虜，本匈奴也，匈奴名奴婢為貲。始建武時，匈奴衰，分去其
> 奴婢，亡匿在金城、武威、酒泉北黑水、西河東西，畜牧逐水
> 草，鈔盜涼州，部落稍多，有數萬，不與東部鮮卑同也。其種非
> 一，有大胡，有丁令，或頗有羌雜處，由本亡奴婢故也。當漢、
> 魏之際，其大人有檀柘，死後，其枝大人南近在廣魏、令居界，
> 有禿瑰來數反，為涼州所殺。今有劭提，或降來，或遁去，常為
> 西州道路患也。[53]

貲虜之中明確存在丁零，結合貲虜出現於東漢之初的河西走廊，
事在郅支單于入康居之後，故該部很可能為與康居關係密切的西丁零。
雖然不能排除北丁零南下之可能，不過從山川地形來說，由西域東入河
西走廊的難度顯然低於從蒙古高原翻越阿爾泰山南下，故西丁零之可能
性較高。或為在匈奴的控制下，從中亞跋涉到涼州，又因匈奴的衰敗而
獲得自由，以畜牧、劫掠為生。據段連勤先生估算，這些貲虜中的丁零
人至少有十萬口。[54]到十六國末期，涼州仍有貲虜活動的記錄。後涼之
時，沮渠蒙遜之從兄沮渠男成即曾「逃奔貲虜，扇動諸夷」，[55]反抗呂
光，但此時的貲虜可能已役屬於吐谷渾，其中是否還有獨立的丁零存在

---

[52] 班固，《漢書》，卷九十四上，〈匈奴傳上〉，頁 3788。

[53] 陳壽，《三國志》，卷三十，〈烏丸鮮卑東夷傳〉裴注引魚豢《魏略·西戎傳》，頁
858。

[54] 段連勤，《丁零、高車與鐵勒》，頁 73。

[55] 房玄齡，《晉書》（北京：中華書局，1982），卷一百二十二，〈呂光傳〉，頁 3061。

不得而知。從某種角度而言，「貲虜」或許只是一種曾經的身份標誌，即奴隸，而非統一的族群標誌。至少在漢末、三國時，其中的各部族仍然保持了相對獨立的身份，或是從貲虜中脫離，繼續以原族群身份活動。一些丁零即存在此狀況，漢末酒泉蘇衡起事，「與羌豪鄰戴及丁令胡萬餘騎攻邊縣」。[56]

酒泉為東漢初年貲虜的活動地區，可以推測蘇衡的丁零友軍可能脫胎自貲虜。丁零在河西走廊的活動到曹魏之末尚能見到。〈晉護羌校尉彭祁碑〉頌揚彭祁治理酒泉之政績，稱「遠夷望風，襁負歸命，白山丁令帥服賓貢」。[57]關於白山之位置，司馬貞《史記索隱》曰：「祁連一名天山，亦曰白山也」。可知白山即祁連山，白山丁零即駐牧於河西走廊之祁連山一帶。「失我祁連山，使我六畜不蕃息」。[58]在匈奴控制河西的時代，祁連山就以水草豐美，畜種繁息而著稱，無怪乎百年後丁零也選擇在此地生活。

隨著白山丁零為彭祁招安，丁零部眾應逐漸與漢人融合。不過到十六國時期，河西的丁零可能還未完全消失，西涼李玄盛〈上晉帝表〉中即有「西招城郭之兵，北引丁零之眾」之語。[59]如果此丁零非文學修辭上對游牧部族的泛指，則此時在涼州北部可能尚有作為獨立部族存在的丁零，可以在必要時刻成為其他政權的盟友，為之搖旗吶喊。

從中亞進入河西走廊後，丁零人的活動範圍並不僅僅局限在涼州地區，有部分可能由金城進入臨近的臨洮。東晉太寧元年（西元 323年）劉曜西征時，有臨洮人翟楷驅逐守令，以郡縣降前趙。[60]此翟楷或

---

[56] 陳壽，《三國志》，卷十五，〈張既傳〉，頁 476。

[57] 趙明誠，《金石錄》（收入《石刻史料新編》，冊十二），卷二十，〈晉護羌校尉彭祁碑〉，頁 8919。

[58] 司馬遷，《史記》（北京：中華書局，1985），卷一百十，〈匈奴列傳〉引注司馬貞《索隱》，頁 2908。

[59] 房玄齡，《晉書》，卷八十七，〈涼武昭王李玄盛傳〉，頁 2264。

[60] 房玄齡，《晉書》，卷八十六，〈張茂傳〉，頁 2231。

與先前之金城賨虜有關，從其降於劉曜來看，此人雖為民籍，但認同上可能猶傾向胡族，這或為此時漢化未久之入塞丁零的共性。另有部分丁零翟氏已遷入今天的青海地區居住。開元十四年（西元726年）〈翟舍集墓誌〉謂誌主姑臧人，本為「西平高壤，右地名族」。[61]榮新江先生認為此段誌文似乎表明翟舍集先人在落籍姑臧前，先在西平居住，並且為當地名族。[62]西平即青海西寧，姑臧即武威治所，也曾為丁零之活動區域，這一支翟氏可能越祁連山入青海，至西寧定居，後又有部分族人回到涼州。從後世留存之地名看，除南下青海者外，另可能有丁零由涼州東部的金城郡渡黃河南下定居。《水經注・漾水》云：

> 漾水又東，南於槃頭郡南與濁水合，水出濁城北，東流與丁令溪水會，其水北出丁令谷，南逕武街城西，東南入濁水，濁水又東，逕武街城南故下辨縣治也。[63]

下辨即今甘肅隴南成縣，從丁令溪、丁令谷以「丁令」命名來看，北魏以前當有丁零居住於此。丁令谷之名直到北宋仍然留存，《宋史・地理志三》「西寧州」下即提及「懷和砦，舊名丁令谷，崇寧三年（西元1104年）置砦，賜名」。[64]

西域入塞丁零的內遷南限當即在成縣附近。需要指出的是活躍於華北之丁零多為翟氏，而河西走廊也有翟氏活動的蹤跡，且其分佈範圍與賨虜存在重合，這恐怕不能以巧合來解釋。敦煌有〈翟家碑〉，碑文

---

[61] 王其英，《武威金石錄》（蘭州：蘭州大學出版社，2001），〈翟舍集墓誌〉，頁46。

[62] 榮新江，〈北朝隋唐粟特人之遷徙及其聚落補考〉，收入氏著，《中古中國與粟特文明》（北京：生活・讀書・新知三聯書店，2015），頁29。

[63] 酈道元撰，楊守敬、熊會貞疏，《水經注疏》（南京：江蘇古籍出版社，1989），卷二十，〈漾水〉，頁1700。

[64] 脫脫，《宋史》（北京：中華書局，1985），卷八十七，〈地理志三〉「西寧州」條，頁2169。

稱祖先「從官流沙，子孫因家，遂為敦煌人」。[65]此外在鮮卑乞伏氏建立之西秦政權中，翟氏官員頗多。《晉書·乞伏乾歸傳》云：

> 署其長子熾磐領尚書令，左長史邊芮為尚書左僕射，右長史祕宜為右僕射，翟瑥為吏部尚書，翟勍為主客尚書，杜宣為兵部尚書，王松壽為民部尚書，樊謙為三公尚書，方弘、麴景為侍中。[66]

乞伏熾磐時又以翟紹為左僕射，[67]翟爽為秦州刺史。[68]諸翟在西秦政權中地位不低，翟瑥甚至位居相國顯位，顯示了其族與西秦王族的特殊關係。唐長孺先生認為西秦乞伏氏可能源於賨虜，[69]如果此說成立，則諸翟能在西秦如魚得水的原因當與賨虜時代丁零和其他族群的相處經歷有關，是歷史傳統的延續。對於這支翟氏的籍貫，屠喬孫輯本《十六國春秋·西秦錄三》稱其為武始人。[70]《晉書·地理志上》「陰平郡」下云：

> 惠帝分隴西之狄道、臨洮、河關，又立洮陽、遂平、武街、始興、第五、真仇六縣，合九縣置狄道郡，屬秦州。張駿分屬涼州，又以狄道縣立武始郡。[71]

以今大陸地區之行政區劃而論，武始郡正位於賨虜活動的東端蘭

---

[65] 張維，《隴右金石錄》（收入《石刻史料新編》，冊二一），〈翟家碑〉，頁16012。

[66] 房玄齡，《晉書》，卷一百二十五，〈乞伏乾歸傳〉，頁3118。

[67] 房玄齡，《晉書》，卷一百二十五，〈乞伏乾歸傳〉，頁3125。

[68] 司馬光，《資治通鑑》，卷一百二十，〈宋紀二·元嘉三年〉，頁3787。

[69] 唐長孺，〈魏晉雜胡考〉，頁424-425。

[70] 崔鴻撰，屠喬孫輯，《十六國春秋》，卷八十七，〈西秦錄三·翟瑥〉，頁463-1020。

[71] 房玄齡，《晉書》，卷十四，〈地理志上〉「陰平郡」條，頁436。

州與目前可知丁零活動的南限成縣之間。雖然翟瑥籍貫為武始，但並不代表其祖先只在武始生活過。西秦翟氏另一位聞人翟勍之經歷或可提供參考。敦煌莫高窟發現之〈翟直碑〉將碑主列為翟勍之後，據陳菊霞先生考證，此家系排列具有一定可信性。[72]不過陳氏將敦煌翟氏視為西秦翟氏之後，恐怕有父子顛倒之嫌。炳靈寺石窟中有西秦建弘五年（西元424 年）之供養人題名——「敦煌翟奴」。[73]此人當為效力西秦政權諸翟之一，根據國人重視籍貫之傳統，此書寫極可能保留了對祖先原鄉之認同。從下葬年代不晚於西晉的敦煌翟宗盈墓之考古發掘可以看出與保留部落的白山丁令不同，敦煌部分翟氏已經高度漢化。從墓室之建造材料、規模來看，當時翟氏已是敦煌有相當經濟實力之豪族。[74]經濟實力的強大使得翟氏可以獲取較為豐富的教育資源以求躋身士族之列，有利加速漢化，令其後裔具備成為西秦股肱之臣的參政能力。

可以推測西秦諸翟當源自敦煌，其中一部分或沿祁連山東行後南遷，停留、定居於武始，這些漢化丁零後來可能投奔西秦，在其政權中扮演重要角色。今天的甘肅臨洮即十六國武始縣，當地仍有翟姓村落存在，如康家集鄉的翟灣村，此或即西秦諸翟之史蹟留蹤。當然在西秦滅亡後，這些翟氏中可能有人又回到敦煌故里，如翟勍後人。

不僅河西走廊留下了諸翟的分佈痕跡，在西域故地也仍有翟氏活動，或為未東遷之漢代西丁零後裔。可以為丁零翟氏西來之說提供一些支撐。〈翟突娑墓誌〉云誌主字薄賀比多，「父娑摩訶，大薩寶」。[75]

---

[72] 陳菊霞，《敦煌翟氏研究》，頁 50-52。

[73] 杜斗誠、王亨通，《炳靈寺石窟內容總錄》（蘭州：蘭州大學出版社，2006），頁194。

[74] 殷光明，〈西北科學考察團發掘敦煌翟宗盈畫像磚墓述論〉，收入樊錦詩、榮新江、林世田，《敦煌文獻‧考古‧藝術綜合研究：紀念向達先生誕辰 110 週年國際學術研討會論文集》（北京：中華書局，2011），頁 166。

[75] 趙萬里，《漢魏南北朝墓誌集釋》（收入《石刻史料新編（第三輯）》，臺北：新文豐出版公司，1986，冊四），圖版四八四〈翟突娑墓誌〉，頁 215。

薩寶為中亞粟特人之神職人員，翟娑婆訶即為大薩寶。王丨先生認為「中古活躍於西土的翟姓多用粟特名」，墓主字「薄賀比多」為粟特語「bwak ha bi ta」之音譯，[76]榮新江先生則認為此乃中古波斯文「mgwpt'」的對音，意為祆教牧師，誌主名「突娑」疑為波斯文「tarsā」的對音，指景教徒，具體到墓主則表明其拜火祆教徒之身份。[77]

除此之外，尚有其他墓誌記載了這些頗具粟特色彩的翟氏之來歷。〈翟門生墓誌〉稱誌主「翟國東天竺人」，[78]此墓誌明確提到翟氏來自翟國，而翟國又與東天竺相關，古印度元素的出現無疑使問題更令人費解。對此趙超先生認為翟國應與丁零無關，與嚴格意義上的東天竺即印度半島東部也不能算同一地區，以語音、位置推測比較可能的位置當在阿姆河流域，即《大唐西域記》中記載的呾蜜國。[79]羅豐先生、榮新江先生則認為翟國可能為今烏茲別克斯坦布哈拉西北的伐地（戈地，Vardana），「翟」可能取自原發音之第二音節。[80]無論兩種推論何者正確，均肯定翟氏與中亞粟特關係密切。前文已對丁零與粟特的融合有所論述，故可推斷，這些翟姓可能為丁零翟氏留居西域者，其後裔在生活方式、宗教信仰等方面逐漸粟特化。

翟氏等丁零人原為游牧部族，文化方面較粟特等族落後，因此即使可以憑藉武力統治當地住民，可在文化上卻不得不被更為先進的後者同化。相似的例子不妨可以參考北魏太和改制後的鮮卑後裔，中唐詩人元稹本為拓跋宗室，可作為鮮卑後裔的他面對「女為胡婦學胡妝，伎進

---

[76] 王丁，〈胡名釋例〉，《敦煌寫本研究年報》，2019年第13號，頁109。

[77] 榮新江、張志清，《從撒馬爾罕到長安：粟特人在中國的文化遺蹟》（北京：北京圖書館出版社，2004），頁108。

[78] 〈翟門生墓誌〉，參見趙超，〈介紹胡客翟門生墓門誌銘及石屏風〉，頁673。

[79] 趙超，〈介紹胡客翟門生墓門誌銘及石屏風〉，頁678-679。

[80] 羅豐、榮新江，〈北周西國胡人翟曹明墓誌及墓葬文物〉，頁298。

胡音務胡樂」，「胡音胡騎與胡妝，五十年來競紛泊」的社會氛圍，並
未因自身血統抱以欣賞或持中立態度，而是哀嘆「自從胡騎起煙塵，毛
毳腥膻滿咸洛」，[81]對這種非漢文化表現予以批評。經北魏到中唐三百
餘年的時間沖刷下，鮮卑後裔已經不再認同鮮卑胡族文化。更極端者當
為司空圖筆下之「漢兒盡作胡兒語，卻向城頭罵漢人」，[82]在不到百年
的時間內，河湟漢人對原族已毫無認同。鮮卑、漢人如此，同樣自漢代
以來，更長的時間洗滌自然也可以今丁零後裔基本融合於中亞粟特諸
族，而幾乎不再對祖先追本溯源。所以從今天看到的墓誌等材料而言，
北朝以來的西域翟氏除姓氏外，幾乎看不到一絲丁零的影子。

　　到晚唐沙陀興起後，其軍團中也出現翟氏身影，如沙陀首領翟
稽。[83]沙陀本為突厥別部，「居金娑山之陽，蒲類之東」，[84]唐時東遷
入華。翟稽被視為沙陀首領，當為丁零後裔與沙陀等族融合，並隨之東
遷的結果。不過需要看到的是，雖然先後在絲綢之路沿途出現的翟氏可
能有著相同的丁零祖先，但二者文化卻不盡相同。最明顯的區別即宗教
信仰之差異，相對於北朝以後之翟氏多有粟特祆教色彩，早期遷徙定居
入華之翟氏以佛教信仰為主。或可從此判斷，至少在漢代遷徙之時，雖
然翟氏為代表的丁零人可能控制了康居國政，但在宗教上尚未完全接受
粟特之祆教，仍保留了原薩滿信仰。所以遷徙至河西走廊、接觸到理論
體系更強之佛教後，改宗換教。

　　綜上可知，《資治通鑑》所記載的丁零翟氏本居康居之說可為定
論，翟斌之黨當為西丁零後裔。部分翟氏在漢末三國時仍然以丁零的族

---

[81] 元稹，《元稹集》（北京：中華書局，2010），卷二十四，〈法曲〉，頁325。

[82] 彭定求等，《全唐詩》（北京：中華書局，1960），冊十九，卷六百三十三，司空圖
　　〈河湟有感〉，頁7261。

[83] 劉昫，《舊唐書》（北京：中華書局，1975），卷十九下，〈僖宗紀〉，頁710。

[84] 歐陽修、宋祁，《新唐書》（北京：中華書局，1975），卷一百四十三，〈沙陀傳〉，
　　頁6153。

屬身份活躍於河西走廊，並有一部分在此定居，在經歷西秦朱衣璽綬之榮耀後，後裔一直生活到今天。但是另一部分丁零翟氏何以跨越山川大漠的阻隔，跋山涉水東行來到華北地區？筆者認為原因可能頗為複雜，比較直接的促成因素當為漢末戰亂，在戰火中，丁零人以充當傭兵的形式為地方軍閥所用，並一路轉戰，最後在定州地區安頓下來。

開啟漢末大亂序幕者，除黃巾外，當為董卓。董卓由於出身涼州，因此得西陲地利，其麾下加入了大批「天下彊勇，百姓所畏」的各族軍人，有「并、涼之人，及匈奴、屠各、湟中義從、西羌八種」。[85]其中雖然沒有明言丁零存在，但由於後漢時涼州也為丁零活躍區域，因此有部分丁零士兵進入涼州軍中不無可能。此外，言及董卓軍隊組成的鄭太為河南開封人，其所言諸族當是漢末在關東士人眼中頗具影響力與知名度之族群。匈奴、屠各自不用多說，羌人憑藉多次所謂「羌亂」，令政府痛下血本鎮壓，自然也能給士大夫留下慘痛的教訓。相比之下，此時的丁零可能由於時間空間的間隔，在知名度上不及其他諸族，因此難以稱為「百姓所畏者」，所以鄭太沒有提及。

董卓率領其多族混合軍團鼓行東進，擾亂兩京，最終為呂布、王允所除。在其身後，部眾也發生分裂，其中的少數族軍隊可能流入其他勢力手中。陳琳〈檄吳將校部曲文〉云：

> 今者枳棘翦抖，戎夏以清，萬里肅齊，六師無事。故大舉天師百萬之眾，與匈奴南單于呼完廚及六郡烏桓、丁令、屠各、湟中羌、僰，霆奮席卷，自壽春而南。[86]

曹操欲伐吳時麾下已有丁零軍人存在，丁零為其統一北方，鏖戰

---

[85] 范曄，《後漢書》，卷七十，〈鄭太傳〉，頁2258。

[86] 蕭統，《文選》（上海：上海古籍出版社，1986），卷四十四，陳琳〈檄吳將校部曲文〉，頁1981。

江淮的助力之一。既然屠各、湟中羌等族為董卓舊部，則丁零之來源可能也與董卓殘部有關。曹魏對少數族軍隊進行管理時，實行的是家屬與士兵分離制度。《三國志‧魏書‧梁習傳》云：

> 因留騎督太原烏丸王魯昔，使屯池陽，以備盧水。昔有愛妻，住在晉陽。[87]

烏桓士兵在作戰時，家屬留在後方以為人質，而這種政策應該也適用於包括丁零在內的其他少數族士兵。故筆者推測，在烏桓家屬居於晉陽時，丁零家屬可能被安置在太行山東麓的定州，因此之後的丁零活動中心區域在定州一帶。

除從軍進入中原之途徑外，翟氏的東遷路線可能尚有另一條，即涼州出發，沿黃河而行，經塞上，再入塞者。該部可能入華較晚，且曾為鐵弗匈奴役屬，翟鼠可能即為其中之一。雄踞朔方的鐵弗劉虎歸附劉聰後，後者以其宗室，「拜安北將軍、監鮮卑諸軍事、丁零中郎將」。[88] 劉虎得拜「丁零中郎將」表明所統之眾中當存在數量不少的丁零人。就《晉書》書法而論，「丁零」多指翟氏一族。丁零翟氏首次出現在歷史舞臺為晉愍帝建興四年（西元 316 年），而在此前之永嘉四年（西元 310 年）劉虎曾遭到劉琨與拓跋鮮卑聯手打擊，損失慘重，部落離散自是不可避免。群龍無首之際，可能曾經一度歸劉虎統攝之丁零翟鼠部落順勢南下，翻越太行山，進入常山、中山定居。如果這一假設成立，亦可解釋為何當翟鼠遭到石勒打擊後，又北上撤退至代郡，或因其部數年前方從塞上草原南下，對此區域較為熟悉之故。

此外尚有一點或許可表明該部翟氏之草原居住史，《魏書‧高車

---

[87] 陳壽，《三國志》，卷十五，〈梁習傳〉，頁 469。

[88] 魏收，《魏書》，卷九十五，〈鐵弗劉虎傳〉，頁 2054。

傳》所稱高車六種中存在狄氏，然此狄氏相對其他部落卻湮滅無聞。拓跋魏本起自草原，對草原諸族不可能不甚熟悉。如果高車六種之狄氏即翟鼠所部，該問題就比較容易解釋。翟鼠部之翟氏曾經在塞上生活，後來隨著劉虎部之分裂而南下入塞，進入中原。所以拓跋鮮卑之草原敘事中留下了這段並不遙遠的記憶。無論是以兵役的形式定居中原，還是因部落離散被迫南下入華，其原始出發地均為西域，二者皆東行輾轉入華，這點當無疑義。

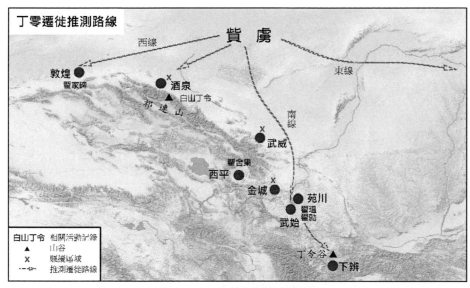

圖 2-2　丁零遷徙推測路線

雖然由西向東進入中原的丁零以翟氏居多，但其中可能還有其他部族存在。後燕慕容奇麾下有丁零嚴生，[89] 此嚴氏或與中亞嚴國有關，[90]

89　房玄齡，《晉書》，卷一百二十四，〈慕容盛傳〉，頁 3099。

90　段連勤先生認為，丁零嚴氏之由來可能與漢代嚴尤有關，丁零敬之，故從漢姓嚴氏。參見氏著，《丁零、高車與鐵勒》，頁 126。

「嚴國在奄蔡北,屬康居,出鼠皮以輸之」。[91]丁零嚴氏可能在中亞原鄉遭遇與翟氏相似的命運,從嚴國為匈奴驅使,輾轉東遷,後來融合於丁零之中。

二、東線

雖然入塞丁零中佔主要地位的翟氏當為自西向東進入中原,然除此西線外,仍可能存在其他的丁零入塞路徑。《太平御覽》引崔鴻《十六國春秋·北燕錄》云:

「後燕光帝始中,丁靈民楊道獵於白鹿山,為契丹所獲,流漂塞外」。[92]按「光帝始」之「帝」當為衍文,其時當在慕容熙光始(西元401-406 年)之時。此白鹿山為臨近契丹之山,非河南之白鹿山,以熊會貞之見,當即北魏右北平石城縣之白狼山,位於今遼寧朝陽喀喇沁左旗東境。[93]處於西晉幽州、平州之間。此一區域至北魏時,仍有丁零分佈。太武帝延和元年(西元 432 年),北魏徵發「幽州民及密雲丁零萬餘人,運攻具,出南道,俱會和龍」,征討北燕。[94]

密雲所在之地即漢末三國時期的幽州漁陽郡,丁零與幽州的關係可以追溯至曹魏時期丁零大人兒禪至幽州貢馬。兒禪前往幽州謁見守令、貢馬款納,而非前往并州等其他邊郡,其中原因除追隨軻比能外,可能也與地望相近有關。其駐牧地當去幽州未遠,其後這支丁零或逐漸入塞,發展為幽州的密雲丁零。幽州丁零的活動遺蹟至唐代仍然在地名中留存,《新唐書·地理三》「范陽郡」下有納降軍,「本納降守捉

---

[91] 范曄,《後漢書》,卷八十八,〈西域傳〉,頁 2922。

[92] 李昉等,《太平御覽》,卷一百九十二,〈居處部二十·城上〉引崔鴻《十六國春秋·北燕錄》,頁 927-1。

[93] 酈道元撰,楊守敬、熊會貞疏,《水經注疏》,卷十四,〈大遼水〉,頁 1268-1269。

[94] 魏收,《魏書》,卷四上,〈太武紀上〉,頁 81。

城，故丁零川」。[95]據《大清一統志·順天府三》「納降城，任宛平縣西南」之記載，[96]丁零川亦當在今豐臺附近，而目前此處之河流唯有永定河，如果未發生改道、乾涸等致原河川消失之問題，則今永定河當即千年以前丁零人生活的丁零川。

此外代郡也有丁零活動的地名遺留，嘉靖三十八年（西元 1559年）有蒙古軍入塞牧馬多日，「會久雨，乃分道。西自趙山溝墩，東自丁零嶺懷安左右衛引去」。[97]懷安衛即今張家口之懷安縣，為三國西晉時代郡轄地。代郡丁零的活動可以追溯至西漢末年王莽執政時嚴尤之領丁零兵。在西晉末期，丁零首領翟鼠為石勒擊敗後亦出奔代郡。不過丁零嶺之名為以上何者所留，已難考證。

能夠更為直接進入中原之丁零或許為王莽時期駐守代郡戍兵之後代，代郡以南即中山、常山。依此地利之便，若加以天時，丁零南下實屬正常。此契機或亦為漢末戰亂，《後漢書·袁紹傳》載袁紹曾「與黑山賊張燕及四營屠各、鴈門烏桓戰於常山」。[98]或許此時與黃巾軍合作之少數族中尚有部分南下丁零，張燕投降後，這些勢力並未北上退回，而是留在常山，或有部分進入臨近之中山，這或可解釋中山、常山丁零的最初由來。在此部丁零居留的影響下，他部丁零亦被吸引進入當地。

三、其他族群之融入

在入塞丁零部族中，除存在西丁零、北丁零後裔外，尚有一些部族其本身可能並非丁零，或與丁零關係較為疏遠，可能在後來的族群雜

---

[95] 歐陽修、宋祁，《新唐書》，卷三十九，〈地理三·河北道〉「幽州范陽郡」條，頁1019。

[96] 穆彰阿撰，潘錫恩等修，《（嘉慶）大清一統志》（上海：上海古籍出版社，2008），卷八，〈順天府三〉，頁163。

[97] 中央研究院歷史語言研究所校勘，《明實錄》（臺北：中研院史語所，1984），卷四百七十三，〈嘉靖三十八年六月〉，頁7946。

[98] 范曄，《後漢書》，卷七十四上，〈袁紹傳〉，頁2382。

居中逐漸與丁零融合。除嚴國後裔嚴氏外，地位更為顯眼的鮮于氏可能也屬於這種情況。《晉書‧慕容垂載記》云：

> 翟真去承營，徙屯行唐，真司馬鮮于乞殺真，盡誅翟氏，自立為趙王。營人攻殺乞，迎立真從弟成為主，真子遼奔黎陽。翟成長史鮮于得斬成而降，垂入行唐，悉坑其眾。[99]

又《魏書‧太武紀上》錄定州丁零鮮于臺陽、翟喬起事，「劫掠郡縣」。[100]鮮于氏在丁零內部頗有影響，地位僅次於翟氏，似與後者存在聯盟關係。在翟真為鮮于氏所殺後，反正之翟成仍以鮮于氏為長史，可見其在丁零內部之勢力樹大根深。到北魏時甚至有鮮于氏躍居翟氏之前，成為某些起事的主導者。然而《魏書‧高車傳》所云之高車六種十二姓中只有翟氏（狄氏），不言鮮于氏。對此姚薇元先生認為，「殆以此鮮于氏為古狄國鮮虞之餘種，與魏初征討鹿渾海畔之高車先後有別」。[101]陳連慶先生進一步提出「彼已為河北土著」，「不僅為丁零大姓，亦河北豪族」。[102]依筆者之見，鮮于氏或因其特殊的族群背景，在經歷漢化之後又重歸胡化，融入丁零之中，成為其內部的重要勢力。

鮮于即鮮虞，對於此姓之起源，《通志‧氏族略》云：「鮮于氏，子姓，鮮音仙，商後周武王封箕子於朝鮮，支子仲食采於于，子孫以鮮于為氏」。[103]鮮于氏雖然被後世官方認證為箕子之後，其族亦聞

---

[99] 房玄齡，《晉書》，卷一百二十三，〈慕容垂載記〉，頁3086。

[100] 魏收，《魏書》，卷四上，〈太武紀上〉，頁74。

[101] 姚薇元，《北朝胡姓考》，頁339。

[102] 陳連慶，《中國古代少數民族姓氏研究——魏晉南北朝民族姓氏研究》（長春：吉林文史出版社，1993），頁169。

[103] 鄭樵，《通志》（北京：中華書局，1987），卷二十七，〈氏族略第三〉，頁457-3。

人輩出。但正如姚薇元先生考證其姓時所言，「碑碣銘文多後世子孫飾詞，未可盡信」。[104]舒大剛先生進一步論證所謂「鮮于子姓」之說為司馬彪等人「犯了移花接木的錯誤」所造成。而《世本》所謂「姬姓」說，則可能出自「鮮虞貴族冒姓姬氏」。[105]總之，鮮于氏出身本非華夏，對其原族群身份，晉人杜預給出了答案，稱其為「白狄別種」。[106]在春秋時期的華夏族眼中，「鮮虞，夷狄也，近居中山，不式王命，不共諸夏，不事盟主」，[107]游離於華夏文明秩序之外。

白狄在春秋時期多次與中原各國發生衝突，成為齊桓、晉文「尊王攘夷」的打擊對象。到戰國時期曾建立一度與三晉抗衡的中山國，中山國在政治模式上雖然採用了中原模式，但戎狄色彩濃厚，游牧族的草原文化氣息仍然存在。[108]李學勤先生通過分析出土之中山國器物，判斷戰國前期中山國「仍在較大程度上保留了北方民族的特色」。[109]

中山國後為趙武靈王所滅，其統治下的民眾也成為趙國的囊中之物。不過文化傳承不是靠簡單的改朝換代就能迅速掐斷，其戎狄文化自然不可能在短期內消失殆盡。因此鮮虞作為白狄後裔在性格、文化上當或多或少保留了一些和漢人不同的地方。直到三國末期，鮮于氏與少數族仍頗為親近。《三國志‧魏書‧公孫瓚傳》云：

（劉）虞從事漁陽鮮于輔、齊周、騎都尉鮮于銀等，率州兵欲報

---

[104] 姚薇元，《北朝胡姓考》，頁 338。

[105] 舒大剛，《春秋少數民族分佈研究》（臺北：文津出版社，1994），頁 37-38。

[106] 杜預，《春秋釋例》（收入紀昀等總纂，臺灣商務印書館編審委員會主編，《景印文淵閣四庫全書》，冊一四六），卷七，〈土地名第四十四之三〉，頁 146-167。

[107] 《春秋左傳正義》（收入《十三經注疏》整理編委會，《十三經注疏》，北京：北京大學出版社，2000，冊十九），卷四十五，〈昭公十二年〉「晉伐鮮虞」條，頁 1488。

[108] 段連勤，《北狄與中山國》（桂林：廣西師範大學出版社，2007），頁 113。

[109] 李學勤，〈平山墓葬群與中山國的文化〉，收入氏著，《李學勤集》（哈爾濱：黑龍江教育出版社，1989），頁 240。

瓚，以燕國閻柔素有恩信，共推柔為烏丸司馬。柔招誘烏丸、鮮
卑，得胡、漢數萬人，與瓚所置漁陽太守鄒丹戰於潞北，大破
之，斬丹。[110]

　　鮮于輔後來成為曹操麾下之建忠將軍昌鄉亭侯，從其借閻柔之
手，主動招募少數族士兵來看，除為故主復仇原因外，可能尚有受祖先
影響之心理因素在內。另一位鮮于銀為劉虞執掌騎兵，可能亦為原戎狄
之騎射遺俗使然。白狄祖先的存在，使其在面對其他少數族時，心理障
礙可能較小。相似的例子不妨參考漢代之義渠遺族，漢宣帝時，以「光
祿大夫義渠安國使行諸羌」。[111]胡三省考釋「義渠」時，指出「戰國
時，西戎有義渠君，為秦所滅；子孫以國為姓」。[112]義渠安國為戰國
義渠之後，西漢屢次遣之出使羌人，當為其出身西戎，熟悉羌戎習俗之
故。時晁錯更是明言：「今降胡義渠蠻夷之屬，來歸誼者，其眾數千，
飲食長技與匈奴同」。[113]義渠遺民在亡國百餘年後，仍然一定程度上
保留了原游牧族風俗，武帝時出擊匈奴之公孫賀、公孫敖均為義渠後
裔，公孫賀之父甚至名叫「渾邪」，北族色彩濃厚。[114]所以即使族人
被納入華夏文明範疇，可是祖先所留下的文化潛意識卻無法在短期內消
除。

　　正如拉鐵摩爾（Owen Latimore）所指出的，農牧過渡地區的居民
既可向北擁抱游牧民族，也可向南投靠農耕民族，[115]這些漢化尚未完

---

[110] 陳壽，《三國志》，卷八，〈公孫瓚傳〉，頁 243。

[111] 班固，《漢書》，卷六十九，〈趙充國傳〉，頁 2972。

[112] 司馬光，《資治通鑑》，卷二十五，〈漢紀十七·元康四年〉胡注，頁 836。

[113] 班固，《漢書》，卷四十九，〈晁錯傳〉，頁 2282-2283。

[114] 司馬遷，《史記》，卷一百一十一，〈衛將軍驃騎列傳〉，頁 2941-2942。

[115] 拉鐵摩爾著，唐曉峰譯，《中國的亞洲內陸邊疆》（南京：江蘇人民出版社，2008），
頁 170、243。

成的胡人後代當更是如此。鮮于氏的心理及文化習尚令其在面對文化選擇時，可能也存在這種二重屬性。既可以在現實的作用下去擁抱漢文化，也可以在傳統甦醒後，重拾戎狄的一面。雖然鮮于一族不乏聞人進入朝廷中樞，成為中央之官僚。但是其下層人士在無法享受來自中央王朝的利益恩澤時，如果面對進入其視野的少數族，是否會以較為務實的心態，放下已經獲得的漢人身份，去選擇加入少數族，從而憑藉百年以來華夏化進程中掌握的文化技術優勢在其中獲得較高的地位？就如同西晉時期姬澹、衛雄等漢人主動投入拓跋鮮卑，成為代國重臣一樣。這無疑是值得深思的問題，也是入塞丁零何以會在十六國後期出現鮮于氏的可能答案。

事實上，一些鮮于氏可能早在選擇丁零前就已憑藉其長技加入其他胡族。匈奴劉淵麾下有太史令宣于（鮮丁）修之，[116]石趙中也有鮮于氏將領，如鮮于豐、鮮于亮。鮮于亮戰敗被俘後改投門庭，效力於慕容燕，[117]而慕容燕內部本已有鮮于氏效力，如營丘內史鮮于屈。[118]這些鮮于氏可能因同在慕容氏屋簷下，故與丁零諸翟結識，其宗人又在此後的播遷中成為丁零的一員。後燕時，翟真司馬鮮于乞弒主後自立為趙王，此稱號或反映了鮮于氏因先人仕宦經歷，對石趙較為認同。石趙向來有拉攏外族、壯大自身的傳統，二者之結合或始於石趙之時。與鮮于氏情況相近的可能尚有洛氏，北魏時期西山丁零之洛支曾領導丁零人反抗北魏，陳連慶認為此洛氏當即東山皋落氏之後，出自赤翟。[119]若其確為赤翟之後且保留較多先輩遺俗，則與白狄鮮于氏相似，選擇融入丁零不無可能。

不止鮮于氏、洛氏，丁零中尚存在其他有外來族群嫌疑的氏族。

[116] 房玄齡，《晉書》，卷一百一，〈劉元海載記〉，頁2651。

[117] 房玄齡，《晉書》，卷一百九，〈慕容皝載記〉，頁2818。

[118] 司馬光，《資治通鑑》，卷九十六，〈晉紀十八·咸康四年〉，頁3019。

[119] 陳連慶，《中國古代少數民族姓氏研究——魏晉南北朝民族姓氏研究》，頁170-171。

《資治通鑑・太元十四年》云：「翟遼遣丁零故堤詐降於溫帳」。[120]
同卷胡三省注曰：「何承天姓苑有故姓」。《姓苑》原本今已不傳，難
知故氏郡望何在，但何承天為東晉宋初時人，今觀《通志》中保留的原
書內容，所錄諸姓以漢姓為主，少數族之所謂「虜姓」必難入其眼，故
此故氏當出自中原。鮮于氏、故氏可能為某些因緣際會下，融入丁零的
其他族群。

　　總之，在可能來自匈奴的外力壓迫下，原本生活於中亞草原的西
丁零分支——翟氏的部分成員被迫離開故土，成為匈奴控制下的牧奴役
屬，踏上東遷的路途。後來隨著匈奴衰微，其中一部分獲得自由，於涼
州游牧生活，以賁虜之名出現在漢人視野中。由於漢末大亂，部分丁零
以傭兵的身份隨地方軍閥東遷中原，並在太行山東麓定居。另一支可能
在兩晉之間由塞上草原南下，與先前定居在此的同胞會合，在吸收鮮于
等其他族群後，形成了後來的定州丁零。另一方面，近塞而居的一部分
丁零或由於邊郡官員的招徠，或躲避其他游牧族群的壓力，入幽州、代
郡居住，或成為密雲丁零的祖先，或成為定州丁零的始祖。只是密雲丁
零和定州丁零之間不但互不統屬，關係似乎也較為疏遠，或為其形成過
程中的遷徙路線差別所致。此外還有以其他方式入塞之丁零，《晉書・
北狄・匈奴傳》云：

> 北狄以部落為類，其入居塞者有屠各種、鮮支種、寇頭種、烏譚
> 種、赤勒種、捍蛭種、黑狼種、赤沙種、鬱鞞種、萎莎種、禿童
> 種、勃蔑種、羌渠種、賀賴種、鍾跂種、大樓種、雍屈種、真樹
> 種、力羯種，凡十九種，皆有部落，不相雜錯。[121]

---

[120] 司馬光，《資治通鑑》，卷一百七，〈晉紀二十九・太元十四年〉，頁 3390。
[121] 房玄齡，《晉書》，卷九十七，〈北狄・匈奴傳〉，頁 2549-2550。

入塞十九種中並非均為匈奴部落，其中也有丁零存在。按中古漢語語音，「赤」為 tɕʰĭɛk，[122]「敕」為 tʰĭək，可知赤勒種即敕勒，而捍蛭種則可能出自敕勒蛭氏（阿跌氏）。不過這些丁零部落被視為匈奴別種存在，說明其或許遭受到與翟氏相似的命運，亦是匈奴對丁零曾經享有控制權的證明。不過這些丁零的入塞地點、分佈已難考證。

第三節　入塞丁零之分佈

丁零入塞後，其在中原地區的主要分佈聚居區域如下：

一、定州

定州位於太行山東麓、華北平原西部，該區域的丁零主要生活於中山、常山諸郡，其中行唐、承營為其部眾之大本營。翟真反燕時，即先後率部屯於承營、行唐。[123]

關於此地丁零之人口數量，《魏書》留下了一些蛛絲馬跡，太武帝太平真君七年（西元 446 年），曾「徙定州丁零三千家於京師」。[124]以一戶五口而計，三千戶當有一萬五千口，而定州丁零的總數必然在此之上。在中山、常山等傳統聚居地外，趙郡也有丁零分佈。《魏書·長孫肥傳》云：

> 時中山太守仇儒不樂內徙，亡匿趙郡，推群盜趙准為主。妄造妖言云：「燕東傾，趙當續，欲知其名，淮水不足。」准喜而從之，自號使持節、征西大將軍、青冀二州牧、鉅鹿公，儒為長史，聚黨二千餘人，據關城，連引丁零，殺害長吏，扇動常山、

---

[122] 除特殊注明外，本書漢語擬音使用王力先生之擬音系統。

[123] 房玄齡，《晉書》，卷一百二十三，〈慕容垂載記〉，頁 3086。

[124] 魏收，《魏書》，卷四上，〈太武紀上〉，頁 102。

鉅鹿、廣平諸郡。[125]

仇儒反魏事在天興二年（西元 399 年），時趙郡已有丁零為其後援。又《宋書·臧質傳》收有魏太武帝致臧質之信，行文稱「設使丁零死者，正可減常山、趙郡賊」。[126]可知後燕在中原統治的甫一崩潰，丁零即從傳統區域向外擴散南下至趙郡。

二、西山

西山丁零可以視為定州丁零的分支。西山丁零一詞正式出現於北魏時期，《魏書·明元紀》云：「詔嵩遣娥清、周幾等與叔孫建討西山丁零翟蜀、洛支等，悉滅餘黨而還」。[127]對於西山之位置，胡三省在注《通鑑》時曰：

> 中山西北二百里有狼山，自狼山而西，南連常山，山谷深險，漢末黑山張燕、五代孫方簡兄弟皆依阻其地。丁零餘眾，翟真之黨也，為燕所敗，退聚西山。西山，曲陽之西山也。[128]

西山即曲陽之西的太行山區。需要指出的是，西山並非丁零的原生地區，西山之丁零多為因故入山居住。如丁零鮮于乞「保曲陽西山，聞垂南伐，出營望都」。[129]可知丁零本在山區之外居住，因為逃避政府控制等原因入山，保聚而居，行為類似庾衮。人隨地名，從定州丁零變為西山丁零。

---

[125] 魏收，《魏書》，卷二十六，〈長孫肥傳〉，頁 652。

[126] 沈約，《宋書》（北京：中華書局，1983），卷七十四，〈臧質傳〉，頁 1912。

[127] 魏收，《魏書》，卷三，〈明元紀〉，頁 58。

[128] 司馬光，《資治通鑑》，卷一百九，〈晉紀三十一·隆安元年〉胡注，頁 3443。

[129] 司馬光，《資治通鑑》，卷一百六，〈晉紀二十八·太元十一年〉，頁 3367。

三、北山

北山丁零見《資治通鑑・太元十二年》：「井陘人賈鮑招引北山丁零翟遙等五千餘人，夜襲中山，陷其外郭」。[130]既然盟友賈鮑為井陘人，可知北山當在井陘附近。元好問有〈過井陘〉七律，其首句為「北山亭亭如驛堠」，[131]可知北山當為井陘以北諸山之稱。以地望推測，北山丁零當為常山丁零的入山部族。

四、榆山

榆山丁零見《魏書・明元紀》：「（泰常二年，西元 417 年）夏四月丁未（初六），榆山丁零翟蜀率營部遣使通劉裕。」[132]對於榆山地望何在之問題，譚其驤先生、周偉洲先生均繫之於居庸關附近。[133]不過翟蜀通晉事在劉裕北伐後秦時，如果參考劉裕北伐之時間路線，居庸之說恐難成立。《宋書・武帝中》云：

（義熙十三年，西元 417 年）二月，冠軍將軍檀道濟等次潼關。三月庚辰（初八），大軍入河。索虜步騎十萬，營據河津。公命諸軍濟河擊破之。公至洛陽。七月，至陝城。龍驤將軍王鎮惡伐木為舟，自河浮渭。八月，扶風太守沈田子大破姚泓於藍田。王鎮惡剋長安，生擒泓。九月，公至長安。[134]

四月翟蜀向劉裕遣使時，劉裕當在洛陽。而居庸關不但離洛陽頗

---

[130] 司馬光，《資治通鑑》，卷一百七，〈晉紀二十九・太元十二年〉，頁 3377。

[131] 元好問撰，施國祁注，《元遺山詩注》（臺北：中華書局，1966），卷四，〈過井陘〉，頁 11。

[132] 魏收，《魏書》，卷三，〈明元紀〉，頁 57。

[133] 周偉洲，《敕勒與柔然》，頁 47。

[134] 沈約，《宋書》，卷二，〈武帝中〉，頁 42。

有距離，而且離丁零傳統區域——定州亦相去較遠。從交通方面而言丁零要從居庸關南下與東晉聯絡恐怕難度較大。因此榆山當另有所在，考之鎮壓起事之魏軍動向，「司徒長孫嵩等諸軍至樂平。詔嵩遣娥清、周幾等與叔孫建討西山丁零翟蜀、洛支等，悉滅餘黨而還」。[135]可知此榆山當在樂平（今晉中昔陽縣）附近，《大清會典（嘉慶朝）·輿地圖·遼州圖》云：「清河出和順縣東北黃榆山」。[136]此黃榆山又名黃榆嶺，[137]位於山西和順與河北邢臺之間。和順縣即北魏樂平縣地，其地東北之黃榆山亦屬太行山系，榆山或為黃榆山之簡寫。黃榆山不但離劉裕駐地洛陽更為接近，而且同屬太行山系的位置也可以解釋此後翟蜀等人為何在西山出現。

五、上黨

上黨丁零見《魏書·道武紀》：「（天興五年，西元 399 年）十有一月……遣左將軍莫題討上黨群盜秦頗、丁零翟都於壺關」。[138]雖然舉事為北魏鎮壓。然而到魏太武帝時，上黨丁零仍有反魏舉事。魏將公孫軌屯壺關防備宋軍時，「上黨丁零叛，軌討平之」。[139]

需要指出的是，上黨丁零並非并州上黨之原住居民，而是定州丁零的遷徙者。天興五年（西元 402 年）起事的丁零首領翟都本為翟釗部將。《資治通鑑·太元十七年》記載「（二月）翟釗遣其將翟都侵館陶，屯蘇康壘」。[140]在翟魏為慕容燕所滅，翟釗單騎出逃至西燕後，

---

[135] 魏收，《魏書》，卷三，〈明元紀〉，頁 58。

[136] 托津，《欽定大清會典圖（嘉慶朝）》（臺北：文海出版社，1992），卷九十六，〈遼州圖〉，頁 3388。

[137] 張廷玉，《明史》（北京：中華書局，1983），卷四十，〈地理一·京師〉「順德府」條，頁 896。

[138] 魏收，《魏書》，卷二，〈道武紀〉，頁 40。

[139] 魏收，《魏書》，卷三十三，〈公孫軌傳〉，頁 784。

[140] 司馬光，《資治通鑑》，卷一百八，〈晉紀三十·太元十七年〉，頁 3404。

作為其部將的翟都可能率其部眾突圍到西燕境內與主公會台，並在上黨定居。

六、井陘

井陘丁零的情況可能與北山丁零相似，亦當與常山丁零有親緣關係。《魏書‧文成紀》云：「丁零數千家亡匿井陘山，聚為寇盜。詔定州刺史許宗之、并州刺史乞佛成龍討平之」。[141]

對於井陘丁零的聚集之地，《（光緒）平定州志》云：「州東為井陘界，今舊關以東緜延一山，當即丁零亡匿處也」。[142]

七、白澗

白澗丁零見《魏書‧張蒲傳》：「泰常初，丁零翟猛雀驅逼吏民入白澗山，謀為大逆」。[143]白澗山之位置，見《水經注‧沁水》：「（建興）郡西四十里有沁水，南流。沁水又南，與濩澤水合，水出濩澤城西白澗嶺下，東逕濩澤」。[144]建興郡為西燕慕容永由上黨分出，故白澗丁零當即上黨丁零的一支。

八、西河

西河之丁零見《魏書‧道武紀》：「（天興二年，西元 399 年）八月……西河胡帥護諾于、丁零帥翟同、蜀帥韓疊，並相率內附」。[145]西河並非入塞丁零的主要居住區，故該區域的丁零的出現當為十六國時

---

[141] 魏收，《魏書》，卷五，〈文成紀〉，頁 115。

[142] 賴昌期修，張彬等纂，《（光緒）平定州志 16 卷》（光緒八年刻本），卷三，〈疆域〉，頁 322。

[143] 魏收，《魏書》，卷三十三，〈張蒲傳〉，頁 779。

[144] 酈道元撰，楊守敬、熊會貞疏，《水經注疏》，卷九，〈沁水〉，頁 821。

[145] 魏收，《魏書》，卷二，〈道武紀〉，頁 36。

期常見的政府移民所致。從姓氏而言，翟同當為翟斌諸翟之同宗，其入居西河或為慕容垂滅翟魏、西燕後對降燕丁零進行的意在調虎離山之遷徙。翟、狄相通，北宋名將狄青為西河人，或即西河丁零後裔。

九、代郡

代郡早在兩漢之交即有丁零的活動，嚴尤曾領丁零兵負責代郡防務。至明代，屬代郡故地的懷安衛附近尚留丁零嶺之地名，見證了入塞丁零曾經在此活動的歷史。此外，丁零首領翟鼠在反抗石勒失敗後，逃至代郡。雖然其後回到中山故地，但可能留有部屬在代郡。

十、密雲

密雲即北魏之安州屬郡，原為三國西晉時幽州轄地。北魏延和元年（西元 432 年）七月，為攻伐北燕，北魏徵發密雲丁零運送攻城器械。密雲丁零與定州丁零關係似乎並不密切，其來源可能與三國時期至幽州貢馬的丁零大人兒禪有關，為北丁零後裔。

十一、白鹿

白鹿丁零為十六國末期後燕、北燕東北邊境之丁零，與密雲之幽州丁零可能同源。該部主要分佈於與契丹相鄰之建德郡，可能以白狼山（白鹿山）、白狼水為主要生活區域，嚴格意義上為邊郡居住，與入居中原者不同。崔鴻《十六國春秋·北燕錄》有載丁零民楊道，即屬此部丁零，[146]該部丁零可能已經從部落轉為燕政府直接控制下之民戶，但非農業之傳統狩獵經濟似仍有重要地位。參考唐代〈翟奴子墓誌〉之家世追憶，[147]該部可能亦存在翟氏，其後或與高句麗融合。

---

[146] 李昉等，《太平御覽》，卷一百九十二，〈居處部二十·城上〉引崔鴻《十六國春秋·北燕錄》，頁 927-1。

[147] 趙君平、趙文成，《秦晉豫新出墓誌蒐佚》（北京：國家圖書館出版社，2012），冊

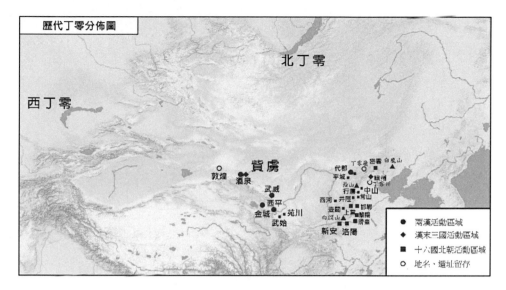

圖 2-3　歷代丁零分佈圖

　　綜上所述，就入塞丁零之分佈區域而言，中山、常山為其主要居
住地，在太行山區則有北山、西山、榆山、井陘等支系分佈，不過太行
山區的丁零基本可以視為定州丁零的延伸。隨著翟魏政權的興衰，丁零
部族也進入今天的山西境內，由上黨擴散到周邊地區，由於上黨在北魏
時為并州轄郡，因此又被稱為并州丁零，借由太行山之山間路徑「數為
山東之害」。[148]在北魏政權移民實土的政策下，丁零人也被遷徙到魏
都平城一帶。相較上述與翟氏關係密切的丁零支系，尚有與翟氏關係不
明或無甚關係的丁零居住於屬於邊郡的密雲、代郡。

二，〈唐翟奴子墓誌〉，頁 377。

[148] 魏收，《魏書》，卷五十三，〈李孝伯傳〉，頁 1167。

第三章　稽胡之形成

　　周一良、馬長壽等老一輩學者對稽胡的族群構成已有論述。就目前主流意見而言，多族群融合說較佔優。只是對於這一問題仍存在可以討論的空間，如構成稽胡之西域胡是否可以具體分類？馮、薛、馬等非主流姓氏之胡人屬於何族後裔？李志敏從地理分佈論證稽胡源於鐵勒，固然存在曲解史籍之嫌，不過此一源頭是否真的不存在？這些無疑值得繼續討論。

　　另外，從區域分佈而言，嚴耕望先生有利用佛藏等資料進行探討稽胡分佈，毛漢光先生亦有「汾水南線」之胡漢分界觀點。然而在此區域之外的非傳統胡區卻在北朝之後出現了稽胡的活動，這些稽胡到底是遷徙而來，還是在地族群的稽胡化？尚待合理解釋。

第一節　稽胡之名稱由來

　　稽胡又名山胡、步落稽、部落稽，是自漢（前趙）、後趙二匈奴系政權覆亡後，活躍於今山西、陝西一帶的族群。從十六國到隋唐，其記載不絕於史冊。在此先對其幾個名稱加以釐清。

　　「稽胡」這一名稱是今學界對該族群使用較多的稱呼，其來源為《周書・稽胡傳》，《周書》有關該族群之活動記載多用稽胡來冠名。稽胡的「稽」來自於「部落稽（步落稽）」之簡稱，對於該詞彙的含義，林梅村先生認為當為突厥語 balaq（魚）之音譯。[1]「步落稽」這一名詞的出現可以追溯到北魏末期，時「內附叛胡乞、步落堅胡劉阿如等

---

[1]　林梅村，〈稽胡史蹟考——太原新出隋代虞弘墓誌的幾個問題〉，頁 72。

作亂瓜肆」，[2]為尒朱榮所滅。

在中古漢語中，「堅」讀為 kien，「稽」讀為 kiei，二者發音極為相近，可知步落稽、步落堅、部落稽三者為同音異譯，部落稽與步落稽均源自魏末之步落堅，為後者之音轉。

至於「山胡」，則是學界對該族群的另一主流稱呼。與「山胡」意思相近的表述早在西晉時期就有出現。《晉書‧劉琨傳》載其上表，其中有「道嶮山峻，胡寇塞路」之語，[3]可以視為「山胡」之濫觴。到不久後的東晉初年，「山胡」之名正式出現。《晉書‧石勒載記上》云：「（劉）琨司馬溫嶠西討山胡，勒將逯明要之，敗嶠於潞城」。[4]雖然「山胡」這一名詞在兩晉之交已經出現，但是此時的山胡與後世的山胡含義尚有區別。兩晉時山胡之含義仍局限於指代山居的入塞匈奴五部及其胡族盟友，「山」之前綴是對其居住環境之描述。與後世「稽胡」意思相近的「山胡」這一詞彙則要到北魏太武帝時才見蹤影。延和三年（西元 434 年），太武帝「命諸軍討山胡白龍於西河」。[5]

更為著名的山胡事件要屬魏末劉蠡升起事，孝明帝時，「山胡劉蠡升反，自稱天子，置官僚」。[6]劉蠡升之事亦見於《周書‧稽胡傳》，可知至少在北朝末期，稽胡與山胡已經是同義詞。又今本《魏書‧明元紀》非魏收原本，而為據魏澹《西魏書》之補本。[7]魏澹將河西胡白亞栗斯、劉虎等稱為「山胡」。然此二人統領之胡部未必屬於山居狀態，可見西魏、北周之史家已視魏初諸胡為後世山胡同類。

到東魏、北齊之時，步落稽和山胡又成為同義詞。武定二年（西

2　魏收，《魏書》，卷七十四，〈尒朱榮傳〉，頁 1645。

3　房玄齡，《晉書》，卷六十二，〈劉琨傳〉，頁 1680。

4　房玄齡，《晉書》，卷一百四，〈石勒載記上〉，頁 2724。

5　魏收，《魏書》，卷四上，〈太武紀上〉，頁 88。

6　魏收，《魏書》，卷九，〈孝明紀〉，頁 242。

7　魏收，《魏書》，卷三，〈明元紀〉校勘記，頁 64-65。

元 544 年），高歡「討山胡，破平之，俘獲一萬餘戶口，分配諸州」。[8]
此事亦見於《北齊書‧皮景和傳》，其文為「武定二年，征步落穄」。[9]
在這一時期，不但山居之胡被稱為步落穄，其他地區的胡人也被目為步
落穄。《北齊書‧綦連猛傳》云：「步落穄等起逆，在覆釜山，使猛討
之，大捷，特被賞賚」。[10]《北齊書》原本亡佚甚多，然此卷為李百藥
原書存本。李百藥將此事繫於高歡破尒朱氏（西元 533 年）到元象元年
（西元 538 年）之間，在此期間發生的穄胡起事當為天平三年（西元
536 年）汾州胡變。當年九月，汾州胡王迢觸、曹貳龍「聚眾反，署立
百官，年號平都」。[11]因此，綦連猛所征討的步落穄當即汾州胡王迢
觸、曹貳龍等勢力。此外，北齊武成帝之小字「步落穄」也可證明二者
之間可畫上等號。武成帝高湛死於天統四年十二月初十，即西元 569 年
1 月 13 日。從其得年 32 歲來推斷，生年當在元象元年（西元 538 年）
前後。此時與步落穄相關之事件正好為高歡敗汾州胡。北方草原諸族有
在為子女取名時採用手下敗將名字的習慣，高歡出身於鮮卑化家庭，接
受這一風俗當在情理之中。故武成帝之小字當為高歡敗汾州胡後之記功
留念，可見曹、王之胡類當時已被視為步落穄。

　　雖然已經考證了穄胡、山胡、步落穄三者之間的關係及其名稱起
源，三者基本可以劃等號。不過按照魏收《魏書》書寫「山胡」之筆
法，其中諸種胡類可以分為兩類，即廣義的山胡與狹義的山胡。狹義的
山胡為當時政府所不能控制或控制力薄弱地區的胡人，北魏在這些地區
缺乏軍、鎮、州、縣等行政機構，管理乏力，因此山居的胡人為其鞭長
莫及的化外之民，可以理解為生胡。與之相對，另一類經常出現的胡人
則在「胡」之種族前繫以郡縣地望，如吐京胡、離石胡、西河胡等，此

---

[8]　李百藥，《北齊書》（北京：中華書局，1973），卷二，〈神武紀下〉，頁 22。

[9]　李百藥，《北齊書》，卷四十一，〈皮景和傳〉，頁 537。

[10]　李百藥，《北齊書》，卷四十一，〈綦連猛傳〉，頁 540。

[11]　李百藥，《北齊書》，卷一，〈神武紀上〉，頁 19。

類胡人當多處於地方政府控制下，與狹義的山胡一起構成了廣義的山
胡。由於魏收為北齊人，其對胡人的識別標準應該為北齊時之視角，其
中也有名稱混用之處，或許不能客觀反映北魏人的觀點。因此尋找北魏
的第一手材料就成為探尋時人視角下胡人身份區別之必要證據。從出土
之墓誌資料看，廣義之山胡與狹義之山胡的界限在北魏中期已經模糊。
北魏太和二十三年十一月（西元 500 年）〈持節征虜將軍汾州刺史元彬
墓誌〉云：「後以山胡校亂，徵撫西岳，綏之以惠和，靖之以威略。
一、二年間，群凶懷德」。[12]章武王元彬伐胡之事見其《魏書》本傳，
「是時吐京胡反，詔彬持節，假平北將軍，行汾州事，率并肆之眾往討
之」。[13]可知本傳中的吐京胡即其墓誌所稱之山胡，元彬卒於太和二十
三年五月（西元 499 年），故在太和之末，山胡的範圍已經擴大，涵蓋
郡縣之胡，成為不分生、熟的山居諸胡之統稱。大致到北魏末，三種名
稱已成同義互指。

第二節　稽胡的族源構成

「胡」在秦漢西晉之時主要為中原政權對北方游牧族群匈奴的稱
呼，後來延伸至天竺、粟特等非漢族群。雖然稽胡名稱中有「胡」，可
是其族源卻眾說紛紜。《周書‧稽胡傳》云：

> 稽胡一曰步落稽，蓋匈奴別種，劉元海五部之苗裔也。或云山戎
> 赤狄之後。[14]

---

[12] 趙超，《漢魏南北朝墓誌彙編》（天津：天津古籍出版社，1992），〈持節征虜將軍汾
州刺史元彬墓誌〉，頁 38。

[13] 魏收，《魏書》，卷十九下，〈元彬傳〉，頁 513。

[14] 令狐德棻，《周書》，卷四十九，〈稽胡傳〉，頁 896。

對於稽胡和漢晉匈奴的關係，學界意見不一，代表性意見在緒論中已有列舉。對於諸家之說，筆者試從目前可見之稽胡酋帥姓氏入手，對可能構成稽胡形成之族群進行分析推測。

一、匈奴、屠各

匈奴自東漢初分為南、北單于並立後，南單于設庭於美稷（今內蒙鄂爾多斯准格爾旗西北），成為東漢王朝捍衛邊疆的藩籬。向東漢稱藩後，南單于一方面接受來自朝廷的各種物資支援，一方面在政府軍事行動中履行出兵為援的義務，在對北匈奴、鮮卑、羌等少數族的戰爭中提供騎兵，輔助政府軍作戰。中間雖然屢有叛服，但臣屬地位大體不變。

隨著漢末烽煙四起，漢室對各地的控制力鬆弛，在試圖維護中央權威的頻繁戰爭中，政府對匈奴騎兵的徵發力度也漸加大。《後漢書‧南匈奴列傳》云：

> 中平四年（西元 187 年），前中山太守張純反畔，遂率鮮卑寇邊
> 郡。靈帝詔發南匈奴兵，配幽州牧劉虞討之。單于遣左賢王將騎
> 詣幽州。國人恐單于發兵無已，五年（西元 188 年），右部醯落
> 與休著各胡白馬銅等十餘萬人反，攻殺單于。[15]

羌渠單于被殺後，南匈奴一分為二，叛者立須卜骨都侯為單于，繼續居留美稷。不久後須卜骨都侯單于死，其部「以老王行國事」，[16] 但單于位置空缺。而羌渠單于之子於夫羅在南下洛陽申訴無果後，與黃巾餘部一起劫掠各地，結果屢遭碰壁，北回單于庭又遭拒，只能在河東

---

[15] 范曄，《後漢書》，卷八十九，〈南匈奴列傳〉，頁 2964-2965。

[16] 范曄，《後漢書》，卷八十九，〈南匈奴列傳〉，頁 2965。

平陽停留，形成了南匈奴的另一分支。羌渠舊單于庭後遂無聞，河東平
陽成為入塞匈奴的新庭。在於夫羅南下之初，其身邊的追隨者只有數千
騎，加上戰鬥減員，能至平陽的匈奴數量必然更少。但到其弟呼廚泉繼
立後，卻能在塞內立足，可見應當有部分原在美稷的匈奴部眾認同羌渠
單于一系的權威，南下投附於夫羅兄弟。

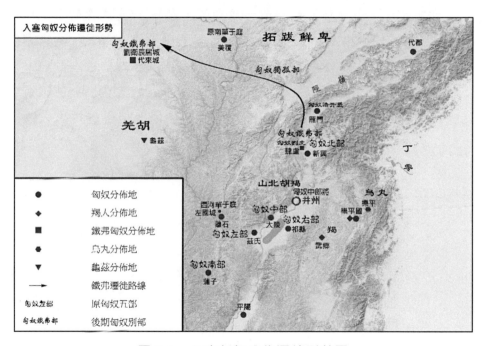

圖 3-1　入塞匈奴分佈遷徙形勢圖

　　鑑於匈奴入塞後之發展以及其與中原王朝的歷史往事，掌握東漢
實權的曹操對其加以限制。建安廿一年（西元 216 年），曹操留來朝之
呼廚泉單于於鄴，「遣去卑歸監其國」。[17]關於呼廚泉單于與部眾分離
的細節，《晉書‧江統傳》稱曹操「又使右賢王去卑誘質呼廚泉」，[18]

---

[17] 范曄，《後漢書》，卷八十九，〈南匈奴列傳〉，頁 2965。

[18] 房玄齡，《晉書》，卷五十六，〈江統傳〉，頁 1534。

可見奸雄之詐術。除此之外，為進一步削弱匈奴的實力，魏晉政府對入塞匈奴進行分割，形成了後來的匈奴五部。對於分割匈奴的始作俑者，《晉書‧劉元海載記》歸功於曹操，「魏武分其眾為五部，以豹為左部帥，其餘部帥皆以劉氏為之」。[19]然同書《江統傳》又有「咸熙之際，以一部太強，分為三率。泰始之初，又增為四」之說，[20]將其推遲至魏末晉初司馬氏秉政時。不過《三國志‧魏書‧孫禮傳》有「時匈奴王劉靖部眾彊盛」之記載，[21]其事繫於正始十年（西元 249 年）高平陵之變前，且不言劉靖屬何部，或此時匈奴仍未完全分割，江統之說當較為合理。但無論如何，正如安介生先生所言，入塞匈奴由「塞外之虜」到「并州之胡」的歷史性轉變正是在曹魏時期完成。[22]

到西晉太康時，政府對匈奴五部的切割已經完成。關於五部的位置、人口，《晉書‧北狄‧匈奴傳》云：

> 其左部都尉所統可萬餘落，居於太原故茲氏縣；右部都尉可六千餘落，居祁縣；南部都尉可三千餘落，居蒲子縣；北部都尉可四千餘落，居新興縣；中部都尉可六千餘落，居大陵縣。[23]

除以五部為基礎的入塞匈奴外，漢末留居塞上的匈奴部眾可能在與羌人的接觸、合作中形成了漢末以來所謂的「羌胡」。到西晉時期，河西、塞北一帶的匈奴又大量入塞。《晉書‧北狄‧匈奴傳》云：

> 武帝踐阼後，塞外匈奴大水，塞泥、黑難等二萬餘落歸化，帝復

19　房玄齡，《晉書》，卷一百一，〈劉元海載記〉，頁 2645。

20　房玄齡，《晉書》，卷五十六，〈江統傳〉，頁 1534。

21　陳壽，《三國志》，卷二十四，〈孫禮傳〉，頁 692。

22　安介生，《山西移民史》，頁 60。

23　房玄齡，《晉書》，卷九十七，〈北狄‧匈奴傳〉，頁 2548。

納之，使居河西故宜陽城下。後復與晉人雜居，由是半陽、西河、太原、新興、上黨、樂平諸郡靡不有焉……至太康五年（西元284年），復有匈奴胡太阿厚率其部落二萬九千三百人歸化。七年（西元286年），又有匈奴胡都大博及萎莎胡等各率種類大小凡十萬餘口，詣雍州刺史扶風王駿降附。明年（西元287年），匈奴都督大豆得一育鞠等復率種落大小萬一千五百口，牛二萬二千頭，羊十萬五千口，車廬什物不可勝紀，來降，并貢其方物，帝並撫納之。[24]

以方位而言，晉初入塞諸部中於雍州歸附者可能為漢末以來佔據河西之羌胡。就前文已有論及的入塞匈奴十九種而言，雖然其中並非全為兩漢匈奴後裔，但西晉去後漢未遠，對前朝歷史及族群關係當不陌生，可以肯定其中相當部分為晉人視野中與匈奴有親緣或隸屬關係之族群，故入塞時以匈奴視之。

八王之亂的混戰促使入塞匈奴左部帥劉豹之子劉淵（劉元海）趁機起兵反晉，掀開了十六國興衰交替的大幕。其子劉聰遣劉曜領兵攻陷長安，滅亡西晉，令晉愍帝青衣持壺，侍奉昔日被其視為奴隸的匈奴主君。在劉曜為石勒擊敗後，前趙滅亡，劉曜身死，石勒「坑其王公等及五郡屠各五千餘人於洛陽」，[25]匈奴五部也遭到毀滅性打擊。但是在入塞匈奴居住的故地，仍然有餘眾分佈。《晉書·慕容儁載記》云：

張平跨有新興、雁門、西河、太原、上黨、上郡之地，壘壁三百餘，胡晉十餘萬戶，遂拜置征、鎮，為鼎峙之勢。儁遣其司徒慕容評討平……并州壘壁降者百餘所，以尚書右僕射悅綰為安西將

---

[24] 房玄齡，《晉書》，卷九十七，〈北狄·匈奴傳〉，頁 2549。
[25] 房玄齡，《晉書》，卷一百三，〈劉曜載記〉，頁 2702。

軍、領護匈奴中郎將、并州刺史以撫之。平所署征西諸葛驤、鎮
北蘇象、寧東喬庶、鎮南石賢等率壘壁百三十八降於儁，儁大
悅，皆復其官爵。[26]

張平本後趙將領，族屬為漢為羯為屠各尚難斷定，不過其控制的
地域半數以上為此前匈奴五部所居之地，而且從擁有胡戶及之後前燕領
護匈奴中郎將之設置，可以判定其治下匈奴遺民當不在少數，張平所署
寧東將軍喬庶即可能出自匈奴丘林氏。這些地區也是不久之後稽胡的活
動區域，因此稽胡中必然存在大量的匈奴五部後裔，劉淵起兵時之權力
中心左國城亦在稽胡活動頻繁的離石地區。二者之間的承繼關係不言而
喻。

另一方面，史料可見的稽胡姓氏中存在大量匈奴舊姓，如劉氏即
為大宗。早在明元帝神瑞二年（西元 414 年）即有河西胡酋劉遮、劉退
孤「率部落等萬餘家，渡河內屬」。[27]此外尚有劉雲、劉什婆、劉龍
駒、劉蠡升等大量劉姓胡人。劉氏源於匈奴單于之族攣鞮氏（虛連鞮
氏），「漢高祖以宗女為公主，以妻冒頓，約為兄弟，故其子孫遂冒姓
劉氏」。[28]在冒姓劉氏的過程中，當然存在非王室之匈奴或其他族群出
身者在單于權勢衰弱之際乘機冒姓的情況，但不至於全為外人改名攀
附。

又呼延氏，道武帝天興元年，（西元 398 年），離石胡帥呼延鐵、
西河胡帥張崇等「聚黨數千人叛，詔安遠將軍庾岳討平之」。[29]

又喬氏，北周武帝天和二年（西元 567 年），延州總管宇文盛率眾

---

[26] 房玄齡，《晉書》，卷一百十，〈慕容儁載記〉，頁 2839-2840。

[27] 魏收，《魏書》，卷三，〈明元紀〉，頁 54。

[28] 房玄齡，《晉書》，卷一百一，〈劉元海載記〉，頁 2645。

[29] 魏收，《魏書》，卷二，〈道武紀〉，頁 32。

築銀州城，「稽胡白郁久同、喬是羅等欲邀襲盛軍，盛勒討斬之」。[30]

又卜氏，太武帝神麚元年（西元 428 年），并州胡酋卜田謀反被誅。[31]

呼延氏、喬氏、卜氏均為匈奴舊貴。「呼衍氏，蘭氏，其後有須卜氏，此三姓其貴種也」。[32]又《晉書・北狄・匈奴傳》稱四姓，「有呼延氏、卜氏、蘭氏、喬氏。而呼延氏最貴」。[33]呼延氏、卜氏、喬氏為自漢到晉的匈奴傳統貴族，劉淵之母、妻均為呼延氏，喬智明、卜翊亦為漢趙聞人。稽胡中之同姓者當為其宗人後裔。蘭氏雖然在胡中存在感較低，但定襄之〈重修鎮國寺記〉碑陰題名有「副維那頭蘭政」與呼延璋、呼延普等匈奴後裔同列，蘭政當為蘭氏後裔。[34]

傳統貴族四姓之外，稽胡中還有與匈奴存在關係的其他姓氏。如高氏，十六國末北魏出兵救西燕時，「次於秀容，破山胡部高車門等，徙其部落」。[35]匈奴高氏可以追溯到西漢之高不識，《史記・衛將軍驃騎列傳》中有霍去病之部將「校尉句王高不識」，裴駰於《史記集解》引徐廣之說，謂「句音鉤，匈奴以為號」。司馬貞《史記索隱》案其為匈奴人。[36]高氏一門在匈奴中雖名望不及前述諸貴，但在劉淵建國後，以直諫著稱的陳元達即為高氏改姓者。[37]

需要指出的是，西晉的五部匈奴已不完全是東漢時的南匈奴，其

---

[30] 令狐德棻，《周書》，卷四十九，〈稽胡傳〉，頁 898。

[31] 魏收，《魏書》，卷四上，〈太武紀上〉，頁 74。

[32] 司馬遷，《史記》，卷一百十，〈匈奴列傳〉，頁 2890-2891。

[33] 房玄齡，《晉書》，卷九十七，〈北狄・匈奴傳〉，頁 2550。

[34] 牛誠修，《定襄金石考》（收入《石刻史料新編（第二輯）》，臺北：新文豐出版公司，1979，冊十三），卷一，〈重修鎮國寺記〉，頁 9959。

[35] 魏收，《魏書》，卷二十八，〈庾業延傳〉，頁 684。

[36] 司馬遷，《史記》，卷一百十一，〈衛將軍驃騎列傳〉引注裴駰《集解》、司馬貞《索隱》，頁 2931。

[37] 房玄齡，《晉書》，卷一百二，〈劉聰載記〉，頁 2679。

中融入了大量屠各胡人。屠各本西漢匈奴休屠王之後，全稱休屠各，為匈奴別種。在西漢取得對匈奴之軍事優勢後，休屠王降漢，後人不乏進入漢朝權力中樞者，如休屠王子金日磾。休屠一般部眾則在西陲邊郡定居並漸有東遷者，到東漢時其族甚至參與了南匈奴王庭內的政爭，羌渠單于被弒事件中屠各即扮演了重要角色。可能以此次政變為契機，屠各進入南匈奴王庭權力核心，與南匈奴傳統貴族合流，甚至可能冒姓攣鞮，借殼上市，獲得繼承單于王位的權力。唐長孺先生曾指出在魏晉之時，「一個屠各酋長掌握的實力要比空名的左右賢王大得多，劉宣等憑藉屠各實力而假以南單于世嫡之空名，企圖恢復匈奴舊業，這樣就造成了合作」。[38]故《晉書》有「屠各最豪貴，故得為單于，統領諸種」之說，這應當是匈奴內部權力遊戲規則變化後的結果，劉淵一支確有屠各後裔之嫌。

如果說劉淵一系的屠各出身尚有爭議，穢胡中其他一些姓氏卻在屠各中的數見不鮮。如王氏，北魏太武帝時三城胡酋王珍與南來降人謀叛被誅。[39]匈奴中王氏的出現始於西晉時期，永熙元年（西元 290 年）楊駿欲「辟匈奴東部人王彰為司馬，彰逃避不受」。[40]東部即劉淵出身之左部，既然部帥有屠各之嫌，則部民也難脫干係。而且王氏較劉氏而言，屠各出身的爭議更小。兩晉之際有秦州休屠王石武以桑城降劉曜，後者以之為「使持節、都督秦州隴上雜夷諸軍事、平西大將軍、秦州刺史，封酒泉王」。[41]屠各王氏至北魏中仍以隴西為主要活動區，文成帝時有王景文反魏。[42]前趙之秦州與後魏之隴西相去未遠，在此生活的屠各王氏當為同一支系。

---

[38] 唐長孺，〈魏晉雜胡考〉，頁 398。

[39] 魏收，《魏書》，卷三十七，〈司馬休之附子文思傳〉，頁 854。

[40] 司馬光，《資治通鑑》，卷八十二，〈晉紀四・永熙元年〉，頁 2602。

[41] 房玄齡，《晉書》，卷一百三，〈劉曜載記〉，頁 2692。

[42] 魏收，《魏書》，卷五，〈文成紀〉，頁 112。

又郭氏，孝文帝時吐京鎮將穆羆麾下有離石都將郭洛頭，因討胡之役不遵將令，為孝文帝下旨免官。[43]離石為稽胡聚居區，北魏在胡區也屢有以胡治胡的策略實施，此郭洛頭當為稽胡。孝明帝時裴慶孫與稽胡作戰時，「身自突陳，斬賊王郭康兒」。[44]可見魏末吐京胡中也有郭氏身影。關於郭氏本來之族屬，《資治通鑑・太元九年》錄有「帥部眾數千」支持慕容農之屠各帥郭超。[45]可知郭氏當為屠各之姓。

對於西河胡中多有出現的張氏，呂思靜認為該部可能與曾在苻、姚之間首鼠兩端的屠各帥張龍世有關，在遭到打擊後張氏率部東渡黃河，至西河定居。[46]若如其所說，則稽胡之源自屠各者又添一支。

到北朝後期，本獨立於匈奴五部存在的另一支屠各——秦隴屠各也有融入稽胡者。西魏時的黑水稽胡可能活動於隴山以西，已突破稽胡居住的傳統西線。考慮到隴西為屠各傳統活動區，該部稽胡可能即稽胡化之屠各。隋末有弘化郡（唐之慶州）稽胡帥劉仚成起事，其地本為屠各活動區域，北朝時非稽胡之活躍區，亦存在屠各稽胡化之可能。屠各的稽胡化當在北魏末已開啟進程，其族最後一次見諸史冊的活動為西魏大統年間之起事，時漢熾屠各「阻兵於南山，與隴東屠各共為脣齒」，為魏將王子直平定。[47]關於漢熾之地望，宋人江休復《醴泉筆錄》云：

> 儀州，唐神策義寧軍置使統之。太和年，姚說〈充使李茂正墨制義州主公寺碑〉「魏晉秦年督護漢熾太守王寶貴」，此即漢熾城矣。[48]

---

[43] 魏收，《魏書》，卷二十七，〈穆羆傳〉，頁 666。

[44] 魏收，《魏書》，卷六十九，〈裴慶孫傳〉，頁 1532。

[45] 司馬光，《資治通鑑》，卷一百五，〈晉紀二十七・太元九年〉，頁 3321。

[46] 呂思靜，〈稽胡史研究〉，頁 115。

[47] 令狐德棻，《周書》，卷三十九，〈王子直傳〉，頁 700。

[48] 江復休，《醴泉筆錄》（收入《筆記小說大觀六編》，臺北：新興出版有限公司，

李茂正即唐末岐王李茂貞，考之《太平寰宇記・隴右道一》：
「唐為神策軍，後唐同光元年改為義州」，[49]李茂貞死於同光二年（西
元 924 年），則同光元年（西元 923 年）所改之義州（今甘肅華亭）當
即西魏漢熾故地。該地與隴山（六盤山）東麓恰好兩相對峙，呈犄角之
勢。《周書・梁臺傳》有傳主大統初破兩山屠各之記載，[50]兩山或為漢
熾屠各之南山與隴東屠各之北山，王子直、梁臺二者伐屠各或即同一
事。

在受此後打擊後，屠各可能加快與稽胡融合，或直接以稽胡之名
活動。《資治通鑑・武德九年》云：「五月，戊子（初一），虔州胡成
郎等殺長史，叛歸梁師都」。[51]王崇武點校之中華書局版《通鑑》將此
句斷為「虔州胡／成郎」，則此舉事者為成姓胡人。據胡三省考釋，此
條「虔州」當作「慶州」。慶州正是稽胡大帥劉仚成的根據地，故成郎
所屬之胡應為稽胡。成氏為屠各大姓，南涼時有屠各成七兒舉事反禿髮
傉檀。[52]所以遲至隋末唐初，秦、涇之屠各可能已完成與稽胡之融合。

二、西域胡

在稽胡形成過程中，匈奴之外的西域諸胡也扮演了重要的角色。
早在西漢時，匈奴已吸收部分西域胡。「本烏孫、康居間小國」的烏禪
幕率眾數千歸於匈奴，首領與匈奴貴族聯姻。[53]此來自西域的烏禪幕當
即後來入塞匈奴烏譚種的祖先，此外石勒所屬之羌渠種嚴格意義上也為

1975，冊四），卷下，頁 1900。

[49] 樂史，《太平寰宇記》（北京：中華書局，2007），卷一百五十，〈隴右道一・儀
州〉，頁 2908。

[50] 令狐德棻，《周書》，卷二十七，〈梁臺傳〉，頁 452。

[51] 司馬光，《資治通鑑》，卷一百九十一，〈唐紀七・武德九年〉，頁 6003。

[52] 房玄齡，《晉書》，卷一百二十六，〈禿髮傉檀載記〉，頁 3151。

[53] 班固，《漢書》，卷九十四上，〈匈奴傳上〉，頁 3790。

西域胡。不過對稽胡形成而言，上述兩部影響力有限，不及另三支西域胡。

（一）龜茲胡

稽胡中可能出自龜茲者主要為白氏，白氏較大規模活動始見於北魏初年，明元帝神瑞二年（西元 415 年），「河西飢胡屯聚上黨」，推白亞栗斯為盟主反於上黨。[54]更為出名的白姓胡人當屬太武帝時舉事之白龍。白亞栗斯、白龍等白姓酋帥並非出自匈奴傳統貴族，族屬當另有來源。白龍起事發生於西河，杜預在注釋《春秋釋例》「白狄」時稱「西河郡有白部胡」。[55]杜預為西晉人，則西河白部胡之出現不會晚於西晉。此白部當與稽胡白氏有直接關聯。

在拓跋鮮卑中也有白部存在，《魏書·序紀》有記載拓跋力微祭天時「唯白部大人觀望不至，於是征而戮之」。受到拓跋部的鐵腕打擊後，白部一度向前者稱臣，然到西晉末年，又再次背叛拓跋氏。時白部「叛入河西，鐵弗劉虎舉眾於雁門以應之，攻琨新興、雁門二部」。[56]到拓跋什翼犍時，隨著拓跋氏的強大，白部再次成為代國屬部，甚至與拓跋氏傳統盟友獨孤部一起抵抗前秦進攻。對於拓跋部屬下白部的起源，主要有以下三種說法：

1、白山起源說

最早將白部起源與白山相聯繫者為胡三省，其注《資治通鑑》該條時，認為「鮮卑有白部，後漢時鮮卑居白山者最為強盛，後因曰白部」。[57]

關於東漢居於白山之部族，《後漢書·烏桓鮮卑列傳》云：

---

54 魏收，《魏書》，卷三，〈明元紀〉，頁 55。

55 杜預，《春秋釋例》，卷七，〈土地名第四十四之三〉，頁 146-166。

56 魏收，《魏書》，卷一，〈序紀〉，頁 3、7。

57 司馬光，《資治通鑑》，卷一百四，〈晉紀二十六·太元元年〉，頁 3278。

光武初，烏桓與匈奴連兵為寇，代郡以東尤被其害。居止近塞，
朝發穹廬，暮至城郭，五郡民庶，家受其辜。至於郡縣損壞，百
姓流亡。其在上谷塞外白山者尤為強富。建武二十一年（西元
45 年）遣伏波將軍馬援將三千騎出五阮關掩擊之。烏桓逆知，
悉相率逃走，追斬百級而還。[58]

可知胡三省之說當出自《後漢書》，然考之《後漢書》原文，可
知居白山者並非鮮卑，而為烏桓。即使烏桓與鮮卑同源，俱為東胡之
後，可到東漢初已經發展為兩個不同的族群，因此烏桓白部未必就是後
來的鮮卑白部。況且烏桓白部在東漢初已經遭到馬援的沉重打擊，能否
在兩、三百年後仍然保持其族群的獨立性？這不能不令人懷疑。

2、素和氏之起源說

白部出自素和氏之說為唐人林寶提出，氏撰《元和姓纂》云：
「素和，鮮卑檀石槐之支裔，後魏有尚書素和跋，弟毗，右將軍素和
突，《後魏書》云以本白部，故號素和。孝文改為和氏」。[59]林寶所稱
之《後魏書》當為唐代尚可見到的張太素撰《後魏書》，惜今人可見之
魏收本《魏書》中未錄此說。對於素和氏原籍，魏收繫於高句麗之北勿
吉國附近，而非塞外草原南部。[60]而在另一位素和氏聞人——北齊和士
開之傳文中，其祖先被指為「西域商胡」。[61]二者均與白部之說無涉。
對於素和氏源於鮮卑白部之說，清人陳毅已有考證：

按兩說（烏丸、鮮卑）皆非也，前說出自和氏子孫妄尊其祖，後
說係涉鮮卑大人素利而誤，《北齊書·和士開傳》云其先西域商

[58] 范曄，《後漢書》，卷九十，〈烏桓鮮卑列傳〉，頁 2982。
[59] 林寶，《元和姓纂》（北京：中華書局，1994），卷八，〈素和氏〉，頁 1233-1234。
[60] 魏收，《魏書》，卷一百，〈勿吉傳〉，頁 2221。
[61] 李百藥，《北齊書》，卷五十，〈和士開傳〉，頁 686。

胡，本姓素和氏，《北史》同，是其證。[62]

因此白部與素和氏當不存在關係。

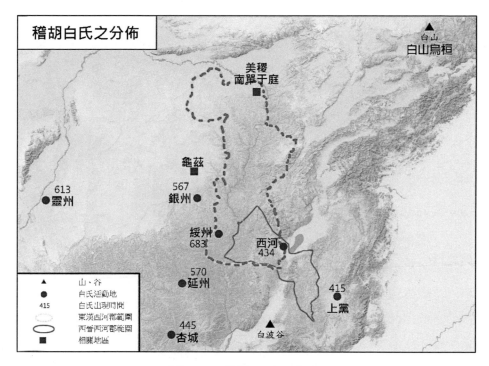

圖 3-2　稽胡白氏分佈圖

3、黃巾餘部說

　　清人沈欽韓認為白部出自黃巾軍，當和黃巾之白波部有關，其
《春秋左氏傳補注》引杜預之說「西河郡有白部胡」，斷定「此漢末白
波賊之遺」。[63]

[62] 陳毅，《魏書官氏志疏證》（收入《四庫未收書輯刊（第十輯）》，北京：北京出版社，2000，冊三），頁 3-11。

[63] 沈欽韓，《春秋左氏傳補注》（收入《叢書集成新編》，臺北：新文豐出版公司，1985，冊一〇九），卷四，頁 364。

對於黃巾軍中所謂「白波賊」之名稱來源，《後漢書·孝獻帝紀》引注薛瑩書曰：「黃巾郭泰等起於西河白波谷，時謂之白波賊。」[64] 至於郭泰等起事之白波谷地望，《（乾隆）汾州府志》繫之於「太平縣東南三十五里」，並進一步解釋「白波谷不屬西河郡而曰西河白波谷」之原因為「徒以近龍門西河耳」。[65]

黃巾白波軍首倡起事之地雖然不在西河，但距離相去不遠，與後來的白部胡存在一定的空間重合性。而且白波軍曾經與南匈奴單于於夫羅合作，初平元年（西元 190 年）於夫羅「將數千騎與白波賊寇冀州界」。[66]從起事位置及胡漢合作之歷史來看，白波軍似乎與白部胡存在一定關係，沈說似頗有見地。不過白波為黃巾軍的組成部分，其主要成員為漢人無疑。隨著黃巾之亂的平息，白波餘部也被地方軍閥招募。即使其中有少量隨南匈奴遷至西河郡，可是要同時滿足在幾十年的時間中完全胡化，並發展為獨立於匈奴五部之外的部落這兩大條件，恐怕相當困難。

因此以上關於白部起源三說均有破綻。對於稽胡白氏的來源，馬長壽先生認為與龜茲有關，提出「白姓，便是古代龜茲國王的姓氏」，「龜茲人初徙上郡，後渡黃河而東，便是西河郡稽胡和山胡的白氏」。[67] 此說較前三者合理，不過依筆者之見，在龜茲到稽胡之間，應該還有白部胡這一過渡階段。

龜茲人入華後之居所地望何在，《漢書·地理志》「上郡」云：「龜茲縣，屬國都尉治，有鹽官」。[68]在此條下，顏師古注曰「龜茲國

[64] 范曄，《後漢書》，卷九，〈孝獻帝紀〉，頁 368。

[65] 孫和相修，戴震纂，《（乾隆）汾州府志》（收入《續修四庫全書》，上海：上海古籍出版社，2002，冊六百九十二），卷一，〈沿革〉，頁 253。

[66] 袁宏撰，周天游校注，《後漢紀校注》（天津：天津古籍出版社，1987），卷二十六，〈初平元年〉，頁 738。

[67] 馬長壽，《北狄與匈奴》，頁 154。

[68] 班固，《漢書》，卷二十八，〈地理志〉「上郡」條，頁 1617。

人來降附者，處之於此，故以名云」。《水經注・河水三》亦云：「帝原水西北出龜茲縣，東南流，縣因處龜茲降胡著稱」。[69]龜茲本為西域城邦之國，因其境內有白山（今天山），故以白為氏。根據新疆克孜爾吐爾龜茲墓出土之遺體分析，龜茲人之歐羅巴人種（高加索人種）特徵明顯佔優勢。[70]龜茲人混有白種人血統，膚色自然較漢人、匈奴白皙。加之部落名稱隨首領姓氏之習慣，被稱為白部當在情理中。

但對於龜茲人的東遷過程，馬長壽先生認為龜茲人徙上郡當在漢武帝時，[71]但未列其依據，而《漢書》、《後漢書》也未給出明確答案。王子今先生認為這些龜茲人可能來自漢宣帝神爵年間為鄭吉借用，押解匈奴降人之渠黎、龜茲士兵，其人在輾轉入華後，未能回鄉者被漢室安置於龜茲縣。[72]根據《漢書・地理志》所錄上郡 23 縣、606658 口而計，則平均一縣當有 26000 餘口。[73]龜茲縣人口亦當在 2 萬左右，可是西漢龜茲可供服役為兵的壯年男子亦不超過此數，為鄭吉徵用入華、居留中原者必然更加少之又少。而其地又以龜茲為名，主要居民當以龜茲為主。故在滯留士兵外，可能還存在以其他途徑居留之龜茲人，如入貢未歸者。有一些蛛絲馬跡可以為此說提供合理的推測。《漢書・西域傳》云：

> 龜茲王前遣人至烏孫求公主女未還，會女過龜茲，龜茲王留不遣。復使使報公主，主許之。後公主上書，願令此女以宗室入朝。而龜茲王絳賓亦愛其夫人，上書言得尚漢外孫為昆弟，願與

---

[69] 酈道元撰，楊守敬、熊會貞疏，《水經注疏》，卷三，〈河水三〉，頁 259-260。

[70] 張平、王博，〈克孜爾墓葬出土人顱的種族研究〉，收入張平，《龜茲文明：龜茲史地考古研究》（北京：中國人民大學出版社，2010），頁 65。

[71] 馬長壽，《北狄與匈奴》，頁 154。

[72] 王子今，《秦始皇直道考察與研究》（西安：陝西師範大學出版社，2018），頁 135-136。

[73] 班固，《漢書》，卷二十八，〈地理志〉，頁 1617。

公主女俱入朝。元康元年（西元 105 年），遂來朝賀，王及夫人
皆賜印綬，夫人號稱公主，賜以車騎、旗鼓、歌吹數十人，綺繡
雜繒奇珍凡數千萬。留且一年，厚贈送之，後數來朝賀……其子
丞德，自謂漢外孫，成哀帝時往來尤數，漢遇之亦甚親密。[74]

　　脫離匈奴，選擇漢朝後，龜茲與漢朝的往來不斷增多，亦遣子入
侍。漢明帝時的龜茲國王白霸就曾在洛陽為侍子。在使節、侍子往返的
過程中，自然不可能輕車簡從出行，出於安全、補給等因素考量，必定
會攜帶一定數量的隨從。某些情況下，這些隨從甚至侍子本人可能長期
定居中原，甚至發展為一定規模的本族聚落。比較典型的例子當為由康
居入華人士形成的藍田康氏聚落，由於漢代康居「遣侍子待詔於河西，
因留為黔首，其後即以康為姓」。[75]康居康氏後因亂南遷，劉宋僑立郡
縣安置之，《宋書·州郡三·雍州》云：「華山太守，胡人流寓，孝武
大明元年（西元 457 年）立」。[76]

　　康居侍子的後代可以繁衍生息為郡縣之規模，則龜茲侍子或從人
也有可能與其兵士同鄉共居河西，繁衍為部落。而龜茲縣的環境遠比西
北大漠風沙肆虐之地優越，其地「沃野千里，穀稼殷積，又有龜茲鹽池
以為民利，水草豐美，土宜產牧。牛馬銜尾，群羊塞道」。[77]食鹽為人
民生活之必須品，所以龜茲人之龜茲縣可以憑藉該重要民生、戰略資源
在多族聚居的河西上郡佔有一席之地，因此龜茲縣也成為當時各族群往
來之要衝。東漢張奐通過控制龜茲，逼得「南匈奴不得交通東羌，諸豪
遂相率與奐和親」。[78]既然佔據龜茲縣能夠切斷南匈奴與東羌的往來，

[74] 班固，《漢書》，卷九十六，〈西域傳〉，頁 3916。
[75] 姚思廉，《梁書》（北京：中華書局，1973），卷十八，〈康絢傳〉，頁 290。
[76] 沈約，《宋書》，卷三十七，〈州郡三·雍州〉，頁 1143
[77] 范曄，《後漢書》，卷八十七，〈西羌傳〉，頁 2893。
[78] 范曄，《後漢書》，卷六十五，〈張奐傳〉，頁 2138。

則龜茲在二者之間之作用不難想像。不過這時的東漢政府仍然有一定的權威，對治下各族尚能掌控。但到東漢末期，戰火令中央無暇顧及邊郡，龜茲縣之龜茲後裔亦可能渡河到河東西河郡，與匈奴聯繫更進一步，發展為晉人所謂的白部胡。此後由於拓跋鮮卑的興起，其中一部分可能加入拓跋部落聯盟，身份轉換為鮮卑。不過可能由於其與匈奴的長期接觸，白部對後者頗有親近感，因此在劉淵起兵後，與拓跋部選擇保晉不同，白部與右賢王之後鐵弗劉虎一起支持匈奴漢國。

龜茲白氏與匈奴餘部混居的例子在陝西白水樹立的〈廣武將軍□產碑〉中可以得到印證。該碑之題名人中有出自龜茲之「大人白平君」、「揚威將軍酋大白安」、「行事白禽」、「主薄白國」、「帛大谷」等，出自匈奴屠各之「將軍張□成」、「部大張廣平」、「部大王□□」、「部大王安」、「部大王崇」、「部大張愛鄉」、「建威將軍董平奴」、「部大董白」等。[79]白水縣位於關中平原到黃土高原的過渡地區，為稽胡活動之南界，構成其形成之兩大族群混居格局明顯。除碑刻外，二族之雜居還可以從十六國時期的地名中尋得蹤跡。關中鄜州胡空堡之東有帛蒲堡，帛氏即白氏，為龜茲王姓，當為龜茲勢力所築，然在前秦之末，該地卻為屠各所控制，出於強化實力之考量，屠各未必會盡逐龜茲胡人，可能與順從者混居，這些龜茲後裔或與屠各一起形成後世之稽胡。

除經由白部胡等途徑形成的稽胡白氏外，龜茲白氏尚有一部分後裔融入盧水胡中。蓋吳部下有部落帥白廣平，受前者派遣，「西掠新平，安定諸夷酋皆聚眾應之」。[80]蓋吳為盧水胡，其部落帥白廣平自不能例外。這一部分可能在漢末未渡河東向，而是繼續留在上郡舊地，經歷羌胡的發展階段後，融入盧水胡中。不過盧水胡北魏以後亦有融入稽

---

[79] 王昶，《金石萃編》（收入《石刻史料新編》，冊一），卷二十五，〈廣武將軍□產碑〉，頁 451-453。

[80] 魏收，《魏書》，卷四下，〈太武紀下〉，頁 99。

胡者，故這一部分白氏可能最終還是有成為稽胡者。馬長壽先生之謂
「白氏在北魏前稱龜茲胡，北魏即以後稱稽胡」，[81]可謂頗有見地。

（二）月氏胡

　　需要指出的是，即使是胡中第一大姓劉氏，也並非均為匈奴屠各
後裔，亦有偽託出身之西域胡存在。前秦皇始三年（西元 353 年）西域
胡劉康「詐稱劉曜子，聚眾於平陽」，舉事反秦。[82]既然其被稱為西域
胡，則必非五部正胤。關於其族屬來源數十年前之劉芒蕩起事或許可以
提供線索。《晉書·懷帝紀》云：

> （永嘉三年，西元 309 年）秋七月……辛未（初五），平陽人劉
> 芒蕩自稱漢後，誆誘羌戎，僭帝號於馬蘭山。支胡五斗叟郝索聚
> 眾數千為亂，屯新豐，與芒蕩合黨。[83]

　　響應劉芒蕩起事之族群中確有支胡存在，支胡即來自西域之月氏
人。劉康既為西域胡，起事地又在劉芒蕩原籍，極可能為早年參與起事
的月氏胡人後裔，其得姓劉氏或亦與自稱漢室後裔的劉芒蕩有關，或為
後者「賜姓」，或隨主公姓。月氏胡人入華時間當可以上溯至西漢之
時，《漢書·地理志》載安定郡下轄「月支道」，[84]即安置其人所設，
其後輾轉東遷，進入黃河中游，與匈奴餘部融合。

（三）粟特胡

　　龜茲胡、月氏胡之外，稽胡中還有粟特後裔存在。粟特人以經商
聞名，從中亞延絲綢之路入中原，沿途不乏其蹤跡。在稽胡聚居區域內

[81] 馬長壽，《碑銘所見前秦至隋初的關中部族》，頁 33。

[82] 司馬光，《資治通鑑》，卷九十九，〈晉紀二十一·永和九年〉，頁 3132。

[83] 房玄齡，《晉書》，卷五，〈懷帝紀〉，頁 119。

[84] 班固，《漢書》，卷二十八下，〈地理志〉，頁 1615。

也存在粟特聚落。如西河，唐永徽六年（西元 655 年）〈曹怡墓誌〉云誌主隰城人，「祖貴，齊壯武將軍。父遵，皇朝介州薩寶府車騎騎都尉」。[85]隰城即北魏時稽胡起事頻頻的西河，為北魏孝昌年間設置。曹怡之父為薩寶，則其家族為粟特人無疑，曹氏入華當不晚於北齊。雖然同為曹氏，但曹怡之族極可能來自中亞之曹國，與前秦之匈奴東、西曹可能關係不大。又如北周大成元年（西元 579 年）夏州〈翟曹明墓誌〉云誌主「西國人也。祖宗忠烈，令譽家邦。受命來朝，遂居恆夏」。[86]翟曹明當為粟特化之丁零後裔，卒於北周大成元年，享年九旬。墓誌稱其為「夏州天主」，青年時「咢咢當官，恂恂鄉邑」，據羅豐先生、榮新江先生推算，翟曹明當在北魏孝明帝時（西元 516-528 年）於當地胡人聚落任官，而天主當為祆主。[87]由此可以肯定多族居住的交通要衝——夏州，至少在北魏末年已經有信奉祆教的粟特人居住。

這些粟特人在入華多代後甚至有人忘卻其中亞故土，直接以夏州為籍貫。如武周時過世的粟特人安旻，其墓誌徑稱「夏州朔方縣人」。[88]由於夏州為北魏時稽胡之統萬胡聚居區，二者之間必然會存在接觸。當然這些接觸未必都屬於和平交流，亦存在戰爭衝突。北周之末即有粟特胡史射勿「從上柱國、齊王憲掩討稽胡」。[89]與擁護政府之粟特相對，亦有支持稽胡之粟特。魏末以來胡人起事中就不乏粟特身影。如康氏，魏末有康維摩「擁率羌胡守鋸谷，斷嬰瓦棠橋」，為魏將源子雍擒

---

[85] 〈曹怡墓誌〉，參見張慶捷，〈唐代《曹怡墓誌》有關入華胡人的幾個問題〉，收入榮新江、羅豐，《粟特人在中國：考古發現與出土文獻的新印證》，頁 644。

[86] 〈翟曹明墓誌〉，參見羅豐、榮新江，〈北周西國胡人翟曹明墓誌及墓葬文物〉，頁 280。

[87] 羅豐、榮新江，〈北周西國胡人翟曹明墓誌及墓葬文物〉，頁 282-283。

[88] 〈安旻墓誌〉，參見康蘭英，《榆林碑石》（西安：三秦出版社，2003），頁 211。

[89] 王其禕、周曉薇，《隋代墓誌銘彙考》（北京：線裝書局，2007），冊四，〈史射勿誌〉，頁 40。

獲。[90]康氏出自西域康居，南梁名將康絢即康居後裔，不知康維摩是否亦為藍田康氏後裔？不過康居本信奉祆教，而康維摩之名則與唐代詩人王維之字摩詰相近，明顯源自維摩詰菩薩。應該為其入居中土已久，受佛教影響較深之故。同樣皈依佛教的康氏在北朝中期以後的稽胡聚居地鄜城也可見到，〈法龍造像記〉題名中就有「康拖陁」、「康長□」。[91]此二人與屠各、羌人後裔一起參與造像活動，可能已在地化，除姓氏外，粟特特徵漸趨模糊。

康氏之外，胡中粟特姓還有穆氏，齊周之交，胡帥劉沒鐸起事抗周，「遣其大帥穆支據河西」。[92]穆氏與康氏同源，為西域昭武九姓之一，出自穆國。《隋書·西域傳·穆國》云其國「都烏滸河之西，亦安息之故地，與烏那曷為鄰」。[93]據白鳥庫吉考證，穆國即 Amul，為《大唐西域記》記錄之「伐地」，位於今阿姆河右岸。[94]至於這些粟特後裔進入稽胡的途徑，比較可能的解釋是先作為官吏進入原匈奴各政權中，匈奴化後與周邊其他各族一起逐漸轉變為稽胡。十六國各匈奴政權中，確實有粟特人活動的身影。如周隋之間的虞慶則，「其先仕於赫連氏，遂家靈武，代為北邊豪傑」。[95]據榮新江先生考證魚氏源自中亞，[96]羅新先生進一步指出魚氏很可能就是粟特人。[97]既然赫連夏中有粟特人

---

[90] 魏收，《魏書》，卷四十一，〈源子雍傳〉，頁 930。

[91] 〈法龍造像記〉，參見靳之林，〈延安地區發現一批佛教造像碑〉，《考古與文物》，1984 年第 5 期，頁 33。

[92] 令狐德棻，《周書》，卷四十九，〈稽胡傳〉，頁 898。

[93] 魏徵，《隋書》，卷八十三，〈西域傳·穆國〉，頁 1856。

[94] 白鳥庫吉著、傅勤家譯，《康居粟特考》，頁 57。

[95] 魏徵，《隋書》，卷四十，〈虞慶則傳〉，頁 1174

[96] 榮新江，《中古中國與外來文明》（北京：生活·讀書·新知三聯書店，2001），頁 113、171。

[97] 羅新，〈虞弘墓誌所見的柔然官制〉，收入氏著，《中古北族名號研究》（北京：北京大學出版社，2009），頁 109。

任職，其他匈奴政權中也可能有粟特存在。石趙政權中就有粟特康這位粟特侍衛效力。[98]雖然他們曾經位居臺閣，執掌宮禁。但隨著各政權覆亡，可能與匈奴胡人一起退居山中、邊塞，成為後來的稽胡。

其他下層粟特人的入胡途徑或不太相同，有可能為戰爭、民變之催化。雖然粟特人在入華時多保留了聚族而居的習慣，但北魏末年之六鎮起事可能打破這一傳統。〈翟曹明墓誌〉即可提供一條線索，其「傷魏臺之衰泯，慨臣下之僭凌。是以慕義從軍，誅除亂逆」。[99]翟曹明或與當時他族首領相似，率領本族「壯」「勤王」，以粟特鄉團協助政府軍與反抗軍作戰。可是在戰亂中，戰敗酋長與部落失聯乃是常事，如北齊名將斛律金即曾失去對部落的控制。這些部眾四分五裂，或主動或被動進入其他群體中並不意外。這一過程自然加速了族群的重整，促使某些族群擴大。稽胡中粟特姓氏胡人活動之出現恰恰在六鎮烽火燃起後，恐怕不能只用巧合來解釋。

粟特在仕宦外，可能還存在因經商入胡區居住、融合的路徑。現代呂梁山區的一些殘存地名為筆者這一假說提供了可能的線索。山西臨縣黃河岸邊的磧口鎮有一叫索達干的村莊。對於其村名來源，當地村民表示與元末起事有關，起事者欲武裝反抗元朝統治，故產生了「殺韃乾」之口號，以示要將元朝駐軍清除，後音轉為索達干。[100]

「索達干」一詞明顯非漢語，當為少數族語言之譯音。村民的解釋顯然為漢語語境下望文生義的牽強附會。張頷先生曾經提出兩種說法論證「索達干」的起源。其一為早期意見，即該詞為突厥語「虎」的音譯，然而突厥語中「虎」為「kaplan」，與「索達干」發音相去甚遠。所以張先生後來也自我否定此說，轉而認為這一詞彙當是突厥官制的殘

---

[98] 房玄齡，《晉書》，卷一百七，〈石季龍載記下〉，頁 2795。

[99] 〈翟曹明墓誌〉，錄入羅豐、榮新江，〈北周西國胡人翟曹明墓誌及墓葬文物〉，頁 280。

[100] 筆者西元 2021 年 5 月 12 日於山西臨縣磧口鎮索達干村走訪。

留。因為突厥諸官號中有「達干」一種，所以推測此地可能有過一位名叫「索」的達干駐守，故以「索達干」之名流傳至今。[101]

圖 3-3　山西臨縣索達干村
（筆者西元 2021 年 5 月攝於山西臨縣磧口鎮。）

　　對於張頷先生之說，筆者並不完全認同。呂梁山區並非突厥人的傳統活動地區，在隋唐時期突厥人的影響力雖一度擴張至此，但突厥汗國的鐵騎在當地活動時間較短，恐怕難以發揮較大影響力。中唐以後，突厥及其別種沙陀雖然有在呂梁山區活動，但此時的突厥或沙陀能否保留草原時代的政治制度，將原官職設置於此，確實令人懷疑。依筆者之見，張頷先生將這一詞彙與突厥語聯繫起來無疑體現了其敏銳的洞察

[101] 張頷，〈「索達干」解——兼談隋唐之際突厥族在山西的活動〉，《三晉文化研究論叢》，1997 年，頁 72-78。

89

力，不過說突厥語的族群並非都是草原上的突厥人，稽胡語言中也有大量突厥詞彙。與其將「索達干」的出現歸因於突厥人，倒不如將有四百多年呂梁山區活動史的稽胡納入考察範圍。索達干村的位置也正好是稽胡曾經的活動區域，這點無疑為筆者之稽胡說提供了可能。

關於稽胡的語言，後文將有論述對比，在此先解「索達干」一詞。據喀剌汗王國時期馬赫茂德喀什噶里編撰之《突厥語大詞典》，商人被稱為「sart」。今天的突厥語諸族也存在相似拼寫，如維吾爾語稱商人為 Sodagan，土庫曼語為 Söwdagär，烏茲別克語為 Savdogar。在中古漢語中，「索達干」發音為 sak dat kan，與突厥諸語之商人發音相近。如果筆者推論成立，則此村名當源自突厥語「商人」。另外，該村的正好位於黃河沿岸，具有較好的區位優勢。《（成化）山西通志·津梁》云：「索達安渡路通陝西吳堡縣」，[102]索達安即索達干，其地為連通山西、陝西兩地的渡口。雖然該記載為明代情況，但並不代表此地明代才成渡口，其津梁地位的形成自然在此之前。在尋求優越區位、便利交通條件的商人看來，渡口當是作為商品集散地或銷售地的較好選擇，此地能聚集商人必在情理之中。

需要看到的是，索達十村距離黃河東岸的水路要衝——磧口鎮僅有 4 公里，能分擔其部分商貿功能當不意外。雖然胡人過著山居生活，但並不意味完全與世隔絕。其所需之生活用品、必要物資中有一些是無法自給自足的，必然需要依靠對外商業交流來完成。《周書·稽胡傳》關注到稽胡婦女「多貫蜃貝以為耳及頸飾」的習俗，[103]「蜃」作為裝飾品深受稽胡婦女喜愛，《說文解字》曰「蜃，大蛤，雉入海所化。蜃屬，有三，皆生於海」。[104]稽胡生活於山區，自然不可能就地採集產

---

[102] 李侃修，胡謐纂，《（成化）山西通志》（民國二十二年影鈔明成化十一年刻本），卷三，〈津梁〉，頁 291。

[103] 令狐德棻，《周書》，卷四十九，〈稽胡傳〉，頁 897。

[104] 許慎，《說文解字》（北京：中華書局，1963），卷十三上，〈虫部〉，頁 281。

自海濱的「蜃貝」，必然要依託對外商業交換。即使將「蜃」的含義擴展到廣義的、涵蓋河蚌在內的所有貝類，當地亦罕有出產。筆者曾走訪陝西延河沿岸，獲悉以延河為代表的黃土高原河流中螺、蚌極少，[105]即使有少量生存，產量也難以滿足婦女妝扮需要，自給可能性不高。

圖 3-4　介休祆神樓
（筆者西元 2021 年 5 月攝於山西介休。）

　　提到中古時期的商業名族，自然繞不開粟特人。可能在十六國北朝時，有粟特人進入胡中經商，逐漸融合於稽胡中。現代呂梁山區的一些殘存地名為證實筆者這一假說提供了可能的線索，如位於呂梁山以東介休的賈胡堡。事實上介休至今保留了粟特人活動的遺蹟——祆神樓，與〈虞弘墓誌〉中「（虞弘）領并、代、介三州鄉團，檢校薩寶府」之

---

[105] 筆者於西元 2021 年 5 月 18-20 日於陝西延安、延長實地探訪，向延河邊散步之當地居民詢問水生動物狀況，所詢問的 5 名年長居民均稱延河之中僅存在小魚，無螺蚌貝類。

記載一起見證了粟特人在此區域活動的歷史。[106]呂梁山側的粟特人遺蹟提供了粟特人融入稽胡的可能證據。此外，稽胡後來出現的一些傳說可能也得益於粟特人在行商中聯通東、西。宣傳稽胡高僧劉薩訶之《劉薩訶因緣記》中有出現驢耳王，[107]此故事本為希臘傳說〈彌達斯的驢耳朵〉，可能為行商中的粟特人帶入胡中。至今前述索達干村仍有中秋耍火把的民俗活動，可能為粟特祆教拜火習俗之遺存。

圖 3-5　李公麟《五馬圖》　　　　　圖 3-6　綏德白家山漢墓
　　　　于闐奚官帽　　　　　　　　　　　匈奴尖帽

　　寧夏鹽池出土的金方奇（圖 7-3）也透露了其他一些西域胡融入稽胡的可能線索。金方奇狩獵圖中的獵手所戴之帽與匈奴傳統尖帽外形迥異，倒是與北宋李公麟《五馬圖》中的于闐奚官帽相似，斯坦因

---

[106] 〈虞弘墓誌〉，參見張慶捷，〈〈虞弘墓誌〉中的幾個問題〉，《文物》，2001 年第 1 期，頁 102。

[107] 《劉薩訶因緣記》，收入陳祚龍，〈劉薩訶研究——敦煌佛教文獻解析之一〉，頁 34。

（Marc Aurel Stein）考察的唐代丹丹烏里克壁畫中也可尋得此類氈帽之蹤跡。[108]中亞吉爾吉斯人（柯爾克孜人）至今仍流行與之相似的Kalpak 氈帽，其祖先黠戛斯受回鶻影響所戴「銳頂而卷其末」的白氈帽當即此帽。[109]出人意料的是這種氈帽在青海亦有發現，青海郭里木出土的一方吐蕃時期的木棺版畫中即有三人戴此「山字形的船形帽」。[110]更早的例子當為山西大同沙嶺 M7 號北魏墓壁畫描繪的「頭戴雞冠帽的騎士」。[111]對於這種氈帽之所屬族群，周偉洲先生、霍巍先生均認為與鮮卑吐谷渾有關。[112]不過如果將于闐、吐谷渾、拓跋魏三者結合考量，或許可以作出如下推測，即此帽本出自于闐，魏太武帝時吐谷渾王慕利延為避魏軍鋒芒，「遂入于闐國，殺其王，死者數萬人」。[113]為吐谷渾所虜的于闐人當更不在少數，這些于闐降人將故國衣冠帶入渾中並不意外，而另一些歸附北魏的于闐尉遲氏亦將此冠帽保留了一段時間，故多地考古發掘均有出現。考慮到北魏初曾有尉遲部眾於朔方活動，[114]與稽胡生活地域重合，故部分滯留當地的于闐胡人與稽胡接觸當在情理中。如果方奇鑄造者採用寫實手法則可推斷當時已有部分源於塞人的于闐胡人融入稽胡，或于闐胡的某些習尚被部分胡酋接

[108] M. Aurel Stein 著、巫新華等譯，《古代和田——中國新疆考古發掘的詳細報告》（濟南：山東人民出版社，2009），第二卷，頁 59、62。

[109] 樂史，《太平寰宇記》，卷一百九十九，〈北狄十一·黠戛斯〉，頁 3822。

[110] 霍巍，《吐蕃時代考古新發現及其研究》（北京：科學出版社，2011），頁 140-141。

[111] 大同市考古研究所，〈山西大同沙嶺北魏壁畫墓發掘簡報〉，《文物》，2006 年第 10 期，頁 16、18。曹麗娟認為此帽與司馬金龍墓、宋紹祖墓中出土的雞冠帽為同一種。然以筆者之見，若仔細觀察二者形制，可知區別明顯，沙嶺魏墓壁畫之帽下端存在明顯捲起之角狀設計，與後者迥異，謂之船形帽較合適。參見曹麗娟，〈大同沙嶺北魏壁畫墓研究〉（北京：中央美術學院碩士論文，2009），頁 24。

[112] 參見周偉洲，《新出土中古有關胡族文物研究》（北京：社會科學文獻出版社，2016），頁 198-199。霍巍，《吐蕃時代考古新發現及其研究》，頁 142。

[113] 魏收，《魏書》，卷一百一，〈吐谷渾傳〉，頁 2237。

[114] 魏收，《魏書》，卷二，〈道武紀〉，頁 40。

受。

比較具體的融合案例可能為賀遂氏之出現。考諸史冊，賀遂氏與呼延氏有關，鄭樵謂為後者音轉，但此姓與匈奴傳統貴族呼延氏似乎存在一定區別。《通志》稱「晉初賜姓呼延，居西州」，[115]西州若非隰州之音訛，則當為河西走廊之涼州。而後世賀遂氏又多在胡區西北外圍之夏州活動，如北朝末起事之賀遂有伐、隋代叱奴延輝之妻賀遂氏，其族西來嫌疑不小。又以賜姓方式得呼延貴姓於晉初，此賜姓當非西晉政府所為，而極可能出自五部貴族之恩賞。如前所述，連單于之位都可能被屠各貴族以實力鵲巢鳩佔，則下屬貴族之姓被用於賞賜功臣當不意外。換言之即舊瓶裝新酒，內部組織、勢力重新洗牌，新貴以舊貴之名借殼上市，賀遂氏或即其中新貴之一。在從西州到并州的過程中，其氏可能尚存在一北上南下的階段，塞外有賀悅泉，可能為其氏故跡，不排除該氏為從西域東遷塞上，在匈奴十九種入華大潮中一同南下。此後又憑藉熟知西陲地理，隨劉曜西征，回歸故地。

前秦〈鄧太尉祠碑〉揭示了當時關中平原、黃土高原南部族群混居狀況，時馮翊護軍統寧戎、和戎、鄜城、洛川、定陽五部，「領屠各、上郡夫施黑羌、白羌，高涼西羌，盧水，白虜，支胡，粟特，苦水，雜胡七千，夷類十二種」。[116]其中屠各、盧水為匈奴系統，支胡、粟特為西域胡系統。既然存在如康絢先人這類避難南下的西域胡，自然也可能存在北上避入黃土高原腹地者。而這些龜茲、月氏、粟特諸胡的融入對稽胡之形成而言可以說重要性僅次於匈奴系諸族，族群間之混血甚至改變了某些地區稽胡之體貌特徵。丹州之胡即被隋人認為「胡頭漢舌」，「胡頭」即「其狀似胡」。[117]考慮到匈奴本部與漢人同屬

---

[115] 鄭樵，《通志》，卷二十九，〈氏族略第五〉，頁 474-3。

[116] 〈鄧太尉祠碑〉，參見馬長壽，《碑銘所見前秦至隋初的關中部族》，頁 13。

[117] 李吉甫，《元和郡縣圖志》（北京：中華書局，1983），卷三，〈關內道三·丹州〉，頁 74。

蒙古人種,而北朝隋唐延州稽胡區域之造像中,[118]佛像面部也為典型的蒙古人種北亞類型特徵,證明匈奴系稽胡與漢人外表差異並不懸殊。故所謂「胡」或為西域胡,被突出強調的白翟之「白」也可理解為其人膚色較漢人白皙。當屬於高加索人種的西域胡或與匈奴餘部融合,或以「胡」自居後,外貌異於傳統匈奴胡之新胡自然令外界漢人印象深刻。

三、羯、契胡

羯人又稱羯胡,本為匈奴別部,在石勒的率領下,羯人曾建立幾乎統一北方的後趙政權。對於羯人之來源,《晉書・石勒載記》稱「其先匈奴別部羌渠之冑」。[119]晉代之入塞匈奴十九種中亦見「羌渠種」,據姚薇元先生考證,「羌渠」即西域之「康居」。[120]但由於匈奴對西域的統治歷史,羯人曾為匈奴役屬,「在長期隸屬下,他們已與匈奴本部形成一歷史共同體」。[121]所以與其他西域胡不同,羯人被視為匈奴別部存在,也常與匈奴並稱胡羯。石趙覆亡後,羯人不乏入山保聚避亂者。段末波之子段勤即「鳩集胡羯得萬餘人,保枉人山,自稱趙王,附於慕容儁」。[122]雖然鮮卑段勤麾下的匈奴、羯人後來與其一同降於前燕,沒有山居終老,但在冉閔之流種族滅絕的淫威下,入山躲避的羯人當大有人在,這些羯人也成為稽胡的來源之一。

北魏道武帝時胡中已有羯人後裔出現,時山胡酋大幡頹、業易于等「率三千餘家降附,出居於馬邑」。[123]歸降北魏的稽胡首領之一為

---

[118] 參見楊宏明,〈安塞縣出土一批佛教造像〉,《文博》,1991年第6期,圖版4。

[119] 房玄齡,《晉書》,卷一百四,〈石勒載記上〉,頁2707。

[120] 姚薇元,《北朝胡姓考》,頁384。

[121] 雷家驥,〈後趙文化適應及其兩制統治〉,《國立中正大學學報》(人文分冊),1994年第五卷第一期,頁178。

[122] 房玄齡,《晉書》,卷六十三,〈段匹磾傳〉,頁1712。

[123] 魏收,《魏書》,卷二,〈道武紀〉,頁24。

業易于，無獨有偶，石勒之祖亦名耶奕于。在中古漢語中，「業易」讀音為 ŋɪɛp jǐe，「耶奕」為 jǐa jǐɛk，二者發音相近，可知降魏之稽胡首領當即羯胡之後。

又稽胡馮氏，孝明帝時有五城郡山胡馮宜都「以妖妄惑眾，假稱帝號」，利用彌勒教白衣巫術反魏。[124]羯人中馮姓的出現可上溯至西晉末之馮莫突，《晉書·石勒載記》云：

> 時胡部大張㔟督、馮莫突等擁眾數千，壁於上黨，勒往從之，深為所昵，因說㔟督……㔟督等素無智略，懼部眾之貳己也，乃潛隨勒單騎歸元海。元海署㔟督為親漢王，莫突為都督部大，以勒為輔漢將軍、平晉王以統之。[125]

石勒可親自前往、力勸張、馮二人降漢，而且深為其親近，當以種類相近之故。所以馮氏亦當為羯人，其後融入稽胡之中。

契胡部落以魏末梟雄尒朱榮而聞名，尒朱氏在北魏末可謂叱吒風雲。姚薇元先生曾回憶陳寅恪先生之說——「契胡」即「羯胡」，《高僧傳》之「梵唄三契」，「契」即「偈」之異譯。[126]姚先生以為《魏書》多曲筆，高齊又起自尒朱氏集團，故收受尒朱榮之子賄賂，不言其為羯胡之類。[127]

雖然《魏書·尒朱榮傳》將其族出現繫於魏初，但契胡與拓跋氏的聯繫似乎早在西晉時期就已發生。《魏書·序紀》云：

> （穆帝）七年，帝復與劉琨約期，會於平陽。會石勒擒王浚，國

---

[124] 魏收，《魏書》，卷六十九，〈裴延儁傳〉，頁 1531。

[125] 房玄齡，《晉書》，卷一百四，〈石勒載記上〉，頁 2710。

[126] 姚薇元，《北朝胡姓考》，頁 388。

[127] 姚薇元，《北朝胡姓考》，頁 387。

有匈奴雜胡萬餘家，多勒種類，聞勒破幽州，乃謀為亂，欲以應
勒，發覺，伏誅，討聰之計，於是中止。[128]

　　從當時拓跋氏的控制範圍來看，石勒等羯人聚居的上黨地區肯定
不在其疆域內，而屬於後來契胡聚居區的秀容倒是與取得陘嶺以北控制
權的拓跋部距離不遠，這些響應石勒的羯人顯然不可能為上黨之民，當
在靠近陘嶺的拓跋部南境生活。在起兵圖謀失敗後，或有向南逃至秀容
者，成為後來被稱為契胡的部族。
　　周一良先生曾經分析北朝的諸種胡族，認為盧水胡、稽胡、契
胡、焉耆胡中，前兩者地位底下，後兩者憑藉其武力或文化，在當時地
位較高。[129]不過在地位差異外，契胡和稽胡的關係卻頗為微妙，東魏
時甚至出現「秀容人五千戶叛應山胡」的景象。[130]以事變不久前之永
熙年間戶口，秀容戶數一萬一千五百六，五千戶近其半數。秀容為契胡
的傳統居住地區，叛應山胡的民眾中應該有不少為契胡族類。從此條在
記述人口時採用的單位為「戶」，而非胡族傳統之「落」來看，或許可
以推測秀容民戶與稽胡合作的理由。高歡韓陵破四胡後，契胡的優勢地
位自然土崩瓦解，除了政壇上少數幾個花瓶式點綴人物外，下層族人地
位怕是一落千丈。基本社會組織形式或也因受到政府干預而改變，由以
往酋長控制下的部落制變為郡縣制，往日的契胡部民也成為郡縣下的編
戶。可能難以適應這一轉變，才有了東魏初年叛應稽胡的一幕發生。因
此稽胡與契胡的關係也許不會因地位差異導致水火不容，相互之間或較
為融洽。契胡首領尒朱榮對稽胡即採取軟硬兼施之手段，雖然對「作
亂」汾肆的稽胡酋帥劉阿如予以鎮壓，但不忘懷柔其可爭取之部眾，特

---

[128] 魏收，《魏書》，卷一，〈序紀〉，頁8。

[129] 周一良，〈北朝的民族問題與民族政策〉，頁138。

[130] 李百藥，《北齊書》，卷十九，〈高市貴傳〉，頁254。

別派叛胡鄰州出身的王椿慰勞汾胡，胡人「服其聲望，所在降下」。[131]

隨著稽胡降服，尒朱氏軍團內部吸收了不少胡人，其顯赫者如劉貴（劉懿），「起家拜大將軍府騎兵參軍、第一酋長」。[132]由於劉貴的領民酋長身份，陸增祥錄校其誌文時提出其人「出於匈奴左賢王之後，南部大人之族無疑」。[133]劉貴是否為匈奴王室後裔不得而知，但為匈奴後裔當無疑。《北齊書》謂之「秀容陽曲人」，[134]據上文東魏初秀容人叛應稽胡之事，可知秀容附近亦有稽胡，故劉貴實為稽胡。又張亮，「西河隰城人也。少有幹用，初事尒朱兆」。[135]西河為北魏胡人長期活躍之地，當地胡帥之中張氏不少，如張崇、張賢等，張亮當為西河胡之後。此外，尒朱榮所署相州刺史劉誕被李元忠斥為「黠胡」，[136]契胡中劉氏少見，彼當亦出自稽胡。以上四人均在尒朱集團效力，可見稽胡與契胡的關係當不至太差。北魏時肆州可能存在契胡居忻定盆地，稽胡居山的地域劃分，二者基本相安無事，如果契胡在得勢之時凌虐稽胡，則其失勢後很難向稽胡尋求幫助。

東魏初年的秀容人叛應稽胡事件為契胡進入稽胡提供了可能的線索，而稽胡中確有疑似契胡後裔存在。北周平劉沒鐸時，劉氏部下「有胡帥自號天柱者，據守河東」。[137]需要注意的是「天柱」非其本名，

---

[131] 魏收，《魏書》，卷九十三，〈王椿傳〉，頁 1992。

[132] 趙超，《漢魏南北朝墓誌彙編》，〈魏故使持節侍中驃騎大將軍太保太尉公錄尚書事都督冀定瀛殷并涼汾晉建鄴肆十一州諸軍事冀州刺史鄴肆二州大中正第一酋長敷城縣開國公劉君墓誌銘〉，頁 336。

[133] 陸增祥，《八瓊室金石補正》（收入《石刻史料新編》，冊六），卷十九，〈劉懿墓誌〉，頁 4283。

[134] 李百藥，《北齊書》，卷十九，〈劉貴傳〉，頁 250。

[135] 李百藥，《北齊書》，卷二十五，〈張亮傳〉，頁 360。

[136] 李延壽，《北史》（北京：中華書局，1974），卷三十三，〈李元忠傳〉，頁 1203。

[137] 令狐德棻，《周書》，卷十三，〈宇文儉傳〉，頁 204。

而為其稱號。對於「天柱」之號,「雖訪古無聞,今員未有」,[138]但有一位北朝梟雄卻不能被忽略,即尒朱榮,其於永安二年（西元 529 年）拜天柱大將軍。[139]此後「天柱」之號也被尒朱兆、高歡所沿用。尒朱榮為「天柱」元祖,故起事稽胡「天柱」之號當借自尒朱榮。

從地理位置來看,當時胡帥「天柱」防區為河東,但黃河以東區域廣大,詳細位置記載闕如。不過根據北周平胡後在河東的郡縣設置,可以推斷其大致位置。《元和郡縣圖志·河東道三·石州》云:「臨泉縣,本漢離石縣地,周大象元年（西元 579 年）於此置烏突郡、烏突縣」。[140]北周平胡後即設置之烏突郡亦在河東,設置郡縣一則代表政府對此地控制力之強化,二則證明此地有設置管理機構的價值,如戰略要地,這與劉沒鐸遣「天柱」守衛不謀而合。此外,烏突之地與契胡關係匪淺。尒朱兆敗亡後,「慕容紹宗以尒朱榮妻子及餘眾自保烏突城」,以拒高歡。[141]烏突之所以能成為尒朱氏最後的據點,或因此地有忠於尒朱氏之力量存在。故用天柱之號或意在以昔日的契胡領袖尒朱榮為號召,試圖增強參與起事的契胡裔稽胡之凝聚力。

四、鮮卑

雖然鮮卑拓跋氏在西晉末十六國之初作為劉琨的盟友支持晉室,與匈奴漢國對抗,以致「屠各舊畏鮮卑」之說出現。[142]但在魏晉之時,鮮卑拓跋氏與入塞匈奴卻關係匪淺。西晉初,匈奴北部右賢王劉猛叛晉出塞,屯孔邪城,該地當在拓跋氏勢力範圍內,很難想像如果沒有拓跋氏的允許,劉猛能在其地安身。另從江統《徙戎論》稱劉猛「連結

---

[138] 魏收,《魏書》,卷七十四,〈尒朱榮傳〉,頁 1653。
[139] 魏收,《魏書》,卷十,〈孝莊紀〉,頁 263。
[140] 李吉甫,《元和郡縣圖志》,卷十四,〈河東道三·石州〉「臨泉縣」條,頁 399。
[141] 李百藥,《北齊書》,卷一,〈神武紀上〉,頁 9。
[142] 房玄齡,《晉書》,卷六十三,〈李矩傳〉,頁 1707。

外虜」來看，[143]此外虜非收容匈奴叛部的拓跋氏莫屬。劉猛遇刺後，其了副崙亦投奔拓跋部。

　　拓跋氏之外，與入塞匈奴有往來的還有其他鮮卑部族。劉淵起兵前，其內部即認為「鮮卑、烏丸可以為援」，[144]起兵後，上郡四部鮮卑陸逐延望烽臣服。到劉氏敗亡後，塞內匈奴故地也有鮮卑進入。石勒曾命石虎「討鮮卑鬱粥於離石」，大獲全勝。[145]既然原單于庭所在之離石都有鮮卑活動，則匈奴餘部與鮮卑相互接觸、融合乃是難於避免。對北方草原諸族而言，你中有我、我中有你的相互融合已是司空見慣。漢和帝時，北匈奴敗逃西遷，其牧地遂為鮮卑所居，「匈奴餘種留者尚有十餘萬落，皆自號鮮卑」。[146]鮮卑宇文氏即源於匈奴屬部，北魏人對其匈奴出身一清二楚。鮮卑中可以融入匈奴，反之匈奴也可與鮮卑結合。安介生先生指出魏末晉初，「記載中的鮮卑部眾似乎都在向山西地區聚攏」，[147]這一趨勢無疑加速了二者之間的融合。馬長壽先生即懷疑匈奴入塞十九種之寇頭種為檀石槐部落聯盟之槐頭。[148]而鐵弗匈奴赫連氏的形成更為典型，即「北人謂胡父鮮卑母為鐵弗」。[149]鐵弗匈奴形成過程中鮮卑的融入已是廣為人知，赫連夏集團出身的朔方胡劉賢胡名落侯，[150]「落侯」為鮮卑語，此名拓跋鮮卑中亦為常見，如拓跋洛侯、于洛侯等，當地融合之緊密由此可見一斑。到北魏末，稽胡中也確有鮮卑後裔出現。《魏書·尒朱榮傳》云：

[143] 房玄齡，《晉書》，卷五十六，〈江統傳〉，頁 1534。

[144] 房玄齡，《晉書》，卷一百一，〈劉元海載記〉，頁 2648-2649。

[145] 房玄齡，《晉書》，卷一百五，〈石勒載記下〉，頁 2739。

[146] 范曄，《後漢書》，卷九十，〈烏桓鮮卑列傳〉，頁 2986。

[147] 安介生，《山西移民史》，頁 72。

[148] 馬長壽，《北狄與匈奴》，頁 94。

[149] 魏收，《魏書》，卷九十五，〈鐵弗劉虎傳〉，頁 2054。

[150] 趙超，《漢魏南北朝墓誌彙編》，〈劉賢成主墓誌〉，頁 502。

秀容內附胡民乞扶莫於破郡，殺太守；南秀容牧子萬子乞真反叛，殺太僕卿陸延；并州牧子素和婆崘嶮作逆。榮並前後討平之……內附叛胡乞、步落堅胡劉阿如等作亂瓜肆，敕勒北列步若反於沃陽，榮並滅之。[151]

乞扶即乞伏，本屬隴西鮮卑，為西秦國姓，但在西秦滅亡後，一些成員經歷了近百年的變遷，到魏末已經被稽胡同化。

前秦時曾與鐵弗劉衛辰並稱左、右賢王的右賢王曹轂亦可能與鮮卑有關。曹氏在傳統匈奴中難尋蹤影，但稽胡中曹氏存在感頗強，北魏明元帝時有河西胡曹龍領部落渡河入於蒲子。[152]曹龍之外，胡中尚有曹成、曹平原、曹僕渾等曹氏出現。這一在匈奴中長期未見的姓氏直到十六國中期方以匈奴右賢王的身份出現，其中的突然性令人疑惑，族源亦顯得撲朔迷離。周一良先生認為曹氏當與西域粟特有關，為曹國王室之姓。[153]然而從某些跡象來看，這一神祕的部族似乎與鮮卑存在關係。

曹轂死後，符堅分其部落為二，「貳城已西二萬餘落封其長子璽為駱川侯，貳城已東二萬餘落封其小子寅為力川侯」，號稱東、西曹。[154]曹轂長子曹璽後無記載，少子曹寅在後秦時仍有出現。其與王達獻馬三千匹於姚萇，姚萇遂「以寅為鎮北將軍、并州刺史」。[155]對於此後曹氏之情況，《魏書·高車傳》云：

太祖大怒，車駕親討之。會太悉伏先出擊曹覆寅，官軍乘虛，遂

[151] 魏收，《魏書》，卷七十四，〈尒朱榮傳〉，頁 1645。

[152] 魏收，《魏書》，卷三，〈明元紀〉，頁 53。

[153] 周一良，〈北朝的民族問題與民族政策〉，頁 131-132。

[154] 房玄齡，《晉書》，卷一百十三，〈符堅載記上〉，頁 2889。

[155] 房玄齡，《晉書》，卷一百十六，〈姚萇載記〉，頁 2970。

屠其城，獲太悉伏妻子珍寶，徙其人而還。[156]

　　十六國、北朝時人多有雙名單稱的習慣，如高歡之父高樹生又作高樹，劉貴本名劉貴珍。因此結合地望在太悉伏所居三城之南等線索，可知曹覆寅即曹寅。「寅」為其漢式雅名，本名則為「覆寅」。在中古漢語中，「覆寅」音 pʰǐəu jǐ̆ĕn，另一個發音與之相近的名字則是「伏允」（bǐəu jǐ̆ĕn），二者當為同音異譯。伏允為吐谷渾王，吐谷渾為鮮卑慕容氏所建，「伏允」一詞自然為鮮卑語，所以與之同音的「覆寅」亦當屬鮮卑語。同理其父曹轂之「轂」也應為多音節胡語之節譯，「轂」之中古語音為 kuk，與烏孤、利鹿孤等鮮卑常見人名中「孤」之發音 ku 極為接近，若不考慮入聲、音譯等情況，這點發音差別幾乎可以忽略不計，可以認為二者源自同一胡語發音。

　　可是曹氏立馬杏城之時，距離拓跋鮮卑對黃土高原確立統治還為時尚早，因此基本可以排除優勢文化輻射之影響。曹氏豪酋之以鮮卑名取名或與其原生文化有關，換言之其本身可能出自鮮卑。從曹氏降秦後的人事安排來看，筆者之猜測未必不能成立。秦建元三年（西元 367年），苻堅為謀滅燕，以曹轂為使，出使前燕。[157]前燕為鮮卑慕容氏所建，遣曹轂使燕可能考慮到其部與鮮卑之淵源，故予重任。曹氏或與原盟友鐵弗之軌跡相似，即原為鮮卑部落，以劉淵起兵為契機，加入漢國集團中，從而走上匈奴化道路。根據左賢王地位高於右賢王的匈奴傳統，曹轂只能為右賢王，而將南單于正胤出身的劉衛辰奉為左賢王，這或許也是對自身非匈奴嫡系出身的默認。

---

[156] 魏收，《魏書》，卷一百三，〈高車傳〉，頁 2313。

[157] 司馬光，《資治通鑑》，卷一百一，〈晉紀二十三・太和二年〉，頁 3206。

五、烏桓

烏桓又稱烏丸，為漢代東胡居南的一支，與居北之鮮卑同源。到北魏時期，烏桓含義發生變化，「其諸方雜人來附者，總謂之『烏丸』」。[158]本書所指融合於胡的烏桓為前者。烏桓由於其地理位置偏南，因此與中原王朝接觸較早。其族也不斷南下緣塞居住，並有成為朝廷傭兵者，如王莽時期，東域將嚴尤部下就有烏桓兵。到東漢時，烏桓已遍及漢室北疆郡縣，甚至入塞盤踞於後世稽胡的活動區域──石樓山（通天山）。烏桓有時也和匈奴等族協同騷擾漢朝郡縣，在與不同族群的交流接觸中，烏桓不可避免地走上了融合之路。事實上，烏桓的活動區域與附漢南匈奴不乏重疊之處。《三國志・烏丸傳》注引王沈《魏書》云：

> 建武二十五年（西元 49 年），烏丸大人郝旦等九千餘人率眾詣闕，封其渠帥為侯王者八十餘人，使居塞內，布列遼東屬國、遼西、右北平、漁陽、廣陽、上谷、代郡、鴈門、太原、朔方諸郡界。[159]

烏桓於漢建武二十五年大規模入居邊塞，南匈奴亦於前一年近塞而居，二者幾乎同時。烏桓分佈的代郡為栗籍骨都侯駐地，鴈門為左南將軍駐地，朔方為右賢王駐地。[160]因此兩族之間的接觸、融合已是不可避免。對於二者之間是否存在從屬關係，在某些政府官制的設置中或許可以尋得蛛絲馬跡。《晉書・苻堅載記上》云：

---

[158] 魏收，《魏書》，卷一百十三，〈官氏志九〉，頁 2971。

[159] 陳壽，《三國志》，卷三十，〈烏丸傳〉裴注引王沈《魏書》，頁 832。

[160] 范曄，《後漢書》，卷八十九，〈南匈奴列傳〉，頁 2945。

> 於是分幽州置平州，以石越為平州刺史，領護鮮卑中郎將，鎮龍
> 城；大鴻臚韓胤領護赤沙中郎將，移烏丸府於代郡之平城⋯⋯王
> 騰為鷹揚將軍、并州刺史，領護匈奴中郎將，鎮晉陽。[161]

從平州為慕容鮮卑分佈區，并州為入塞匈奴分佈區，其地均同被治理族群有關來看，赤沙當為烏桓聚居地。無獨有偶，西晉時，匈奴將領綦毋倪邪曾為赤沙都尉，[162]劉聰亦曾為晉室之赤沙中郎將。[163]或許可以推測，雖然入塞之初，烏桓與南匈奴可能相互獨立、各有統屬，然而後世匈奴在政府支持下，逐漸凌駕烏桓之上，取得對後者的領護權力，這也為烏桓逐漸與之融合提供了有利條件。

到北魏時，除道武帝初定中原時，尚可見到張驤、庫傉官鳴等效力慕容燕之烏桓遺臣外，其他關於烏桓之記載已經難尋蹤影。北朝末年，雖有聞人在姓氏上還可見到一絲烏桓蹤跡，如烏丸神念（王神念）、烏丸軌（王軌），但此時的烏桓後裔已經鮮卑化或漢化，不能再視之為獨立族群。可以說從東漢初到北魏初的數百年間，入塞烏桓已經逐漸與其他族群融合，其中包括與匈奴有直接關係的稽胡。周末有蒲川胡帥郝三郎，[164]隋末有丹州胡帥郝仁郎。[165]郝氏為烏桓姓，郝氏酋長早在東漢初即與中原王朝發生聯繫，光武帝建武二十五年（西元 49年），遼西烏桓大人郝旦等「詣闕朝貢，獻奴婢牛馬及弓虎豹貂皮」。[166]到西晉時，原為烏桓的郝氏已經被官方視為匈奴。《晉書·孝惠紀》云：

---

[161] 房玄齡，《晉書》，卷一百十三，〈符堅載記上〉，頁 2903。

[162] 房玄齡，《晉書》，卷九十七，〈北狄·匈奴傳〉，頁 2550。

[163] 房玄齡，《晉書》，卷一百二，〈劉聰載記〉，頁 2657。

[164] 令狐德棻，《周書》，卷四十九，〈稽胡傳〉，頁 898。

[165] 樂史，《太平寰宇記》，卷三十五，〈關西道十一·丹州〉「汾川縣」條，頁 746。

[166] 范曄，《後漢書》，卷九十，〈烏桓鮮卑列傳〉，頁 2982。

（永平四年，西元 294 年）匈奴郝散反，攻上黨，殺長吏……
（永平六年，西元 296 年）匈奴郝散弟度元帥馮翊、北地馬蘭
羌、盧水胡反，攻北地，太守張損死之。[167]

　　郝度元起事於河西，與後來稽胡郝氏之活動地區大體相合。考慮
到前文所述西晉時屢有匈奴貴族任職烏桓之地，則烏桓被視為匈奴部署
應當順理成章。當然由於郝氏與盧水胡的合作歷史，後來在盧水胡中也
有郝氏活動。淝水之戰後關中大亂，盧水郝奴於長安稱帝，「渭北盡應
之」。[168]盧水胡郝奴後歸降魏道武帝，至太武帝時尚有可能為其後裔
的酒泉公郝溫起事反魏。這些郝氏酋帥在融入稽胡後，直到隋代似乎還
保留了一些不同於匈奴裔稽胡的歷史記憶。如延州胡郝伏顥在承認胡人
出身的同時，又以「西瞿國人」自居。[169]西天印度出身當然屬於杜
撰，但從其方位而言卻隱藏了祖先西居的歷史，盧水胡本居於河西走
廊，相對於其餘匈奴部落自然為「西」，融入盧水胡的郝氏也接受了這
一段歷史記憶。總之郝氏融入稽胡的路徑或為烏桓—匈奴—稽胡之直接
融入，或中間經歷盧水胡之階段。

　　稽胡中出現的張氏除屠各外，亦有出自烏桓姓之可能，道武帝時
有西河胡帥張崇等「聚黨數千人叛」，為庾岳討平。[170]明元帝時有西
河胡張賢等「率營部內附」。[171]西河之位置與西晉末烏桓之分佈臨
近，烏丸張伏利度曾「有眾二千，壁於樂平」。[172]樂平去西河未遠，

[167] 房玄齡，《晉書》，卷四，〈孝惠紀〉，頁 92-93。
[168] 房玄齡，《晉書》，卷一百十六，〈姚萇載記〉，頁 2966。
[169] 〈郝伏顥墓誌〉，參見延安市文物編纂委員會編，《延安市文物志》（西安：陝西旅遊出版社，2004），頁 373。
[170] 魏收，《魏書》，卷二，〈道武紀〉，頁 32。
[171] 魏收，《魏書》，卷三，〈明元紀〉，頁 51。
[172] 房玄齡，《晉書》，卷一百四，〈石勒載記上〉，頁 2710。

張伏利度後為石勒招降歸劉淵，或成為稽胡張氏之來源。只不過由於資料限制，要判斷胡中張氏何者出自屠各、何者出自烏桓相當困難。

六、羌

唐長孺先生認為，在稽胡中「甚至還包括一些鮮卑、氐、羌」。[173]唐先生提出此說的主要依據為盧水胡為稽胡族源之一，盧水胡在漢代亦被稱為羌虜小月氏，其中吸收了部分羌人，因此當盧水胡被稽胡吸收後，其羌人的部分自然融入稽胡。[174]

唐先生之論可謂鞭辟入裡，不過筆者認為，除盧水胡外，羌人融入稽胡應該還存在其他途徑。羌與匈奴淵源甚早，關係密切，至今四川松潘之羌民中仍流傳有匈奴與羌人親如兄弟之傳說，[175]甚至有羌人加入匈奴聯盟，成為其役屬。冒頓單于時匈奴強盛，「威震百蠻，臣服諸羌」。西漢時，匈奴渾邪王、休屠王直接統治了河西走廊的羌人。故休屠王降漢時，所領部落中可能存在一定數量的羌人。漢設五屬國處置匈奴降附之眾，其中成為後來稽胡聚居地的西河郡亦有部分處在五屬國範圍內。到東漢時期，西河郡內又有羌族虔人（鉗耳）部落活動。羌人首領滇零反抗漢室時，所招集的羌人部落即包含西河部族。永和四年（西元 139 年），大將軍梁商對并州刺史來機等封疆大吏「務安羌胡，防其大故，忍其小過」的囑咐無疑說明并州已為羌人居住之地。[176]安介生先生即推斷東漢羌亂平息之後，今山西大部已經成為羌人的主要入居地之一。[177]羌人的活動也在山西地名中留下了遺蹟，如位於平遙縣西四十

---

[173] 唐長孺，〈北魏末年的山胡敕勒起義〉，頁 63。

[174] 唐長孺，〈魏晉雜胡考〉，頁 408-410。

[175] 《羌族詞典》編委會編，《羌族詞典》（成都：巴蜀書社，2004），頁 283。

[176] 范曄，《後漢書》，卷八十七，〈西羌傳〉，頁 2876、2886、2895。

[177] 安介生，《山西移民史》，頁 66。

里之羌城，《（乾隆）汾州府志》稱「漢建安中，築此以居羌人」。[178]

值得注意的是，東漢時期某些羌人與匈奴之間的接觸更為頻繁，其中較為重要的渠道即從軍，西羌八種與「并、涼之人，及匈奴、屠各、湟中義從」等族一起成為董卓手中的王牌。[179]在軍事行動中，地方軍閥招募匈奴、羌等少數族從軍已成常態，這種軍事上的混編加速了族群間相互融合。故此時頻見「羌胡」一詞出現，如班彪曾上書：「羌胡披髮左衽，而與漢人雜處」。[180]對於「羌胡」一族，葛劍雄先生即認為，羌胡「實際上是由匈奴、鮮卑、羌等多種民族聚居或雜居」而構成。[181]後世稽胡活動頻繁的西河郡為接壤羌胡之處。而到劉淵起兵後，氐羌豪帥也成為其倚仗、籠絡的重要力量。劉曜攻佔長安後，「諸氐羌皆送質任」，[182]羌人成為匈奴漢趙的重要組成部分。前秦之初，黃土高原的羌人與胡人已經在多地區重合分佈。姚襄遣姚蘭、王欽盧等「招動鄘城、定陽、北地、芹川諸羌胡，皆應之」。[183]該地區為後世稽胡活動區域，在稽胡出現之前卻為羌胡混居。又前、後秦之間，氐王符登曾在羌王姚萇死後，率眾「攻屠各姚奴、帛蒲二堡，克之」。[184]姚氏為羌人，帛氏（白氏）如前述為龜茲胡人，然此二族所居塢壁卻為屠各所有，三族極可能相互雜居。通婚、任子、雜居，這些也促使融合進程加快。因此稽胡之中極可能吸收了部分羌人。

從稽胡一些姓氏、稱號來看，胡中當有羌人存在，如王氏除屠各外，亦有出自羌人鉗耳氏之可能。又馬氏，魏末正光時，汾州吐京群胡

---

[178] 孫和相修，戴震纂，《（乾隆）汾州府志》，卷二十三，〈古蹟〉，頁560。

[179] 范曄，《後漢書》，卷七十，〈鄭太傳〉，頁2258。

[180] 范曄，《後漢書》，卷八十七，〈西羌傳〉，頁2878。

[181] 葛劍雄，《分裂與統一——中國歷史的啟示》（北京：中華書局，2008），頁40。

[182] 房玄齡，《晉書》，卷一百二，〈劉聰載記〉，頁2659。

[183] 房玄齡，《晉書》，卷一百十二，〈符生載記〉，頁2878。

[184] 房玄齡，《晉書》，卷一百十五，〈符登載記〉，頁2953。

薛悉公、馬朕騰「並自立為王，聚黨作逆，眾至數萬」。[185]馬氏為羌中之姓，姚弋仲有部曲馬何羅。[186]姚氏為南安赤亭羌，則其部曲馬何羅亦當為羌人。唐代安息節度使夫蒙靈詧又名馬靈詧，故馬氏當為羌姓夫蒙氏之漢式改姓。此外，盧水胡中也有馬氏，屠喬孫輯本《十六國春秋·北涼錄四》錄有「馬權，盧水胡人」。[187]考慮到盧水胡形成過程中對羌人的吸收，其馬氏當即羌人之後。

北魏另一稽胡起事者也頗有羌人後裔之可能，孝文帝時「吐京胡反，自號辛支王」。[188]馬長壽先生從漢語聲韻的角度，推測此辛支當為晉代入塞匈奴十九種之一的鮮支種。[189]然此鮮支種或與羌人存在關係。《史記·帝舜本紀》云：

> 方五千里，至於荒服。南撫交阯、北發，西戎、析枝、渠廈、氐、羌，北山戎、發、息慎，東長、鳥夷，四海之內咸戴帝舜之功。[190]

對於其中「析枝」之族，《大戴禮記》錄為「鮮支」。[191]司馬貞《史記索隱》在解釋該段時，「又云『鮮支、渠搜』，則鮮支當此析枝也。鮮析音相近」。[192]作為「鮮支」的同義詞「析支」，始見於《禹

---

[185] 魏收，《魏書》，卷六十九，〈裴延儁傳〉，頁1532。

[186] 房玄齡，《晉書》，卷一百六，〈姚弋仲載記〉，頁2961。

[187] 崔鴻撰，屠喬孫輯，《十六國春秋》，卷九十七，〈北涼錄四·馬權〉，頁463-1085。

[188] 魏收，《魏書》，卷七十三，〈奚康生傳〉，頁1630。

[189] 馬長壽，《北狄與匈奴》，頁94。

[190] 司馬遷，《史記》，卷一，〈帝舜本紀〉，頁43。

[191] 方向東，《大戴禮記彙校集解》（北京：中華書局，2008），卷七，〈五帝德〉，頁718。

[192] 司馬遷，《史記》，卷一，〈帝舜本紀〉引注司馬貞《索隱》，頁43。

貢》「織皮崑崙、析支、渠、搜，西戎即敘」。[193]《後漢書‧西羌傳》云：「濱於賜支，至乎河首，縣地千里。賜支者，禹貢所謂析支者也」。[194]據馬長壽先生民國初年所作的實地調查，當時川西之羌民仍稱河曲為「slitsi」，並將其作為其祖先故地，[195]此點無疑與《後漢書》記載吻合。筆者也曾向羌人朋友請教，得知至今四川羌區之老人仍將「黃河」稱為「析支」。[196]不難發現，「賜支」、「析支」、「辛支」三詞雖然寫法有所不同，但很可能均源自羌語「河曲」（slitsi），為同音異譯。又《晉書‧沮渠蒙遜載記》云：「蒙遜為李士業敗於鮮支澗」。[197]「鮮支澗」位置史籍無載，但結合《晉書‧李士業傳》此役「蒙遜率眾三萬，設伏於蓼泉」之記載，[198]可知其地望當與蓼泉相去不遠。《新唐書‧地理志》稱甘州張掖郡建康軍「西百二十里有蓼泉守捉城」，[199]顧祖禹謂此即晉代之蓼泉。[200]此地恰是漢代西羌之活動區域，鮮支澗當為其遺蹟。故鮮支種當為羌人，或因曾受匈奴統治而被視為匈奴一支，後來有部分成為稽胡。辛支王這一稱號的出現或意在喚起羌裔胡人對羌族祖先之追憶，藉以增強對特定族裔之號召力。更能說明稽胡中存在胡、羌融合現象的資料要屬後世胡區之造像記題名。今陝西宜君開鑿於西魏之福地水庫石窟中題名羌、胡等族並存，同時期郿城

---

[193] 《尚書正義》（收入《十三經注疏》整理編委會，《十三經注疏》，冊二），卷六，〈禹貢〉，頁 187。

[194] 范曄，《後漢書》，卷八十七，〈西羌傳〉，頁 2869。

[195] 馬長壽，《氐與羌》（桂林：廣西師範大學出版社，2006），頁 10。

[196] 筆者於西元 2012 年 10 月向時就讀於中央民族大學之吳音萃小姐請教此問題，吳小姐為川西羌人，告知筆者其生活之羌區猶有老人存此習俗，然中年以下多已不用此詞。

[197] 房玄齡，《晉書》，卷一百二十九，〈沮渠蒙遜載記〉，頁 3198。

[198] 房玄齡，《晉書》，卷八十七，〈李士業傳〉，頁 2268。

[199] 歐陽修、宋祁，《新唐書》，卷四十，〈地理四〉「甘州張掖郡」條，頁 1045。

[200] 顧祖禹，《讀史方輿紀要》（北京：中華書局，2005），卷六十三，〈陝西十二‧甘州左衛〉，頁 2975。

〈李黑城造像記〉、〈法龍造像記〉、〈郭亂頤造像記〉等均存在類似現象。[201]這些地區直到唐代仍被視作稽胡風俗籠罩之地，上述題名村民可能亦難避免胡風浸染之影響。

七、蜀

蜀人為北魏時河東地區一股重要的政治、軍事力量，北魏政府對其頗為重視，歷來不乏籠絡。其後裔薛仁貴更在唐代名噪一時，「三箭定天山」的典故流傳至今。蜀人雖然居住於河東，但其祖先卻來自蜀地。魏滅季漢後，曾將遺民北遷。如劉封子劉林「咸熙元年（西元 264年）內移河東」，[202]同時被遷徙的還有諸葛亮之孫諸葛京、曾侄孫諸葛顯等。[203]

在遷徙河東後，劉備、諸葛亮的後人日漸黯淡，可是另一支蜀人薛氏卻日漸崛起。薛氏「其先自蜀徙於河東之汾陰」，十六國初形成薛陶、薛祖、薛落分統部落的三薛格局，後歸於薛陶一系。[204]薛氏與季漢之淵源，《新唐書‧宰相世系表三下》云：

> （薛）永，字茂長，從蜀先主入蜀，為蜀郡太守。永生齊，字夷甫，巴、蜀二郡太守，蜀亡，率戶五千降魏，拜光祿大夫，徙河東汾陰，世號蜀薛。[205]

劉禹錫所撰之〈福州團練薛公神道碑銘〉追述薛氏入蜀原因為

---

[201] 參見靳之林，〈陝北發現一批北朝石窟和摩崖造像〉，《文物》，1989年第4期，頁60-67、83。靳之林，〈延安地區發現一批佛教造像碑〉，頁32-45。

[202] 陳壽，《三國志》，卷四十，〈劉封傳〉裴注，頁994。

[203] 陳壽，《三國志》，卷三十五，〈諸葛瞻傳〉，頁932。

[204] 魏收，《魏書》，卷四十二，〈薛辯傳〉，頁941。

[205] 歐陽修、宋祁，《新唐書》，卷七十三下，〈宰相世系表三下〉，頁2990。

「漢末避仇之成都」。[206]蜀人雖然自稱本為漢人，然李賢注《後漢書·劉焉傳》時卻提供了另一種說法——「漢世謂蜀為叟，孔安國注《尚書》云：『蜀，叟也。』」[207]不管蜀人先世為漢為叟，可以肯定的是當其在政府主導下背井離鄉，到達河東後，周圍原住居民在面對這些語言、文化差異較大的新移民時，即使後者同為漢人，也會對其產生距離感。而蜀人的聚族而居也有利於其傳統文化習俗保留，久而久之形成了河東蜀這一特殊群體。

由於十六國時期各政權對人口控制的重視，因此移民實戶政策被各政權奉如圭臬。在各族的遷徙混居中，蜀人與匈奴餘部也發生接觸，不乏歸於同一陣營者。晉太元十八年（西元 393 年），晉平遠將軍、護氐校尉楊佛嵩即率胡、蜀三千餘戶降於姚秦。[208]淝水之敗後，符堅曾以蜀人蘭犢統帥包括胡人在內的馮翊諸族。[209]符登時，蘭犢「率眾二萬自頻陽入於和寧，與符纂首尾」，圖謀長安。[210]和寧為和戎戍、寧戎戍之合稱，為馮翊護軍下轄之戍。關於其族群分佈情況，馬長壽先生早有研究，其中正有匈奴屠各。[211]北魏明元時，又有「河東胡、蜀五千餘家相率內屬」。[212]

對於臨近的胡人，蜀人並不陌生，甚至積極參與胡人起事。蓋吳起事中就活躍著蜀人的身影，河東蜀薛永宗之黨「盜官馬數千匹，驅三千餘人入汾曲，西通蓋吳，受其位號」。[213]隨著與胡人交往的深入，

---

[206] 王軒，《山西碑碣志》（收入《石刻史料新編（第三輯）》，冊三十），〈福州團練薛公神道碑銘〉，頁 624。

[207] 范曄，《後漢書》，卷七十五，〈劉焉傳〉李賢注，頁 2432。

[208] 房玄齡，《晉書》，卷一百十六，〈姚萇載記〉，頁 2972。

[209] 房玄齡，《晉書》，卷一百十四，〈符堅載記下〉，頁 2927。

[210] 房玄齡，《晉書》，卷一百十五，〈符登載記〉，頁 2950。

[211] 馬長壽，《碑銘所見前秦至隋初的關中部族》，頁 14。

[212] 魏收，《魏書》，卷三，〈明元紀〉，頁 58。

[213] 魏收，《魏書》，卷四上，〈太武紀上〉，頁 99。

北魏末年稽胡中也出現了蜀人後裔，時吐京胡有「薛羽等作逆」。參與起事的吐京胡薛氏，不止薛羽一人，尚有薛悉公等領袖。薛氏為蜀人著姓自不待言，此外胡中之范氏亦可能與蜀人有關。《魏書‧裴慶孫傳》錄有「賊帥」范多、范安族等。[214]蜀中之范氏聞人首推西晉范長生，其「率千餘家依青城山」。[215]據顏之推引《李蜀書》云：「姓范名長生，自稱蜀才」。[216]胡中蜀人後裔可能由於融入稽胡的時間較短，因此原族群意識仍較為強烈，與河東之蜀人聚落可能保持了一定聯繫，所以在舉事時其盟友為蜀人陳雙熾。

八、高車

前文所指之丁零為高車之入塞胞族，而此處所指融入稽胡的高車則並非入塞丁零，而是塞外部族。北魏末東魏初稽胡中有出現疑似高車種類，《北齊書‧薛脩義傳》云：

> 招降胡酋胡垂黎等部落數千口，表置五城郡以安處之。時山胡侵亂晉州，遣脩義追討，破之。[217]

虜姓胡氏主要出自高車紇骨氏，魏末六鎮起事的參與者高平鎮敕勒酋長胡琛即為紇骨氏。胡琛兵鋒亦曾從高平東向，「遣其將宿勤明達寇豳、夏、北華三州」，[218]進入稽胡地區。宿勤明達當出宿六斤氏，為鐵弗匈奴宗室後裔，此時或已為稽胡。其為胡琛部將，所屬當不乏高

---

[214] 魏收，《魏書》，卷六十九，〈裴良傳〉、〈裴慶孫傳〉，頁 1531-1532。

[215] 房玄齡，《晉書》，卷一百二十，〈李流載記〉，頁 3030。

[216] 顏之推撰，王利器集解，《顏氏家訓集解》（上海：上海古籍出版社，1980），卷六，〈書證第十七〉，頁 402。

[217] 李百藥，《北齊書》，卷二十，〈薛脩義傳〉，頁 277。

[218] 魏收，《魏書》，卷九，〈孝明紀〉，頁 238。

車。

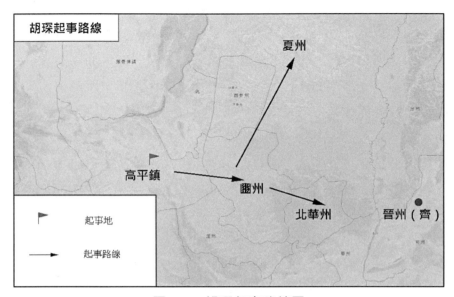

圖 3-7　胡琛起事路線圖

　　胡琛勢力進入的夏州與後來薛脩義招降胡垂黎之北齊晉州僅一河
之隔，高車人在被擊潰後，輾轉東渡過河並非不可能。從被招降安置來
看，這些部落當在一段時間內游離於政府統治之外，數千人的數量也符
合胡琛敗兵之可能，而以後文之山胡起事來看，胡垂黎部落可能和原住
山胡存在區別，其或即胡琛宗人。由於五城本稽胡之地，在被安置後這
支可能源自高車的部落很大可能與在地胡人融合。

　　以上對稽胡形成過程中可能融入的各種族群進行了分析，可謂種
類繁雜。在以上詳述八種及盧水胡外，高句麗可能也扮演了某種角色。
黃陵香坊石窟造像題名表明，出自盧水胡之蓋氏和似先氏存在婚姻關
係。[219]似先氏亦作兒先、寺仙，鄭樵稱其「本高麗餘種」，[220]鄧名世

---

[219] 參見靳之林，〈陝北發現一批北朝石窟和摩崖造像〉，頁 62。

[220] 鄭樵，《通志》，卷二十九，〈氏族略第五〉，頁 475-3。

謂之「高麗扶餘種」。[221]由於高句麗王族出自扶餘，故鄧說雖將二者混為一談，[222]但小不為錯。這些高句麗後裔出現在距離遼東故地千里之遙的山陝地區，當為政府計劃移民的結果。後燕治理稽胡的離石護軍高秀和可能即出自高麗，北魏國舅高肇、北周將領高琳亦為高麗後裔。這些分佈在黃土高原的高麗後裔究竟為後燕移民中漸次渡河者，或北魏移民徙居北疆而後南下者，已難於考辯。但可以肯定的是，這些高麗人自北魏以來即與原居住在此的盧水胡等匈奴系族群存在通婚關係，[223]與後者一同稽胡化並非不可能。

此外不容否定的是稽胡中尚有漢人存在。由於稽胡掠奴之風盛行，不少漢人被擄入胡中，從高歡平定劉蠡升後能獲「胡、魏五萬戶」的記錄來看，[224]稽胡中之漢人當不在少數。在擄掠為奴之外，可能還有一部分漢人出於逃避政府賦役等原因主動進入胡中，類似漢代「聞匈奴中樂」而逃亡出塞者。[225]此二類漢人在胡中地位是否存在差異，由於史料所限，還無法窺知。至於蒲立本等人所主張的戎狄族源說，不可否認春秋時期山陝地區確實為白狄等族所居，呂梁山區亦有春秋白狄墓被發現，[226]但根據目前可見之考古發現，東漢時期呂梁地區之墓葬已為同時期中原典型的磚室墓葬形制。[227]說明此時的居民即使為白狄後裔，也基本漢化，繼續將之視為戎狄或有偏頗。其中固然有戎狄後裔入

---

[221] 鄧名世，《古今姓氏書辯證》（南昌：江西人民出版社，2006），卷二十二，〈似先〉，頁329。

[222] 苗威，《高句麗移民研究》（長春：吉林大學出版社，2011），頁55。

[223] 如北魏涇州貞女兒先氏與彭氏定親，彭氏為盧水胡著姓。參見魏收，《魏書》，卷九十二，〈列女傳〉，頁1981。

[224] 李百藥，《北齊書》，卷一，〈神武紀上〉，頁18。

[225] 班固，《漢書》，卷九十四下，〈匈奴傳下〉，頁3804。

[226] 田建文，〈辨識南呂梁白狄墓〉，《中原文物》，2021年第1期，頁73-82。

[227] 山西省考古研究所，〈呂梁環城高速離石區陽石村墓地與車家灣墓地發掘簡報〉，收入《三晉考古（第四輯）》（上海：上海古籍出版社，2012），頁428。

胡之可能，但此類人群在心理、文化上較戎狄祖先當已有較大區別。

　　不同族源的少數族在相互接觸後，其融合速度或許比想像中快，有時甚至不到一代人的時間。以胡中曹氏與王氏為例，上文已考證王氏為屠各或羌，曹氏則可能為鮮卑。在曹氏以匈奴右賢王的身份進入時人視角中時，王氏尚未在其近側。然此後三十年不到，王氏卻與曹氏形成了盟友關係，這種親密的盟友關係直到東魏時期還被維持。

表 3-1　稽胡曹氏、王氏活動表

時間（西元）	地區	所屬政權	代表人物
390	貳城	後秦	曹寅、王達
410	定陽	後秦	曹熾、曹雲、王熾佛
420	三城	北魏	王珍、曹栗
536	汾州	東魏	王迢觸、曹貳龍

資料來源：《晉書》、《魏書》、《北齊書》。

　　從姚萇封曹寅為刺史，王達為太守來看，曹氏地位較王氏高，二者或為非對等之主從關係，曹氏為主導，王氏為輔佐。這一關係自姚秦時出現後，並未因貳城遭薛干部攻破而中斷，反而持續百年之久。其形成當在曹轂死後，其子曹寅居貳城的二十餘年中。二者之間牢固的關係或可以詮釋為超越原族群界限形成的新部族聯盟，亦說明稽胡形成中族群混合之複雜性。

　　雖然形成稽胡之族群種類頗多，但是翻檢史籍中可見的酋長姓氏，可以統計為圖 3-8。在稽胡各酋長姓氏中，匈奴系諸族仍佔一半強，本統計雖然存在未盡之處，但對揭示其中各族裔的組成情況當有一定參考意義。

　　另一方面，若從《太平寰宇記》等史料記錄的稽胡語言入手，也可以支持胡中匈奴系居多這一結論。筆者曾經向土耳其 Izmir Katip

Çelebi 大學突厥語言與藝術系 Rysbek Alimov 教授請教其中有漢語解釋的稽胡語詞源，謹將其與何星亮、呂思靜等學者之意見整理、表列於下：

表 3-2　稽胡殘存語言擬音表[228]

詞彙	漢譯	中古漢語讀音	諸家意見	詞源語族	拼寫	含義
庫碗	香火	kʰu、dʰuɑ	Alimov	突厥	quda	誓約
				蒙古	küriye	聚集的
			呂	突厥	qoqïlïq	氣味
			何	突厥	koki	香
				蒙古	küji	香
庫利	奴隸、貯舊穀	kʰu、lĭe	Alimov	突厥	kül	粉碎的穀物、灰
				突厥	kul	奴隸
			呂	突厥	qulluɣ	奴隸
			何	突厥	kor	儲藏
				蒙古	qura	聚集
渭牙	水	jĭuəi、ŋa	Alimov	突厥	uyaŋ	柔軟的
			呂	-	-	水木、漂流木
			何	突厥	kaltke	漂流木
可野	城堡	kʰɑ、zĭo kʰɑ、ĭa	Alimov	突厥	qala	城堡、堡壘
			呂	突厥	qorɣan	堡壘

---

[228] 由於 Alimov 教授與何星亮先生所用之蒙古語拉丁轉寫標準不同，故筆者請內蒙古大學朝魯孟老師以現行通用轉寫統一格式。

表 3-2　稽胡殘存語言擬音表（續）

詞彙	漢譯	中古漢語讀音	諸家意見	詞源語族	拼寫	含義
可野	城堡	kʰɑ、ʐǐo kʰɑ、ǐa	何	突厥	koɤɑn	城堡
				蒙古	qoriɤan	圍牆
骨胡	乾涸	k uət、ɣu	Alimov	突厥	kuruɤ	乾枯
			呂	突厥	subsuz	乾燥的
			何	突厥	kuroɤaoɤ	乾的
				蒙古	qagurai -	乾的
哥基	濯筋	kɑ、k ǐə	Alimov	突厥	qaq	消除
			呂	突厥	köl	湖泊
蘇何	蠶繭	s u、ɣɑ	Alimov	突厥	soɤɑn	洋蔥
			呂	-	-	繭

資料來源：《太平寰宇記》，何星亮〈稽胡語若干詞試釋〉，呂思靜〈稽
胡史研究〉。

　　觀於上表，可知在目前已知漢譯的殘存稽胡詞彙中，突厥語族詞彙佔多數，並存在一定數量的蒙古語族詞彙。此外尚有一些稽胡人名可能源於蒙古語族詞彙，如「出以眷」當為蒙古語 čerig（士兵）。雖然學界對匈奴語的屬性存在爭議，但其中含有大量的突厥語族、蒙古語族詞彙卻是不爭的事實。稽胡語可能直接繼承自匈奴語，後魏時有稽胡王敕懃，稽胡語中稱「香火」為「庫碣」。「敕懃」即「直勤」，「庫碣」可能為蒙古語中常見之「古列延」。據烏其拉圖研究，「直勤」即匈奴語「屠耆」，「古列延」則源於匈奴語「谷蠡」。[229]這些相承之處也可說明匈奴語在稽胡語言形成中之作用難以否認。

---

[229]（蒙古文）烏其拉圖，《匈奴語研究》（呼和浩特：內蒙古大學出版社，2013），頁152-175、176-183。

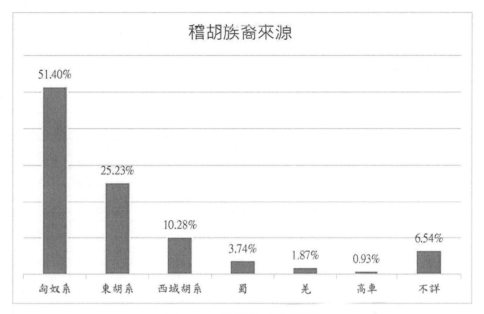

圖 3-8　稽胡族裔來源圖

第三節　稽胡的分佈

　　《周書・稽胡傳》將稽胡的分佈區域列於「自離石以西，安定以東，方七八百里」。[230]嚴耕望先生考證「自北緯三五度四○分至北緯四○度十分之黃河東西兩岸，南北直線距離約五百公里，東西直線距離約二至三百公里之大片地區皆為稽胡分佈區」。[231]依筆者之見，稽胡可以分為狹義之胡與廣義之胡，故分佈區域也有差別。

---

[230] 令狐德棻，《周書》，卷四十九，〈稽胡傳〉，頁 896。

[231] 嚴耕望，〈佛藏所見之稽胡地理分佈區〉，頁 4。

圖 3-9　匈奴五部與稽胡活動區域

　　狹義的稽胡居住於呂梁山區、黃土高原，屬於與原入塞匈奴五部
存在直接親緣關係並對其他族群加以吸收而形成的胡人。明顯區別於其
他胡人的文化特徵即基於名僧劉薩訶信仰形成之劉師佛崇拜，「黃河左
右慈隰嵐石丹延綏銀，八州之地無不奉者」。[232]釋道宣《續高僧傳》
云：「自石、隰、慈、丹、延、綏、威、嵐等州，並圖寫其形，所在供
養，號為劉師佛焉」。[233]《續高僧傳》所謂之威州即勝州，慈、隰、
嵐、石、丹、延、綏、銀、勝州九州之地與匈奴之五部及赫連夏關係頗
深，居民必多為其後裔。這些以匈奴後裔為主的居民通過劉師佛信仰為

---

[232] 釋道宣，《集神州三寶感通錄》（收入大藏經刊行會編，《大正新脩大藏經》，臺北：
　　　新文豐出版公司，1983，冊五十二），卷下，〈神僧感通錄〉「釋慧達」，頁 434-3。
[233] 釋道宣，《續高僧傳》（北京：中華書局，2014），卷二十六，〈魏文成沙門釋慧達
　　　傳〉，頁 982。

中心，形成了狹義的稽胡文化區。如果再依託其他物產要素，稽胡的分佈區可以進一步擴大。作為稽胡的重要文化特徵之一，胡女布（女稽布）產區可以構成劉師佛信仰之外的另一稽胡文化區。憑藉這一稽胡紡織文化的重要載體與象徵，唐代慶州、單于都護府也可納入該文化區中。

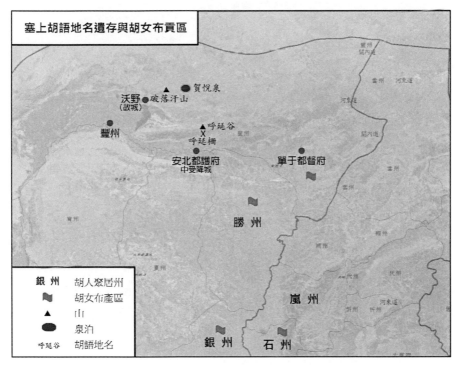

圖 3-10　塞上胡語地名遺存與胡女布貢區

所以在劉師佛信仰構成的狹義胡區外，尚有一個加入胡女布文化區而構成的廣義胡區。單于都護府作為廣義胡區之一，其位置已經超過塞內稽胡傳統區域之北限，但其貢物卻為稽胡特色紡織品胡女布。雖然有接受來自臨近勝州之文化傳播可能性，但單于都護府轄區在地名上也

留下了一些匈奴或稽胡的痕跡。其境內有破落汗山、賀悅泉。[234]「破落汗」即「破六韓」，此姓出自匈奴，「右谷蠡王潘六奚沒於魏，其子孫以潘六奚為氏，後人訛誤，以為破六韓」。[235]如果說破落汗山還可能是美稷時代之南匈奴留蹤，賀悅泉的稽胡屬性當毋庸置疑。《通志·氏族略第五》云：

> 賀遂氏，晉州稽胡，晉初賜姓呼延居西州，後魏正始中呼延勤為定州刺史於定陽鎮，賜姓賀遂氏，因住南汾州仵城縣，音訛者又為賀悅。[236]

結合該區域地名中稽胡（匈奴）姓氏的殘留，或許胡女布的出現並非偶然。或者為稽胡北遷傳入，或者胡女布本即經由域外傳播入塞之紡織技術，傳統胡區的胡女布為由北向南傳入。關於胡女布為何物，第四章將有推測。

在胡女布、劉師佛信仰構成的稽胡文化區外，廣義的稽胡區尚可加入黃土高原南部的唐代鄜、坊二州。安史亂後此地仍有「稽胡草擾」。[237]

綜上所述，稽胡的分佈區域可以定義為以劉師佛信仰為特徵的黃河沿岸九州狹義胡區，以及在此基礎上加入以胡女布為文化特徵的慶州、單于都護府，再包含鄜、坊二州構成的廣義胡區。但是這兩個稽胡區的族群形成結構並不相同，與狹義胡區以匈奴五部後裔為主不同，廣義的胡區可能吸納了更多的其他族群。如慶州在北朝時非稽胡活躍地區，但隋末卻出現了多次牧馬關中的稽胡大帥劉仚成，又如突破隴山傳

---

[234] 歐陽修、宋祁，《新唐書》，卷四十三下，〈地理七下〉「崒州都督府」條，頁 1148。

[235] 李百藥，《北齊書》，卷二十七，〈破六汗常傳〉，頁 378。

[236] 鄭樵，《通志》，卷二十九，〈氏族略第五〉，頁 474-3。

[237] 劉昫，《舊唐書》，卷一百二十一，〈僕固懷恩傳〉，頁 3486。

統西限之黑水稽胡。稽胡在當地的活動當非憑空出現，應與其他族群的稽胡化有關，即前文論及的秦隴屠各。而鄜坊稽胡對於劉師佛之崇拜並不熱衷，說明該地與其他胡區的稽胡在心理認同上存在一定距離，這當與其族源差別有關。該地區本為盧水胡活動地區，北魏中期後盧水胡之名逐漸消失，未漢化者可能融入稽胡之中。茲將稽胡之地域與族源關係列表於下：

表 3-3　稽胡地域族源表

地域	曾屬政權	已知族群組成					可能祖先
		匈奴系	東胡系	西域胡	羌系	蜀系	
西河胡	漢、趙	√	√	√			匈奴五部
離石胡	漢、趙	√					匈奴五部
吐京胡	漢、趙	√	√		√	√	匈奴五部
河西胡（延綏丹朔方）	前後秦、夏	√	√	√			東西曹、盧水、屠各、雜胡
統萬胡	前秦、夏	√					鐵弗、雜胡
弘化、安定胡	前後秦、夏	√					盧水、屠各、雜胡
鄜坊胡	前後秦		√				東西曹、盧水

第四章　中央政權對丁零、稽胡之治理

　　在中國古代，歷朝政府對治下的非主體族群很難以平等心態對待。對這些被統治族群，政府必會最大限度地發掘其身上的利用價值。因此在治理上會通過各種方式，或剛或柔，強化統治。只是具體到稽胡與丁零這些有草原祖先的山居族群時，或許可以探討統治者之治理方式相較其他族群是否會有一些特殊性？是否存在時空變化？

　　政府對此二山居族群之治理方式、態度若與其他族群存在差異，又是何種原因所造成？僅僅是現實利益考量，抑或尚有其他因素，如文化等在其中起到作用？不妨分析對比，以圖釐清。

第一節　歷代政權之華夷觀與山居族群地位

　　丁零、稽胡入塞而居，與中央政府相處時頗多摩擦衝突。在剖析其衝突原因前，有必要對討論各統治王朝的少數族治理思想，而決定少數族治理思想的重要因素為政府主張之華夷觀。從十六國到唐，雖然統治者族屬不同，但在華夷觀方面卻並無二致。漢人王朝自不用說，少數族諸政權中除後趙明確肯定自身胡人屬性，公開聲明「吾自夷」，「出於戎裔」外，[1]其他少數族統治者或是二元認同，即在承認自身少數族出身的同時，又謀求華夏君主之地位；[2]或是直接諱言胡族出身，以華夏自居。[3]少數族政權在統治階層構建時，大多試圖建立一種以本族為

---

[1]　房玄齡，《晉書》，卷一百四，〈石勒載記上〉，頁 2715、2721。

[2]　如北魏太武帝一面聲稱「國人本著羊皮袴，何用綿帛？」一面宣揚「我皇祖胄自黃軒，總御群才，攝服戎夏」。見司馬光，《資治通鑑》，卷一百二十五，〈宋紀七・元嘉二十七年〉，頁 3948。魏收，《魏書》，卷九十九，〈沮渠蒙遜傳〉，頁 2205。

[3]　如北周武帝聲明「朕非五胡」。見釋道宣，《廣弘明集》（收入大藏經刊行會編，《大

基礎，聯合漢人士族共治的格局。而在面對其他少數族時，則將本族凌駕其上，或歧視、奴役之，或予以切割削弱。[4]

在這種優越感驅使下，歷代王朝對被統治少數族之心態也多為奴役驅使之。即使有出現諸如唐太宗之中華與夷狄「愛之如一」的提法，[5]也多淪為口號，僅僅停留在理想層面，難以落到實處。現實中的「華夏」和「夷狄」從未實現真正的平等，在「華夏」為根本的固有理念中，「夷狄」只能作為枝葉配角存在。[6]無論統治者本身族屬為何，這一局面均未有太大改善。當然在特定情況下，統治王朝會因不同族群的武力、文化差異予以區別對待，有些地位可能相對較高，如周一良先生對北朝諸胡之地位分析。[7]在需要拉攏少數族的情況下，統治者有時也能放下「華夏」或以「華夏」自居的身段，或優加撫卹、厚予賞賚，甚至採取胡人習俗，博取其好感。如周齊時期，出使突厥之使者在遇到突厥王公過世時，也效法突厥行劓面之禮。然而這些不過是政治權術、統治手腕而已，多數少數族在華夷秩序中的低下地位不可能得到徹底改善，統治者對自身天然抱有之優越感也難以得到反思。

以北魏為例，拓跋氏統治者在心理上即有相對其他族群居高臨下的自負，令其他胡族難以在其華夷體系中得到相對合理的待遇。鮮卑拓跋氏興起於草原，風俗自然是游牧族的「貴少而賤老」。因此英雄崇拜甚為流行，鮮卑人的傳統宗教正是「敬鬼神，祠天地日月星辰山川及先

正新脩大藏經》，冊五十二），卷十，〈辯惑篇之六〉「周高祖巡鄴除殄佛法有前僧任道林上表請開法事」，頁 154-1。

[4] 如前秦雄主符堅出身氐人，在論及涼州氐羌時，卻認為「彼種落雜居，不相統壹，不能為中國大患」。連本族之文化落後者亦不以同族視之，儼然亦中華自居。見司馬光，《資治通鑑》，卷一百四，〈晉紀二十六‧太元元年〉，頁 3281。

[5] 司馬光撰，胡三省音注，《資治通鑑》，卷一百九十八，〈唐紀十四‧貞觀二十一年〉，頁 6247。

[6] 劉昫，《舊唐書》，卷六十二，〈李大亮傳〉，頁 2388-2389。

[7] 周一良，〈北朝的民族問題與民族政策〉，頁 138。

大人有健名者」。[8]「有健名」的部落大人受到後世崇拜，這一風習到北魏建國依然存在。衛王拓跋儀「膂力過人，弓力將十石」，陳留王拓跋虔「稍大稱異」，因此部人傳唱「衛王弓，桓王矟」，以歌頌拓跋部的英雄。[9]這種英雄崇拜並不限於本族，也適用於他族，甚至是敵對政權。高車斛律部酋長倍侯利「質直勇健過人，奮戈陷陳，有異於眾」，曾經大破柔然。死後，北魏為其「葬以國禮，諡曰忠壯王」。[10]

而另一種情況則更凸顯英雄崇拜在游牧族中的普遍性，即對敵方英雄人物的尊敬。後燕慕容垂乃當世名將，為報參合陂之仇，率軍北征拓跋，擊殺拓跋虔，「魏王珪震怖欲走，諸部聞虔死，皆有貳心，珪不知所適」，[11]幾乎令重建未久的北魏遭遇滅頂之災。這一段經歷令拓跋後人回憶起來尚心有餘悸，因此慕容垂成為魏室高層衡量對手能力的重要參照。[12]對於武功蓋世的慕容垂，拓跋部民甚至尊稱其「老公」。[13]在書寫歷史時也未以成敗論英雄，仍然承認其「所在征伐，勇冠三軍」，[14]並不因曾經的敗績而有所隱晦。

可見對魏室而言，無論是本族宗室，還是歸附的他族，甚至是曾經予己重創的敵人，只要符合勇武過人這一條件，通常就能在英雄崇拜的作用下，受到不同程度的尊敬。不過具體到稽胡等山居族群，是否能符合這一條件而受到尊重呢？筆者試從歷史淵源與現實兩方面進行探討。

第三章已論及稽胡與魏晉時期的匈奴五部存在直接關係。其祖先

---

[8]　范曄，《後漢書》，卷九十，〈烏桓鮮卑列傳〉，頁2979-2980。

[9]　魏收，《魏書》，卷十五，〈拓跋儀傳〉，頁371。

[10]　魏收，《魏書》，卷一百三，〈高車傳〉，頁2309。

[11]　司馬光撰，胡三省音注，《資治通鑑》，卷一百八，〈晉紀三十·太元二十一年〉，頁3426。

[12]　魏收，《魏書》，卷三十五，〈崔浩傳〉，頁810。

[13]　酈道元撰，楊守敬、熊會貞疏，《水經注疏》，卷十三，〈漯水〉，頁1138。

[14]　魏收，《魏書》，卷九十五，〈慕容垂傳〉，頁2065。

在并州居住時，被晉室視為心腹大患。時有識之士擔憂入塞匈奴「天性
驍勇，弓馬便利，倍於氐羌」，[15]故一度出現徙戎之議。劉淵起兵後，
面對晉軍，匈奴鐵騎屢戰屢勝，勢如破竹。不過當并州刺史劉琨向拓跋
鮮卑求助，拓跋猗盧派兵介入之後，局勢卻發生了改變。鮮卑軍「斬其
將劉儒、劉豐、簡令、張平、邢延，伏尸數百里」，[16]匈奴大敗而歸。

鮮卑之祖先東胡曾經被匈奴冒頓單于所破，故此役可謂報仇雪
恥。而以屠各為重要組成部分的匈奴五部在面對拓跋鮮卑時似乎存在天
然的畏懼，「屠各舊畏鮮卑」，「望見鮮卑，不戰而走」。[17]面對鮮卑
騎兵的鐵蹄，匈奴劉氏心存忌憚，極力避免與之交鋒。這些歷史上的勝
利也構築了鮮卑拓跋氏對手下敗將匈奴的鄙夷。該心理恐怕也延伸到作
為匈奴後裔存在的稽胡身上。

另一方面，就稽胡本身的起事過程而言，在歷次戰鬥中，除了白
龍、辛支王等少數領導人曾經予政府軍較沉重打擊外，其餘舉事縱使一
時聲勢浩大，可當面對正規軍進剿時，往往旋起旋滅，罕有雖敗猶榮
者。即便如劉虎起事人多勢眾，崔玄伯也能一針見血地指出「胡眾雖
盛，而無猛健主將，所謂千奴共一膽也」。[18]「無勇猛主將」可以作為
大多數起事酋帥的素質概括。無論是從其先世匈奴與鮮卑交戰的慘敗歷
史，還是從當世反抗鬥爭中缺乏傑出領導人的現實，稽胡均難以成為慕
容垂那樣能令北魏敬畏的對手。在崇拜英雄的鮮卑人看來，缺乏英雄的
稽胡自然無法與高車等族比肩。

總而言之，無論是丁零還是稽胡，其在歷代王朝之華夷秩序中，
均處於被統治、被歧視的「夷狄地位」。十六國時期的翟斌兄弟儘管封
王拜將，顯赫一時，但丁零為鮮卑貴族、漢人門閥眼中「山野異類」之

---

15 房玄齡，《晉書》，卷五十六，〈江統傳〉，頁1534。

16 魏收，《魏書》，卷一，〈序紀〉，頁8。

17 房玄齡，《晉書》，卷六十三，〈李矩傳〉，頁1707。

18 魏收，《魏書》，卷二十四，〈崔玄伯傳〉，頁623。

地位卻頗為清楚。[19]至於稽胡，即使在治胡較為溫和的隋代，其族也難以逃脫官員投來的「編雜稽胡，狼子難馴」之白眼，[20]連為人的基本地位都未獲得。可以毫不誇張地說，直到稽胡基本與漢人融合的北宋之初，這種來自漢人士大夫的歧視仍然存在。茲將北宋時對原稽胡地區之風俗記述列表於下：

表 4-1　胡區風俗表

地區	社會經濟	風俗
石州	下	其人有唐堯之遺教，君子深思，小人儉陋（同并州）。
隰州	下	本號部落，久歸漢法。
慈州	下	剛強多豪傑，矜功名，薄恩少禮（同晉州）。
汾州	望	同并州。
嵐州	下	蕃民雜居，剛勁之心，恆多不測，縱有編戶，亦染舊風，比於他郡，實為難理。
鄜州	上	白翟故地，俗與羌渾雜居，撫之則懷安，擾之則易動，自古然也。
坊州	下	同鄜州。
丹州	上	俗謂丹州白室，胡頭漢舌。即言其狀似胡，而語習中夏。
延州	望	略同鄜州。
綏州	下	同夏州。
銀州	下	同夏州。
勝州	下	尚氣強悍。
慶州	中都督府	俗尚勇力，習戰備，居戎狄處，勢使之然。

---

[19] 司馬光，《資治通鑑》，卷一百五，〈晉紀二十七・太元九年〉，頁 3320。

[20] 〈李和墓誌〉，參見陝西省文物管理委員會，〈陝西省三原縣雙盛村隋李和墓清理簡報〉，《文物》，1966 年第 1 期，頁 41。

表 4-1　胡區風俗表（續）

地區	社會經濟	風俗
夏州	中都督府	習俗頗殊，地廣人稀，逐水草畜牧，以兵馬為務。

資料來源：《元和郡縣圖志》、《太平寰宇記》。

　　需要指出的是，這些文字為北宋初之記錄，當時距離稽胡以獨立族群活動的最後記錄已有百年。但是對於這些已基本與漢人融合的稽胡後裔，除少數州縣外，大多仍被視為難以治理、沾染夷風的難治之民。北宋時尚且如此，遑論此前其未融合之時，當時夷狄地位只能更甚。

第二節　中央王朝對丁零、稽胡之治理方式

　　上文分析了歷代中央政權的基本華夷思想以及丁零、稽胡地位不高的窘境。在以中華為中心的基本理念指導下，丁零、稽胡這些所謂的「夷狄」又會具體受到何種待遇？此二族與當時其他族群相比，又有何差異？本節將對此進行分析論述。

一、置之以鎮、州

　　隨著各政權統治範圍不斷擴大，丁零、稽胡之居住區域也逐漸為其控制。因此為了擴大可控制人口、獲取各種資源，政府必然會考慮通過某些手段將這些化外之族納入統治秩序，故而在治理時，最基本的統治方式即設置行政機構，進行有效管理。設於丁零、稽胡區域的管理機構可分為軍政、民政兩類，軍政機構主要為護軍、鎮、戍；民政機構則為州、郡、縣。

（一）護軍

　　護軍本為保護王室安全的中央禁衛職官，如中護軍。但到十六國時，除中央仍保留執掌宿衛的傳統意義護軍外，地方上也出現了軍政合

一、具備行政職能的護軍。仇池氏楊氏即「分諸氏、羌為二十部護軍，各為鎮戍，不置郡縣」。[21]其地方各部護軍不同於魏晉傳統護軍，已是行使地方行政管理職能之機構。與之相比，前涼護軍出現更早，張軌時期已設有枹罕等護軍。十六國的亂世硝煙促使各政權普遍投入對人力資源的掠奪，必要時如果不能對土地進行有效控制管理，則退而求其次，將當地居民強制遷走。在這種形勢下，傳統刺史、太守等民政官吏應對困難，護軍的設立則較好地在軍事與民政之間找到了平衡，能夠適應戰事頻繁下的特殊需求。在十六國時期甚至出現了一些極端現象，洪亮吉《十六國疆域志·夏國》云：

> 案朔方、雲中、上郡、五原等郡，自漢末至東晉舊已荒廢，赫連氏雖據有其地，然細校諸書，自勃勃至昌、定世類皆不置郡縣。唯以城為主，戰勝克敵則徙其降虜，築城以處之。故今志夏國疆域唯以州統城，而未著其所在郡縣以別之，與志他國異焉。[22]

不置郡縣、以州統城在當時雖為較罕見的案例，但說明了軍政機構具備管理人口的功能。赫連夏在稽胡分佈的黃土高原即設有黑城，[23]其管理職能當不例外。

十六國末期胡區護軍之制始於後燕，慕容農以并州乏糧，「遣諸部護軍分監諸胡」。[24]對於慕容農所設之護軍，可考者為離石護軍，魏將奚牧與燕軍作戰時，俘獲「離石護軍高秀和於平陶」。[25]《資治通

---

[21] 魏收，《魏書》，卷一百一，〈氏傳〉，頁 2228-2229。
[22] 洪亮吉，《十六國疆域志》（臺北：文海出版社，1968），卷十六，〈夏國〉，頁 744-745。
[23] 樂史，《太平寰宇記》，卷三十六，〈關西道十二·延州〉「臨真縣」條，頁 756。
[24] 司馬光，《資治通鑑》，卷一百八，〈晉紀三十·太元二十一年〉，頁 3429-3430。
[25] 魏收，《魏書》，卷二十八，〈奚牧傳〉，頁 683。

鑑》亦收入此事，胡三省將此條釋為「離石縣自漢以來屬西河郡，燕置護軍以統稽胡」。[26]作為護軍之高秀和出自後燕系統無疑，當與胡中高氏關係不大，以姓氏論，或出自高麗。雖然後燕在并州的勢力最終為北魏驅逐，但其行政設計理念卻被北魏繼承，護軍制度也在其中。設於呂梁山一帶的護軍主要有：

1、離石護軍

離石為入塞匈奴的主要聚居地，劉淵稱帝之左國城即在附近。雖然十六國時鮮卑勢力曾進入，但匈奴遺民數量相當可觀。其地護軍為後燕所創，在後燕離石護軍高秀和為北魏所俘後，北魏派遣劉託出任該地護軍，所部武力不少於三千騎。[27]從姓氏來看，劉託可能出自當地稽胡，或為此前暗通北魏之胡酋，北魏作為酬庸，以其為護軍，用羈縻之道以胡治胡。

2、吐京護軍

吐京本漢代之土軍縣，由於該地居住的匈奴遺民甚多，在胡人語言的影響下，「音訛以軍為京也」，[28]治所石樓。吐京護軍出現於十六國末期魏、夏交鋒時，雖然其地在北魏境內，但其設立卻可能始於赫連夏。《魏書‧明元紀》云：

> 西河胡曹成、吐京民劉初原攻殺屈孑所置吐京護軍及其守三百餘人。[29]

吐京為北魏克復後，護軍之置不改。

26　司馬光，《資治通鑑》，卷一百八，〈晉紀三十‧太元二十一年〉胡注，頁 3431。

27　魏收，《魏書》，卷二，〈道武紀〉，頁 41。

28　李吉甫，《元和郡縣圖志》，卷十二，〈河東道一‧隰州〉「石樓縣」條，頁 348。

29　魏收，《魏書》，卷三，〈明元紀〉，頁 54。

3、陽曲護軍

對於陽曲護軍之來源，《水經注‧汾水》引《魏土地記》云：「陽曲胡寄居太原界，置陽曲護軍治」。[30]陽曲縣本在定襄郡，北魏時移至太原北之陽曲城。定襄為原匈奴北部所在地，故南下寄居太原之胡人為稽胡無疑。魏初并州平定後，以許謙為陽曲護軍。[31]許謙之外，奚斤之弟奚普回也曾為陽曲護軍。[32]

4、三城護軍

三城護軍之記載始於北魏明元帝時，赫連夏騷擾蒲子，「三城護軍張昌等要擊走之」。[33]關於三城之地望，河西延安之北有三城，然此時延安三城不在當時北魏控制區內。嚴耕望先生認為三城當離蒲子不遠，懷疑「三城」當為「五城」之誤，「或先後異名也」。[34]然《續高僧傳‧釋慧達傳》稱其「三城定陽稽胡也」，又云「今慈州東南高平原即其生地矣」。[35]故此三城當在唐代慈州東南，與蒲子位置相近，或因北魏為安置渡河東來胡人而僑置。張昌以姓氏而言，可能為屠各裔稽胡，或為張龍世之黨渡河附魏者。

5、石羊護軍

石羊護軍為北魏太武帝時期設置，位於永和縣西南五十里，到孝文帝時向東北遷移到永和西南三十五里之孤讘城。其裁撤時間不詳，不過就其位置而言，當為強化對吐京胡控制而設。孝文帝時吐京胡辛支王起事中，稽胡反抗軍即選擇石羊城為撤退地點，當時該地或一度為起事

[30] 酈道元撰，楊守敬、熊會貞疏，《水經注疏》，卷六，〈汾水〉，頁 529。

[31] 魏收，《魏書》，卷二十四，〈許謙傳〉，頁 611。

[32] 魏收，《魏書》，卷二十九，〈奚斤附弟普回傳〉，頁 702。

[33] 魏收，《魏書》，卷三，〈明元紀〉，頁 54。

[34] 嚴耕望，《中國地方行政制度史——魏晉南北朝地方行政制度》（上海：上海古籍出版社，2007），下冊，頁 824。

[35] 釋道宣，《續高僧傳》，卷二十六，〈魏文成沙門釋慧達傳〉，頁 981-982。

胡人控制。

除胡區護軍外，北魏在丁零區域也有設立護軍。北魏景明三年（西元 502 年）〈劉未等造像記〉云：

> 景照皇帝時，祖劉黃兄弟九人，四人臺士，黃蒙國寵，受作丁零護軍，三州賢佐，冀州刺史。[36]

端方《陶齋臧石記》收有此記，對於誌文中「景照皇帝」，端方認為「《魏書帝紀》有景皇帝、昭皇帝，皆在魏未建號之先，此記『昭』作『照』，刻時偶誤」。[37]端方指出「照」為「昭」之誤刻誠然不假，然對「景照皇帝」之解釋卻大有可商權之處。

景皇帝拓跋利僅存在於北魏帝王對先代之追封中，其人是否真實存在不得而知。即使存在，其與昭帝拓跋祿官相隔十二帝，以三十年一代而計，則相差三百年以上，劉黃非有彭祖之壽，安能侍奉主君近四百年？況且拓跋利之時北魏尚未二次南遷，安能提前統治丁零？而昭帝之時北魏尚在塞外，職官多為草原舊制，怎能採用漢式職官？

所以端方之說顯然不能成立，比較可能的解釋是「景照」當為「景穆」。「禘祭之禮，審諦昭穆，諸廟已毀未毀之主，皆於太祖廟中以昭穆為次序。父為昭，子為穆」。[38]在漢語語境中，「昭」、「穆」語意相近，而且經常相伴使用。考慮到鮮卑貴族漢語水準可能不高，在以鮮卑語為思維語言的前提下，鮮卑、漢語互譯時對漢字的遣詞造句自然較為隨意，只要意思或發音相近，即可混用。在與〈劉未等造像記〉

---

[36] 顏娟英，《北朝佛教石刻拓片百品》（臺北：中研院史語所，2008），〈劉未等造像記〉，頁 11。

[37] 端方，《陶齋臧石記》（收入《石刻史料新編》，冊十一），卷六，〈劉未等造像記〉，頁 8032-8033。

[38] 《春秋左傳正義》，卷十八，〈文公二年〉「八月丁卯」條，頁 564。

年代接近的〈魏故咸陽太守劉府君墓誌〉（〈劉玉墓誌〉）中，魏初將
領奚斤之爵位「宜城王」即被刻作「義成王」。[39]太和改制數十年後的
鮮卑人在使用漢字時猶有以諧音字替代之隨意現象，遑論在此之前？可
以推測在鮮卑語語境中，「景穆」與「景昭」意思相近，由於對漢語的
掌握程度欠佳，劉氏造像時刻為「景昭」。

　　所以劉黃為丁零護軍當在景穆太子監國期間，即太延五年（西元
439 年）太武帝征北涼之時。[40]劉黃為劉未之祖父，以三十年一世計，
從景明三年（西元 502 年）倒推，則其人生活於太平真君時，與景穆太
子監國時間相符。所以對劉黃的人事任命當出自以太子身份監國的景穆
之手。北魏初年在丁零地區設有護軍管理之說當可成立。由於丁零所在
之地區為漢人傳統優勢之地，和胡區之族群結構並不相同。故以筆者之
見，丁零護軍在行使統治職權時可能存在兩種可能，或僅為管理太行山
區之丁零，或可以參考近代蒙古地方之縣、旗並行制度，即該區域丁零
人由護軍管理，漢人由中山太守等民政官員管理，考慮到定州區域並非
所有丁零人都山居，後者可能性或許更大。

　　至於丁零護軍治所何在，結合「冀州刺史」等刻文可推知其地當
距離丁零在塞內的最主要聚居區中山、常山不遠。

　　從大同地區發現的離石護軍、吐京護軍、陽曲護軍等虎符來看，[41]
統治其地的北魏護軍擁有兵權，丁零護軍亦不應例外。雖然「護軍有
符，為前所未聞也」，馬衡先生因其「左右皆完」，懷疑「是為製成而
未頒發者」。[42]但考慮到魏初時局未定，需要以兵彈壓，因此諸護軍有
符當是通例。至於左右皆在的原因，或與這些地區行政調整後，護軍取
消，舊符上交有關。護軍雖然可以憑藉兵威震攝當地居民，但此數具虎

39　趙超，《漢魏南北朝墓誌彙編》，〈魏故咸陽太守劉府君墓誌銘〉，頁 212。

40　魏收，《魏書》，卷四下，〈太武下〉，頁 108。

41　羅振玉，《增訂歷代符牌圖錄》（哈爾濱：哈爾濱出版社，2003），頁 53-60。

42　馬衡，〈北魏虎符跋〉，《考古通訊》，1956 年第 4 期，頁 76。

符銘文均強調「皇帝與」，明確表明權力來源，其軍事行動必須服從國家意志。與單純依靠酋長代為統治相比，護軍的存在更可維護中央權威。

北魏護軍制度進行過兩次調整，第一次為魏初天興元年（西元 398年）「令諸部護軍皆屬大將軍府」，[43]第二次則為文成帝時期將護軍轉為太守。在第二次調整後，除少數地區外，原護軍已多轉變為郡一級的行政機構，以上諸護軍除個別外，當多在此次調整中民政化。馬劍斌等學者推斷大同地區出土虎符的製造、使用年代在神瑞元年（西元 414年）到真君九年（西元 448 年）之間，[44]更縮小了某些地區護軍存在的可能時間範圍。

（二）鎮戍

十六國時期，各政權在稽胡居住區域已設置擁有軍事職能的鎮。北魏可能承襲十六國，除主要管理鮮卑以外的少數族之護軍外，政府的軍政機構亦有鎮，與出任護軍者族群多樣不同，各鎮長官的出任者多為鮮卑顯貴甚至拓跋宗室。胡區設有護軍的同時，也設有鎮，由鎮將出任最高長官，對轄區進行管理，鎮下設戍，長官為戍主。北魏治下丁零區域可見之鎮僅有一處，為廣阿鎮。其具體設立時間不詳，但當在燕、魏之交。該鎮因轄區內之廣阿澤而得名，因定、相、冀三州交界處地廣人稀，丁零等反抗勢力頗多，政府控制力薄弱，故立鎮以治之。先後有叔孫建、費峻、韓茂等人出任鎮將，北魏中期曾罷廣阿鎮，太和十三年（西元 489 年）又復立。魏末設立殷州後，廣阿成為州治所，不再以鎮稱之。同時期胡區可見之鎮主要有以下：

---

[43] 魏收，《魏書》，卷一百十三，〈官氏志九〉，頁 2973。

[44] 馬劍斌、彭維斌，〈讀《北魏虎符跋》劄記〉，《中國國家博物館館刊》，2013 年第 5期，頁 62。

1、三堡鎮

三堡鎮為前、後秦時期在黃土高原胡區設置之軍鎮，至西魏時尚在。《元和郡縣圖志・關內道三・丹州》云：

> 其地晉時戎狄居之，苻、姚時為三堡鎮，後魏文帝大統三年（西元 537 年），割鄜、延二州地置汾州，理三堡鎮。[45]

三堡鎮為目前可見之地方政權於胡區最早設立的軍鎮，其設置可能影響了後來北魏之胡區治理思想。對於三堡鎮地望，廖幼華先生考證其與古丹州城（即丹陽城，今陝西宜川）為同一地，在對外交通之地理區位上，三堡鎮與定陽優勢互補，與東部聯絡便利。[46]

2、離石鎮

離石鎮治所離石，鎮將一職早在北魏入并州初就有設置，較早任職者為陸突，道武帝時陸突「率部民隨從征伐，數有戰功，拜厲威將軍、離石鎮將」。[47]由於陸突任職不到兩年即離任，到太武帝中期仍未見任職離石之鎮將，加之在北魏平定天興初離石呼延鐵起事時未見鎮將活動之身影。因此牟發松先生推測離石鎮在此階段設置並不穩定，傾向於其職能被離石護軍取代。[48]不過到太武帝之後，離石鎮將一職又得到恢復，又《魏書・奚受真傳》云：「高宗即位，拜龍驤將軍，賜爵成都侯。遷給事中，出為離石鎮將」。[49]奚受真為奚斤之孫，文成帝時出任離石鎮將，可知此時離石鎮已恢復。至孝文之時，離石鎮降級，鎮將被撤消，改為離石都將負責管理，原轄區併入吐京鎮下。

---

[45] 李吉甫，《元和郡縣圖志》，卷三，〈關內道三・丹州〉，頁 74。

[46] 廖幼華，〈丹州稽胡漢化之探討——歷史地理角度的研究〉，頁 292。

[47] 魏收，《魏書》，卷四十，〈陸突傳〉，頁 901。

[48] 车發松，〈北魏軍鎮起源新探〉，《社會科學》，2017 年第 11 期，頁 135-136。

[49] 魏收，《魏書》，卷二十九，〈奚受真傳〉，頁 701。

3、吐京鎮

吐京鎮治所石樓，北魏任吐京鎮將者有谷渾之子谷季孫，其具體任職時間不詳，但參考其兄谷闡過世於孝文之初，谷季孫當在太武至孝文之間掌兵吐京。[50] 由於該地胡人屢有起事，故北魏對吐京鎮將人選較為重視，其中不乏宗室懿親，如「驃騎大將軍左承相衛王泥」之子「羽真尚書冠軍將軍使持節吐京鎮大都將」拓跋陵。[51] 拓跋泥爵位為衛王，輔以官位考之，當即衛王拓跋儀，墓誌云「泥」當為兩字發音相近，故有此音譯。其父拓跋陵《魏書》無載，或即曾為都將之拓跋幹。可以看出主政吐京鎮者不但地位顯赫，而且「都將」官號亦加「大」，有使持節之威儀，掌握治下官民生殺大權，或為便於在對胡作戰中殺一儆百、立威示人之故。

4、六壁鎮

六壁鎮位於西河，為北魏防禦離石稽胡所設，因城有六面，故曰六壁。太武帝太平真君五年（西元 444 年）曾討胡於六壁，到孝文帝太和八年（西元 484 年），六壁鎮罷，改西河郡。正光元年（西元 520 年）〈魏平北將軍懷朔鎮都大將終廣男叔孫公墓誌〉云其「夫人百宇文氏，六壁鎮將胡活撥女」，[52] 可知宇文胡活潑曾為鎮將。

5、安民鎮

由於資料限制，目前對安民鎮可知者僅有為避唐諱，該鎮又作安人鎮，治所位於今陝西延川東南。乃北魏末所立軍鎮，隸屬於延昌二年（西元 513 年）新設之東夏州。[53]

---

[50] 魏收，《魏書》，卷三十三，〈谷季孫傳〉，頁 781

[51] 趙超，《漢魏南北朝墓誌彙編》，〈大魏故宣威將軍白水太守小劍戍主元公墓誌銘〉，頁 143。

[52] 趙超，《漢魏南北朝墓誌彙編》，〈魏平北將軍懷朔鎮都大將終廣男叔孫公墓誌銘〉，頁 117。

[53] 樂史，《太平寰宇記》，卷三十六，〈關西道十二·延州〉「延水縣」條，頁 755。

6、石龜鎮

石龜鎮治所在今陝西神木南，為唐代勝州銀城所在地。具體設立時間不詳，然周保定二年（西元 562 年）已廢棄，[54]其設置當在六鎮之亂前，恐廢於六鎮之亂中。

此外北魏一朝尚有柏壁、杏城、長安諸鎮，似有分擔治理胡人之職能。不過柏壁之主要控制對象當為河東蜀，杏城初立時治理重點當為盧水胡，長安治下則以氐羌雜胡為主。上述三鎮設立之時均以他族為控馭重心。另有夏州統萬鎮為北魏後期治理胡人之重鎮，不過在其設立之初，當地鐵弗雜胡尚未完全稽胡化，故不加贅述。

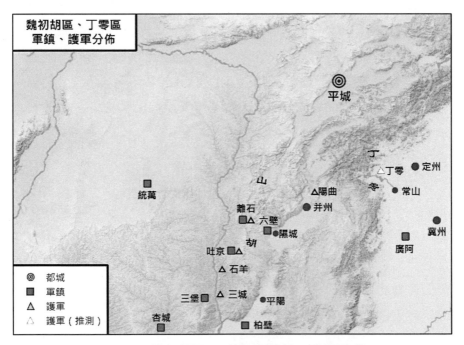

圖 4-1　魏初胡區、丁零區軍鎮、護軍分佈

對於鎮將與護軍之關係，如前述牟發松先生之推測，護軍或可代

54　樂史，《太平寰宇記》，卷三十八，〈關西道十四・麟州〉「銀城縣」條，頁 808。

替鎮將職能。[55]然而在同時設有鎮與護軍的區域內,二者之間是否存在隸屬關係,由於資料缺乏已難判定。不過鎮將之下另有都將,二者存在隸屬關係。《魏書·穆羆傳》云:

> 轉征東將軍、吐京鎮將。羆賞善罰惡,深自克勵。時西河胡叛,羆欲討之,而離石都將郭洛頭拒違不從。羆遂上表自劾,以威不攝下,請就刑戮。[56]

穆羆稱「攝下」,可知都將郭洛頭為其下屬。

北魏政府在設立軍鎮統治胡人的同時,也注重建設其他工程以加強對當地資源控制、分配,配合軍事統治。《元和郡縣圖志·河東道二·并州》云交城縣東南有羊腸山,「後魏於此立倉,今嶺上有故石墟,俗云太武帝避暑之處」,[57]羊腸山西面即稽胡居住之呂梁山區。建於山上之糧倉可被後世稱為行宮,其規模必然不小。故其未廢止前之存糧數量不在少數,加之地勢易守難攻,應當足以在後勤補給方面為鎮戍官兵解決後顧之憂。

太和十二年(西元 488 年),吐京鎮改為汾州,由軍政轉為民政。到北魏末年,為應對六鎮起事之烽火,安撫鎮民對太和以後地位降低的不滿,孝明帝「改鎮為州,依舊立稱」。[58]但是軍鎮之下的鎮戍直到周齊之時仍可在胡區見到。西魏即改安民鎮為安民戍,並在陝北設有蒲川鎮、五原鎮、伏夷鎮(伏夷防)。據王仲犖先生考證,蒲川鎮當在固原東北、定邊西南,可能即唐代寧州之蒲川折衝府所在地。[59]大統十三年

---

55 牟發松,〈北魏軍鎮起源新探〉,頁 135。

56 魏收,《魏書》,卷二十七,〈穆羆傳〉,頁 666。

57 李吉甫,《元和郡縣圖志》,卷十三,〈河東道二·并州〉「交城縣」條,頁 372。

58 李延壽,《北史》,卷四,〈魏孝明紀〉,頁 151。

59 王仲犖,《北周地理志》(北京:中華書局,1980),卷一,〈關中〉,頁 100。

（西元 547 年）王德即被授予「大都督、原靈顯三州五原蒲川二鎮諸軍事」。[60]五原鎮位於今陝西定邊。伏夷位於東夏州，從其名可知防胡意圖明顯。北齊天保十年（西元 559 年）〈文海珍妻周雙仁等造像碑〉題名中有「鎮遠將軍石樓戍主文慶安」，[61]其像造於高洋破石樓稽胡之後，可以推測石樓戍當為高洋破胡後，出於強化對該區域統治之目的而設。直到北齊之末，呂梁山區仍有軍政機構創設，如永和縣為漢代狐讘城所在地，「高齊後主於其城置永和鎮」。[62]同一時期另有斛律光於武平元年（西元 570 年）冬所築，冠以「州」名之南汾城，主要目的雖為扼制北周勢力，但客觀上使得「夷夏萬餘戶並來內附」，[63]其中「夷」自然指稽胡。

　　護軍、鎮戍治理效果的發揮必須透過軍事震攝以實現。政府擇當地之要衝險塞，配以少量士兵，以控制治下少數族部落，意圖體現政府控制能力。這些駐軍的傳說直到宋代仍然流傳，《太平寰宇記·關西道十一·丹州》「汾川縣」條云：「安樂山，在縣南十里。古老傳云昔屯兵於此，因名安樂」。[64]諸酋長中雖然不服王化者大有人在，但一般情況下敢在政府軍隊眼皮底下動武之可能性並不高，因此駐防地附近戰事較少，當然「安樂」。雖然鎮戍治理離不開軍隊等暴力工具，但如侯旭東先生所論，護軍與鎮戍遵循的依然是傳統的羈縻之策，治下之胡族固有生活方式與社會組織並未改變。政府未直接控制胡族，必須通過部落酋長進行管理。部落組織的存在令首領動員部民、反抗政府成為可能，確實為政府之隱患。[65]隨著北魏在中原的統治日趨穩定，軍政下的護

[60] 令狐德棻，《周書》，卷十七，〈王德傳〉，頁 286。

[61] 端方，《陶齋臧石記》，卷十一，〈文海珍妻周雙仁等造像碑〉，頁 8089。

[62] 李吉甫，《元和郡縣圖志》，卷十二，〈河東道一·隰州〉「永和縣」條，頁 347。

[63] 李百藥，《北齊書》，卷十七，〈斛律光傳〉，頁 224。

[64] 樂史，《太平寰宇記》，卷三十五，〈關西道十一·丹州〉「汾川縣」條，頁 746。

[65] 侯旭東，〈北魏境內胡族政策初探——從《大代持節齕州刺史山公寺碑》說起〉，《中

軍、鎮戌已難以適應新形勢下之統治需要，因此丁零、稽胡區域也逐步向民政改革。丁零之居住區不用多言，中山、常山、趙郡、上黨等地所在之定州、并州均為衣冠人物之鄉，因此當丁零臣服北魏統治後，其護軍之存在意義即日益降低。北魏中期以後，丁零已逐漸同化於漢人，因此護軍之職能必然逐漸讓位於太守，丁零區域的護軍當在文成帝改護軍為太守之後完成歷史使命。

另一方面，稽胡所在的呂梁山區則從孝文帝時開始推行民政治理。首先進行的改革即太和八年（西元 484 年）改六壁鎮為西河郡，太和十二年（西元 488 年）又改吐京鎮為汾州，原離石、吐京二鎮均包涵在內，原鎮將也轉變為州刺史。北齊時，高洋亦在離石縣以北增設良泉縣。不過即使在改鎮為州後，對於一些山區稽胡，政府也力有未逮，鞭長莫及。

北魏在統治初期，對於被軍事征服的胡人，管理策略仍偏向軍政。太武帝滅赫連夏後，收胡戶遷徙至原漢代富平縣地，「因號胡地城」。[66]從以城統治而言，太武帝時代的治胡重點當即軍鎮統攝。到孝文帝時期，胡區行政設置為之一變，偏向以民政之郡縣治理胡民，曾特別為渡河東來的胡人置定陽縣。[67]

自北朝末起，當政府將胡人納入統治後，多直接設置郡縣管理，而非以鎮戌統之。北魏末期，政府雖然在六鎮之亂面前焦頭爛額，然安置降服胡人的郡縣設置並未停止，如大斌縣設立於孝明帝神龜元年（西元 518 年），「取稽胡懷化、文武雜半之義」。[68]又如文安縣為北魏分安民縣所設，「以稽胡未淳，取文德以來之之義」。[69]

國社會科學》，2008 年第 5 期，頁 174-175。

[66] 李吉甫，《元和郡縣圖志》，卷四，〈關內道四·靈州〉「靈武縣」條，頁 94。

[67] 李吉甫，《元和郡縣圖志》，卷十二，〈河東道一·慈州〉「吉昌縣」條，頁 342。

[68] 李吉甫，《元和郡縣圖志》，卷四，〈關內道四·綏州〉「大斌縣」條，頁 104。

[69] 樂史，《太平寰宇記》，卷三十六，〈關西道十二·延州〉「延川縣」條，頁 758。

設置郡縣管理稽胡的思路並未因北魏分裂而中斷，出於加強人口控制的目的，該政策更為後世政府所奉行。如東魏晉州刺史薛脩義對胡垂黎部落之處置方式即為設五城郡；對入境之夏州胡人流民，東魏政府亦於并州僑立西夏州。西魏北周出於政治、軍事之考量，在胡區郡縣設置方面遠較東魏北齊積極，廖幼華先生曾考察其在宜川地區之設治情況，探明在這一範圍不大的區域內西魏竟然保有九縣，而人口遠比北朝增加的今天，該區域僅存一縣。[70]這一廣設州縣的政策在周武帝滅齊平胡後仍然延續，《隋書‧地理中》云：

> 修化，後周置，曰窟胡，并置窟胡郡。開皇初郡廢，後縣改為修化。又後周置盧山縣，大業初併入焉。有伏盧山。定胡，後周置，及置定胡郡。開皇初郡廢。有關官。平夷，後周置。太和，後周置，曰烏突，及置烏突郡。開皇初郡廢，縣尋改焉。[71]

張慶捷先生謂定胡之設置與安置粟特胡人有關，[72]然考之《太平寰宇記‧河東道三‧石州》「定胡縣」條，定胡縣設於大象元年（西元579年），[73]恰好在北周平定稽胡劉沒鐸、劉受邏干之後，加之郡縣名稱中之「胡」字，必然與對稽胡的軍事行動有關，繫之於粟特商胡恐不妥。北周滅齊後在今天的離石、臨縣、中陽一帶設置四郡八縣，其中三郡只領一縣，[74]確實較為特殊，在凸顯北周對其重視的同時，也透露了治理胡人實屬不易。茲將十六國至唐之胡區郡縣設置列表於下：

---

[70] 廖幼華，〈丹州稽胡漢化之探討——歷史地理角度的研究〉，頁305。

[71] 魏徵，《隋書》，卷三十，〈地理中‧冀州〉「離石郡」條，頁852。

[72] 張慶捷，〈唐代《曹怡墓誌》有關入華胡人的幾個問題〉，頁650。

[73] 樂史，《太平寰宇記》，卷四十二，〈河東道三‧石州〉「定胡縣」條，頁887。

[74] 田毅、王傑瑜，〈南北朝時期呂梁山區的稽胡叛亂與行政區劃變邊〉，頁17。

表 4-2 胡區州縣社會經濟、設置時間表[75]

| 地區 | | 社會經濟 | 設置時間 | | | | | | |
州	縣		十六國以前	十六國	北魏	齊（含東魏）	周（含西魏）	隋	唐
石州	離石	中	√						
	平夷	中					√		
	定胡	中					√		
	臨泉	中下					√		
	方山	中				√			
汾州	西河	望	√						
	孝義	緊			√				
	介休	望	√						
慈州	吉昌	中郭下			√				
	文城	中			√				

[75] 關於州縣人口與社會經濟之關係，通常可認為二者呈正相關，即政區戶口等級越高，經濟越發達。因其地除必要之農業人口外，另有人口從事商業、手工業活動，對活躍、促進當地經濟頗有幫助。故本表利用戶口作為經濟之表現，表 4-1、4-3、4-4 亦採用此原理。關於此二者關係之詳細論述，可參考翁俊雄，《唐代人口與區域經濟》（臺北：新文豐出版公司，1995），頁 5、299-301。

表 4-2　胡區州縣社會經濟、設置時間表（續）

地區		社會經濟	設置時間						
州	縣		十六國以前	十六國	北魏	齊周		隋	唐
						齊（含東魏）	周（含西魏）		
慈州	昌寧	中			√				
	仵城	中下			√				
	呂香	中			√				
隰州	隰川	中郭下					√		
	蒲縣	中					√		
	大寧	中					√		
	溫泉	中			√				
	永和	中下					√		
	石樓	中下			√				
嵐州	宜芳	上			√				
	靜樂	上						√	
	合河	中			√				

表 4-2 胡區州縣社會經濟、設置時間表（續）

地區		社會經濟	設置時間						
			十六國以前	十六國	北魏	齊周		隋	唐
州	縣					齊（含東魏）	周（含西魏）		
嵐州	嵐谷	中						√	
鄜州	洛交	緊		√					
	洛川	上		√					
	三川	中					√		
	直羅	中下						√	
	甘泉	中下							√
坊州	中部	上		√					
	宜君	上		√					
	昇平	上							√
	鄜城	上			√				
丹州	義川	上					√		
	雲巖	中							√

表 4-2 胡區州縣社會經濟、設置時間表（續）

地區		社會經濟	設置時間						
			十六國以前	十六國	北魏	齊周		隋	唐
州	縣					齊（含東魏）	周（含西魏）		
丹州	汾川	上			√				
	咸寧	中下			√				
延州	敷施	上郭下						√	
	延長	中				√			
	臨真	中			√				
	金明	中			√				
	豐林	中下			√				
	延川	中			√				
	敷政	中下			√				
	延昌	中						√	
	延水	中下			√				
	門山	中					√		

表 4-2　胡區州縣社會經濟、設置時間表（續）

地區		社會經濟	設置時間						
			十六國以前	十六國	北魏	齊周		隋	唐
州	縣					齊（含東魏）	周（含西魏）		
綏州	龍泉	中下郭下			√				
	延福	中下			√				
	綏德	中下					√		
	城平	中下			√				
	大斌	中下			√				
銀州	儒林	中郭下						√	
	真鄉	中下					√		
	開光	中下					√		
	撫寧	中下					√		
勝州	榆林	中下郭下						√	
	河濱	中下							√
慶州	順化	中郭下						√	

表 4-2　胡區州縣社會經濟、設置時間表（續）

地區		社會經濟	設置時間						
			十六國以前	十六國	北魏	齊周		隋	唐
州	縣					齊（含東魏）	周（含西魏）		
慶州	樂蟠	中					√		
	馬領	中						√	
	合水	中							√
	華池	下						√	
	同川	中下							√
	洛原	中下						√	
	延慶	中					.		√
	方渠	中下							√
	懷安	下							√
總計	望	2	3	4	23	1	16	11	9
	緊	2							
	上	10							
	中	28							
	中下	23				17			

表 4-2　胡區州縣社會經濟、設置時間表（續）

地區		社會經濟	設置時間						
州	縣		十六國以前	十六國	北魏	齊周		隋	唐
						齊（含東魏）	周（含西魏）		
	下	2							
比例			4.48%	5.97%	34.33%	25.37%		16.42%	13.43%

資料來源：《隋書》、《舊唐書》、《新唐書》、《元和郡縣圖志》、
　　　　　《太平寰宇記》。

　　可以看出北魏以前政府對胡區設治不甚熱衷，然自北魏起，為強化人力資源控制，擴大賦役所出，政府於胡區廣設州縣。設置力度、重視程度與政府核心區位置密切相關，北魏前期定都平城，部分胡區甚至劃入京畿重地司州。由於胡區地處黃土高原，居高臨下直接威脅關中平原，任由生胡橫行必為長安臥榻之患，故北周之設治力度亦遠勝北齊。

　　不過需要指出的是，雖然設置州縣自北朝以來已是大勢所趨，但正如明清之改土歸流並未徹底廢除土司制度一樣，稽胡的部落組織並未隨之完全消失。直到唐代，某些地區仍然存在政府認可之稽胡酋長。唐永泰元年（西元 765 年）〈左武衛將軍白公神道碑〉載碑主白道生之父白崇禮統領部落，「為寧朔州刺史兼部落主」。[76]雖然白氏在吐谷渾中也為大姓，但吐谷渾裔出鮮卑，其後裔到五代時仍認同鮮卑祖先，如〈白萬金墓誌〉自敘祖先本居「岱川北鮮卑山之陽」，「吐渾即其本」。[77]而白道生一族卻以「呼韓之宗，谷蠡之允」自豪，加之寧朔州位於朔方即夏州之境，此白氏一族當為稽胡，雖本出龜茲，但赫連夏故

---

[76] 董誥等，《全唐文》，卷三百七十一，于翼〈左武衛將軍白公神道碑〉，頁 3765-1。
[77] 周阿根，《五代墓誌彙考》（合肥：黃山書社，2011），〈白萬金墓誌〉，頁 636。

地的居住史令其早已匈奴—稽胡化。依《太平寰宇記·關西道十三·夏州》「德靜縣」條之記載，唐時寧朔州戶三百七十四，[78]以一戶五口計之，其部民當在兩千口左右。

二、輔之以交通

丁零與稽胡在生活環境上雖然存在一定差別，但在利用山區複雜地形阻止中央力量進入方面卻存在相似性。山區交通殊為不便，對山居族群來說山地險阻為其依靠部族力量屢降屢叛的倚仗；可對政府而言，卻是限制其力量進入少數族地區的阻礙。故尋求交通條件之改善就成為中央強化區域治理的必要手段。

丁零居住的太行山區，由於山路崎嶇，盛傳「太行之路能摧車」之說。[79]不過即使山路難行，卻存在名曰「太行八陘」的山間道路可與外界交通，因此對以北魏為代表的中央政府而言，控制、維護這些道路就成為其鞏固對丁零地區統治的較優選擇。《魏書·于栗磾傳》云：

> 後與寧朔將軍公孫蘭領步騎二萬，潛自太原從韓信故道開井陘路，襲慕容寶於中山。既而車駕後至，見道路修理，大悅，即賜其名馬。[80]

---

[78] 樂史，《太平寰宇記》，卷三十七，〈關西道十三·夏州〉「德靜縣」條，頁788。

[79] 白居易，《白氏長慶集》（收入紀昀等總纂，臺灣商務印書館編審委員會主編，《景印文淵閣四庫全書》，冊一〇八〇），卷三，〈太行路〉，頁1080-36。

[80] 魏收，《魏書》，卷三十一，〈于栗磾傳〉，頁735。

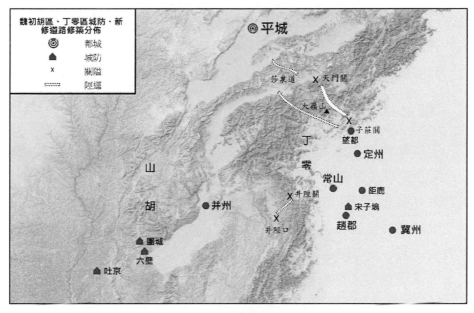

圖 4-2　魏初胡區、丁零區城防、新修道路分佈

　　雖然于栗磾重開井陘故道的直接意圖在於攻擊後燕，但道路的開通對於日後統治丁零無疑也有幫助。井陘為丁零多次利用、出入太行山的路線，政府對其之控制自然有助於將并州兵力向山東地區快速投送，從常山威脅丁零。另一方面，在丁零居住區的北部，北魏也有交通建設。北魏對後燕取得戰略優勢後，於皇始三年（西元 398 年）「發卒萬人治直道，自望都鑿恆嶺至代五百餘里」，[81] 從太行山東麓，穿越恆山，直達北魏核心區，從名為「直道」來看，其工程要求當參考秦代之直道。日本學者前田正名從交通網路的連接角度分析，指出此「直道」與飛狐道傳統路線相比，可更為直接聯通平城與中山。[82]

　　此後不久，太行山區又有新的道路建設工程啟動。安同「東出井

81　司馬光，《資治通鑑》，卷一百十一，〈晉紀三十二・隆安二年〉，頁 3462。

82　前田正名著，李憑等譯，《平城歷史地理學研究》（上海：上海古籍出版社，2012），頁 179。

陘，至鉅鹿，發眾四戶一人，欲治大嶺山，通天門關」。[83]安同此舉雖因擅興獲罪，但後為明元所宥，再參照《水經注・滱水》之「車駕沿溯，每出是所遊藝焉」的記載，[84]能供魏帝出行，則大嶺山至天門關之道路應當開通。天門關在靈丘縣東南，為平城東面之門戶，其開通意味著恆代至華北平原交通線的打通，北魏可以在必要時刻直接從國都平城派精兵進入山東。天門關路與井陘路對中山、常山之丁零正好形成南北夾攻之勢。太武帝太延二年（西元 436 年），北魏又開通莎泉道。《水經注・滱水》有「莎泉水注之，水導源莎泉，南流，水側有莎泉亭，東南入於滱水」之記載，楊守敬據《魏書・地形志》認為莎泉縣當在靈丘縣西。[85]故此道為連接平城與太行山西部之孔道，亦有利於魏軍追擊在太行山區流動之丁零。頗具諷刺意味的是，開鑿該道的民夫為北魏徵發之定州居民，其中極可能存在一定數量的丁零。

對於稽胡居住的呂梁山區，東魏政府也有進行交通建設。《北齊書・封子繪傳》云：

> 晉州北界霍太山，舊號千里徑者，山坂高峻，每大軍往來，士馬勞苦。子繪啟高祖，請於舊徑東谷別開一路。高祖從之，仍令子繪領汾、晉二州夫修治，旬日而就。高祖親總六軍，路經新道，嘉其省便，賜穀二百斛。[86]

封子繪修新道的直接目的當然是為了適應對宇文氏的作戰，不過汾、晉山區也為稽胡分佈之地，當東魏大軍延此路浩浩蕩蕩行軍時，無疑會對胡人產生震攝作用。

---

[83] 魏收，《魏書》，卷三十，〈安同傳〉，頁 713。

[84] 酈道元撰，楊守敬、熊會貞疏，《水經注疏》，卷十一，〈滱水〉，頁 1049。

[85] 酈道元撰，楊守敬、熊會貞疏，《水經注疏》，卷十一，〈滱水〉，頁 1045-1046。

[86] 李百藥，《北齊書》，卷二十一，〈封子繪傳〉，頁 304。

　　與東魏北齊對峙的西魏北周，雖然沒有在黃土高原大興土木、修築軍用道路，但這一區域本來就留存歷史悠久的道路，即秦代遺留的直道。據史念海先生考證，直道在黃土高原之修築路線為從陝西淳化縣北梁武帝村北行，至子午嶺上，延主山脈北行，直到定邊縣南。[87]其道路分佈雖然並非直接穿越黃河以西之黃土高原中東部，但經過黃土高原西部邊緣地帶，這一地區為稽胡分佈的西限。雖然秦直道沒有築於黃土高原中心，但並不意味此地沒有前人留下的捷徑。北宋延州保安軍東有聖人道，「即赫連勃勃起自夏臺入長安時，平山谷開此道」。[88]依史念海先生之見，赫連勃勃所築之聖人道連結夏州到鄜州。[89]結合赫連勃勃對工程營造之嚴苛要求，該道路之水準自不待言，當為南北橫貫黃土高原大部之孔道，該道路之存在對於政府向胡人山區採取軍事行動必然大有助益。除陸路外，魏末孝明之時，政府也試圖於部分沿河胡區開闢水運。《魏書・食貨志六》載薛欽之奏曰：

> 計京西水次汾華二州、恒農、河北、河東、正平、平陽五郡年常綿絹及貲麻皆折公物，雇車牛送京。道險人弊，費公損私……汾州有租調之處，去汾不過百里，華州去河不滿六十，並令計程依舊酬價，車送船所……則於公私為便。[90]

　　薛欽的改革建議沒有得到全部執行，不過也表明了北魏政府有意發展水運航路以深入胡區，加強物資控制。

---

[87] 史念海，〈秦始皇指導遺蹟的探索〉，收入氏著，《史念海全集》，第四卷，頁 311。

[88] 樂史，《太平寰宇記》，卷三十七，〈關西道十三・保安軍〉，頁 790。

[89] 史念海，〈直道和甘泉宮遺蹟質疑〉，收入氏著，《史念海全集》，第四卷，頁 326。

[90] 魏收，《魏書》，卷一百一十，〈食貨志六〉，頁 2858-2859。

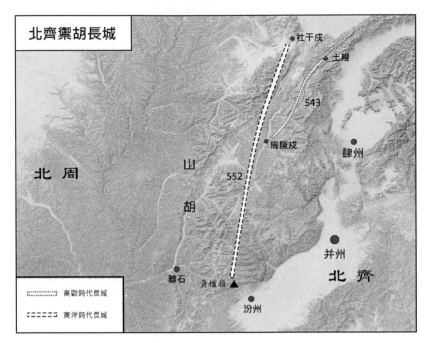

圖 4-3　北齊禦胡長城

　　在修路便利官軍通行之外，政府也主動出擊，以修築城戍、城牆等防禦工事的方式對丁零、稽胡依賴的交通線予以扼斷，阻止其騷擾外部邊縣。魏初安同即「築塢於宋子，以鎮靜郡縣」。[91]趙郡為丁零的分佈區域，宋子塢的修築自然也對其有震攝作用。城塢的修築與翻越太行山之道路的開通也從側面回答了為何北魏丁零舉事逐漸減少這一問題。

　　相對政府在丁零地區以城砦為重點進行點狀防禦，對稽胡之防禦則全面升級，呈現線狀防禦，圍堵工程更為常見，其中最極端、最浩大的工程當為東魏北齊時期修築的齊長城。高歡執政時，「於肆州北山築城，西自馬陵戍，東至土隥」，[92]沿陘嶺進行了四十日城防修築。不過

[91] 魏收，《魏書》，卷三十，〈安同傳〉，頁713。

[92] 李百藥，《北齊書》，卷二，〈神武紀下〉，頁22。

從工期來看，此工程量難說巨大，防禦範圍也當有限，所以至高洋時代，齊長城規模進一步擴大，「至黃櫨嶺，仍起長城，北至社干戍四百餘里，立三十六戍」。[93]齊長城的修建為當時北齊之軍事中心、副都晉陽提供了一道西部屏障。當然，齊長城之防禦對象也有西魏、北周在內。不過在高歡、高洋時代，北周的力量尚未壯大到可渡河直接威脅北齊的程度。《資治通鑑·天嘉五年》云：

> 初，齊顯祖之世，周人常懼齊兵西渡，每至冬月，守河椎冰。及世祖即位，嬖倖用事，朝政漸紊。齊人椎冰以備周兵之逼。[94]

直到武成帝時，周齊在黃河一線的軍事力量對比方易位，因此在高歡、高洋之時修築的長城與其說主要是為了防禦北周，倒不如說旨在遏制久居山區、不服王化的稽胡對山外之騷擾。齊長城對稽胡的遏制到隋朝末年可能仍發揮了一定作用。隋煬帝在得知突厥犯塞、稽胡劫掠的情況後，「下書令（楊）子崇巡行長城」。[95]隋煬帝命離石郡守楊子崇巡行之長城為針對突厥與稽胡而興建之防禦工程，除利用部分齊長城修築的隋開皇長城外，齊天保長城可能亦在其中。

與工程浩大、勞師動眾的修築長城相比，在丁零地區實行的以城柵遏其交通要道之策略以其較低的建築成本更受各政權青睞。北魏已將築城防禦之方式推廣到時常出山抄掠的稽胡，如太武帝時在狐讘縣西南築石羊城，「置石羊軍」。[96]又六壁城，「魏朝舊置六壁於其下，防離石諸胡，因為大鎮」。[97]六壁城外，北魏在這一地區還築團城於孝義西

---

[93] 李百藥，《北齊書》，卷四，〈文宣紀〉，頁 56。

[94] 司馬光，《資治通鑑》，卷一百六十九，〈陳紀三·天嘉五年〉，頁 5238。

[95] 魏徵，《隋書》，卷四十三，〈楊子崇傳〉，頁 1215。

[96] 樂史，《太平寰宇記》，卷四十八，〈河東道九·隰州〉「永和縣」條，頁 1013。

[97] 酈道元撰，楊守敬、熊會貞疏，《水經注疏》，卷六，〈文水〉，頁 597。

北，意在「築以防稽胡，其城紆曲，故名團城」。[98]

北魏置城防胡的策略為之後的西魏北周繼承，並被後者發展升級，如姚岳城，《周書·韋孝寬傳》云：

> 汾州之北，離石以南，悉是生胡，抄掠居人，阻斷河路。孝寬深患之。而地入於齊，無方誅剪。欲當其要處，置一大城。乃於河西徵役徒十萬，甲士百人，遣開府姚岳監築之。[99]

韋孝寬命姚岳所築之城為防衛北齊境內胡人外出騷擾而修建，其城位於隰州之東北，[100]已深入齊境。北周境內之防胡城建工程則以郭榮五城為代表，郭榮「於上郡、延安築周昌、弘信、廣安、招遠、咸寧等五城，以遏其要路，稽胡由是不能為寇」。[101]

由於材料所限，目前可大致確定方位的唯有廣安、咸寧二城。《太平寰宇記·關西道十二·延州》「延長縣」條云：「後魏廢帝元年（西元 552 年）於丘頭原置廣安縣」。[102]又《太平寰宇記·關西道十一·丹州》「宜川縣」條云：「廢咸寧城，在州東四十五里，一鄉。本秦上郡之地」。[103]郭榮對咸寧、廣安之城防修築當在此前設治之基礎上進行，離其故地當不遠。從此兩地位置來看，可以推測其城址當擇河津、關山、交通要衝之地，以圖對稽胡形成包圍扼制。

---

[98] 李吉甫，《元和郡縣圖志》，卷十三，〈河東道二·汾州〉「孝義縣」條，頁 378。

[99] 令狐德棻，《周書》，卷三十一，〈韋孝寬傳〉，頁 539。

[100] 顧祖禹，《讀史方輿紀要》，卷四十一，〈山西三·隰州〉，頁 1933。

[101] 魏徵，《隋書》，卷五十，〈郭榮傳〉，頁 1319。

[102] 樂史，《太平寰宇記》，卷三十六，〈關西道十二·延州〉「延長縣」條，頁 754。

[103] 樂史，《太平寰宇記》，卷三十五，〈關西道十一·丹州〉「宜川縣」條，頁 745。

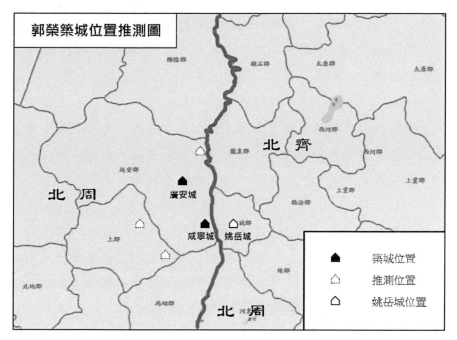

圖 4-4　郭榮築城位置推測

　　對一些新控制的稽胡地區，北周也築城加以統治，如銀州城為延
州總管宇文盛所築，其修築甚至引發了當地胡帥與周軍的衝突。[104]其
遺址尚存，位於今陝西榆林黨岔鎮北莊村，無定河與榆溪河交匯處。有
上、下兩城，上城位於山丘之上，視野開闊；下城位於山下平地，扼守
河流。整體依山向水，憑藉地勢沿河傍流而築。位於河流、群山拱衛之
中，易守難攻。對於當地胡人而言，其修築自然如鯁在喉，故聚眾反抗
周軍。

---

[104] 令狐德棻，《周書》，卷四十九，〈稽胡傳〉，頁 898。

圖 4-5　銀州城遺址
（筆者西元 2021 年 5 月攝於陝西榆林。）

　　而另一些建於前代的城池也為北周繼續採用，加以震攝胡人。如延州豐林城，本為赫連勃勃所築，北周在此設豐林縣，以舊赫連城作為延州州治。豐林城所在地延河河道較為曠闊，城址面向延河，依山而建，控扼作用明顯。

　　北朝時，河東河西的胡人不時渡河往來，相互接納起事失敗者，在北方統一後，周、隋對黃河渡口也設關津加強管理，如定胡縣「以地阨險，置孟門關」。[105]據嚴耕望先生統計，在流經黃土高原的黃河沿岸，從北到南有榆林關、河濱關、君子津、合和關、合和津、孟門關、孟門津、永和關、馬門關、烏仁關、采桑津、龍門關、蒲津關等。[106]其中除後兩關外，均位於稽胡分佈區。關津的設置將沿岸胡人的日常往來納入政府監管下，相互接納渡河「亡叛」愈加困難。

[105] 樂史，《太平寰宇記》，卷四十二，〈河東道三·石州〉「定胡縣」條，頁 887。
[106] 嚴耕望，《唐代交通圖考》（臺北：中研院史語所，1985），冊一，頁 289-311。

交通建設的深入強化了政府對丁零、稽胡之管理，也削弱了這些少數族的反抗能力。

圖 4-6　延州豐林城遺址
（筆者西元 2021 年 5 月攝於陝西延安。）

三、徵之以賦役

歷代政府強化人口控制之根本出發點在於增加賦役，尤其是對政府尚未控制或控制未深的少數族地區。羅新先生在論及中古南方諸蠻時即分析了華夏政權控制諸蠻的經濟動機。[107]南朝政府如是，北朝隋唐在丁零、山胡地區設置郡縣的動機亦不外乎如是。在治理這些曾經的化外之民時，政府最基本的要求即將其轉化為官方直接控制下的編戶齊民，由部落民、生胡變為胡民（丁零戶）。丁零在北魏之初尚保留有部落組織，明元帝時通劉裕的丁零首領翟蜀即領有「營部」。[108]營部為

[107] 羅新，〈王化與山險——中古早期南方諸蠻歷史命運之概觀〉，《歷史研究》，2009 年第 2 期，頁 15。

[108] 魏收，《魏書》，卷三，〈明元紀〉，頁 57。

以血緣關係為紐帶的部落組織。不過到北魏在中原的統治漸趨鞏固後，丁零的社會組織也發生了變化。太武帝時叛入西山的定州丁零鮮于臺陽、翟喬率領的戶籍單位已是「家」，[109]而非其傳統之「落」。可知至少在定州部分地區，類似營部之部落組織當已被拆散。雖然可能保留了聚族而居的形式，不過社會組織已不是酋帥領導下的部落，而為州郡控制下的編民。當然在尚處於丁零護軍管理的區域，部落組織還可能得到保存。

　　同樣的變化在稽胡中也逐漸發生。對於歸附北魏的稽胡，北魏逐漸由建國初的羈縻轉為直接控制，開啓其編民化進程。在改鎮為州前，吐京鎮已經存在被編為民戶的稽胡。明元帝時吐京民劉初原曾與西河胡曹成攻殺赫連氏所置吐京護軍及夏國守軍三百餘人。[110]從劉初原之姓氏來看其人當為稽胡，然與曹成不同，劉氏身份為民，可知已從部落變為民戶，造成這種差別的原因或為吐京劉氏附魏相對較早，而曹氏新附，故政府未急於對後者進行社會組織改造。在黃河以西的北魏控制區，變生胡為民的政策也在推行。太武帝時期，蓋吳舉兵反魏，在一度失利後，通過「假署山民，眾旅復振」。[111]史念海先生即推測「所謂山民可能就是稽胡，至少也和稽胡有關」。[112]從其身份定義為「民」來看，即使為「山民」之稽胡曾經存在部落組織，也已經編民化，不過這一過程可能推行不久，因此對政府之編民政策心存抵觸，故一經蓋吳拉攏即加入反抗軍。

　　如果說令蓋吳「起死回生」的山民未列具體姓氏，族屬是否為稽胡不能直接下定論，那孝文帝時發生的一起起事則比較能說明問題。朔

---

[109] 魏收，《魏書》，卷四上，〈太武紀上〉，頁 74。

[110] 魏收，《魏書》，卷三，〈明元紀〉，頁 54。

[111] 魏收，《魏書》，卷四下，〈太武紀下〉，頁 101。

[112] 史念海，〈論陝西的歷史民族地理〉，收入氏著，《史念海全集》，第六卷，頁 389。

方民曹平原「招集不逞，破石樓堡，殺軍將」。[113]曹氏為稽胡大姓，朔方、石樓俱為胡區，曹平原為稽胡可能性極大，不過官方所認定的身份卻為「民」。從其能「招集不逞」來看，胡人並不樂意接受身份的變化，即使有「民」之身份，但「胡」的心態卻無太大改變。所以即使變為民戶後，也如生胡一樣起事發難，甚至將戰線轉移到黃河對岸胡區。

對北魏政府而言移民實京畿為其初期基本國策，為了強化核心區域的力量，政府也會將丁零、稽胡等少數族作為移民實土的徵發對象。太武帝時即徙定州丁零三千家於平城。[114]以每戶五口而計，遷入平城附近的丁零當在一萬五千人左右，隋末起兵之雁門人翟松柏可能即其後代。至今在大同郊縣還有翟姓村莊存在，或即北魏遷入丁零之史蹟留存。[115]後來這些丁零也有部分隨北魏遷都南下洛陽，如在龍門石窟造像之下層軍官翟興祖等人。

在北魏初年，面對歸降的稽胡酋長，北魏政府不乏將其遷至京畿之舉。道武帝時歸附之稽胡酋長幡頹、業易于就被遷至離平城較近的馬邑居住。此二酋長歸魏不久後，援助西燕未果的魏軍揮師北回時，又順路擊破高車門部落，將其遷走。太武朝亦徙稽胡以實平城。真君九年（西元448年）「徙西河離石民五千餘家於京師」。[116]此次移民雖然未明言遷徙對象有稽胡，但西河、離石均為稽胡居住地區，被遷徙的民眾中必然會有不少民戶化之稽胡。次年，北魏又將西晉末進入壽陽之胡遷出，安置於大陵城南，充實并州。[117]對稽胡採取之移民措施直到東魏北齊之時仍在持續，高歡即遷所俘之胡於并州處置，高洋則進一步釜底抽薪，將「神虜天子」劉蠡升之家眷遷移到遠離其故里之都城——鄴

---

[113] 魏收，《魏書》，卷七上，〈孝文紀上〉，頁135。

[114] 魏收，《魏書》，卷四上，〈太武紀上〉，頁102。

[115] 如大同下轄廣靈縣壺泉鎮翟疃村、渾源縣吳城鄉翟家窪村。

[116] 魏收，《魏書》，卷四下，〈太武紀下〉，頁102。

[117] 樂史，《太平寰宇記》，卷四十，〈河東道一·并州〉「壽陽縣」條，頁853-854。

城。[118]

　　北魏政府雖然將各族遷入京畿，但安土重遷本是人心所向。所以儘管北魏強制移民，但地方部落卻存在嚴重的抵觸心理，甚至對政府號令不予理會。明元帝曾下詔遷地方豪帥至平城，可在「民多戀本」的心理驅使下，「輕薄少年，因相扇動，所在聚結。西河、建興盜賊並起，守宰討之不能禁」。[119]其中西河「盜賊」即以胡帥張外為代表之稽胡。另一方面，誠如安介生先生所言，北魏政府將民眾遷移到代都附近具有很大的盲目性，當人口超過該地區土地承載力後，形成的局面不容樂觀。[120]由於平城當地糧食儲量有限，當移入人口過多時，自然造成生存危機。尤其是當這一農業基礎薄弱的區域遭受自然災害時，嚴重饑荒更容易出現。[121]故而北魏政府多次將居民移出京畿，在此回遷政策下，某些京郊稽胡可能又得以還歸原鄉。如太武帝太延元年（西元 435年）「詔長安及平涼民徙在京師，其孤老不能自存者，聽還鄉里」，[122]詔書所曰長安者即原赫連夏統治區之遷居者，其中自然有胡戶存在。

　　促使丁零、稽胡民戶化的根本目的在於加強政府對人口的控制，擴大賦稅來源。可以說這一政策不止適用於稽胡、丁零，也適用於其他族群，為北魏一貫政策。《魏書‧李洪之傳》云：

　　　　赤葩渴郎羌深居山谷，雖相羈縻，王人罕到。洪之芟山為道，廣
　　　　十餘步，示以軍行之勢，乃興軍臨其境。山人驚駭。洪之將數十
　　　　騎至其里閭，撫其妻子，問所疾苦，因資遺之。眾羌喜悅，求編

---

[118] 安介生，《山西移民史》，頁 173。

[119] 魏收，《魏書》，卷二十四，〈崔玄伯傳〉，頁 622。

[120] 安介生，《山西移民史》，頁 147。

[121] 前田正名著，李憑等譯，《平城歷史地理學研究》，頁 297。

[122] 魏收，《魏書》，卷四上，〈太武紀上〉，頁 84。

課調，所入十倍於常。[123]

成為政府控制下的編民後，丁零、稽胡承擔的賦役包括以下幾
類：

（一）實物

出於生產生活特點之考慮，各政權對北方少數族之課稅往往以畜
產作為載體加以徵收。北魏明元帝時規定以牧業為主之六部民「羊滿百
口輸戎馬一匹」。[124]唐代這一政策大體不變，〈賦役令〉要求內附胡
人「附經二年者，上戶丁輸羊二口，次戶一口，下三戶共一口」。[125]
不過從土地利用價值角度考量，畜牧業的回報率比農業低，加之牧業人
群移動性遠超過安土定居的農業人口，發生叛逃之可能性較後者高，因
此政府往往大力促成內附少數族農業化。《舊唐書·張儉傳》云：

> 儉前在朔州，屬李靖平突厥之後，有思結部落，貧窮離散，儉招
> 慰安集之……使移就代州。即令檢校代州都督。儉遂勸其營田，
> 每年豐熟。慮其私畜富實，易生驕侈，表請和糴，擬充貯備，蕃
> 人嘉悅，邊軍大收其利。[126]

丁零和稽胡在早期可能也以牲畜承擔賦稅繳納，但後來主要以農
產品上繳。丁零繳納的具體物品缺乏直接記錄，但《魏書·周幾傳》中
的一段記載或可提供一些啟發，「泰常初，白澗、行唐民數千家負嶮不

---

[123] 魏收，《魏書》，卷八十九，〈李洪之傳〉，頁1919。

[124] 魏收，《魏書》，卷三，〈明元紀〉，頁61。

[125] 仁井田陞原著，栗勁等編譯，《唐令拾遺》（長春：長春出版社，1989），頁600。

[126] 劉昫，《舊唐書》，卷八十三，〈張儉傳〉，頁2775。

供輸稅，幾與安康子長孫道生宣示禍福，逃民遂還」。[127]

　　白澗、行唐均為丁零居住區域，既然稱其有「輸稅」之義務，則繳納之物應與一般漢人無異。北魏獻文朝有「千里內納粟，千里外納米」之規定，丁零被北魏納入管理體系雖在此之前，但承擔賦稅繳納之物品當不會有太大變化。其主要居住地區定州去平城未滿千里，當地之丁零民自當為輸粟。此外，據太和稅制，定州「貢綿絹及絲」，[128]丁零人或亦不免貢獻。

　　當稽胡被地方行政機構納入管理後，首先試圖對稽胡徵稅的政權應為後燕，在面對早霜歉收、軍人乏食時，後燕并州刺史慕容農於胡中設置護軍，此舉自然是要向其徵稅求糧。至於稽胡的稅率問題，《周書‧稽胡傳》稱：「輕其徭賦，有異齊民」。[129]縱使北周治下稽胡賦稅較一般漢民輕，不過考慮到胡區土地較為貧瘠，開發難度大，加之與官府之間還存在酋長這一階層的搜刮，因此其實際賦稅壓力恐怕不會比漢人輕多少。

　　對於稽胡所繳納的物品種類，《北齊書‧文宣紀》高洋自命「九錫」敘平胡功績，其中之一即令「粟帛之調，王府充積」。[130]故稽胡所繳納的主要農產品當為粟，依唐代元和稅制，胡區州縣多以粟米上繳官府。由於地出麻布，因此麻也是其繳納的產品。胡人麻布生產歷史較為悠久，可以上溯至西晉時期，發跡之前的石勒即曾與鄰居爭麻地。在北魏太和稅制中，胡人所居之并、汾、夏等州，「皆以麻布充稅」。[131]唐代胡區除作為貢品的胡女布外，一般賦稅多以麻布承擔。

　　雖然《周書》稱胡地少蠶桑，但胡語中存在稱呼蠶繭的專有名詞

---

[127] 魏收，《魏書》，卷三十，〈周幾傳〉，頁726。

[128] 魏收，《魏書》，卷一百十一，〈食貨志六〉，頁2852。

[129] 令狐德棻，《周書》，卷四十九，〈稽胡傳〉，頁897。

[130] 李百藥，《北齊書》，卷四，〈文宣紀〉，頁46。

[131] 魏收，《魏書》，卷一百十一，〈食貨志六〉，頁2853。

「蘇何」，[132]加之高洋「九錫」中「粟帛」之語，故不排除稽胡亦有繳納少量帛製品之可能。對於丁零、稽胡地區的各種貢賦物品，茲以唐代之貢，表列種類於下：

表 4-3　胡區貢物表

地區	社會經濟	貢賦																
		紡織品		農產			手工製品		蠟		畜產	獵產				藥材	礦物	樵採	
		布	胡女布（女稽布）	麻	粟	菽	龍鬚席	鞍面氈	蠟燭	蠟	牛酥	麝香	熊皮	野馬胯革	青他鹿角			林業	採蜜
石州	下	√	√	√			√			√		√				蓽茇			√
隰州	下	√	√	√								√							√
慈州	下	√		√					√	√									√
汾州	望	√		√		√	√	√									石膏、消石		
嵐州	下	√		√									√	√					√
鄜州	上	√		√			√												
坊州	下			√			√												
丹州	上	√		√					√				√						

---

132 釋道宣，《集神州三寶感通錄》，卷下，〈神僧感通錄〉「釋慧達」，頁 434-3。

表 4-3　胡區貢物表（續）

| 地區 | 社會經濟 | 貢賦 | | | | | | | | | | | | | | | | | |
| | | 紡織品 | | 農產 | | | 手工製品 | | 蠟 | | 畜產 | 獵產 | | | | 藥材 | 礦物 | 樵採 | |
		布	胡女布（女稽布）	麻	粟	菽	龍鬚席	鞍面氈	蠟燭	蠟	牛酥	麝香	熊皮	野馬胯皮革	青他鹿角			林業	採蜜
延州	望	√		√						√	√							√	√
綏州	下	√	√	√					√	√									
銀州	下	√	√	√	√														
勝州	下	√	√	√	√										√	芍藥、徐長卿			
慶州	中		√							√	√	√							
單于都護府	中		√											√					
上貢州府總計		11	7	12	2	1	5	1	3	6	1	6	1	1	1	2	1	1	5
		18		15			6		9		1	9				2	1	6	

表 4-4　原丁零區貢物表

地區	社會經濟	貢賦													
		手工製品									農產品	藥材	礦物	採集	獵產
		紡織品								其他					
定州	上	羅	紬	細綾	瑞綾	兩窠綾	獨窠綾	二包綾	熟線綾						
趙州	望	絲	帛	絹											
恆州	大都督府	孔雀羅	瓜子羅	春羅	帛	絹					梨				
潞州	大都督府	布								墨	麻	人蔘		石蜜	
澤州	上	布										人蔘	石英		野雞

資料來源：《通典》、《新唐書》、《元和郡縣圖志》等。

　　相比原丁零居住的定州等地多以綾羅綢緞等工藝奢侈品上貢，胡區的貢品比較寒酸，多為任土作貢原則下之原材料。不過其中仍有較引人注目的胡女布（女稽布）和龍鬚席這兩種手工製品。從胡區常賦為麻布來看，胡女布當亦為麻布產品，蒲立本認為此布可能以獨特的方式印染而成。[133]從石、隰、銀三州之年貢僅各為五端來看，或由於工藝複雜，該布產量不大。或許也正因為這一原因，北宋中期已不見上供，故

---

[133] E. G. Pulleyblank（蒲立本）, "JI HU 稽胡: Indigenous Inhabitants of Shanbei and Western Shanxi", p.507.

《元豐九域志》所錄石州、隰州、延州、慶州等地之土貢品項中無其蹤影。[134]到清末，曾為胡女布生產區的陝西米脂在編撰縣志、追憶這段紡織史時，只能面對「今縣境內無織布者」的現實，[135]發出無可奈何的感嘆。在黃河東岸的原胡女布產區中，隰州或對舊俗有所繼承，明代尚出產麻布，[136]此後可能由於棉花種植的推廣，清代已少有出產。[137]

胡女布究竟為何物，筆者在此提出一大膽假說，此紡織物或與大名鼎鼎的粟特錦（撒答剌欺）有關，可能為粟特錦之「低配版」。根據俄國學者研究，粟特錦特點為斜紋緯錦，絲線，緯線較粗。紋樣組合通常採用拜占庭式對稱，織物表面有較寬的緯向色帶，由稜角分明的階梯形構成，圖案的主要結構特點是緯向上水平排列的相同團窠，有明確的抽象化、幾何化傾向。[138]第三章對粟特等西域胡融入稽胡已有論述，當這些粟特人進入胡中後，可能也帶來了其掌握的紡織技術，因地制宜採用當地出產的麻來紡織粟特風格紋樣的布匹。考慮到唐人目稽胡為白翟之風益盛，故定名於中唐之「胡女布」之「胡」可能與當時社會主流認識中之胡頗有關係，而此時漢人視角中之胡類首推粟特，或許正因為該布頗具粟特胡風，才被冠以胡名。

此外，胡女布之空間分佈也許亦透露了其粟特血統。在唐代北疆的單于大都護府也有胡女布出產，而單于都護府本為安置突厥降部所設，突厥與粟特之關係緊密，當地之胡女布生產可能亦仰賴粟特技術支

---

[134] 北宋元豐之時，石州、隰州貢蜜、蠟，延州貢麝香、蠟，慶州貢紫茸氈、麝香、蠟。參見王存，《元豐九域志》（北京：中華書局，1984），卷四，〈河東路〉，頁 169、173；卷三，〈陝西路〉，頁 108。

[135] 潘崧修、高照煦，《（光緒）米脂縣志》（清鈔本），卷九，〈物產〉，頁 441。

[136] 曹樹聲等，《（萬曆）平陽府志》（萬曆四十三年刻順治二年遞修本），卷五，〈物產〉，頁 781。

[137] 劉棨修、孔尚任等纂，《（康熙）平陽府志》（收入中國科學院圖書館選編，《稀見中國地方志彙刊》，北京：中國書店，1992，冊六），卷三十，〈物產〉，頁 730。

[138] 尚剛，《隋唐五代工藝美術史》（北京：人民美術出版社，2005），頁 46。

持。元和以前,武則天、唐玄宗、唐代宗等均有下令限制織錦生產,甚至禁止民間製造。[139]在此影響下,具有織錦風格特點的其他織物或許會得到上層社會青睞,因此中唐之後胡女布得以作為當地特產進入國家府庫。當然以上有關胡女布之種種可能純屬筆者臆測,結論是否成立還需仰賴將來出土考古資料以證實。

而龍鬚席的織造雖然沒有直接記載,但韓偓有詩曰「八尺龍鬚方錦褥」,[140]尺寸僅八尺見方,可石州上供之數量僅五領,其製作自然費工費力。《太平御覽》引《西京記》稱隋煬帝「時諸行鋪竟崇侈麗,至賣菜者亦以龍鬚席藉之」,可知其必為奢侈品。製作工藝或可參考朝鮮之龍鬚席,「皆席草織之,狹而密緊,上亦有小團花」。[141]相較胡女布在唐代後失傳,龍鬚席到宋代仍然上貢,[142]北宋坊州知州劉涇、秦州通判蔡抗均以對無端索取龍鬚席的不法行為加以限制而名著史冊。[143]然此後其織造工藝在原胡區似失傳,清代離石只能生產葦蓆。[144]

以上各類只是固定賦稅,因戰爭等原因,政府也會對稽胡加以臨時徵調,《周書·楊忠傳》云:

---

[139] 參見司馬光,《資治通鑑》,卷二百五,〈唐紀二十一·長壽元年〉,頁 6491。王欽若等,《冊府元龜》(南京:鳳凰出版社,2006),卷五十六,〈帝王部·節儉〉,頁 590-591;卷六十四,〈帝王部·發號令第三〉,頁 682。

[140] 彭定求等,《全唐詩》,冊二十,卷六八三,韓偓〈已涼〉,頁 7832。

[141] 陶宗儀,《說郛》(臺北:臺灣商務印書館,1972),卷七十七,〈雞林志〉,頁 4456。

[142] 汾州、鄜州、坊州至宋神宗時仍以席為土貢,當即龍鬚席。參見王存,《元豐九域志》,卷四,〈河東路〉,頁 170;卷三,〈陝西路〉,頁 113、119。

[143] 劉涇事見,孛蘭肸等,《大元大一統志殘》(收入鄭振鐸輯,《玄覽堂叢書》,揚州:廣陵書社,2012,冊七),卷五百四十五,〈鄜州〉「宦蹟」條,頁 5049。蔡抗事見陳循、彭時等,《寰宇通志》(收入鄭振鐸輯,《玄覽堂叢書》,冊九),卷九十七,〈鞏昌府〉「名宦」條,頁 6140。

[144] 謝汝霖,《(康熙)永寧州志》(嘉慶同治間增補重印本),卷三,〈物產〉,頁 241。

是歲，大軍又東伐，晉公護出洛陽，令忠出沃野以應接突厥。時
軍糧既少，諸將憂之，而計無所出。忠曰：「當權以濟事耳。」
乃招誘稽胡諸首領，咸令在坐。使王傑盛軍容，鳴鼓而至。忠陽
怪而問之。傑曰：「大冢宰已平洛陽，天子聞銀、夏之間生胡擾
動，故使傑就公討之。」又令突厥使者馳至而告曰：「可汗更入
并州，留兵馬十餘萬在長城下，故遣問公，若有稽胡不服，欲來
共公破之。」坐者皆懼，忠慰喻而遣之。於是諸胡相率歸命，饋
輸填積。[145]

　　楊忠軍隊人數當在上萬，要滿足其軍糧所需，必然不是小數目可
以應付，對稽胡而言無疑是一筆沉重的負擔。

（二）徭役

　　在對丁零、稽胡統治建立後，政府自然不會放過向其徵發徭役的
機會，常常命該族參與各種工程建設。北魏征討北燕時即徵發密雲丁零
與幽州漢民一起運送攻城器械。此後不久太武帝又以定州為徵發對象，
命當地人進行道路維護，「發定州七郡一萬二千人，通莎泉道」。[146]
中山、常山均為定州下轄之郡縣，故此次徵發對象中當有丁零人存在。
各種營造也是徭役的目的之一，稽胡也成為此類工程之承擔者。隋朝初
年，政府「發稽胡修築長城，二旬而罷」。[147]此次營造的細節見於
《隋書‧韋沖傳》：

　　發南汾州胡千餘人北築長城，在塗皆亡。上呼沖問計，沖曰：
　　「夷狄之性，易為反覆，皆由牧宰不稱之所致也。臣請以理綏

---

[145] 令狐德棻，《周書》，卷十九，〈楊忠傳〉，頁 319。

[146] 魏收，《魏書》，卷四上，〈太武紀上〉，頁 81、87。

[147] 魏徵，《隋書》，卷一，〈高祖紀〉，頁 15。

靜，可不勞兵而定。」上然之，因命沖綏懷叛者。月餘皆至，並
赴長城，上下書勞勉之。[148]

　　從隋廷徵發的稽胡為南汾州（唐之慈州）稽胡看來，其維護修築
的長城當為今山西境內西起黃河，沿嵐水、陘嶺而築的開皇長城。為防
胡而徵發稽胡修築長城，不能不說充滿了諷刺與黑色幽默。由於韋沖、
隋文帝的措施得當，工期僅二旬，期間皇帝甚至下詔慰勞，工程最終完
成，胡人、政府皆大歡喜。不過此前不稱職的牧守濫作徵發必然曾令民
怨沸騰，隋文帝的讓步某種意義上代表了政府的妥協與治理理念的柔
化。

（三）兵役

　　對丁零、稽胡而言，貢賦、徭役或許僅意味著體力勞動的加倍付
出、可支配時間的減少，至多令其「勞其筋骨，餓其體膚，空乏其
身」，可承擔兵役卻有背井離鄉之怨，甚至性命之憂。

　　據周國琴研究，翟斌可能參加過淝水之戰，其理由為翟斌歸秦後
為衛軍從事中郎，此官為衛將軍之屬官，而前秦衛將軍見於史冊者僅梁
成一人，梁成為淝水之戰中秦軍前鋒，故推斷作為屬官的翟斌亦參加此
役。[149]如果周氏之論斷成立，則入塞丁零早在前秦時即被政府徵為兵
卒。不過細檢《晉書》，苻堅之衛將軍尚有李威、楊定等人，故翟斌參
戰推論存疑。慕容垂起兵後，翟斌歸燕，與上層酋長封王拜將不同，翟
氏之下層部眾成為燕軍中的砲灰部隊，與烏丸等族一起「為飛梯地道以
攻鄴城」。[150]攻城戰中，進攻方損失巨大乃是常事，這些丁零兵當然
九死一生。而除南攻鄴城的一部外，北部中山的戰事中也活躍著丁零兵

---

[148] 魏徵，《隋書》，卷四十七，〈韋沖傳〉，頁1269。

[149] 周國琴，〈十六國時期太行山區丁零翟氏研究〉，頁12。

[150] 房玄齡，《晉書》，卷一百十四，〈苻堅載記下〉，頁2919。

的身影。王仲德之父王苗「苻堅時為中山太守，為丁零所害」。[151]中山之戰的燕軍指揮為慕容麟，中山太守王苗為丁零所害，可知慕容麟部下必有丁零兵，甚至可能如鄴城一樣擔任部下先鋒。對於丁零等族服兵役的悲慘命運，北魏攻宋的盱眙之戰更可說明問題。此役丁零與稽胡同攻城東北，北魏的這一安排或因二者習俗接近，丁零的胞族敕勒語言與匈奴大同小異，丁零與稽胡之間語言應可互通，故在北魏眼中丁零有時也被視為丁零胡。[152]《宋書・臧質傳》云：

> 虜以鉤車鉤垣樓，城內繫以彄絙，數百人叫喚引之，車不能退。既夜，以木桶盛人，懸出城外，截其鉤獲之。明日，又以衝車攻城，城土堅密，每至，頹落不過數升。虜乃肉薄登城，分番相代，墜而復升，莫有退者，殺傷萬計，虜死者與城平。又射殺高梁王。如此三旬，死者過半。燾聞彭城斷其歸路，京邑遣水軍自海入淮，且疾疫死者甚眾。[153]

除慘烈的拼殺使攻城士卒死傷過半外，水土不服造成的疾病流行也是盤旋在士兵上方的死神。丁零、稽胡士兵若能夠在此役保全性命，只能說是上天眷顧。

被政府徵發時，從軍的距離也不盡相同，有時披甲本州或鄰州，有時則可能征戰千里之外。近者如遣稽胡守并州，《隋書・豆盧毓傳》云：

---

[151] 王琰，《冥祥記》（收入魯迅，《古小說鉤沈》，北京：人民文學出版社，1953），〈自序〉，頁 480。

[152] 《魏書・周幾傳》稱丁零翟猛雀為「叛胡」。見魏收，《魏書》，卷三十，〈周幾傳〉，頁 726。

[153] 沈約，《宋書》，卷七十四，〈臧質傳〉，頁 1913。

> 諒攻城南門，毓時遣稽胡守堞，稽胡不識諒，射之，箭下如雨。
> 諒復至西門，守兵皆并州人，素識諒，即開門納之。[154]

　　與不識并州總管楊諒的稽胡相比，并州正規軍對自己的主帥卻十分熟悉，其中原因必然是待遇及慰勞安撫的力度不同。可見即使經歷了對稽胡推行德化政策的開皇時代，稽胡戍兵的待遇也難稱合理。

　　并州晉陽臨近稽胡居住的離石、隰州，還有可能卸甲回鄉。但有些時候迎接他們的卻是背井離鄉、扎根異地的遠戍邊鎮。魏末舉事的丁零後裔鮮于脩禮即懷朔鎮兵出身，另一位鮮于阿胡則是朔州城人，其祖上必為離鄉戍邊的丁零人，不知道前者在中山舉兵時是否還會想到此地是其父祖故鄉？在北魏東南邊境之徐州，也有疑似丁零戍卒存在。《魏書‧嚴季傳》云：「有嚴季者，亦為軍校尉，與渴侯同殿，勢窮被執，終不降屈，後得逃還」。[155]嚴氏見於丁零之中者有後燕嚴生，嚴季或即遠征徐州之丁零士兵。

　　稽胡的遠戍也同樣可見。朔方胡劉賢即在太武帝滅赫連夏後，從秦隴被遷至遼東營州。[156]更為著名的移民事件亦發生在太武帝時，魏將劉潔與拓跋崇「於三城胡部中簡兵六千，將以戍姑臧」，胡人不樂從命，「千餘人叛走」，為劉潔等「擊誅之，虜男女數千人」。[157]從三城到姑臧，直線距離就達 1200 里以上，在交通不便的古代，路途艱險可想而知。而從劉潔等人所俘胡人中有男有女可知這次遷徙必然是拖家帶口的長距離、定居性移民。雖然胡人以逃亡反對移民遠戍的行為遭到官方殘酷鎮壓，後續進展如何沒有直接記錄。不過從某些記載來看，這

[154] 魏徵，《隋書》，卷三十九，〈豆盧毓傳〉，頁 1158。

[155] 魏收，《魏書》，卷八十七，〈嚴季傳〉，頁 1892。

[156] 趙超，《漢魏南北朝墓誌彙編》，〈劉賢戍主墓誌〉，頁 502。

[157] 魏收，《魏書》，卷二十八，〈劉潔傳〉，頁 688。

一徵發並未因胡人抵制而中止。孝明帝時有呼延雄據涼州反魏。[158]涼州治所即姑臧，呼延氏本出胡中，此呼延雄當為遠戍姑臧的稽胡後裔，因此北魏此前推行的遠戍政策最終還是被落實。除了風沙瀰漫的西陲，與南朝接壤、衝突不止的東南邊境徐州也是徵發胡人戍守的重點區域之一。《魏書·尉元傳》載孝文帝初尉元之奏曰：

> 蕭道成既自立，多遣間諜，扇動新民，不逞之徒，所在蜂起。唯以彭城既固，而永等摧屈。今計彼戍兵，多是胡人，臣前鎮徐州之日，胡人子都將呼延籠達因於負罪，便爾叛亂，鳩引胡類，一時扇動。賴威靈遐被，罪人斯戮。又團城子都將胡人王敕懃負釁南叛，每懼姦圖，狡誘同黨。愚誠所見，宜以彭城胡軍換取南豫州徙民之兵，轉戍彭城；又以中州鮮卑增實兵數。於事為宜。詔曰：「公之所陳，甚合事機。」[159]

團城為孝義西北出於防胡需要所建之城，因此團城子都將王敕懃等彭城戍胡當出自西河稽胡。由於宋、齊對邊境胡人戍兵的拉攏，北魏對其忠誠度持保留意見，所以尉元建議令彭城之稽胡士兵與南豫州之兵換防，並增加鮮卑兵。此建議得到北魏政府之肯定，不過執行上恐怕並不徹底，至太和初年尚有劉渴侯等稽胡士兵在徐州作戰。而且換防之措施也未使北魏一勞永逸。宣武帝時，豫州彭城人白早生「殺刺史司馬悅，據城南叛」，得到蕭梁援助。[160]彭城不屬豫州，因此唐長孺先生在校勘這段時認為「彭」為衍文。[161]白氏為稽胡姓，白早生當為孝文時轉戍豫州之稽胡戍兵後代。城人之身份、地位較一般民戶低下，為承

---

[158] 魏收，《魏書》，卷九，〈孝明紀〉，頁236。

[159] 魏收，《魏書》，卷五十，〈尉元傳〉，頁1113-1114。

[160] 魏收，《魏書》，卷八，〈宣武紀〉，頁206-207。

[161] 魏收，《魏書》，卷八，〈宣武紀〉校勘記，頁219。

擔軍事職能的特殊戶口。[162]稽胡一旦為兵，則有終身為兵籍之可能，若得不到政府放免，子孫後代也可能繼續為兵。

在某些特定條件下，離鄉遠戍的稽胡士兵有回鄉的可能性，但這種回鄉恐怕多為非法行為。如胡中高僧劉薩訶年輕時「為梁城突騎，守於襄城」，[163]後又回到文成郡。其出家與淝水之戰在同年，或為戰敗之後秦軍管理混亂，故得以開小差回鄉。又劉龍駒，其人曾在魏宣武帝時起事，影響遍及汾、華、東秦等州。然劉氏曾為北魏戍守彭城之稽胡將領。《魏書·尉元傳》云：

> 臣欲自出擊之，以運糧未接，又恐新民生變，遣子都將于沓千、劉龍駒等步騎五千，將往赴擊。但征人淹久，逃亡者多，迭相扇動，莫有固志，器仗敗毀，無一可用。[164]

尉元稱「征人淹久，逃亡者多」，劉龍駒部當亦遠徙至此的稽胡，其能在數十年後領導起事或亦為逃亡之故。

河清二年十二月（西元 564 年），「周武帝遣將率羌夷與突厥合眾逼晉陽」，[165]進攻北齊。對於周軍僕從「羌夷」，毛漢光先生指出自宇文泰於大統九年（西元 543 年）廣募關隴豪傑後，除漢人豪強外，軍隊的主要參與者應為羌、氐部落，[166]故北周可指揮羌兵並不意外。

---

[162] 關於城人身份問題，唐長孺先生認為城民即府戶，乃隸屬軍府的鎮戍兵及其家屬，為構成州軍的主要部分。谷川道雄先生認為城民是不同於一般州郡民、具有特殊身份的士兵，平日脫離農業生產，為國家軍事力量的擔當。參見唐長孺，〈北魏南境諸州的城民〉，收入氏著，《山居存稿》，頁 112。谷川道雄著，李濟滄譯，《隋唐帝國形成史論》（上海：上海古籍出版社，2004），頁 141-145。

[163] 釋道宣，《續高僧傳》，卷二十六，〈魏文成沙門釋慧達傳〉，頁 980。

[164] 魏收，《魏書》，卷五十，〈尉元傳〉，頁 1111。

[165] 李百藥，《北齊書》，卷十六，〈段韶傳〉，頁 210。

[166] 毛漢光，《中國中古政治史論》（臺北：聯經出版事業公司，1990），頁 214。

至於所謂的「夷」，如果考慮到黃土高原羌、胡混居的族群格局，則「夷」極可能代指被北周徵發的稽胡。可以推測在府兵制推行，積極吸收地方豪強參軍的時代背景下，稽胡酋帥率領本部參與北周軍事活動已屬常見。此役楊忠曾向稽胡酋長徵糧，由齊人記錄可知糧秣之外，稽胡亦承擔部分參戰士卒所出。

到隋唐之時，除陳寅恪先生懷疑的以騎射見長之山東豪傑尚有丁零後裔嫌疑外，[167]其餘族人已經難尋蹤跡，漢化後裔當與漢人一起服兵役。此時尚存的稽胡以其單兵戰鬥力得到了政府的肯定，常被政府徵發作戰。貞觀十九年（西元 645 年），唐朝即「發勝、夏、銀、綏、丹、延、鄜、坊、石、隰十州兵鎮勝州」，[168]此十州俱為胡人所居之地，其中徵發之兵必然多有稽胡。直到安史之亂後的大曆九年（西元 774 年），唐代宗面對吐蕃之軍事壓力，尚敕令郭子儀率稽胡等族「步馬五萬眾，嚴會栒邑，克壯舊軍」。[169]

除政府行為外，一些野心家也將目光投向了稽胡，試圖獲取胡人壯士培養私人勢力。李建成利用李淵外出、自身居守之機，「令慶州總管楊文幹募健兒送京師，欲以為變」。[170]慶州即隋代之弘化郡，曾經與李建成交手的稽胡大帥劉仚成即於此地起事。李建成對慶州兵的需求可能與其伐胡經歷有關，對稽胡的單兵作戰能力較為認可。在至今仍頗受讚譽的唐人府兵制度中，胡區也設有諸多軍府，今根據毛漢光先生之考證，表列於下：

---

[167] 陳寅恪，〈論隋末唐初所謂「山東豪傑」〉，收入氏著，《唐代政治史述論稿》（臺北：五南圖書出版，2020），頁 255。

[168] 司馬光，《資治通鑑》，卷一百九十八，〈唐紀十四・貞觀十九年〉，頁 6232。

[169] 劉昫，《舊唐書》，卷一百九十六下，〈吐蕃傳下〉，頁 5244。

[170] 劉昫，《舊唐書》，卷六十四，〈李建成傳〉，頁 2416。

表 4-5　唐代胡區軍府表

類別		左右衛	左右驍衛	左右武衛	左右威衛	左右領軍衛	左右金吾衛	左右清道	長上
鄜州	龍交	左衛							
	大同			左武衛					
坊州	杏城								√
	仁里					右領軍衛			√
丹州	長松					左領軍衛			
	通化				左威衛				
延州	延安			左武衛					√
綏州	伏洛			右武衛					
慈州	吉昌				左威衛				
隰州	隰川	左衛							
	大義			右武衛					
汾州	孝義				左威衛				
石州	善訓					左領軍衛	左金吾衛		
嵐州	嵐山		左驍衛						
慶州	同川		左驍衛						
	永清	右衛							

資料來源：毛漢光，〈唐代軍衛與軍府之關係〉，頁 139-143。

除上述主要區域外，同州普樂府、彭州弘仁府在初唐時也有稽胡軍官出現，如夏州胡人劉神即先後在此二地任職。[171]

稽胡白鐵余之亂中，率兵平叛的程務挺為右武衛將軍，綏州、隰

---

[171] 康蘭英，《榆林碑石》，〈劉神墓誌〉，頁 208。

州均設有右武衛，根據府兵制管理原則，其衛下府兵當歸程務挺指揮，參與此次作戰。某種意義上可以戲稱此役為稽胡打稽胡，兄弟鬩牆。

需要看到的是由於西魏北周府兵制的推行，一些胡酋以其實力成為政府拉攏的對象，因此地位逐漸上升。隋唐時從軍稽胡已不再是扮演普通士兵的角色，有不少人成為朝廷軍官，隋代延州稽胡郝伏顛為五品鷹揚郎將，[172]夏州稽胡劉遷則得四品驃騎將軍之位，[173]更為著名者當屬唐將劉仁願，其本雕陰大斌人，「晉賢王豹之後」，[174]太宗時以對高麗作戰之功，「擢授右武衛、鳳鳴府左果毅都尉、壓領門長上」，此後對百濟作戰，又為熊津都督。[175]當然劉仁願的高官厚祿在稽胡中並非常見現象，更多的胡人是府兵制下的中下級武官，如唐德宗時過世的劉明德即「涇州四門府折衝都尉員外置同正員」，其為石州臨泉縣永吉村人，墓誌稱本貫「延州豐林」，[176]當亦稽胡。

歷代政府除將己方控制區的稽胡徵發為兵外，也會利用、操縱敵方境內的胡人，以起事暴動的方式削弱對手。除北魏、赫連夏對峙時相互煽動對方境內胡人起事外，周、齊對峙時也可見到此情況。北齊曾招徠北周胡帥郝阿保等人，對北周進行騷擾。而北周方面，據《周書·韋孝寬傳》云：

今大軍若出軹關，方軌而進，兼與陳氏共為掎角；并令廣州義旅，出自三鵶；又募山南驍銳，沿河而下；復遣北山稽胡絕其并、晉之路。凡此諸軍，仍令各募關、河之外勁勇之士，厚其爵賞，使為前驅。岳動川移，雷駭電激，百道俱進，竝趨虜庭。必

[172] 〈郝伏顛墓誌〉，參見延安市文物編纂委員會編，《延安市文物志》，頁 373。

[173] 康蘭英，《榆林碑石》，〈劉神墓誌〉，頁 208。

[174] 林寶，《元和姓纂》，卷五，〈劉氏〉，頁 703。

[175] 董誥等，《全唐文》，卷九百九十，闕名〈唐劉仁願紀功碑〉，頁 10249-2。

[176] 胡聘之，《山右石刻叢編》，卷八，〈劉明德墓誌〉，頁 15101。

當望旗奔潰，所向摧殄。一戎大定，實在此機。

……

及趙王招率兵出稽胡，與大軍掎角，乃敕孝寬為行軍總管，圍守
華谷以應接之。[177]

韋孝寬建議爭取的北山稽胡並非關中以北諸山胡人，《水經注·
汾水》有「汾水又西，與華水合，水出北山華谷」，熊會貞按曰「齊斛
律光果出晉州道，於汾北築華谷、龍門二城。即此華谷也。此華谷在汾
北」。[178]此北山位於北齊控制區內的呂梁山南麓，北山稽胡當即韋孝
寬此前所防之胡，至周欲伐齊時又被其爭取為援。

值得一提的是在向山居胡族徵發賦役之外，隨著控制力的強化，
政府對當地資源的調查與獲取也逐漸深入，尤其是對某些重要戰略資
源。北魏時對胡區資源蘊藏情況尚不甚瞭解，但到唐代，政府已探明屬
於稽胡居住區的坊州中部縣、宜君縣、慈州文城縣、昌寧縣、隰州溫泉
縣等地擁有鐵礦資源，[179]當亦進行開採、冶煉。

四、行之以教化

為了令丁零、稽胡願意接受管理，自覺承擔起賦役諸義務，政府
僅靠武力逼迫是難以如願的。在大棒之外，少不了懷柔用的胡蘿蔔策
略。對丁零、稽胡進行綏服與教化即調和二者與政府矛盾的溫和手段。
相較於征討行動的巨大軍費支出，和平手段無疑更節約行政成本。北魏
處理西河胡張外事件時，崔玄伯與元屈曾就剿撫孰先孰後進行辯論，崔
玄伯之言可謂是對這一政策之透徹詮釋。《魏書·崔玄伯傳》云：

---

[177] 令狐德棻，《周書》，卷三十一，〈韋孝寬傳〉，頁 540-542。

[178] 酈道元撰，楊守敬、熊會貞疏，《水經注疏》，卷六，〈汾水〉，頁 558。

[179] 歐陽修、宋祁，《新唐書》，卷三十七，〈地理一〉，頁 970。卷三十九，〈地理
三〉，頁 1002-1003。

屈對曰：「民逃不罪而反赦之，似若有求於下，不如先誅首惡，
赦其黨類。」玄伯曰：「王者治天下，以安民為本，何能顧小曲
直也。譬琴瑟不調，必改而更張；法度不平，亦須蕩而更制。夫
赦雖非正道，而可以權行，自秦漢以來，莫不相踵。屈言先誅後
赦，會於不能兩去，孰與一行便定。若其赦而不改者，誅之不
晚。」[180]

　　面對元屈加以兵鋒、咄咄逼人之建議，崔玄伯則針鋒相對提出了
懷柔優先的主張，考慮到民變之起因可能為「法度不平」，為標榜統治
者之「民本」思想，建議不如先以赦免等方式懷柔，若無效再加以軍事
征伐。此方案就經濟成本而言，對於開銷龐大的政府來說不失為良策，
故崔玄伯之建議最終為明元帝採納。所以符合政府經濟利益與維護愛民
形象的大赦、教化等柔性手段也成為治理少數族的重要選擇。除上述之
大赦外，派遣官員對少數族進行慰問、安撫也屢有實行。《魏書·明元
紀》云：

詔北新侯安同等持節循行并、定二州及諸山居雜胡、丁零，問其
疾苦，察舉守宰不法；其冤窮失職、強弱相陵、孤寒不能自存
者，各以事聞。[181]

　　安同此次巡行的調查結果不容樂觀，「并州所部守宰，多不奉
法。又刺史擅用御府鍼工古彤為晉陽令，交通財賄，共為姦利」。[182]
在此之後，北魏對該地區存在的問題進行了一定程度的整頓，雖然從長

---

[180] 魏收，《魏書》，卷二十四，〈崔玄伯傳〉，頁 622。
[181] 魏收，《魏書》，卷三，〈明元紀〉，頁 51。
[182] 魏收，《魏書》，卷三十，〈安同傳〉，頁 713。

期來看效果難以維持，但可以肯定至少短期內當地丁零、山胡的生活多少有所改善。

　　此次巡行時，當地總體上處於和平狀態。而在戰爭爆發，面對多股敵對力量時，選擇其中某些可能降服的勢力進行教諭、勸降，也是體現政府仁政、緩解壓力、瓦解敵人的可行之選。尒朱榮面對汾胡起事，即派出王椿前往慰喻，汾胡「服其聲望，所在降下」。[183]有時這種懷柔活動的級別甚至達到皇帝親自出馬，太和廿一年（西元 497 年）孝文帝巡行離石，「叛胡歸罪，宥之」。[184]離開離石後，孝文帝一行又深入南部胡區，勒石立威，施加政府之影響力。《元和郡縣圖志・河東道一・石州》「昌寧縣」下稱縣西南有倚梯故城，「城中有禹廟，後魏孝文帝西巡至此立碑」。倚梯故城「城在高嶺，非倚梯不得上」，[185]地勢險要異常。孝文帝以萬乘之尊駕臨此地，雖名為至龍門祭拜大禹，但此一區域為稽胡分佈的南端，震攝意圖不言而喻。而孝文帝此舉對於提高政府在此區域之權威確實起到了一定作用，事實上直到民國初年，呂梁山區仍有關於孝文帝的傳說流傳，如稱其在經過今臨縣之南山時，「見有異氣，遂鑿斷來脈，建廟壓之」，[186]此傳說無疑體現了孝文帝試圖穩定胡區局勢的煞費苦心。

　　為政之要在得人，為了維護丁零、稽胡居住區域的穩定，選派官吏所任得人也是政府的當務之急。若放任守令「多不奉法」，令貪瀆怠政成為司空見慣之現象，則起事必此起彼伏。所以對官吏之選派必須謹慎，唯有能吏、循吏方能有效治理、教化百姓，使其服從王化。相較於明元帝時守令多不守法，北魏中期官員素質有一定提升，如定州刺史韓

---

[183] 魏收，《魏書》，卷九十三，〈王椿傳〉，頁 1992。

[184] 魏收，《魏書》，卷七上，〈孝文紀上〉，頁 181。

[185] 李吉甫，《元和郡縣圖志》，卷十二，〈河東道一・石州〉「昌寧縣」條，頁 344。

[186] 胡宗虞修，吳命新纂，《（民國）臨縣志》（臺北：成文出版社，1968），卷九，〈山川略〉，頁 221。

均，「恤民廉謹，甚有治稱」，「輕徭寬賦，百姓安之」。[187]

在丁零地區較有政績者還有任城王元澄，《魏書・元澄傳》云：

> 轉澄鎮北大將軍、定州刺史。初，民中每有橫調，百姓煩苦，前後牧守，未能蠲除，澄多所省減，民以忻賴。又明黜陟賞罰之法，表減公園之地，以給無業貧口，禁造布絹不任衣者。[188]

　　主政地方的循吏在自我道德方面有較強的約束能力，除正常賦役外，不會給百姓攤派太大負擔，因此對治下民眾而言，必然是可以接受的選擇。在百姓安樂的同時，亦能樹立中央政府之良好形象。北齊時期河東稽胡二十餘年未有大亂，除高洋之威懾及齊長城的修建外，另一重要原因當為吏治的作用，以房豹為代表的循吏、能吏下車就任後，「政貴清靜，甚著聲績」，在政府與胡人之間起到了較好的緩衝作用。作為太守的房豹主政「地接周境，俗雜稽胡」的西河，[189]通過鎮之以靜的治理手腕，有效地避免了矛盾激化。這一治理思路也多少可以避免北齊境內的稽胡被北周所拉攏，成為齊人之在背芒刺。

　　武成帝高湛雖然在治國能力上遠遜父兄，但對於稽胡的治理卻尚有可稱道之舉。除命循吏房豹治理西河外，對於有大量稽胡移民的僑州僑縣之長官也在銓選方面有所重視。如任命治理少數族經驗豐富的休屠後裔梁子彥為「假節、督夏州諸軍事、夏州刺史」，試圖令「久淪虐虜，隔我聲教，獨為匪民」之當地民眾「知稽服之有歸，識招攜之以禮」。[190]時夏州乃北周所轄，此夏州當屬北齊為安置西夏州流民所

---

[187] 魏收，《魏書》，卷五十一，〈韓均傳〉，頁 1128-1129。

[188] 魏收，《魏書》，卷十九中，〈元澄傳〉，頁 473。

[189] 李延壽，《北史》，卷三十九，〈房豹傳〉，頁 1416。

[190] 毛遠民，《漢魏六朝碑刻校注》（北京：線裝書局，2008），冊九，〈梁子彥墓誌〉，頁 1271。梁子彥籍貫安定天水，當即三國時附魏之休屠梁元碧之後。

立,可能寄治於并州壽陽縣。[191]此流民或與東、西魏分立之初,高歡
親征夏州時遷回的五千部落民有關,可能為原安置於靈州之夏州部落人
口增長、遷出之結果。由於夏州為稽胡之主要分佈地區,流落北齊之夏
州民中自然多有稽胡。此外,呂思靜甚至推測劉平伏起事失敗後,率部
撤入東魏。[192]若確如其說,以劉氏夏州刺史之勳位,東魏為之僑置夏
州也不無可能,則此西夏州的主要居民可能為劉氏所部稽胡。為避免其
成為不安定因素,威脅到西面近在咫尺的副都晉陽,武成帝不得不在牧
守人選上煞費苦心。就效果而言,梁子彥之治理當比較成功。

在循吏良守的勤求治理及人格魅力作用之下,即使在天下大亂
時,某些治下州縣仍可獨善其身。《隋書·柳儉傳》云:

> 於時以功臣任職,牧州領郡者,並帶戎資,唯儉起自良吏。帝嘉
> 其績用,特授朝散大夫,拜弘化太守,賜物一百段而遣之。儉清
> 節逾勵……及大業末,盜賊蜂起,數被攻逼。儉撫結人夷,卒無
> 離叛,竟以保全。[193]

弘化郡即隋末稽胡帥劉仚成起事之地,柳儉所面對的「盜賊」當
即劉仚成之黨。可是由於柳氏「清名天下第一」的良好聲譽,郡中一些
稽胡也沒有背叛政府,甚至與其同胞胡帥割袍斷義。在柳儉任內,弘化
郡治始終未被攻陷,可見其得胡、漢人心之深。

循吏的治理看似溫和,但絕不等於傳統之羈縻制度,必須代表中
央政府執行直接管理。事實上,在受中央委任治理少數族地區的官吏
中,較為成功者往往恩威並施,可謂霹靂菩薩之道,一方面以看似菩薩

---

[191] 施和金,《北齊地理志》(北京:中華書局,2008),卷二,〈河北地區(下)〉,頁
204。

[192] 呂思靜,〈稽胡史研究〉,頁70。

[193] 魏徵,《隋書》,卷七十三,〈柳儉傳〉,頁1683-1684。

心腸之慈愛對待下層民眾，另一面則以霹靂手段之強硬抑制酋帥或由其轉化而來的豪強。初唐時擔任隰城縣令的長孫安任內「先陽春之熙熙，則人吏蘇息；後嚴秋之肅煞，則姦豪畏威」，先禮後兵，達到「人不忍欺，吏不敢飯」的效果，[194]在安撫百姓的同時，有效地維護了政府權威。

雖然丁零、稽胡屢次揭竿而起，舉事反抗政府，但在一些情況下卻能與中央派駐之官吏形成良性互動，維持較為融洽的關係。比如治理官員為同族或與本族有淵源時，官民往往相處無大礙。孝文帝時吐京太守劉升即頗得人心，「在郡甚有威惠，限滿還都，胡民八百餘人詣（穆）羆請之」。[195]劉氏為胡中之姓，加之吐京太守為護軍所改，故此劉升或稽胡出身，胡官治胡民，由於相互瞭解，自然矛盾較少。又如北周夏州總管赫連達。《周書‧赫連達傳》云：

> 達雖非文吏，然性質直，遵奉法度，輕於鞭撻，而重慎死罪。性又廉儉，邊境胡民或饋達以羊者，達欲招納異類，報以繒帛。主司請用官物，達曰：「羊入我廚，物出官庫，是欺上也。」命取私帛與之。識者嘉其仁恕焉。[196]

赫連達能令胡人主動以羊相贈，除主政期間廉潔慎刑外，族群出身也當為原因之一。赫連達為赫連勃勃之後，夏州為其先祖故地，當地稽胡也多為與赫連夏有關的鐵弗雜胡之後。當父母官為自己同胞時，自然會產生一種親近感，加之其仁政催化，故成一段佳話。

除血緣關係可拉近距離外，另一種能令少數族與官方產生良性互

---

[194] 毛漢光，《唐代墓誌銘彙編附考》（臺北：中研院史語所，1994），冊十七，〈長孫安墓誌〉，頁 317。

[195] 魏收，《魏書》，卷二十七，〈穆羆傳〉，頁 666。

[196] 令狐德棻，《周書》，卷二十七，〈赫連達傳〉，頁 441。

動的情況則是守令的個人素養，除柳儉等官員體現的能力出眾、廉潔自律外，對「信」這一原則之堅持也是重要表現。由於突厥以前的北方草原部族長期沒有發展出本族文字，下層民眾只能靠口頭約定或刻木為誓，所以信守諾言在草原文化中極為重要。作為游牧族群的匈奴自不例外，重信用之邊郡官員深受匈奴服膺。《後漢書‧种暠傳》云：

> 會匈奴寇并涼二州，桓帝擢暠為度遼將軍。暠到營所，先宣恩信，誘降諸胡，其有不服，然後加討……誠心懷撫，信賞分明，由是羌胡、龜茲、莎車、烏孫等皆來順服。暠乃去烽燧，除候望，邊方晏然無警。[197]

推行恩信的种暠深得匈奴尊重，其死後，匈奴「舉國傷惜。單于每入朝賀，望見墳墓，輒哭泣祭祀」。[198] 作為匈奴的後裔，稽胡也繼承了祖先這一價值觀，遇到重視信用的官員時，也可鳴金收兵，刀槍入庫，甘願接受政府統治。魏孝明帝初，肆州刺史元深「預行恩信，胡人便之，劫盜止息」。[199]唐太宗時出任石州方山縣令的楊越之所以「威名震曜」，亦因其「布大信於獯戎」，[200]對當地稽胡施以恩信。在這些官吏的個人魅力感召下，甚至有胡人主動歸化為民。《隋書‧虞慶則傳》云：

> 時稽胡數為反叛，越王盛、內史下大夫高熲討平之。將班師，熲與盛謀，須文武幹略者鎮遏之。表請慶則，於是即拜石州總管。

---

[197] 范曄，《後漢書》，卷五十六，〈种暠傳〉，頁 1828。

[198] 范曄，《後漢書》，卷五十六，〈种暠傳〉，頁 1829。

[199] 魏收，《魏書》，卷十八，〈元深傳〉，頁 429。

[200] 董誥等，《全唐文》，卷二百十四，陳子昂〈唐故朝議大夫梓州長史楊府君碑銘〉，頁 2168-1。

甚有威惠，境內清肅，稽胡慕義而歸者八千餘戶。[201]

虞慶則本人即赫連夏大臣之後，與胡人有一定淵源，加上其治理得當，故令稽胡欣然附化。

良吏賢牧治理丁零、稽胡等少數族聚居區時，並未將努力侷限於緩和官民矛盾、完成賦役徵收任務，也試圖利用自身的影響力向這些族群推行教化。如唐代石州定胡縣令卜沖，面對「離石前墟，稽胡舊俗」，力圖「飲羊莫犯，害馬先除」。[202]卜沖雖以晉國卜偃、孔門子夏後裔自居，但西河之籍貫倒是表明其族可能出自匈奴須卜氏。治理離石時，卜沖之策略為「飲羊莫犯，害馬先除」，「飲羊」典故見於劉向《新序》，「魯有沈猶氏，且飲羊飽之，以欺市人」。[203]逼羊飽飲之後暫時增加重量，以提高其價值的商業詐欺行為與今日市場上令消費者深惡痛絕的販賣注水肉相似。種種商業詐欺應該不是民風較為淳樸的稽胡所常用，大概率出自漢人奸商之手。卜沖在處置胡漢「害馬」時，也打擊漢人「飲羊」，整頓市場交易行為，這種公正持平的為政之道自然受到多數胡漢良民的擁護。

在胡漢雜居地區，因商貿等活動引起的糾紛不可避免，此時作為裁決者的地方官員執法公允與否對維護個人乃至政府之公信力極為重要。可以看到某些官員在履行司法職責時確實較為公正。〈潭州都督楊志本碑〉稱楊氏在唐高宗初任石州司法參軍，任內「樓煩之南，咸知審克。離石之境，自以無冤」。[204]這些溢美之詞自然不可盡信，但至少可以肯定在其任內過分偏袒一方的裁判應該較少，故能在稽胡區域達到

---

[201] 魏徵，《隋書》，卷四十，〈虞慶則傳〉，頁1174。

[202] 毛漢光，《唐代墓誌銘彙編附考》，冊十四，〈卜元墓誌〉，頁437。

[203] 劉向，《新序》（收入《古逸叢書（三編）》，北京：中華書局，1991，冊卅七），卷一，頁1。

[204] 董誥等，《全唐文》，卷二百六十七，嚴識元〈潭州都督楊志本碑〉，頁2707-2。

較好的治理效果。

　　些地方官吏在保障胡人的生活外，亦通過文化教育試圖對其思想觀念加以引導。如興修學校，利用政府推崇之儒家思想對其心理認同加以形塑，強化對中央之認同。如唐代隰川令李嘉治理胡區時，「市鄽無競，不假鞭絲，學校方興，唯聞擊石」。[205]李嘉不但重視規範市場秩序，也注重教化。學校的興建即為其施政之重要一環，唐初慶州弘化縣令張皎也同樣重視在胡區推行教育，「至于虞庠致禮，[乞]言之道斯光；□□垂衣，忠誨之方允洽」。[206]通過地方官員興學重教政策的執行，北朝時屢屢起事的吐京胡區到唐代已被稱為「風俗和平」，[207]這在北魏時是難以想像的。

　　相比胡人地區在隋唐時教化方興，丁零地區的教育工程早至北魏初即已得到推行。常山太守張恂「開建學校，優顯儒士，吏民歌詠之」。[208]常山乃入塞丁零的主要聚居區之一，張恂興修之學校雖然主要面向漢人，但也必然惠及民戶化後的丁零人。

　　政府對少數族有意識進行的認同形塑在地名命名及封賞方面也有體現。北魏末設立的大斌縣即此形塑思想之體現，「取稽胡懷化、文武雜半之義」。[209]在傳統上稽胡被認為是野蠻無禮之尚武族群，單純的尚武雖然可以維持戰鬥力，但也極易導致無視政府權威的叛民產生。所以必須融入文治的一面，強化族人對忠孝觀念的理解，向政府效忠。在這一考量下，寄託了政府「文武雜半」良好願望的「大斌」縣名應運而生。延州文安縣也蘊涵了政府「稽胡未淳，取文德以來之」的以德服人

---

[205] 毛漢光，《唐代墓誌銘彙編附考》，冊十，〈李嘉墓誌〉，頁955。

[206] 毛漢光，《唐代墓誌銘彙編附考》，冊三，〈張皎墓誌〉，頁236。

[207] 毛漢光，《唐代墓誌銘彙編附考》，冊十，〈李嘉墓誌〉，頁955。

[208] 魏收，《魏書》，卷八十八，〈張恂傳〉，頁1900。

[209] 李吉甫，《元和郡縣圖志》，卷四，〈關內道四·綏州〉「大斌縣」條，頁104。

願景。[210]

　　政府也會在定名時利用當地名人典故及祥瑞傳說，試圖以漢人倫常感化胡人。如唐太宗時改胡區汾州為慈州，「以州城內舊有慈烏戍為名」。[211]慈烏為烏鴉的一種，《禽經》稱其「孝鳥，長則反哺其母」。[212]以此祥瑞為縣名的意圖可以參考浙江烏傷縣，「以為顏烏至孝，故致慈烏，欲令孝聲遠聞，又名其縣曰烏傷矣」。[213]「欲令孝聲遠聞」當是促成「慈州」出現的政府意志之一。不過需要看到的是，慈烏戍既稱「舊有」，則設立必當在唐以前，可見前代政府雖在當地設立軍政之「戍」，卻不忘以孝義之名進行倫理宣導。同樣以「孝」命名者尚有魏時屢有稽胡出入的孝義，貞觀元年（西元 627 年）「以縣名涪州同，改為孝義，因縣人鄭興有孝義，故以為名」。[214]北朝末期起多有出現的、包含「孝」道之地名正是政府以夏變夷、移風易俗之嘗試。

　　對於某些歧視性、侮辱性地名，出於緩和矛盾、照顧當地少數族感受之考量，政府有時也會加以修正。如北周平胡後在離石西南設立窟胡縣，「窟胡」這一名稱意在炫耀政府武力，對當地胡人來說無疑是一種屈辱。因此隋文帝時改為內涵較溫和之「修化」，即希望當地胡人修習教化。

　　需要看到的是，政府用於教化稽胡的意識形塑手段除儒術外，尚有佛法。即面向胡人倡導禁止殺生、慈悲為懷的正統佛教，「懲革胡性，奉行戒約」。[215]胡中高僧慧達大師（劉薩訶）也憑藉涼州瑞像等

---

[210] 樂史，《太平寰宇記》，卷三十六，〈關西道十二‧延州〉「延川縣」條，頁 758。

[211] 樂史，《太平寰宇記》，卷四十八，〈河東道九‧慈州〉，頁 1004。

[212] 師曠撰，張華注，《禽經》（收入《筆記小說大觀（四編）》，臺北：新興書局，1974），頁 447。

[213] 酈道元撰，楊守敬、熊會貞疏，《水經注疏》，卷四十，〈漸江水〉，頁 3289。

[214] 樂史，《太平寰宇記》，卷四十一，〈河東道二‧汾州〉「孝義縣」條，頁 868。

[215] 釋道宣，《續高僧傳》，卷二十六，〈魏文成沙門釋慧達傳〉，頁 982。

傳說，成為政府宣傳的榜樣人物，受到與政府關係密切的道宣律師稱道。張善慶先生認為劉薩訶信仰及佛法的宣傳乃是當時中央政府在一定程度上緩和與稽胡衝突的媒介。到七世紀初，劉薩訶與涼州瑞像傳說得以成為胡漢兩族的共同崇拜對象，也是政府對少數族強化統治的一種手段。[216]

在對待胡人上層的態度上，唐初政府進行了淡化胡人血統，將之納入漢人的嘗試。如對胡帥劉季真「賜姓李氏，封彭城郡王」。[217]封為彭城郡王之舉看似冒認祖先，實質卻是政府意志主導下，希望其接受漢文化的意思表示，彭城劉氏即宋武帝劉裕之宗族，為漢人無疑；另一方面，賜姓李氏則將劉季真納入李唐宗室之內，雙管齊下欲促使其脫胡入漢。

五、誘之以官爵

不同於強化對丁零、稽胡一般民眾的控制，使之成為政府的賦役承擔者。為了更好地役使這些少數族民眾，統馭部落的上層酋長成為政府加以懷柔的合作對象，歷代對其上層人士賜予官爵、加以籠絡之舉層出不窮，目的即希望其向朝廷效忠，使全族更為恭順。

目前可見以丁零首領為對象進行的封贈行為最早可追溯至曹魏政權。黑龍江齊齊哈爾有出土「魏丁零率善佰長印」，學界從形制及印文篆刻風格推斷其為曹魏時期鑄印。[218]魏明帝時丁零大人兒禪曾隨鮮卑軻比能至幽州貢馬，然佰長為百人長，以兒禪之「大人」地位而言或許屈尊，可能為賞賜其部下或其他來貢之丁零酋長而鑄。

---

[216] 張善慶，〈劉薩訶、涼州瑞像信仰と中世歷史地理〉，收入百橋明穗、田林啓，《神異僧と美術伝播》，頁 82。

[217] 劉昫，《舊唐書》，卷五十六，〈劉季真傳〉，頁 2282。

[218] 金濤、李龍，〈黑龍江齊齊哈爾市發現「魏丁零率善佰長」印〉，《考古》，1988 年第 2 期（北京，1988.02），頁 183。

　　劉淵起兵反晉，開啓十六國大幕後，受各政權封賞的丁零酋帥也
屢有出現。最早的例子可追溯至石勒封翟斌。後者入朝後趙時，「趙以
斌為句町王」。[219]「句町」為漢代牂柯郡之屬縣，為原夜郎國之「旁
小邑」。[220]可見在羯人眼中，同樣來自康居的丁零翟氏連「自大」的
夜郎都不如，僅能獲一稗爵。不過爵位畢竟為「王」，要比「侯」高。

　　定州丁零的另一支——曾經反抗石勒的翟鼠則在奔逃代郡後一度下
落不明，前燕進入中原時才再度出現，歸附慕容儁，封為歸義王。相較
句町小邑之位卑人輕，歸義王乃漢代封賞匈奴、鮮卑歸降貴族之常見爵
位，有時甚至可得「賜幢麾、曲蓋、鼓吹」之榮，[221]待遇當然高於前
者，亦高於同一時期歸降前燕之粟特「歸義侯」康遷。[222]慕容氏對丁
零之爭取可能早在其尚未建國時已有進行，慕容仁有司馬翟楷，後以之
領東夷校尉。[223]其人若非十餘年前投附劉曜之臨洮翟楷，則或為此前
北撤代郡之翟鼠部下，為慕容鮮卑所招徠。只是由於成王敗寇的傳統書
寫，慕容仁挑戰帝位失敗，難以得到史家認可，所任屬官自然也缺乏合
法性，故前燕經略丁零之開端不得不讓予翟鼠拜爵。

　　翟鼠一系在降燕後發展不明，翟斌倒是在前秦時期又被授予了新
的官職——衛軍從事中郎。秦承晉制，對於此官執掌，《晉書・職官
志》記載「諸公及開府位從公加兵者」，「從事中郎二人，秩比千
石」，「給侍二人」。[224]衛將軍為武官公，衛軍從事中郎為其下屬官

---

[219] 司馬光撰，胡三省音注，《資治通鑑》，卷九十四，〈晉紀十六・咸和五年〉，頁
2977。

[220] 司馬遷，《史記》，卷一百一十六，〈西南夷列傳〉，頁 2994。

[221] 陳壽，《三國志》，卷三十，〈烏丸鮮卑東夷傳〉，頁 836。

[222] 吳鋼，《全唐文補遺》（西安：三秦出版社，1998），第五輯，〈康暉墓誌〉，頁
408。

[223] 司馬光撰，胡三省音注，《資治通鑑》，卷九十五，〈晉紀十七・咸和九年〉，頁
2993。

[224] 房玄齡，《晉書》，卷二十四，〈職官志〉，頁 727。

員。千石之秩相當於漢代萬戶級縣令,雖然談不上位高權重,但也絕非秤官之儔,以酋長身份來說尚稱合理。衛將軍為負責京師禁衛之武官,作為屬官的翟斌照理應隨侍長安,但其人卻領部落於新安,可見並非實職,當屬籠絡性質的虛職。

淝水之戰秦軍鎩羽後,慕容垂起兵復燕,出於獲取人力補充兵員之考量,慕容氏對翟氏上層的封賞可謂前無古人、後無來者。慕容垂「以翟斌為建義大將軍,封河南王;翟檀為柱國大將軍、弘農王」。[225]丁零翟氏在慕容燕復國初期甚至一度與慕容宗室地位相埒,凌駕扶餘等慕容氏傳統盟友。與後趙、前秦時期的地位相比,無疑是空前提高。不過好景不長,翟斌求尚書令未果,與盟友反目成仇、大打出手,兄弟數人終為慕容垂所誅。

入魏後,有機會進入中央的丁零人數較少,地位較高者有太武帝時期的遼東公翟黑子,此人曾奉使并州,高允稱之「帷幄寵臣」。[226]自非定州、并州之普通酋長可比,然其後因奏對不實為太武帝所殺。疑其或與魏初歸附的丁零帥翟同有關,因歸附較早,故得封公爵。

對於稽胡酋帥的授爵情況,目前可見最早者為前秦對部落酋長之部大、酋大既有地位之承認。〈廣武將軍□產碑〉即列有多位有匈奴、龜茲出身之嫌的酋長名號。[227]此時亦有一部分胡酋被吸納進入地方官僚體系中,如〈鄧太尉祠碑〉所刻郝子星,出任寧戎城主簿,輔佐長官,襄理雜務。賜爵胡人之濫觴開啟者亦為前秦,右賢王曹轂降秦後,苻堅以為雁門公。曹轂死後,苻堅又以其長子曹璽為洛川侯,少子曹寅為力川侯。這一政策也為後秦繼承,曹寅後與王達獻馬於姚萇,得後者冊封,「寅為鎮北將軍、并州刺史,達鎮遠將軍、金城太守」。[228]由

---

[225] 房玄齡,《晉書》,卷一百二十三,〈慕容垂載記〉,頁3082。

[226] 魏收,《魏書》,卷四十八,〈高允傳〉,頁1069。

[227] 馬長壽,《碑銘所見前秦至隋初的關中部族》,頁22-23。

[228] 房玄齡,《晉書》,卷一百十六,〈姚萇載記〉,頁2970。

於對姚秦創業有功，貳城胡上層為後秦延攬，多有出任軍、政官員者。姚興有將領曹熾、曹雲、王肆佛，三人屬於同一作戰序列。[229]從曹、王之姓氏來看，其人應出自貳城胡。曹、王勢力為姚興所用，其中有力之酋長被拔擢為將領，為後秦屏翼北方。在武職外，後秦地方行政官員中也有稽胡曹氏。《魏書‧于栗磾傳》云：

> 栗磾與宋兵將軍、交趾侯周幾襲陝城，昌弘農太守曹達不戰而走，乘勝長驅，乃至三輔。[230]

曹達雖為赫連昌之弘農太守，但由於赫連夏主要以軍政模式統治，太守之職十分罕見，曹達為此時孤例。因此洪亮吉提出「疑曹達係姚秦氏舊守將，赫連氏仍而未改」，[231]曹氏其人可能本為出任姚秦地方牧守的貳城稽胡。在姚秦之時，鄉郡（上黨武鄉）太守亦曾由疑似貳城曹氏出身之曹知出任。[232]

北魏在立足中原之初，出於鞏固統治考量，對歸化的少數族首領往往賜以官爵，承認其既有地位。太武時歸魏之上郡休屠金崖甚至得到四征將軍之一的征西將軍高位。至於歸魏之稽胡，〈魏故咸陽太守劉府君墓誌〉提供了一些線索：

> 大魏開建，託定恒代，以曾祖初萬頭，大族之胄，宜履名官，從駕之眾，理須督率，依地置官，為何渾地汗。爾時此班，例亞州牧。[233]

---

[229] 房玄齡，《晉書》，卷一百十八，〈姚興載記下〉，頁 2994。

[230] 魏收，《魏書》，卷三十一，〈于栗磾傳〉，頁 736。

[231] 洪亮吉，《十六國疆域志》，卷十六，〈夏國〉，頁 759。

[232] 胡聘之，《山右石刻叢編》，卷二，〈大周故譙郡太守曹□□□碑〉，頁 14979。

[233] 趙超，《漢魏南北朝墓誌彙編》，〈魏故咸陽太守劉府君墓誌銘〉，頁 212。

　　周一良先生推測，初萬頭獲得之「何渾地汗」封號當為治北朝史者熟知的領民酋長。[234]整部歸魏的胡人酋長依此慣例，仍然對屬下部民享有統治之權。劉玉曾祖初萬頭從龍受封事在北魏定都平城後，時間當不早於天興元年（西元 398 年）。據田餘慶先生考證，早在此兩年前獨孤部已遭分割離散。[235]因此獨孤部當難再有領民酋長出現，知其族或非出自北魏傳統盟友獨孤部，又北魏南下時有征服類拔部酋長劉曜，遷其部於秀容，仍以之為胡帥，疑劉玉祖上或與類拔部有關。

　　北魏初期，已經有少量胡人獲得機會進入中央。〈孝文帝弔比干文碑〉碑陰有「中給事錄大官令臣上黨白徠」，按《魏書・官氏志》「中給事」位階為第三品中，[236]絕非濁官。上黨為稽胡白亞栗斯舉事之地，白徠或即歸附中央之稽胡。

　　在地方職務方面，北魏與後燕不同，後燕所設之胡區護軍由慕容氏集團派出，非選用在地胡人，如離石護軍高秀和當即高麗出身。然北魏未執行迴避原則，亦曾授予胡人上層護軍、太守等職，管理當地事務。離石護軍劉託、三城護軍張昌、吐京太守劉升等當即以朝廷命官身份執掌地方行政之胡人。對於新設立之胡區郡縣，北魏也有以胡人為州牧太守治本州者，「後魏正始中，呼延勤為定州刺史於定陽鎮」。[237]定州刺史治所為中山，故呼延勤之定州必非丁零曾居之定州，而為孝文帝時所置定陽之簡稱。呼延勤任刺史在宣武帝時，北魏中央權威尚未殞落，此任命自然出自中央，而非自封。不過隨著北魏衰弱，這一安排不久後即可能宣告失敗。孝明帝時有五城胡賀悅回成等起事，定陽為五城近鄰，均乃汾州屬縣。考慮到呼延勤賜姓賀遂（音轉賀悅），並居五城（仟城），則起事之賀悅回成極可能為其宗黨。朝廷刺史之親屬卻帶頭

---

[234] 周一良，〈領民酋長與六州都督〉，收入氏著，《魏晉南北朝史論集》，頁 153。

[235] 田餘慶，《拓跋史探》（北京：生活・讀書・新知三聯書店，2003），頁 79-83。

[236] 魏收，《魏書》，卷一百十三，〈官氏志九〉，頁 2981。

[237] 鄭樵，《通志》，卷二十九，〈氏族略第五〉，頁 474-3。

反抗朝廷，誠可嘆息。

北魏末年或為解決胡區開發擴大與魏室實力下降之矛盾，在中央、地方相互妥協下，由稽胡酋帥出任地方官吏，代表中央進行管理的現象逐漸增多。發現於今陝西洛川之北魏神龜元年（西元 518 年）〈劉文朗造像記〉像主劉文朗為東秦州敷城令，由於碑文多有殘泐，故多處內容難以釋讀。劉文朗姓名前有「沙陵」之語，[238]考之《水經注》，沙陵或在今鄂爾多斯右翼前旗東北，臨近漢代龜茲縣，[239]屬北魏夏州。若劉氏為此里貫，則其歸魏前當為夏州豪酋，或與同為胡人出身兩年前起事之夏州長史曹明有來往。該造像碑題名之下屬官吏僚佐共 23 人，其中出自劉、白、曹、董、張等可推定為稽胡或稽胡化族群者達 11 人，佔總人數 47%，遠超過雷、楊等氏、羌豪強之 30%，若將族屬在羌、胡之間難以判定之王氏三人列入稽胡，則胡人比重超過六成。可以說在東秦州設立後，敷城之基層行政已基本被稽胡豪酋控制。魏延昌二年（西元 513 年）由夏州改隸東夏州之偏城郡同樣存在稽胡當家的局面，胡酋郝子魚在歸魏後被授予遍（偏）城郡守，[240]位在劉文朗縣令之上。按偏城郡設於魏太和元年（西元 477 年），郝子魚為郡守必在此之後，亦當在北魏後期得官。

由於北魏屢有徵發稽胡為兵之舉，故亦有胡籍軍官出現。獻文帝時期有呼延籠達、王敕勤等子都將遠戍北魏南境，子都將為何種品階，《魏書・官氏志》無載。然參考官制多承北魏之北齊制度，都將為從七品，[241]則子都將更在其下，為下級武官無疑。

如果稽胡士兵在戰爭中表現英勇、甚至犧牲，北魏倒是不吝加以

---

[238] 〈劉文朗造像記〉，參見魏宏利，《北朝關中地區造像記整理與研究》（北京：中國社會科學出版社，2017），頁 72。

[239] 酈道元撰，楊守敬、熊會貞疏，《水經注疏》，卷三，〈河水三〉，頁 253。

[240] 〈郝伏顛墓誌〉，參見延安市文物編纂委員會編，《延安市文物志》，頁 373。

[241] 魏徵，《隋書》，卷二十七，〈百官中〉，頁 768。

賞賜追贈。《魏書‧劉渴侯傳》云：

> 劉渴侯，不知何許人也。稟性剛烈。太和中，為徐州後軍，以力
> 死戰，眾寡不敵，遂禽。瞋目大罵，終不降屈，為賊所殺。高祖
> 贈立忠將軍、平州刺史、上庸侯，賜絹千匹、穀千斛。[242]

北魏徐州治所彭城，孝文帝初尉元曾抱怨當地胡人戍卒多不稱
職，難堪大任。死戰不屈的劉渴侯或為改變鮮卑主將對族人的刻板印
象，而選擇慨然赴死。從死後得到的賞賜來看，應該在一定程度上為其
族洗刷了恥辱。此外得到賞賜的還有在衝突中暗助政府的劉侯仁。《魏
書‧劉侯仁傳》云：

> 劉侯仁，豫州人也。城人白早生殺刺史司馬悅，據城南叛。悅息
> 胐，走投侯仁。賊雖重加購募，又嚴其捶撻，侯仁終無漏泄，胐
> 遂免禍。事寧，有司奏其操行，請免府籍，敘一小縣，詔可。[243]

當然，相較於劉渴侯的刺史，劉侯仁僅能除兵籍，為一小縣縣
令，待遇相差不少。但此官畢竟為實授，非死後追贈，與埋骨異鄉的同
胞相比，衣錦還鄉當非難事。

齊、周對峙時，出於強化自身實力考量，東西雙方都不乏籠絡稽
胡上層之舉。東魏重臣劉貴即出身稽胡，後為高歡心腹，在胡人中可謂
榮耀無二，西河胡出身之靳遵也能官居中書舍人，[244]隨侍帝側。不過
東魏北齊對封爵較為慎重，主要以將軍封號酬庸立功將士。[245]武定七

---

[242] 魏收，《魏書》，卷八十七，〈劉渴侯傳〉，頁1892。

[243] 魏收，《魏書》，卷八十七，〈劉侯仁傳〉，頁1893。

[244] 毛漢光，《唐代墓誌銘彙編附考》，冊九，〈靳勗墓誌〉，頁241。

[245] 侯旭東，《北朝村民的生活世界——朝廷、州縣與村里》（北京：商務印書館，

年（西元 549 年）之〈興化寺高嶺諸村造像記〉之題名中即有疑似稽胡出身之厲武將軍劉顯仲。

不同於東魏賜號以將軍為主，西魏方面多傾向封爵。楊光輝先生指出保定二年（西元 562 年）前，西魏北周封爵皆為虛封，此後除柱國等「勳德隆重者」可寄食他縣外，其餘仍屬於虛封。[246]有稽胡嫌疑的大利稽冒頓貴為「四征」之一「征東將軍」，又兼負「都督」之職，可墓葬卻極其簡陋，[247]這一表現即是北周虛封多為口惠的典型證明。由於對多數受封者不用承擔俸祿，因此站在政府角度，封爵可以說毫無經濟負擔，所以各種爵位「至少名義給得較慷慨」。[248]宇文泰據關西之初，即以稽胡帥劉平伏為夏州刺史，其後雖因起事被剿，但府兵制下對鄉豪武力的需求，卻令籠絡稽胡等族酋帥之策繼續執行。〈劉仁願紀功碑〉稱其高祖、曾祖均為周時綏州刺史，此職亦不能排除虛封之可能。雖然虛封缺乏俸祿，不過劉平伏及劉仁願之先輩本來就是統帥一方胡眾的豪酋，若要威懾其他地位相抗之胡帥，朝廷的一紙封爵遠比經濟補貼有效，選擇向中央輸誠何樂而不為呢？授予胡人豪酋虛封散官之舉到隋唐時仍沿襲不絕，並有品階提升之勢。生活於隋末唐初之延州稽胡白留真即有上儀同之散官虛位，[249]依隋制視為流內正八品。[250]與白氏同州、卒於隋大業八年（西元 612 年）之郝伏顛於周建德元年（西元 572 年）受開府儀同三司，至隋煬帝時已身居從五品之朝請大夫，[251]地位遠高於前者。關於此時段稽胡酋帥獲得之散官或勳位情況，可見下表：

2005），頁 366。

[246] 楊光輝，《漢唐封爵制度》（北京：學苑出版社，2002），頁 76。

[247] 羅豐，〈北周大利稽氏墓磚〉，《考古與文物》，2003 年第 4 期，頁 70。

[248] 侯旭東，《北朝村民的生活世界——朝廷、州縣與村里》，頁 366。

[249] 〈白伏原造像記〉，參見白文、尹夏清，〈陝西延長的一批唐代窖藏造像碑調查〉，頁 18。

[250] 魏徵，《隋書》，卷二十八，〈百官下〉，頁 790。

[251] 〈郝伏顛墓誌〉，參見延安市文物編纂委員會編，《延安市文物志》，頁 373。

表 4-6　周、隋、唐稽胡勳位表

姓名	時代	地域	勳位／散官	品階
劉□	西魏	綏州	武騎常侍	三命
劉平	西魏北周	綏州	上開府儀同三司	九命
郝伏顛	北周	延州	開府儀同三司	九命
劉德	北周	鹽州	宣威將軍、虎賁給事	正四命
劉懿	北周	綏州	驃騎大將軍、儀同三司	九命
白留真	隋	延州	上儀同	視正八品
劉遷	隋	夏州	驃騎將軍	正四品
曹徹	隋	夏州	車騎將軍	正五品
劉大俱	唐	綏州	鎮軍大將軍、上柱國	從二品／二品
劉升	唐	夏州	飛騎校尉、上輕車都尉	從六品上
劉巖	唐	夏州	上柱國	正二品
曹祥	唐	夏州	左武衛郎將	正五品上

資料來源：〈劉仁願紀功碑〉、〈郝伏顛墓誌〉、〈白伏原造像記〉等。

　　可見自北朝末起，胡人勳位由低階逐漸上升，到隋唐之時，不但得封中階者屢有出現，獲高位者也有人在。除虛封外，北魏以來還有其他一些得實職之疑似胡人。如李和，《周書》本傳謂「其先隴西狄道人也，後徙居朔方」，父李僧養「以累世雄豪，善於統御，為夏州酋長」。[252]所謂隴西李氏出身恐是偽託，朔方夏州之居住地才是其宗族本貫。匈奴中本就有李氏，如晉代刺殺右賢王劉猛者即其左部帥李恪。夏州為稽胡所居，李和家族又為酋長，稽胡出身可能性較大。李和以賀拔岳之帳內都督起家，在北周一朝終獲柱國，可謂居官顯赫。李和之

---

[252] 令狐德棻，《周書》，卷二十九，〈李和傳〉，頁 497。

外，可能出身稽胡的北周封疆大吏還有夏州刺史王雅。[253]

到隋末唐初，慕容垂賜丁零翟斌為王的劇本又在稽胡中上演。劉季真、劉六兒昆仲一為石州刺史，一為嵐州刺史，劉季真甚至得封彭城郡王，其榮耀在稽胡中可說前無古人。不過與翟斌封王一樣，這也不過是當權者的權宜之計，二劉勢力旋即為唐軍所滅。

需要指出的是，總體而言丁零、稽胡在十六國北朝族群秩序中地位不高，翟斌初封句町王即可說明問題，即使身為一方豪帥，可在統治者看來不過鄉野小人。淝水之戰後，翟斌雖然能憑藉軍力一度進入後燕權力中心，但在舊貴眼中，其地位並沒有得到認可，甚至被譏不知感念皇恩浩蕩。稽胡的地位也是難兄難弟，所以二者對官爵的奢求極為迫切。面對來自政府的賞賜，丁零、稽胡是何種心情雖然當時史書沒有直接描述，但明代石泉縣令李茂元治理羌人的記錄可作為參考。《四川通志》云：

> 羌俗囚首無冠，茂元具漢冠，易其名姓書冠間。屆日啓軍門，饒吹數部，樅樹鼓、大鉦，令諸羌魚鱗入。諸羌聞鼓鉦、望見漢冠及朱杆彩旗，乃大喜，舉足盤跳舞，歡呼震天。乃出漢冠冠諸羌。諸羌跪起，各互視其首，踊躍東西走，既而又跪捧其首以謝。[254]

正是由於其族對官爵的狂熱崇拜，假以官爵也成為政府鎮壓起事的誘餌。為平定劉蠡升，高歡「偽許以女妻蠡升太子」，[255] 相婿的誘餌一經拋出，劉蠡升即遣子至鄴。在為備厚禮、延緩婚期的煙霧彈迷惑

---

[253] 令狐德棻，《周書》，卷二十九，〈王雅傳〉，頁 501。

[254] 查郎阿等，《四川通志》（收入紀昀等總纂，臺灣商務印書館編審委員會主編，《景印文淵閣四庫全書》，冊五百六十），卷二十，頁 560-158。

[255] 令狐德棻，《周書》，卷四十九，〈稽胡傳〉，頁 897。

下，劉蠡升放鬆警惕，終被高歡襲滅。另一位稽胡大帥劉仚成及其部屬雖然生活於近百年後的隋末唐初，可仍未吸取先輩官迷心竅、利令智昏的教訓。《舊唐書・李建成傳》云：

> 建成設詐放其渠帥數十人，並授官爵，令還本所招慰群胡，仚成與胡中大帥亦請降。建成以胡兵尚眾，恐有變，將盡殺之。乃揚言增置州縣，須有城邑，悉課群胡執板築之具，會築城所，陰勒兵士皆執之。[256]

官爵的誘餌能令稽胡酋帥出賣戰友，可見諸胡對進入政府體制內之渴望與癡迷。

侯旭東先生在研究北朝村民之生活時曾指出，「村民重視官職，但關心的是官職本身、不同官職間的高下區別」，「他們留意的是村外的機構授予其家族成員一種能區分高下的名號，以此來體現村里中村民間地位與名望的高低」，只是這種賜官「未必能強化對具體朝廷的認同」。[257]這一原則自然也適用於丁零與稽胡，政府贈予之官爵為對酋帥族中既有地位之認可，得到政府背書之豪酋自然可以凌駕其他無官身豪酋。不過這些封官佩印的酋長對政府的忠誠度究竟幾何？不得不打上一個問號。前有西魏胡帥劉平伏之亂，後有北齊境內胡人成為北周滅齊的助力。無不說明這些得到賜官的少數族首領與其說是忠於賜爵的政權，還不如說是忠於權力本身，故當政府實力衰退或面臨威脅時，尋找、效忠更強的新主也成為多數酋長的選擇。

所以應當看到的是，雖然政府對丁零、稽胡上層不乏籠絡，肯定其既得利益，保證其地方特權，如唐長孺先生指出的，即使在北魏改鎮

---

[256] 劉昫，《舊唐書》，卷六十四，〈李建成傳〉，頁 2414。

[257] 侯旭東，《北朝村民的生活世界——朝廷、州縣與村里》，頁 367。

為州後，稽胡部落豪酋也能成為地方大姓，通過辟舉以長史、主簿之類起家。[258]前述東秦州敷城郡之基層為稽胡及稽胡化族群控制亦為明證。可依靠忠誠度存疑的酋長代位統治對政府而言絕非良策，此外對於旨在直接控制民戶的朝廷來說，酋長之存在無疑是一種阻礙，酋帥對地方的干預也存在令中央失控的隱患。因此當政府力量足夠強大時，對地方之胡族豪酋往往放棄懷柔，直接採取壓制措施。北周李椿於保定二年（西元 562 年）出任延州大都督，任內「彊虜畏威，緣邊仰化，奸豪於是屏跡，民吏於是來蘇」。[259]李椿為李弼之子，治下「強虜」當即稽胡，胡人向化意味著政府權力進入，被蔑稱為「奸豪」的稽胡豪帥在其打擊下元氣大傷，胡民的控制權由酋長家族轉入政府手中。

六、凌之以兵威

一些存在「教化」可能的部落還可以採用懷柔方式引導，可對於長期不認同朝廷的丁零、稽胡部落，政府最直接的解決方式當為軍事手段，其中可分為武力威懾與直接軍事打擊。北魏太和以前之核心統治區為大同盆地一帶，太行山以東則採取宗主都護，由政府認可之豪強代表政府管理。不過為了顯示政府權威，鮮卑鐵騎也會不時出現在當地炫耀武功。崔浩曾豪言：「今居北方，假令山東有變，輕騎南出，燿威桑梓之中，誰知多少？百姓見之，望塵震服。此是國家威制諸夏之長策也」。[260]

「輕騎南出」鐵蹄掀起的滾滾沙塵對於遠離恆代、首鼠兩端的各族豪強來說，無疑是一種威懾。在感受到精騎鐵馬的強大武力後，自然

[258] 唐長孺，〈北魏末年的山胡敕勒起義〉，頁 78。

[259] 〈李椿墓誌〉，參見《中國金石總錄》：
http://hfihy5b0578cd4147481chp06uwufqqpqx6wv5.fcxg.1.8.1.a696.www.proxy1.online/jsxs/default.aspx?id=2390&jsz=%E6%9D%8E%E6%A4%BF。

[260] 魏收，《魏書》，卷三十五，〈崔浩傳〉，頁 808。

收斂叛逆之心。前述李洪之先禮後兵，令知曉魏軍兵威的羌人求編課調即威懾成功的典型案例。北魏帝王出巡丁零分佈的定州時，屢有講武之舉，即以軍事演習震攝地方。太安四年（西元 458 年），文成帝「觀馬射於中山」。[261]太和五年（西元 481 年），孝文帝在中山時，「講武於唐水之陽」。[262]鮮卑拓跋氏馬上得天下，因此武力崇拜乃其族特性。在定州頻繁舉行的軍事演習不但是對漢人豪強的震攝，也是對不服王化的丁零首領之威嚇，文成帝出巡定州並觀馬射事在太安四年（西元 458 年），而此前之太安二年（西元 456 年）正好發生井陘丁零起事，二者恐怕不是巧合。北朝之末，齊周交鋒時，西魏北周也有旨在震攝胡區之耀兵巡行。《周書·文帝紀下》云：

> （大統十四年，西元 548 年，夏五月）太祖奉魏太子巡撫西境，自新平出安定，登隴，刻石紀事。下安陽，至原州，歷北長城，大狩。將東趣五原，至蒲川，聞魏帝不豫，遂還。[263]

如果查看此次巡行所經之地點，就會發現宇文泰、元欽一行在原州之後的路線頗有不尋常處。參考嚴耕望先生《唐代交通圖考》，如要從原州前往五原，北上取道靈州再東行當較便捷，「地勢平坦，且無沙行之阻」。[264]然宇文泰君臣卻捨近求遠，取道黃土高原，不能不說此舉有震攝稽胡之考量。蒲川雖因《水經注》涇水部分亡佚，確定地望存在困難，不過本章已前引王仲犖先生之說推測位置，其地非延州之蒲川，亦非涇州之蒲川，而在唐代寧州境內。《（嘉靖）慶陽府志》有「蒲川河源出環縣，過東西一百二十里，南流入黑水河，涯生蒲草，故

---

[261] 魏收，《魏書》，卷五，〈文成紀〉，頁 116。

[262] 魏收，《魏書》，卷七上，〈孝文紀上〉，頁 150。

[263] 令狐德棻，《周書》，卷二，〈文帝紀下〉，頁 31。

[264] 嚴耕望，《唐代交通圖考》，冊一，頁 201。

名」。[265]此當即同一蒲川，為今涇水支流蒲河，此地亦屬稽胡區域。
又此年有北稽胡反魏起事，雖為李弼等人平定，但胡區遠未達到河清海
晏局面。故宇文泰在黃土高原折向蛇行之路線計劃明顯有以軍力威懾稽
胡諸部的意圖，只不過由於西魏文帝患病，一行人不得不中途折返，實
際震懾效果恐怕大打折扣。

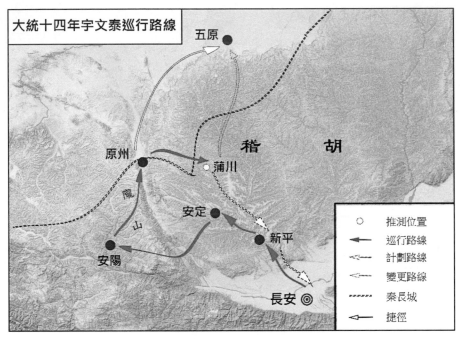

圖 4-7　大統十四年宇文泰巡行路線

　　北齊政權也不忘在與北周戰爭中藉機立威胡區。如後主時期，北
齊將領斛律光、段韶在對周汾北之戰取勝後，即「立碑以表其功」。[266]
該碑立於定陽，至唐代尚存，所在區域為後魏以來的稽胡傳統分佈區。

---

[265] 梁明翰修，傅學禮撰，《（嘉靖）慶陽府志》（收入中國科學院圖書館選編，《稀見中
國地方志彙刊》，冊九），卷二，〈河川〉，頁 357。

[266] 李吉甫，《元和郡縣圖志》，卷十二，〈河東道一‧慈州〉「吉昌縣」條，頁 343。

對於知曉文字的稽胡酋長而言，炫耀齊軍武功的紀功碑文不啻於一種震攝，令其對起事或暗通周軍等反叛行為投鼠忌器。隋末唐初，河東胡區烽煙不絕，李淵亦令張綸帶兵徇稽胡，取得一定效果。

在間接的威懾外，更多的是對起事者予以直接打擊。在鎮壓中，政府會根據情況決定作戰路線採取單路直擊或多路包夾，茲將其作戰方式列表於下：

表 4-7　丁零軍事行動路線

時間	舉事者	地點	政府／敵對政權	作戰路線
316	翟鼠	中山	石勒	單路
384	翟真	下邑	後燕	單路
384	翟遼	魯口	後燕	單路
385	翟遼	毋極	後燕	多路
385	翟真	行唐	後燕	單路（合兵）
385	翟成	行唐	後燕	單路（親征）
386	鮮于乞	望都	後燕	單路
387	翟遼	黎陽	後燕	單路（親征）
387	翟遙	中山	後燕	多路
392	翟釗	黎陽	後燕	多路（親征）
402	鮮于次保	行唐	北魏	單路
402	翟都	壺關	北魏	多路
417	翟蜀、洛支	榆山	北魏	單路
418	翟猛雀	白澗山	北魏	多路（親征木遂）
428	鮮于臺陽、翟喬	西山	北魏	單路（中央軍）
430	上黨丁零	上黨	北魏	單路
456	井陘丁零	井陘	北魏	多路

資料來源：《魏書》、《資治通鑑》。

表 4-8　十六國到隋唐對稽胡作戰之方式表

時間	舉事者	地點	政府	政府軍路線
353	劉康	平陽	前秦	單路
365	劉衛辰、曹轂	杏城	前秦	單路（親征）
398	張崇、呼延鐵	西河、離石	北魏	單路
402	劉曜	秀容	北魏	單路
413	吐京胡	吐京	北魏	多路
415	白亞栗斯、劉虎	上黨	北魏	多路
416	曹弘	平陽	後秦	單路
434	白龍	西河	北魏	多路（親征）
446	曹僕渾	河西	北魏	多路
460	河西胡	石樓	北魏	多路
462	賀略孫	石樓	北魏	單路（西線）
孝文帝時	劉什婆	吐京	北魏	單路
471	曹平原	石樓	北魏	單路（西線）
472	統萬胡	統萬	北魏	單路
473	河西胡	石樓	北魏	單路
496	辛支王	吐京	北魏	單路
496	去居	汾州	北魏	單路
511	劉龍駒	汾州	北魏	多路
525	馮宜都、賀悅回成	五城	北魏	多路（內外）
525	薛悉公、馬牒騰	吐京	北魏	單路
525	范多、范安族	吐京	北魏	單路
535	劉蠡升	雲陽谷	東魏	單路
536	王迢觸、曹貳龍	汾州	東魏	單路

表 4-8 十六國到隋唐對稽胡作戰之方式表（續）

時間	舉事者	地點	政府	政府軍路線
539	黑水稽胡	黑水	西魏	多路
541	山胡	烏突戍北	東魏	多路
541	劉平伏	上郡	西魏	多路
武定中	晉州山胡	晉州	東魏	單路
大統中	汾州山胡	西魏汾州	西魏	單路
544	山胡	呂梁山區	東魏	多路？
548	北稽胡	關中以北	西魏	單路
553	山胡	離石	北齊	單路
554	山胡	石樓	北齊	多路
559	郝阿保、劉桑德	延州	北周	單路
560	郝狼皮	延州	北周	單路
561	丹州胡	丹州	北周	單路
566	丹延綏銀胡	丹延綏銀	北周	多路？
567	白郁久同、喬是羅	銀州	北周	單路
567	喬三勿同	銀州	北周	單路
567	郝三郎	延州	北周	單路
570	喬白郎、喬素勿同	綏州	北周	單路
577	劉沒鐸	呂梁山區	北周	多路
578	劉受邏干	汾州	北周	多路
614	劉迦論	雕陰	隋	單路
614	劉苗王（劉龍兒）	離石	隋	單路
617	劉鷂子	涇陽	隋（唐）	單路
618	稽胡	富平、宜君	隋（唐）	單路

表 4-8　十六國到隋唐對稽胡作戰之方式表（續）

時間	舉事者	地點	政府	政府軍路線
618	劉拔真	北山	唐	單路
621	劉仚成	鄜州	唐	單路
683	白鐵余	城平	唐	多路

資料來源：《魏書》、《北齊書》、《周書》、《隋書》、《舊唐書》、
　　　　　《新唐書》、《資治通鑑》。

　　可知其中一些規模較小的起事多由地方官員自行鎮壓，而規模較大者則需合數州之力、多面夾擊方能平定，更有甚者需請求中央派兵援助。在軍事行動中，為減少本族精銳的戰鬥減員，有時會採取以夷制夷的策略。河東蜀酋薛安都因其勇武，北魏「使助秦州刺史北賀汨擊反胡白龍子，滅之」。[267]白龍子即魏太武帝時之稽胡起事領袖白龍，北賀汨當為魏秦州刺史薛謹之鮮卑名。薛安都、薛謹均為河東蜀，徵發蜀人對抗稽胡，顯然為以夷制夷。

　　在以夷制夷外，政府也會考慮因地制宜，因族選人。處理丁零問題時，北魏所選派的官員不少具有慕容燕背景。如鎮壓翟猛雀起事的張蒲，其父張攀為「慕容垂御史中丞、兵部尚書，以清方稱」。本人亦「為慕容寶陽平、河間二郡太守，尚書左丞」。[268]又如鎮壓上黨丁零起事之公孫軌，其父公孫表本慕容沖尚書郎，「慕容垂破長子，從入中山。慕容寶走，乃歸闕」。[269]慕容燕境內之中山、常山本為丁零活動區域，慕容垂起兵後更是與丁零戰和多年，原燕國人士對丁零之瞭解程度必然超過北魏代人，遣有慕容氏背景之官員前往鎮壓是以其知己知彼

---

[267] 沈約，《宋書》，卷八十八，〈薛安都傳〉，頁 2215。

[268] 魏收，《魏書》，卷三十三，〈張蒲傳〉，頁 778。

[269] 魏收，《魏書》，卷三十三，〈公孫表傳〉，頁 782。

之故。另一方面也利用了官員的鄉里意識，以起事所在州郡出身之官員為將，試圖激發其愛家情感，達到儘快平叛之目的。如魏末吐京胡抄掠正平、平陽二郡，北魏派出的將領多為河東裴氏，因裴氏原籍聞喜屬正平郡之故。

當起事爆發於國境地區時，利益相關的各政權間甚至嘗試國際合作，加以鎮壓。《魏書‧公孫表傳》云：

> 詔表討虎，又令表與姚興洛陽戍將結期，使備河南岸，然後進軍討之。時胡內自疑阻，更相殺害，表以其有解散之勢，遂不與戍將相聞，率眾討之。法令不整，為胡所敗，軍人大被傷殺。[270]

由於丁零、稽胡多依託險要地勢進行反抗，因此其實力雖遜於官兵，卻能成尾大不掉之勢，令政府頗為頭痛。對於山地作戰之困難及應對之道，《資治通鑑‧貞觀二十一年》云：

> 高麗依山為城，攻之不可猝拔。前大駕親征，國人不得耕種，所克之城，悉收其穀，繼以旱災，民太半乏食。今若數遣偏師，更迭擾其疆場，使彼疲於奔命，釋耒入堡，數年之間，千里蕭條，則人心自離，鴨綠之北，可不戰而取矣。[271]

對付高句麗的戰術也適用於丁零、稽胡，在對手擁有地利時，為減輕傷亡，降低作戰成本，官軍通常會採取兩種方式，其一為圍困，由於戰爭期間無法進行農牧生產，反抗勢力依靠的存糧總有用盡之時，屆時或戰或降，主動權已然易位。《資治通鑑‧太元十七年》云：

---

[270] 魏收，《魏書》，卷三十三，〈公孫表傳〉，頁783。

[271] 司馬光，《資治通鑑》，卷一百九十八，〈唐紀十四‧貞觀二十一年〉，頁6245。

釗走還滑臺，將妻子，收遺眾，北濟河，登白鹿山，憑險自守，燕兵不得進。農曰：「釗無糧，不能久居山中。」乃引兵還，留騎候之。釗果下山，還兵掩擊，盡獲其眾，釗單騎奔長子。[272]

與後燕滅翟魏先為引蛇出洞再圖滅之相比，北魏對稽胡的一些圍攻戰則更注重招撫，試圖令其不戰而降。《魏書‧李洪之傳》云：

興駕至并州，詔洪之為河西都將討山胡。皆保險拒戰。洪之築壘於石樓南白雞原以對之。諸將悉欲進攻，洪之乃開以大信，聽其復業，胡人遂降。[273]

憑藉政府所掌握的資源優勢和強大軍力，長期圍困下，起事通常只能以失敗告終。在以經濟為基礎、耗時較為持久的圍攻戰外，還有一種依託技術優勢、利用先進武器速戰速決的戰術。唐高宗時，王方翼、程務挺在與稽胡白鐵余作戰時，「飛檐擊賊，火其柵」。[274]對於唐軍採用的該戰術，〈唐故夏州都督太原王公神道碑〉有較為詳細的解釋，「善公有發石壞城之計，反風焚柵之感」，[275]即採用投石機，投擲燃燒物攻擊白鐵余陣地，取得戰事勝利。傳統牽引式投石機原理看似簡單，但從今人之復原來看，操縱起來也非易事，要考慮發射角度、力度、投擲裝置設計、操作人員配合默契度等諸多因素，士卒倉促之間絕難掌握，必須依賴良好的訓練。唐軍與白鐵余的軍事對決也堪稱是一場科技角力。

---

[272] 司馬光，《資治通鑑》，卷一百八，〈晉紀三十‧太元十七年〉，頁 3406。

[273] 魏收，《魏書》，卷八十九，〈李洪之傳〉，頁 1919。

[274] 歐陽修、宋祁，《新唐書》，卷一百一十一，〈王方翼傳〉，頁 4135。

[275] 張說，《張燕公集》（收入《四部叢刊正編》（臺北：臺灣商務印書館，1979），冊卅一），卷十五，〈唐故夏州都督太原王公神道碑〉，頁 101。

「上兵伐謀，其次伐交，其次伐兵，其下攻城」，[276]戰爭在兵聖孫武看來為解決爭端的最末之選，其綜合成本亦最高。故歷次慘烈的戰事無疑給當地胡漢百姓留下了痛苦記憶，直到數百年後的北宋，一些原稽胡生活區域仍流傳著相關傳說。如宋時延州尚有骷髏山神廟，當地耆老相傳：「古時戰鬥相殺，收入人首數千萬於此山，因置神廟」。[277]此神廟位於北宋之延長縣，即北魏河西，所謂人數千萬之語為誇張無疑，但死傷慘重當為事實。北魏太武帝時曾有吐京胡曹僕渾渡河至河西憑險對抗魏軍，舉事失敗後，參與者死亡眾多。此或即當地耆老所傳傳說之源頭。

在處置參與反抗的少數族時，政府一般會區別對待，唐高祖詔書即可說明原則——「元惡大憝，即就誅夷；驅掠之民，復其本業」。[278]當征戰頻繁，需要丁壯作為兵員補充，或需要恢復生產時，為標榜政府仁德形象，除魁渠禍首外，從犯多予以赦免，有時甚至連首領也不予處置，如北魏時起事之鮮于臺陽、翟喬，其歸降後，魏帝即下詔赦免之。對於稽胡也有類似處理方式，平定白龍後，太武帝下詔：「山胡為白龍所逼及歸降者，聽為平民」。[279]

為了迅速瓦解胡人起事者士氣，政府甚至可向主動歸降者拋出高官厚祿。隋代稽胡郝伏顛在追溯其先祖郝子魚之仕官經歷時，稱「西將胡人一□餘，向東往，至太原治。經一十五年，衰弱，為魏所統，遂授遍城郡守、領民酋長」。[280]郝子魚率部東至并州的原因在墓誌中並無說明，參考魏時胡人起事常見的渡河躲避魏軍之舉，其原因當不外如

---

[276] 孫武，《十一家注孫子校理》（北京：中華書局，1999），〈謀攻篇第三〉，頁 46-48。

[277] 樂史，《太平寰宇記》，卷三十六，〈關西道十二‧延州〉「延長縣」條，頁 754。

[278] 董誥等，《全唐文》，卷二，唐高祖〈令太子建成統軍詔〉，頁 30-2。

[279] 魏收，《魏書》，卷四上，〈太武紀上〉，頁 84。

[280] 〈郝伏顛墓誌〉，參見延安市文物編纂委員會編，《延安市文物志》，頁 373。

是。其後郝子魚歸魏得官，酋長地位也得到認可。這段文字委婉地說明北魏政府在面對胡人起事時不乏安撫之「胡蘿蔔」手段。

然而當起事目的為旨在推翻政府之「謀大逆」時，處置則極為殘酷，魏初通劉裕之丁零首領翟蜀及「謀大逆」之翟猛雀無論首從均遭一網打盡。同樣對於某些降而復叛、無視政府權威的稽胡，處置亦相當嚴厲，即使從犯也難逃嚴懲。魏太武帝對白龍之黨尚能部分免刑，可屢次起事的吐京胡就沒有如此幸運了。太平真君六年（西元 445 年），太武帝「西至吐京，討徒叛胡，出配郡縣」。[281]這種將參與起事的胡人發配外地為賤戶的處罰，東魏丞相高歡也曾實行。武定元年（西元 543 年），高歡討稽胡，「俘獲一萬餘戶口，分配諸州」。[282]山東歷城黃石崖石刻中，有一方刻於北魏正光四年（西元 523 年）之〈法義兄弟姊妹等題記〉，參與造像者中，「劉」姓多達 6 人，「呼延」姓 2 人，「白」姓 1 人，此或即北魏出配郡縣的稽胡後代。

就地為民還能保障原有地位，但出配外地恐怕只能淪為民戶之下的賤籍，與「營戶」、「陵戶」等特殊戶籍地位相似，如果沒有政府的免放，必難以翻身。這些胡人俘虜或成為政府控制下缺乏人身自由的勞動力，或成為政府賞賜功臣的生口。終北朝之世，此類處置不絕於史。北周甚至有專門機構負責這些俘虜，其掌四夷隸即可能為管理分配少數族俘虜之機構，其中「掌狄隸」負責處置稽胡戰俘。[283]滝川正博甚至認為稽胡乃北周政權奴隸的供給源頭之一。[284]

發配外地或許還有一線生機，但有時的處置卻連苟全性命都難以做到。北齊天保五年（西元 554 年），高洋大破胡人於石樓山，下令

---

[281] 魏收，《魏書》，卷四上，〈太武紀上〉，頁 98。
[282] 李百藥，《北齊書》，卷二，〈神武紀下〉，頁 22。
[283] 王仲犖，《北周六典》（北京：中華書局，1979），卷六，〈秋官府〉，頁 463-464。
[284] 滝川正博，〈北周における「稽胡」の創設〉，頁 52。

「男子十二已上皆斬，女子及幼弱以賞軍士」。[285]其對胡人的殘酷處置堪稱是毀滅性的，無異於斬草除根的種族滅絕。

七、與政府治下他族之對比

需要看到的是，同一時期華北還生活著丁零、稽胡之外的其他少數族，政府對於這些同在王土之內的族群，統治方式、策略上又有何差異？以下將以北朝為主，予以對比分析。

（一）酋帥地位之認可度

日本學者松下憲一在論及北魏領民酋長制度時，認為伴隨著拓跋珪定都平城，內屬拓跋氏的諸部族被執行「分土定居」政策，徙民到畿內、郊甸。北魏通過任命領民酋長，以八部制度對被遷徙的部族進行統治。八部制度下的領民酋長為政府對內屬部落酋長贈予之稱號，酋長統帥與自己存在血緣關係的部民。到設立六鎮時期，由於不同族群大量集中於北鎮，領民酋長在自己部族之外，也有管轄其他部族者[286]。

總之，無論是八部時期還是六鎮時期，這些酋長、大人之地位之實現除本身之世代繼承外，尚有來自官方之認可加持。這點在丁零胞族——高車身上較為明顯。如北齊名將斛律金家族，其「父大那瓌，光祿大夫、第一領民酋長」。[287]斛律金本人於北魏時亦「除為第二領人酋長」。[288]對於歸附北魏的高車酋長，北魏政府承認其擁有世襲權力。如效力於北周的高車叱列伏龜家族，「世為部落大人，魏初入附，遂世為第一領民酋長」，叱列伏龜子承父業，「復為領民酋長」。[289]同樣

---

[285] 李延壽，《北史》，卷七，〈齊文宣紀〉，頁 250。

[286] 松下憲一，《北魏胡族体制論》（札幌：北海道大学出版会，2007），頁 41、47-48。

[287] 李百藥，《北齊書》，卷十七，〈斛律金傳〉，頁 219。

[288] 李延壽，《北史》，卷五十四，〈斛律金傳〉，頁 1965。

[289] 令狐德棻，《周書》，卷二十，〈叱列伏龜傳〉，頁 341。

的世襲亦可見於鮮卑厙狄氏家族，厙狄干之祖先越豆眷即為代表。厙狄
干之造像記〈厙狄太傅公石〉自敘先世云：六世太祖越豆眷「率領家宗
諸族萬有餘家」歸附北魏，道武帝「知太祖忠誠，賜部落主如故，封王
懷朔，子孫世襲第一領民酋長。」[290]對於這些部族來說，只要保證忠
誠，既得利益往往不受觸動。鮮卑、高車外，契胡出身的尒朱氏家族也
世代擁有世襲酋長地位，自尒朱榮高祖起，相襲四代。北朝酋長品階地
位可見下表：

表 4-9　北朝酋長品階表

名稱	品階
第一領民酋長	從三品
第一不領民酋長	四品
第二領民酋長	從四品
第一領民庶長	
第二不領民酋長	五品
第一不領民庶長	
第三領民酋長	從五品
第二領民庶長	
第三不領民酋長	六品
第二不領民庶長	
第三領民庶長	從六品
第三不領民庶長	七品

資料來源：《隋書》，卷二十七，〈百官中〉。

---

[290] 〈厙狄太傅公石〉，參見孫鋼，〈河北唐縣「賽思顛窟」〉，《文物春秋》，1998 年第
　　1 期，頁 32。

　　《隋書》所引酋長品階為依據北齊制度，然北齊多承襲北魏，可推測酋、庶長秩比流內官當源自魏時，其酋、庶長位居從三品至七品不等，九品之中位居中層，地位得到政府認可。然而對於丁零、稽胡而言，前秦認可之酋長尚可見到，可北魏政府認可的酋長卻少之又少。目前可見二族之明確為酋長或大人者，多集中於魏初，如北魏道武帝時期歸附拓跋氏之幡頹、業易于及丁零翟同，魏中後期僅郝子魚一例。另有疑似稽胡之劉玉曾祖何地渾汗（領民酋長）初萬頭以及李和之父夏州酋長李僧養、太安狄那酋長劉折。[291]其餘渠帥縱使有橫行鄉里之豪強地位，卻缺乏政府認可。北魏領民酋長之地位與清代蒙古地方之扎薩克制度有相似之處，國家之冊封即為承認其貴族自治權，對所轄土地、民眾可合法管理。因此尒朱家族得以「以居秀容川，詔割方三百里封之，長為世業」，[292]庫狄家族可「以功割善無之西臘汙山地方百里以處之」。[293]在政府許可之下，該部自然可以獲得一定的自治權，與政府之關係亦不致劍拔弩張。而且將領民酋長納入政府體系這一舉措意味著作為統治集團組成部分的酋長可以有機會獲得官方賞賜，北魏明元帝即曾「賜附國大人錦罽衣服各有差」。[294]對於游離在政府統治集團之外的丁零、稽胡酋長而言，這無疑是可望而不可及的。

（二）官爵授予之差異

　　對於歸附的高車、契胡等胡族酋帥，北朝政府為籠絡人心，在賜予爵位方面有時相當慷慨。如斛律金之曾祖、高車酋長倍侯利在投附北魏之後，「賜爵孟都公」。死後甚至被北魏官方「葬以國禮，諡曰忠壯

---

[291] 趙超，《魏晉南北朝墓誌彙編》，〈齊故特進驃騎大將軍開府儀同三司廣州刺史濟陰郡開國公贈朔肆恒三州諸軍事朔州刺史尚書右僕射泉城王劉王墓誌〉，頁445。

[292] 魏收，《魏書》，卷七十四，〈尒朱榮傳〉，頁1643。

[293] 李百藥，《北齊書》，卷十五，〈庫狄干傳〉，頁197。

[294] 魏收，《魏書》，卷三，〈明元紀〉，頁51。

王」，外族罕有出其右者。[295]倍侯利子孫均有獲得北魏政府之官位，其子幡地斤為殿中尚書，孫大那瓌為光祿大夫。尒朱榮之高祖尒朱羽健曾拜散騎常侍，祖尒朱代勤賜爵梁郡公，死後「贈鎮南將軍、并州刺史，謚曰莊」。父尒朱新興為散騎常侍、平北將軍，死後「贈散騎常侍、平北將軍、恒州刺史，謚曰簡」。[296]

在對丁零、稽胡之早期封賞中，這種王、公級別的賜爵難見蹤影。除太武帝之寵臣「遼東公」翟黑子有丁零之嫌外，其餘居原鄉之丁零終北魏一世未見有得高級官爵者，而遷代丁零唯鮮于寶業得在魏末出任鎮將，其餘多為下層官員，如從八品掃逆將軍翟興祖。北齊時雖有翟嵩為尚書左丞、散騎侍郎，可此時之翟氏已不能以北族丁零視之，而當目為其漢化後裔。

與丁零相比，稽胡的獲賜官爵亦暗淡無光。不過在稍早的前秦時期情況卻不太一樣，據〈鄧太尉祠碑〉可知關中地區匈奴系諸族之部落大人地位有得到官方承認，可以憑此身份和當地長官一起參與造像活動，藉以融洽關係。而且也有族人被吸收進入官僚系統者，如寧戎戍之軍功曹蓋周（字彥容）、軍主薄郝子星（字永文）。[297]但到北魏時期，可享受這種待遇的呂梁山區稽胡較為罕見。相比之下，同屬匈奴系的附魏盧水胡地位要高的多，在盧水胡聚居地杏城，鎮將郝溫即盧水胡，[298]且有「酒泉公」爵位，當地政府機構中盧水胡蓋氏亦有一定勢力。[299]

---

[295] 魏收，《魏書》，卷一百三，〈高車傳〉，頁2309。

[296] 魏收，《魏書》，卷七十四，〈尒朱榮傳〉，頁1643-1644。

[297] 〈鄧太尉祠碑〉，參見馬長壽，《碑銘所見前秦至隋初的關中部族》，頁14。

[298] 魏收，《魏書》，卷四十五，〈韋閬傳〉，頁1009。

[299] 魏收，《魏書》，卷四下，〈太武紀下〉，頁98。

（三）觀見、宿衛之差異

　　松下憲一認為，領民酋長制度下的部族具有軍事組織的性質。[300]
北魏政府對於歸附的領民酋長似乎有授予其番上宿衛的權力，當然這一
過程當以觀見之名進行。如尒朱新興為右將軍，「冬朝京師，夏歸部
落」。[301]庫狄干「冬得入京師，夏歸鄉里」。[302]斛律金「秋朝京師，春
還部落，號曰雁臣」。[303]這些酋長的入京觀見或率部落武士同往，成
為宿衛的力量之一。對於北魏宮衛而言，高車為重要之倚仗力量，「簡
西部敕勒豪富兼丁者為殿中武士」當為北魏強化宿衛之重要手段，[304]
利用其善戰之特性為皇室效力。由於宿衛之羽林監多由拓跋宗室子弟執
掌，故宿衛宮廷之高車亦可沾光，地位比稽胡之子都將高的多，可為中
層武官。據《魏書·官氏志》，高車羽林郎將為從四品上，高車虎賁將
軍為從四品下，高車虎賁司馬、高車虎賁將、高車羽林郎為從五品下，
高車虎賁為從六品下。[305]

　　對高車族人而言，能入宮宿衛當為莫大榮幸，因此在選拔衛士武
官的過程中也存在徇私舞弊的陋規。孝文帝時，殿中尚書胡莫寒「簡西
部敕勒豪富兼丁者為殿中武士，而大納財貨，簡選不平」，引起高車公
憤，「於是諸部敕勒悉叛」。[306]北魏對高車武士的選拔條件為「富豪
兼丁」，即家境富有、男丁較多，與後世府兵有相似之處。高車富戶向
胡莫寒行賄，目的或在雀屏中選，只不過後果也許是他們始料未及的。
不過也可知高車對宿衛資格獲取之熱忱。不過對於丁零、稽胡而言，就

---

[300] 松下憲一，《北魏胡族体制論》，頁 32。

[301] 魏收，《魏書》，卷七十四，〈尒朱榮傳〉，頁 1644。

[302] 李百藥，《北齊書》，卷十五，〈庫狄干傳〉，頁 197。

[303] 李延壽，《北史》，卷五十四，〈斛律金傳〉，頁 1965。

[304] 魏收，《魏書》，卷十九上，〈元天賜傳〉，頁 450。

[305] 魏收，《魏書》，卷一百一十三，〈官氏志九〉，頁 2983-2988。

[306] 魏收，《魏書》，卷十九上，〈元天賜傳〉，頁 450。

算有此熱忱，也難以得到機會，由於統治者的區別對待，通常無法得到命運的眷顧。

徵發少數族從軍屬於北魏常態，丁零、稽胡、高車諸族均不能倖免。然而對於丁零、稽胡來說，普遍存在的騎兵短板使之無法與能騎善射的高車等族比肩，[307]對於部隊以騎兵為主力的北魏而言只能憑藉數量成為砲灰，或是背井離鄉到各地充當特殊戶籍——城民。戰場地位尚且如此，入宮宿衛以窺天顏的機會更是遠比高車武士渺茫，就目前所見材料而言，除附魏較早之遷代人士外，尚未發現同一時期出身原鄉而獲得與宿衛相關官職者。

（四）賜婚之差異

高車、契胡等族群於北朝時期，憑藉其武力、忠誠度，在少數族中待遇較優渥，受政府之籠絡司空見慣，其中不乏與皇室結親，成為駙馬、國丈者。尒朱代勤之外甥女賀蘭氏嫁魏太武帝，尒朱榮之妻為北鄉長公主。斛律光家族「一門一皇后，二太子妃，三公主」。對政府而言，採用通婚的方式與這些武力族群締結婚約，對於提升其族對中央之向心力可謂頗有幫助。

相較於此二族的榮耀莫比，丁零、稽胡要與皇室結親可謂癡人說夢。丁零未有見得與皇室締結婚約者，而稽胡亦是難兄難弟。故而當高歡以嫁女為誘餌，設計對劉蠡升進行迷惑時，後者果然上當受騙，稽胡酋長對與政府高層締結婚姻的嚮往不言而喻。與之相似的事例則是太武帝時擁眾數萬舉事的安定盧水胡酋劉超，在北魏大將陸俟到任後，「誘納超女，外若姻親」的舉動多少令劉超放鬆警惕，[308]最終遭陸俟施以詐術，遇襲敗亡。可以說對於這些山居少數族而言，與皇室或朝廷顯貴結親，獲得攀龍附鳳的機會，無疑充滿了吸引力。

---

[307] 部分地區稽胡擁有實力較強的騎兵，如北魏孝文帝時起事之辛支王。

[308] 魏收，《魏書》，卷四十，〈陸俟傳〉，頁 903。

（五）北齊治理稽胡之特殊理念——類緩衝區設置

需要看到東魏北齊時期對於呂梁山中北部的稽胡似乎存在一種特殊處置，即有意將其區域作為戰略緩衝區看待，某種程度上與北魏在六鎮安置高車以防柔然相似。與西魏北周在黃土高原稽胡區域廣設州縣相比，北齊控制的黃河以東、齊長城以西的河東胡區其州縣設置多集中於呂梁南麓，中北部少有州縣，除承襲前代者外，可見者僅有高洋時所設良泉縣及少數軍戍。北齊之對周駐兵防禦重地亦無設於呂梁山區者。不得不說該統治方式與舊有之「閒田」、「隙地」的概念有相似之處。關於「閒田」之典，可見《毛詩注疏》：

> 虞、芮之君，相與爭田，久而不平，乃相謂曰：「西伯，仁人也，盍往質焉？」乃相與朝周。入其竟，則耕者讓畔，行者讓路。入其邑，男女異路，斑白不提挈。入其朝，士讓為大夫，大夫讓為卿。二國之君，感而相謂口：「我等小人，不可以履君子之庭。」乃相讓，以其所爭田為閒田而退。[309]

虞國、芮國間的爭議地帶之解決最終以各退一步，使之成為雙方之間的中立地帶——閒田而告終。而「隙地」則見於《春秋左傳》：

> 宋鄭之間有隙地焉，曰彌作、頃丘、玉暢、喦、戈、錫。子產與宋人為成，曰：「勿有是」。及宋平、元之族自蕭奔鄭，鄭人為之城喦、戈、錫……十三年，春，宋向魋救其師。鄭子臧使徇曰：「得桓魋者有賞」。魋也逃歸。遂取宋師於喦，獲成讙、郜

---

[309] 《毛詩正義》（收入《十三經注疏》整理委員會，《十三經注疏》，冊六），卷十六，〈大雅·綿〉「虞芮質厥成，文王蹶厥生」條，頁1165。

延。以六邑為虛。[310]

　　楊長玉先生認為閒田、隙地具有中立緩衝區之內涵。[311]雖然北齊對胡區之控制思想可能存在戰略緩衝的意圖在內，但與「閒田」、「隙地」為不屬於雙方之中立地帶不同，北齊對胡區擁有主權，並設有少量縣、戍。考慮到北齊統治層多出自鮮卑化懷朔集團，該思路或與草原族群之傳統邊界觀念有關，即著名的甌脫。《史記·匈奴列傳》云：

> 東胡王愈益驕，西侵。與匈奴閒，中有棄地，莫居，千餘里，各居其邊為甌脫。東胡使使謂冒頓曰：「匈奴所與我界甌脫外棄地，匈奴非能至也，吾欲有之。」冒頓問群臣，群臣或曰：「此棄地，予之亦可，勿予亦可。」於是冒頓大怒曰：「地者，國之本也，柰何予之！」[312]

　　對於「甌脫」之概念，學界已多有討論，逯耀東先生認為此乃兩國間以閒置土地為緩衝區，達到避免爭端的目的，這一行為屬於文化落後民族的通行風尚。[313]楊長玉先生則提出其兩大特徵，其一為位於相鄰政權各自的邊疆地帶；其二為具有重要的戰略地位，承擔守衛、侯望等軍事職能，配備軍事人員、軍事設施。[314]楊氏對「甌脫」之解釋與北齊在河東胡區之所為極其相似。由於作戰成本等問題，徹底征服稽胡要付出較大犧牲，而自孝昭之後的北齊君主多無開拓之志，故除少數軍

---

[310] 《春秋左傳注疏》，卷五十九，〈哀公十二年〉、〈哀公十三年〉，頁 1920-1922。

[311] 楊長玉，〈閒壤與閒田——唐蕃間的中立緩衝區初探〉，《西域歷史語言研究集刊》，2020 年第 1 期，頁 11。

[312] 司馬遷，《史記》，卷一百十，〈匈奴列傳〉，頁 2889。

[313] 逯耀東，《從平城到洛陽：拓跋魏文化轉變的歷程》（臺北：東大圖書股份有限公司，2001），頁 395。

[314] 楊長玉，〈閒壤與閒田——唐蕃間的中立緩衝區初探〉，頁 13。

事據點外，北齊在該雞肋區域並未進行太多建設。周將姚岳得以入呂梁山齊控區成功築城也可證明北齊對該地區控制之薄弱。無論對胡人或是對北周，這一地區有意無意成為具有緩衝意義之存在。雖然治理消極，但就其效果而言，有高洋平石樓之餘威協助，加之齊長城之地理隔絕，可以說在高洋之後直到北齊亡國前的約二十年間，除如同癬疥之胡人掠奴時有發生外，並未出現威脅統治之大亂，該區域保持了穩定，減輕了北齊晉陽西線的壓力，北齊甚至可以利用稽胡騷擾北周。與治下河西胡人頻頻起事的北周形成了鮮明的對比，當然這一區域的穩定與否同北齊國力、政局狀況密切相關，故而當其末世，北齊境內的稽胡反而成為北周的爭取對象，更不用說齊師兵敗如山倒時劉沒鐸等胡帥劃地稱王。

　　前文對造成丁零、稽胡與高車、契胡等族群之間在政府待遇上差異較大的主要原因已有討論。如高車、契胡等憑藉騎射長技馳騁疆場之族群，政府自然需要對其上層加以籠絡，以之作為維護統治之力量。反之，如丁零、稽胡等看似武功不振者，只能作為雜兵、砲灰使用，遑論耗資籠絡。此外，從地緣政治來看，這些族群所處的位置也多少影響了政府對其態度。北魏所承認的享有自治權之領民酋長多位於邊疆地區，為政府力有未及而作出的意在羈縻的權宜之計，如果隨著鐵騎控弦開疆擴土掀起之滾滾塵埃，邊疆逐漸變為內地，則意在羈縻的部落制度終將被政府直接控制的郡縣制所取代。可資印證的是，稽胡出身的領民酋長多出現在北魏鐵蹄南下、入主中原之初。當少數族處於政府核心區域的包夾之下時，後者自然難以容忍與自身淵源較淺的自治酋長存在。故在北魏平定中原後，處於平城、洛陽之間的河東胡區難以尋得領民酋長蹤影。在距離政府核心區較遠、接連北鎮的河西胡區卻多少能看到郝子魚、劉折等領民酋長存在。[315]

---

[315] 郝子魚為延州胡酋已如前述。劉折為大安狄那領民酋長，北魏大安郡非後齊僑置於今山西壽陽一帶的大安郡，本位於隋代朔方長澤縣地，其地亦在河西。參見魏徵，《隋書》，卷二十九，〈地理上・朔方郡〉，頁812。

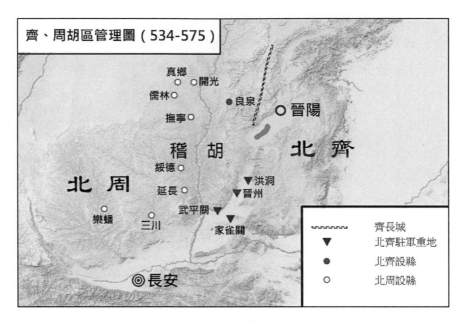

圖 4-8　齊、周胡區管理圖

　　另一方面，進入政府管理體系的方式亦影響了日後的待遇。主動歸附者往往待遇較高，反之若為被征服者，則待遇堪憂。早期歸魏的丁零酋帥翟同，或能受到較好待遇，太武帝寵臣翟黑子或其後人。需要看到的是，雖然總體來說稽胡在北魏一朝被壓迫甚重，但早期投附魏室者當不致如呂梁山區之胞族負擔沉重。如道武帝時投靠北魏的胡帥幡頹、業易于，魏帝令之徙居馬邑，該部分胡人待遇當較高。《魏書‧官氏志》云：

　　（天賜元年，西元 404 年）以八國姓族難分，故國立大師、小
　　師，令辯其宗黨，品舉人才。自八國以外，郡各自立師，職分如
　　八國，比今之中正也。宗室立宗師，亦如州郡八國之儀。[316]

---

[316] 魏收，《魏書》，卷一百十三，〈官氏志九〉，頁 2974。

八國範圍為平城周圍五百里，馬邑正好在此之內。從登國六年（西元 391 年）算起，幡頹等胡帥附魏久矣，此時「辯宗黨、品人才」當不致置其於外。對比呂梁地區的同胞難以一睹天顏，這一部分胡人至少在理論上擁有仕宦的特權。天賜四年（西元 407 年），北魏「增置侍官，侍直左右，出內詔命」，其選用標準即「取八國良家，代郡、上谷、廣寧、雁門四郡民中年長有器望者充之」。[317]該條文確定了有資格隨侍魏帝左右者之戶籍範圍，而幡頹、業易于部所居的馬邑恰好在此範圍內。如果歸附後沒有再被遷出，則至少在理論上可以獲得這一入侍機會。附魏較早的丁零、胡人及其後裔確有擔任宮禁武官者，如鮮于康仁曾為直閣將軍，[318]位在從五品以上，[319]呼延恃龍曾任從七品武騎常侍。[320]事實上甚至存在較早附魏而得高位之胡人，如王居伏□，因歸附較早，道武時得為儀同三司，甚至官拜懷荒鎮將。[321]到北魏中後期，隨著局勢的混亂，實力逐漸超過血統等因素，在仕宦時所起之作用逐漸變得重要。某些稽胡酋帥必然在此劇變中成為受益者，如有稽胡之嫌的夏州李和之父李僧養，「以累世雄豪，善於統御，為夏州酋長」。[322]松下憲一即認為其人可能因為對夏州牧民統馭有方，故得到國家之認可，被任命為酋長。[323]

---

[317] 魏收，《魏書》，卷一百十三，〈官氏志九〉，頁 2974。

[318] 令狐德棻，《周書》，卷一，〈文帝紀上〉，頁 11。

[319] 北魏末，尒朱世隆由直齋轉直閣，按制度多承北魏的北齊官制，直齋為從五品，則直閣品階當在前者之上。參見魏收，《魏書》，卷七十五，〈尒朱世隆傳〉，頁 1668。杜佑，《通典》，卷三十八，〈職官二十〉，頁 1048。

[320] 毛漢光，《唐代墓誌銘彙編附考》，冊十四，〈呼延章墓誌〉，頁 71。

[321] 羅振玉，《京畿冢墓遺文》（收入《石刻史料新編》，冊十八），卷上，〈王善來墓誌〉，頁 13617。

[322] 令狐德棻，《周書》，卷二十九，〈李和傳〉，頁 497。

[323] 松下憲一，《北魏胡族体制論》，頁 47。

第五章　入塞族群與中央政權之衝突

　　阻山而居的生活環境相較於祖先活躍的草原並無優越之處，而此環境的選擇也有憑險自固的意圖在內，即游離在政府掌控之外，拒絕承擔賦役等義務。而政府則千方百計希望這些山居族群能成為自身財賦來源之一。當政府試圖對其加以控制的時候，不可避免地會發生衝突。故自十六國到隋唐，數百年間雙方衝突不斷。

第一節　十六國至北魏丁零之舉事

一、十六國之丁零舉事

（一）翟鼠舉事

　　西晉末、十六國時丁零首倡起事者為翟鼠，由於中山、常山遭遇嚴重蝗災，中山丁零翟鼠反抗石勒，「攻中山、常山，勒率騎討之，獲其母妻而還。鼠保於胊關，遂奔代郡」。[1]起事雖然發生於石勒勢力範圍內，然石勒此時在形式上仍聽命於劉聰，可視為漢國時期之丁零舉事，翟鼠所部原當臣服於石勒，因蝗災所致饑荒不得不鋌而走險，但被石勒迅速平定。翟鼠所奔胊關之具體位置已無從考證，但必在太行山區。代郡時為段匹磾控制，為石勒鞭長莫及之地。

　　翟鼠奔鮮卑段氏後之活動細節不得而知，然至數十年後的趙、燕之交，其人又再次出現，永和七年（西元 351 年）丁零翟鼠及冉閔部將劉準等率領部屬歸降慕容儁，後者「封鼠歸義王，拜準左司馬」。[2]關

---

[1] 房玄齡，《晉書》，卷一百四，〈石勒載記上〉，頁 2725。

[2] 房玄齡，《晉書》，卷一百十，〈慕容儁載記〉，頁 2833。

於劉準歸燕之事,《晉書・冉閔載記》云:「慕容彪攻陷中山,殺閔寧北白同,幽州刺史劉準,降於慕容儁」。[3]翟鼠與劉準降燕,可知其人此時已回到故地中山。其中經過或與石趙滅段氏有關,代郡為石趙控制後翟鼠可能被迫出降,得到赦免後回到中山。

(二)翟斌諸翟之興衰

　　與武力對抗石勒的翟鼠不同,入塞丁零內部尚有對石趙政權採取合作態度的支系存在,即翟斌部。翟斌歸趙事在後趙建平元年(西元330年),此前一年,前趙劉曜為石勒攻滅,翟斌降石勒,當為對後者武力恐懼而求自保。後石趙滅亡,關東在經歷前燕統治後又歸於前秦。在符堅的徙民政策主導下,翟斌所部由定州故地遷至新安。隨著淝水之戰秦軍大敗的戰報傳來,翟斌於河南首舉反秦旗幟。

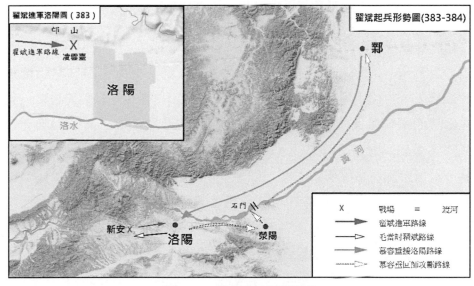

圖 5-1　翟斌起兵形勢圖

3　房玄齡,《晉書》,卷一百七,〈冉閔載記〉,頁 2796。

翟斌反秦後，揮師東進，直逼洛陽。關於翟斌起事之初的兵力，《太平御覽》所引崔鴻《十六國春秋》留下了「聚眾四千」的珍貴記載。[4]雖然丁零人數不多，但發展迅速，導致秦臣石越向苻丕哀嘆「丁零一唱，旬日之中，眾已數千」。在東進中過程，翟斌又得到了其他族群豪酋之支持。「慕容鳳及燕故臣之子燕郡王騰、遼西段延等聞翟斌起兵，各帥部曲歸之」。[5]

鮮卑等勢力加入麾下壯大了翟斌的力量。而面對氣勢洶洶的丁零，前秦自不會坐以待斃。留守洛陽之平原公苻暉即遣猛將毛當率兵抵禦，但在慕容鳳等人協助下，翟斌令秦軍折戟沉沙，毛當亦戰死沙場。此役之後，丁零不但趁勢攻下洛陽西郊的凌雲臺，將兵鋒進一步推向洛陽，而且獲得了含「萬餘人甲仗」在內的眾多戰利品，[6]極大地提高了兵士裝備水準。

隨著翟斌攻勢的漸趨凌厲，秦王苻堅命駐鄴名將慕容垂出兵平亂，然而苻秦親貴一系列自以為是的操作卻弄巧成拙，令本已蠢蠢欲動的慕容垂加速走向了裂土自立。如苻丕不允許慕容垂參拜家廟，慕容垂「乃潛服而入，亭吏禁之，垂怒，斬吏燒亭而去」。[7]在兵力配置方面，苻丕更是激化了矛盾，竟然「以羸兵二千及鎧仗之弊者給垂」。[8]苻丕等人本著鷸蚌相爭，漁翁得利之盤算，希望翟斌、慕容垂二虎相傷。但其鼠目寸光的操作無疑使慕容垂決心與舊主徹底翻臉，慕容垂後上表苻堅辯稱「丁零逆豎寇逼豫州，丕迫臣單赴，限以師程，惟給弊卒

4　李昉等，《太平御覽》，卷一百二十五，〈偏霸部九・後燕〉引崔鴻《十六國春秋》，頁 605-2。

5　司馬光，《資治通鑑》，卷一百五，〈晉紀二十七・太元八年〉，頁 3317、3319。

6　司馬光，《資治通鑑》，卷一百五，〈晉紀二十七・太元八年〉，頁 3319。

7　房玄齡，《晉書》，卷一百二十三，〈慕容垂載記〉，頁 3080。

8　司馬光，《資治通鑑》，卷一百五，〈晉紀二十七・太元八年〉，頁 3318。

二千，盡無兵杖」。[9]其中雖有自我開脫之嫌，但符丕所為確實失常。

　　另一方面，符丕等人也忽視了丁零軍動向。由於陣中加入了大量前燕舊臣，面對故王慕容垂的前來，燕人自然對翟斌展開了遊說工作。「慕容鳳、王騰、段延皆勸翟斌奉慕容垂為盟主，斌從之」。[10]但此時慕容垂意在襲取洛陽，並不知翟斌投誠真偽，所以拒絕了後者。之後由於符暉將其拒之洛陽門外，故當翟斌派郭通再次前來釋出投誠善意時，慕容垂終於同意與其合作。郭通所言之合作理由，見《資治通鑑·太元九年》：

> 通曰：「將軍所以拒通者，豈非以翟斌兄弟山野異類，無奇才遠略，必無所成故邪？獨不念將軍今日憑之，可以濟大業乎！」謂憑其眾可以成功也。垂乃許之。[11]

　　翟氏勢力加入可以增強慕容垂實力，故在現實利益考量下，慕容垂同意了翟斌的請求，此即「河南之盟」。在丁零加入後，慕容垂以四戰之地洛陽容易致敵為由，引兵北上，重回前燕故地，意圖攻鄴以成大事。途中於滎陽建政稱王，並封翟斌為建義大將軍、河南王。翟斌之弟翟檀、翟敏也一同受封。此時在慕容氏集團中，丁零諸黨可謂炙手可熱，僅次於燕國宗室。不過從事後發展來看，慕容垂之安排恐怕只是權宜之計。丁零諸貴「山野異類」的出身注定成為其原罪，無法為鮮卑貴族、漢人門閥接納。在鄴城攻城戰中，丁零與烏桓一起被慕容垂指派攻城，不用說這些外族士兵自然淪為了砲灰。看到丁零同胞死傷慘重，翟斌的心情肯定相當不滿。然而即使是飛車、地道等技術輪番上陣，鄴城

9　房玄齡，《晉書》，卷一百二十三，〈慕容垂載記〉，頁3083。

10　司馬光，《資治通鑑》，卷一百五，〈晉紀二十七·太元九年〉，頁3320。

11　司馬光，《資治通鑑》，卷一百五，〈晉紀二十七·太元九年〉，頁3320。

也沒有被攻下，這也加劇了翟斌對慕容氏的離心離德。《資治通鑑·太元九年》云：

> 燕翟斌恃功驕縱，邀求無厭；又以鄴城久不下，潛有貳心。太子寶請除之，燕王垂曰：「河南之盟，不可負也；若其為難，罪由於斌。今事未有形而殺之，人必謂我忌憚其功能；吾方收攬豪傑以隆大業，不可示人以狹，失天下之望也。藉彼有謀，吾以智防之，無能為也。」范陽王德、陳留王紹、驃騎大將軍農皆曰：「翟斌兄弟恃功而驕，必為國患。」垂曰：「驕則速敗，焉能為患！彼有大功，當聽其自斃耳。」禮遇彌重。[12]

之後翟斌求封尚書令遭拒直接促使丁零集團與慕容燕決裂。《晉書·慕容垂載記》云：

> 翟斌潛諷丁零及西人，請斌為尚書令。垂訪之群僚，其安東將軍封衡屬色曰：「馬能千里，不免羈絆，明畜生不可以人御也。斌戎狄小人，遭時際會，兄弟封王，自驪兜已來，未有此福。忽履盈忘止，復有斯求，魂爽錯亂，必死不出年也。」垂猶隱忍容之，令曰：「翟王之功宜居上輔，但臺既未建，此官不可便置。待六合廓清，更當議之。」[13]

尚書令為行政系統之核心，可謂一人之下，萬人之上，慕容氏自不可能將此要職交予丁零異類。這也令鮮卑、丁零盟約破裂，從此翟斌開始暗通前秦，並阻撓燕軍之攻城計劃。時慕容垂引漳水灌鄴城，「不

---

[12] 司馬光，《資治通鑑》，卷一百五，〈晉紀二十七·太元九年〉，頁3331。
[13] 房玄齡，《晉書》，卷一百二十三，〈慕容垂載記〉，頁3085。

沒者尺餘」。翟斌卻「使人夜往決堰，水潰，故鄴不拔」。[14]

　　東窗事發後，翟斌、翟檀、翟敏兄弟均為慕容垂所殺，其餘部眾則被赦免。在此變亂中，翟斌之姪翟真連夜率部北走邯鄲，引得援兵後又南下鄴城，試圖與城內秦軍裡應外合夾攻燕軍，但為慕容寶、慕容隆擊退，被迫再撤回邯鄲。對於近在咫尺的翟真，慕容垂並未急於攻擊，而是聽從慕容楷、慕容紹之建議，「丁零非有大志，但寵過為亂耳。今急之則屯聚為寇，緩之則自散，散而擊之，無不克矣」。[15]果不出所料，翟真七月北撤邯鄲，八月即有「自散」之勢，燕軍見機不可失，趁勢攻擊之。處於劣勢的翟真利用燕軍長途跋涉、人困馬乏的劣勢，以逸待勞，伏兵待之。雖然燕將慕容隆察覺有異，以「士卒飢倦，且視賊營不見丁壯，殆有他伏」言於慕容楷，[16]但慕容楷的剛愎自用令燕軍馬失前蹄，大敗而歸。

　　翟真敗燕後順勢北上，來到其故地中山，屯於承營。對於承營之位置，《（民國）定縣志》云：

> 今無承營之名，遂失其地。然既有城郭必東境巨鎮，遺蹟未必盡湮。竊疑今東亭鎮左近或有其跡，東亭東北之翟城或即因丁零翟氏而名，蓋丁零盤據定縣一帶最久，而翟氏為其酋長也。[17]

　　按東亭之翟城位於定州正東，非東南，故韓振京認為承營當在今定州東南李親顧鎮之北城村。當地有北城、南城兩村，根據傳說，此地為南北朝時之故城，所以名為城村，後來發展為兩個村莊，北者為北城

---

[14] 魏收，《魏書》，卷九十五，〈慕容垂傳〉，頁2066。

[15] 房玄齡，《晉書》，卷一百二十三，〈慕容垂載記〉，頁3332。

[16] 司馬光，《資治通鑑》，卷一百五，〈晉紀二十七·太元九年〉，頁3333。

[17] 何其章修，賈恩紱撰，《（民國）定縣志》（收入《中國地方志集成》，上海：上海書店出版社，2006，冊卅五），卷二，〈古蹟篇·城村〉，頁416。

村，南者為南城村。[18]北城村除有古城傳說，亦不乏文物出土，此說當可參考。[19]遭遇失敗後燕軍以退為進，著力內政建設，對翟真未急於攻略，而是蓄勢待發，以圖剷除這一心腹之患。即慕容垂所謂「苻丕窮寇，必守死不降。丁零叛擾，乃我腹心之患。吾欲遷師新城，開其逸路，進以謝秦主疇昔之恩，退以嚴擊真之備」。[20]在此期間，丁零軍也得到了來自其他勢力的支援。《資治通鑑・太元九年》云：

> 秦幽州刺史王永求救於振威將軍劉庫仁，庫仁遣其妻兄公孫希帥騎三千救之，大破平規於薊南，乘勝長驅，進據唐城。翟真在承營，與公孫希、宋敞遙相首尾。長樂公丕遣宦者冗從僕射清河光祚將兵數百赴中山，與真相結。又遣陽平太守邵興將數千騎招集冀州故郡縣，與祚期會襄國。[21]

在外部局勢暫為緩和的情況下，翟真沒有侷促一隅，而是向其他地方發展勢力。如向東佔領魯口。同年慕容農「自信都西擊丁零翟遼於魯口，破之」。[22]魯口位於今饒陽之西南，在信都之北，故《通鑑》所言「西擊」當為「北擊」。翟遼防守之魯口屬於定州中山以東之冀州，可知翟真有派親信向東攻城略地。在南方翟真也有拓地，《晉書・慕容垂載記》云：「慕容農進攻翟嵩於黃泥，破之」。[23]黃泥之地望或可參考《（民國）寧晉縣志》，寧晉縣城西三十里有翟村、黃泥，[24]此或即

---

[18] 韓振京主編，《定縣地名資料彙編》（定縣：河北定縣地名辦公室，1983），頁 356、358。

[19] 參見 http://blog.sina.com.cn/s/blog_62dc1dab0102w46b.html。

[20] 房玄齡，《晉書》，卷一百二十三，〈慕容垂載記〉，頁 3085。

[21] 司馬光，《資治通鑑》，卷一百五，〈晉紀二十七・太元九年〉，頁 3333。

[22] 司馬光，《資治通鑑》，卷一百五，〈晉紀二十七・太元九年〉，頁 3337。

[23] 房玄齡，《晉書》，卷一百二十三，〈慕容垂載記〉，頁 3085。

[24] 蘇毓琦、伊承熙修，《（民國）寧晉縣志》（收入《中國地方志集成》，冊六十六），

翟氏據守之黃泥。除上述地區外，丁零人實際控制的區域可能要大得多，前田正名先生甚至認為在這一時期，丁零人已在太行山東麓大量散佈。[25]

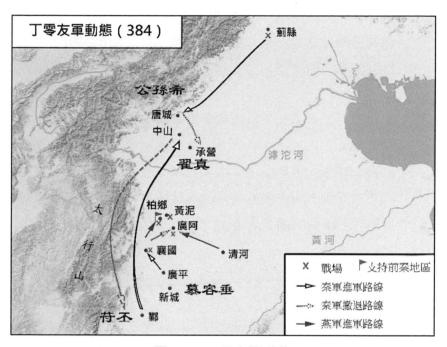

圖 5-2　丁零友軍動態

雖然翟真試圖極力擴張，以至一度出現「丁零四布，分據諸城」的局面，[26]但後燕在故地站穩腳跟後，丁零及其友軍很快遭到各個擊破。《資治通鑑·太元九年》云：

> 燕王垂遣冠軍大將軍隆、龍驤將軍張崇將兵邀擊興，命驃騎大將

卷一，〈封域〉，頁 329。

[25] 前田正名著，李憑等譯，《平城歷史地理學研究》，頁 415。

[26] 司馬光，《資治通鑑》，卷一百六，〈晉紀二十八·太元十年〉，頁 3343。

軍農自清河引兵會之。隆與興戰於襄國，大破之；興走至廣阿，
遇慕容農，執之。光祚聞之，循西山走歸鄴。隆遂擊趙粟等，皆
破之，冀州郡縣復從燕。劉庫仁聞公孫希已破平規，欲大舉兵以
救長樂公丕，發鴈門、上谷、代郡兵，屯繁畤。燕太子太保慕輿
句之子文、零陵公慕輿虔之子常時在庫仁所，知三郡兵不樂遠征
因作亂，夜攻庫仁，殺之，竊其駿馬，奔燕。公孫希之眾聞亂自
潰，希奔翟真。[27]

在燕軍的步步進逼下，丁零的控制區域日漸收縮。防衛黃泥之翟
嵩、屯駐魯口之翟遼先後為慕容農擊敗，翟遼退守無極，慕容農又入藁
城進逼之，之後與中山出發的慕容麟部合力破無極，翟遼單騎出逃，投
奔駐承營之翟真。

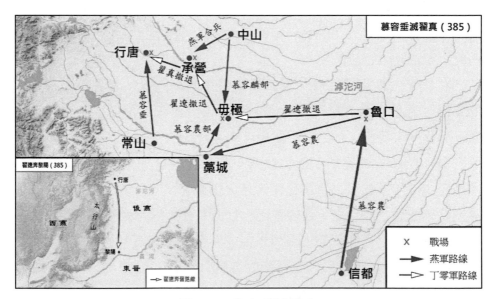

圖 5-3　慕容垂滅翟真

---

[27] 司馬光，《資治通鑑》，卷一百五，〈晉紀二十七・太元九年〉，頁 3335。

太元十年（西元 385 年）二月，慕容農至中山，再與慕容麟合兵，共攻翟真。望見燕軍來襲，翟真亦整軍出戰。慕容農、慕容麟先率數千騎至承營觀望形勢，望見翟真兵精陣嚴多，燕軍諸將建議退兵，唯慕容農力排眾議，主張以「斬首戰」戰術攻其要害。遂派驍騎將軍慕容國率百餘騎衝擊翟真本陣，翟真畏而撤離，於是丁零潰不成軍，死傷慘重，燕軍趁勢攻下承營外郭。

承營外郭丟失後，翟真為挽回局勢，採取圍魏救趙之計，夜襲中山以圖解圍，卻遭慕容溫擊退，「自是不敢復至」。中山城下損兵折將，承營解圍無望，翟真只能突圍撤離至行唐，然未待其喘息丁零內部即發生權力更迭。四月，翟真司馬鮮于乞殺翟真及其宗人，自立為趙王。可翟氏部眾並不承認其合法性，殺鮮于乞，立翟真從弟翟成為主。這一內訌造成丁零內部分裂，「其眾多降於燕」，[28]嚴重削弱了實力。閏五月初四，慕容垂至常山，進而圍翟成於行唐。在經歷兩個月的圍困後，七月廿八，翟成長史鮮于得斬翟成出降，行唐圍攻戰終以燕軍勝利告終，翟成親近遭到坑殺。

在鮮于乞謀殺翟真時，翟真從弟翟遼發覺危險，南奔至東晉治下的黎陽，為晉陵太守滕恬之收留，深得後者信任。由於滕恬之出身士族，恥與兵卒為伍，加之喜好畋獵無心俗務，故又上演了一齣農夫與蛇的悲劇。翟遼對滕氏部下極力拉攏，暗中發展自身勢力。太元十一年（西元 386 年）正月，翟遼趁滕恬之攻鹿鳴城，「於後閉門拒之」，隨後擒獲奔甄城之滕恬之，佔據黎陽，以此為據點進行擴張。翟遼對黎陽的詐取自然引起東晉反擊，「豫州刺史朱序遣將軍秦膺、童斌與淮、泗諸郡共討之」，[29]但黎陽仍在翟遼的控制中。

不久之後，翟遼獲得新盟友，三月，太山太守張願挾郡叛晉，降

28　司馬光，《資治通鑑》，卷一百六，〈晉紀二十八・太元十年〉，頁 3343、3345。

29　司馬光，《資治通鑑》，卷一百六，〈晉紀二十八・太元十一年〉，頁 3358-3359。

於翟遼。[30]有了張願的支持,翟遼暫時將戰略目標轉移到南方的東晉,
八月攻譙郡,但為朱序擊敗。即使遭到晉軍的還擊,翟遼也未停下南向
的腳步。太元十二年(西元 387 年)春,遣子翟釗攻陳郡、潁川郡,為
晉將秦膺擊退。當新南向發展屢屢碰壁時,北方後燕境內的齊涉舉事又
為翟氏提供了可乘之機。佔據新柵的燕魏郡太守齊涉叛燕,「連張願,
願自帥萬餘人進屯祝阿之瓮口,招翟遼,共應涉」。[31]對於齊涉之反抗
軍,燕方認為新柵堅固,強攻難以快速奏效,不如先打擊其盟友張願,
故未急於用兵。不久又出現降附翟氏者,四月,高平翟暢挾持太守徐含
遠,以郡降翟遼。[32]

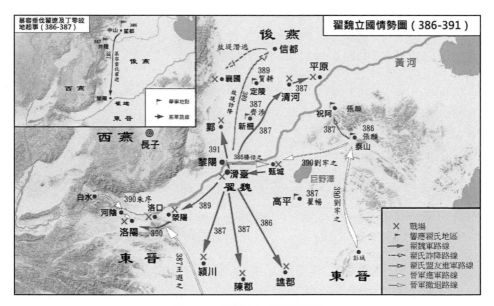

圖 5-4　翟魏立國情勢圖

　　不過南北兩面奏捷的喜訊並未持續太久,翟遼「以一城之眾,反

---

[30] 房玄齡,《晉書》,卷九,〈孝武紀〉,頁 235。

[31] 司馬光,《資治通鑑》,卷一百七,〈晉紀二十九・太元十二年〉,頁 3375。

[32] 房玄齡,《晉書》,卷九,〈孝武紀〉,頁 236。

覆三國之間」，[33]始終是慕容垂的心腹大患，因此慕容垂五月發兵攻翟遼於黎陽。由於翟遼部下多為河北流民，對前燕太傅慕容恪之德政記憶猶新，所以在面對燕軍前鋒、慕容恪之子慕容楷時，大多舍翟遼而去，不戰而降。翟遼只能請降，慕容垂封其為徐州牧、河南公，引兵北歸。不久前翟斌還位列王爵，此時其侄卻只得公爵，此中懲戒意味不言而喻。

然至當年十月，翟遼不思韜光養晦，又揭反旗，兵分二路展開攻勢。一路攻燕，聯合後燕境內的反抗勢力章武王祖、勃海張申攻擊清河、平原；另一路則向西對東晉攻城略地，但於洛口敗於王遐之。進軍受挫使其重新考慮修補與後燕的關係，太元十三年（西元 388 年）二月，翟遼遣司馬眭瓊謁慕容垂謝罪，但慕容垂以其反覆無常，斬眭瓊拒絕請降。於是翟遼與燕徹底決裂，以稱帝回應慕容垂，自號大魏天王，建元建光，置百官，翟魏政權正式宣告建立。出於對慕容垂強大軍力之擔憂，五月，翟遼出黎陽還都滑臺，以圖憑河自固。此後一段時間翟魏主要向西發展，向東晉控制區展開攻勢。九月，遣翟發攻洛陽，但為晉河南太守郭給所敗。受挫之後，翟遼又與乞活帥黃淮合作，共攻長社，為晉將郭銓、王遐之擊退，翟遼敗奔河北。太元十四年（西元 389 年）四月，翟遼攻滎陽終獲一勝，俘虜東晉太守張卓。

對宿敵後燕，翟遼也不忘削弱之。十月，遣故堤詐降於燕冀州刺史慕容溫，趁機刺殺慕容溫，「并其長史司馬驅，帥守兵二百戶奔西燕」，[34]但途中為慕容隆追殲。太元十五年（西元 390 年）正月，翟遼與張願在太山擊敗晉將劉牢之，於是又乘勝欲攻洛陽。然其攻取金墉之戰略意圖為朱序洞悉，晉軍遂攻其子翟釗於石門，朱序又遣參軍趙蕃破翟遼於懷縣，翟遼連夜遁走。不久，張願破金鄉，圍晉太山太守羊邁，

[33] 司馬光，《資治通鑑》，卷一百七，〈晉紀二十九·太元十二年〉，頁 3377。

[34] 司馬光，《資治通鑑》，卷一百七，〈晉紀二十九·太元十四年〉，頁 3390。

劉牢之遣參軍向欽之擊退張願，翟釗見勢領兵援救，劉牢之欲擒故縱，先不與之發生正面衝突，待其回軍後再進軍太山，攻翟釗於甄城。尚未恢復元氣的翟釗敗走河北，翟遼又為晉軍敗於滑臺大本營，張願降晉，翟張同盟宣告瓦解。然東晉亦無力攻取滑臺城池，故翟魏暫時轉危為安，滅頂之災延緩到來。

太元十六年（西元 391 年）十月，翟遼死，翟釗即位，改元定鼎。在南下攻晉屢屢碰壁後，翟釗又將目標重新投向後燕，引兵攻燕鄴城，卻為慕容農擊退。然其屢敗屢戰，太元十七年（西元 392 年）二月，翟釗又遣翟都攻燕館陶，兵屯蘇康壘，但攻勢並未持續太久。另一方面，當慕容垂在內政問題基本解決後，徹底平定翟魏的計劃終於付諸執行。三月發兵親征翟魏，進逼蘇康壘，在燕軍的凌厲攻勢下，翟都於四月南奔滑臺。

面對燕軍再次來襲，翟釗並沒有坐以待斃，立即向後燕的敵人西燕求救。《資治通鑑‧太元十七年》云：

> 翟釗求救於西燕，西燕主永謀於群臣，尚書郎渤海鮑遵曰：「使兩寇相弊，吾承其後，此卞莊子之策也。」中書侍郎太原張騰曰：「垂強釗弱，何弊之承！不如速救之，以成鼎足之勢。今我引兵趨中山，晝多疑兵，夜多火炬，垂必懼而自救。我衝其前，釗躡其後，此天授之機，不可失也。」永不從。[35]

在魏弱燕強的形勢下，西燕卻希冀二者兩虎相爭，坐收漁利，可謂緣木求魚，癡人說夢。由於慕容永的短視，翟釗沒有等來援兵，只能孤軍奮戰。六月，慕容垂至黎陽，欲渡河取滑臺，但翟釗列兵南岸，嚴陣以待，欲待半渡擊之。為突破翟釗的防線，意在渡河的慕容垂再一次

---

[35] 司馬光，《資治通鑑》，卷一百八，〈晉紀三十‧太元十八年〉，頁 3405。

令丁零人領略其用兵如神的名將本色。《資治通鑑‧太元十七年》云：

> 垂徙營就西津，去黎陽西四十里，為牛皮船百餘艘，偽列兵仗，
> 沂流而上。釗丕引兵趣西津，垂潛遣中壘將軍桂林王鎮等自黎陽
> 津夜濟，營於河南，比明而營成。[36]

慕容垂巧設疑兵、虛張聲勢，翟釗果然中計。一鼓作氣、再而衰、三而竭的作戰原則也被慕容垂利用暑熱天氣發揮得淋漓盡致。面對來慕容鎮等營前叫陣邀戰的丁零軍，慕容垂下令堅守營壘。「釗兵往來疲喝，攻營不能拔，將引去；鎮等引兵出戰，驃騎將軍農自西津濟，與鎮等夾擊，大破之」。[37]

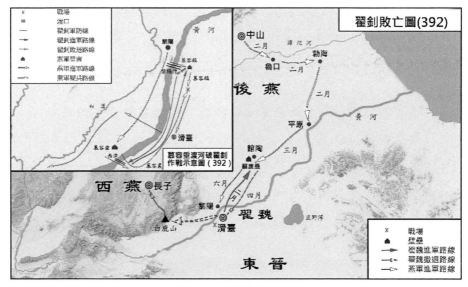

圖 5-5 翟釗敗亡圖

---

[36] 司馬光，《資治通鑑》，卷一百八，〈晉紀三十‧太元十七年〉，頁 3405。

[37] 司馬光，《資治通鑑》，卷一百八，〈晉紀三十‧太元十七年〉，頁 3405-3406。

　　為燕軍所敗的翟釗只能退回滑臺，收拾殘部，北渡黃河，入白鹿山憑險自守。受糧草缺乏困擾，不得不下山徵糧，為守株待兔的燕將慕容隆擊破，翟釗單騎奔西燕，慕容永以其為車騎大將軍、兗州牧、東郡王。翟魏正式滅亡，其所轄「七郡戶三萬八千」盡歸後燕。[38]關於翟氏曾轄之七郡，譚其驤先生考證為：滎陽、頓丘、貴鄉、黎陽、陳留、濟陰、東燕七郡，若考慮中間之郡縣併省，則尚有濟陽、建興二郡，其建政之初，尚據有東平、泰山，又汲郡、河內亦曾為之一度擁有。[39]

　　雖然翟釗奔西燕時未攜帶部眾，但在抵達長子後，仍有部下追尋而至。如魏初上黨舉事之翟都，[40]其為太元十七年（西元 392 年）春指揮攻燕館陶之翟魏舊領，在翟魏亡後，率部前往西燕投奔主公。由於舊部重歸，修養半年後，翟釗逐漸恢復元氣，於太元十八年（西元 393 年）三月攻擊東晉控制下的河南。之後甚至又叛慕容永，不過這一次可沒有以前幸運，反覆無常之翟釗終為慕容永所殺。

（三）其他

　　需要注意的是，當翟斌南下黃河流域時，留在故地之餘部尚有反燕舉事。太元十一年（西元 386 年），即鮮于得殺翟成出降的翌年，八月，保聚曲陽西山的丁零首領鮮于乞，趁慕容垂南伐之際出山，以望都為營，抄掠郡縣。慕容麟率兵討伐，不顧部將「殿下虛鎮遠征，萬一無功而返，虧損威重，不如遣諸將討之」的建議，直言「乞聞大駕在外，無所畏忌，必不設備，一舉可取，不足憂也」。[41]執行聲東擊西之計，以進兵魯口為幌子，麻痺鮮于乞，連夜折返，回師攻之，大敗丁零，俘獲鮮于乞。

---

[38] 房玄齡，《晉書》，卷一百二十三，〈慕容垂載記〉，頁 3088。

[39] 譚其驤，〈記翟魏始末〉，收入氏著，《長水集》，上冊，頁 253。

[40] 魏收，《魏書》，卷二十八，〈莫題傳〉，頁 683。

[41] 司馬光，《資治通鑑》，卷一百六，〈晉紀二十八‧太元十一年〉，頁 3367。

次年五月,在慕容垂南伐翟遼時,井陘人賈鮑引北山丁零翟遙等五千餘人,夜襲中山,並攻陷外郭。但穩住陣腳的燕軍很快轉守為攻,「章武王宙以奇兵出其外,太子寶鼓譟於內」,[42]大破賈鮑、翟遙聯軍,唯此魁首二人單騎逃脫。

這兩次事件雖然均為翟遼南下後之丁零餘部舉事,但性質可能有所差異,前者當為自發之抄掠,後者可能有圍魏救趙、為南方翟魏解圍之可能。

二、北魏之丁零舉事

鮮于乞、翟遙等起事為後燕鎮壓後,定州地區的局勢在數年內維持了穩定。當北魏南牧,燕魏戰事再起時,丁零又成為後燕內部各勢力的利用對象。《晉書·慕容寶載記》云:

> 麟懼不自安,以兵劫左衛將軍、北地王精,謀率禁旅弒寶。精以義距之,麟怒,殺精,出奔丁零。初,寶聞魏之來伐也,使慕容會率幽并之眾赴中山。麟既叛,寶恐其逆奪會軍,將遣兵迎之。麟侍郎段平子自丁零奔還,說麟招集丁零,軍眾甚盛,謀襲會軍,東據龍城。詳僭稱尊號,置百官,改年號……麟率丁零之眾入中山,斬詳及其親黨三百餘人,復僭稱尊號。[43]

丁零不但受納後燕王公大臣,也成為慕容麟參與政權爭奪的重要工具。雖然此後後燕退出華北平原,北魏確立了對中原的統治,但丁零仍為反魏勢力所爭取。天興二年(西元 399 年)三月,原燕中山太守仇儒即以趙郡為根據地聚集黨徒,「據關城,連引丁零,殺害長吏,扇動

---

[42] 司馬光,《資治通鑑》,卷一百七,〈晉紀二十九·太元十二年〉,頁 3377。

[43] 房玄齡,《晉書》,卷一百二十四,〈慕容寶載記〉,頁 3095-3096。

常山、鉅鹿、廣平諸郡」。[44]仇儒等人後為長孫肥平定，但丁零對北魏之反抗並未因此停止。天興五年（西元 402 年）二月，丁零鮮于次保與自稱無上王的僧人張翹合作抗魏，保聚常山行唐，四月為中山太守樓伏連平定，主謀者被斬殺。

同年冬，原翟釗部將翟都與上黨反魏勢力秦頗合作，聚眾壺關舉事。由於翟都本身歷盡戰陣，具備一定軍事經驗，其部可能對地方造成了不小的打擊，所以北魏予以較高重視，不但派上黨太守陸突出征，亦在東路令中山太守莫題率兵三千進剿。兩路夾攻之下，十一月丁丑（十二），秦頗為陸俟斬獲，翟都逃亡林慮山，為莫題搜山檢亡平定之。

在北魏鐵騎的武力震攝下，此後十餘年丁零地區未發生大規模舉事，到明元帝時，由於劉裕北伐的影響，丁零反魏鬥爭又起。泰常元年（西元 416 年），丁零翟猛雀於白澗山舉事「謀為大逆」。[45]黃河之北的白澗山為當時北魏南境，此年該區域正處於晉、魏、秦三方對峙中。不久周邊地區又因劉裕北伐陷入混亂，當年十月，洛陽已由姚秦歸於東晉，白澗山正在洛陽西北，依唐代交通里程，其治所澤州到洛陽不過二百八十里，[46]距離甚近。加之被翟猛雀驅使對象中管理人才——吏的存在，很難想像此次舉事目的會單純，所謂「大逆」很可能為響應劉裕。

面對翟猛雀起事，明元帝甚至揮師南下，掛帥親征。《魏書・韓茂傳》云：「太宗曾親征丁零翟猛，茂為中軍執幢」。[47]結合十六國北朝人名之簡寫習慣，可知翟猛即翟猛雀。今本《魏書・明元紀》乃據魏澹本《西魏書》所補而成，未言明元南征始末。明元親征或因臣下勸阻而中途返回；或在途中大鎮駐蹕，遙控指揮作戰。即使如此，明元帝也相當重視此次起事，甚至派出禁衛軍奔赴前線。宗室拓跋比干「以司衛

---

[44] 魏收，《魏書》，卷二十六，〈長孫肥傳〉，頁 652。

[45] 魏收，《魏書》，卷三十三，〈張蒲傳〉，頁 779。

[46] 李吉甫，《元和郡縣圖志》，卷十五，〈河東道四・澤州〉，頁 423。

[47] 魏收，《魏書》，卷五十一，〈韓茂傳〉，頁 1127。

監討白澗丁零有功，賜爵吉陽男」。[48]司衛監為北魏典宿衛之職官，拓跋比干征討翟猛雀時當統領禁軍。此外明元帝亦遣內都大官張蒲南下與冀州刺史長孫道生一同鎮壓起事。《魏書·張蒲傳》云：

> 道生等欲徑以大兵擊之，蒲曰：「良民所以從猛雀者，非樂亂而為，皆逼凶威，強服之耳。今若直以大軍臨之，吏民雖欲返善，其道無由。又懼誅夷，必并勢而距官軍，然後入山恃阻，誑惑愚民。其變未易圖也。不如先遣使喻之，使民不與猛雀同謀者無坐，則民必喜而俱降矣。」[49]

通過張蒲之分化瓦解，翟猛雀控制的民戶紛紛出山降魏。翟猛雀不得不與百餘親信逃亡，後來於林慮山為郡縣官兵所殺。此舉事原因雖然被歸咎於所謂「謀大逆」，但在翟猛雀的「威逼」外，似乎還有其他原因。《魏書·周幾傳》云：「泰常初，白澗、行唐民數千家負嶮不供輸稅」，經周幾與長孫道生「宣示禍福，逃民遂還」。從時間及負責官員看來，此即翟猛雀起事。可見除受翟猛雀「威逼」入山者外，更多的民戶應當出於逃避賦役而選擇入山保聚，成為翟氏「謀大逆」的從犯。內有丁零民逃稅，外有劉裕影響，二者共同促成此次起事。第二章已經分析白澗丁零為上黨丁零之後，而上黨丁零為定州丁零之分支，兩支丁零可能仍保持了一定聯繫。所以起事失敗後，翟猛雀領導下的丁零人試圖回到太行山東麓之故地，「竄於行唐及襄國」，但仍為周幾所滅。[50]

如果說翟猛雀舉事只是存在暗通劉裕的可能，另一起舉事則結交晉軍證據確鑿。泰常二年（西元 417 年）四月，榆山丁零翟蜀、洛支遣

---

[48] 魏收，《魏書》，卷十四，〈拓跋比干傳〉，頁 349。

[49] 魏收，《魏書》，卷三十三，〈張蒲傳〉，頁 779。

[50] 魏收，《魏書》，卷三十，〈周幾傳〉，頁 726。

使通劉裕。此時北魏正集中力量防備劉裕,明元帝令叔孫建、長孫嵩「各簡精兵二千,觀劉裕事勢」,[51]對晉軍實施武裝監視,暫無暇加大兵討翟蜀。當年九月劉裕入長安,長孫嵩諸部也結束監視任務。在回師至樂平時,明元帝令其率叔孫建、娥清、周幾等將領進剿撤至西山的翟蜀、洛支,「悉滅餘黨而還」。[52]需要注意的是翟蜀等人有派人與劉裕聯繫,雖然沒有獲得實際支援,但在翟蜀為北魏剿滅後,卻有疑似丁零人出現在晉、宋陣營中。永初三年(西元 422 年)十月,魏軍渡河南牧,宋司州刺史毛德祖「遣司馬翟廣率參軍龐諮、上黨太守劉談之等步騎三千拒之」。[53]關於翟廣的姓氏讀音,史炤注曰「亭歷切」,[54]與丁零諸翟相同。翟廣在劉宋陣營之出現時間恰為翟蜀通劉裕後,且宋初司州下轄洛陽等地,其人或即被劉裕收留的翟蜀使者。翟廣被劉宋拜為滎陽太守,後與上司毛德祖等遭魏軍俘虜,生死不明。

雖然兩次起事均被政府平定,但終明元之朝,丁零武裝反抗此起彼伏,「并州丁零,數為山東之害」。除李曾主政的趙郡情況稍好外,其他地區仍不免丁零騷擾。[55]北魏前期之并州下轄上黨,故此并州丁零當即上黨丁零。

太武帝即位後,神䴥元年(西元 428 年)閏十月定州又發生丁零起事。時鮮于臺陽、翟喬等兩千餘家叛入西山,伺機劫掠郡縣。西山即曲陽西山,可知其部為中山丁零。此次舉事者有一定戰鬥力,曾擊敗前來圍剿的定州官軍。太武帝只能派出有對丁零作戰經驗的叔孫建作為援軍,圍剿鮮于臺陽等人,至神䴥二年(西元 429 年)正月,鮮于臺陽等

---

[51] 魏收,《魏書》,卷二十九,〈叔孫建傳〉,頁 704。

[52] 魏收,《魏書》,卷三,〈明元紀〉,頁 58。

[53] 沈約,《宋書》,卷九十五,〈毛德祖傳〉,頁 2323。

[54] 史炤,《資治通鑑釋文》(臺北:臺灣商務印書館,1981),卷十三,〈宋紀一〉,頁 419。

[55] 魏收,《魏書》,卷五十三,〈李曾傳〉,頁 1167。

終於出降，為北魏赦免。

在中山丁零被平定後之翌年，上黨丁零又有舉事，為公孫軌平定。《魏書·公孫軌傳》云：

> 劉義隆將到彥之遣其部將姚縱夫濟河，攻冶坂。世祖慮更北入，遣軌屯壺關。會上黨丁零叛，軌討平之。[56]

到彥之遣姚聳夫攻冶坂為元嘉七年（神䴥三年，西元 430 年）八月，考慮到信息傳遞之時間差，丁零起事當在此年末。在此之後定州、并州局勢較為穩定，近三十年未有大規模丁零舉事發生。

文成帝太安二年（西元 455 年），有丁零數千家「亡匿井陘山，聚為寇盜」，攻擊并州、定州。[57]北魏政府對於沉寂多年之後死灰復燃的丁零起事較為重視，令選部尚書陸真會同并州刺史乞伏成龍、定州刺史許宗之東西夾擊，鎮壓了此次舉事。

獻文帝時，仍有部分西山丁零游離在管理秩序外，堅持與政府對抗。《魏書·韓均傳》：

> 廣阿澤在定、冀、相三州之界，土廣民稀，多有寇盜，乃置鎮以靜之。以均在冀州，劫盜止息，除本將軍、廣阿鎮大將，加都督三州諸軍事。均清身率下，明為耳目，廣設方略，禁斷姦邪，於是趙郡屠各、西山丁零聚黨山澤以劫害為業者，均皆誘慰追捕，遠近震蹋。[58]

---

[56] 魏收，《魏書》，卷三十三，〈公孫軌傳〉，頁 784。

[57] 魏收，《魏書》，卷五，〈文成紀〉，頁 115。

[58] 魏收，《魏書》，卷五十一，〈韓均傳〉，頁 1129。

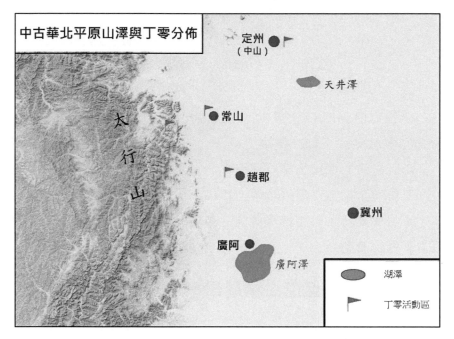

圖 5-6　中古華北平原山澤與丁零分佈

　　可以說這是目前可見史籍中對於入塞丁零的最後記錄,《魏書·
韓均傳》中趙郡屠各、西山丁零「聚黨山澤」的敘述透露了此時尚有一
部分不服王化的丁零存在,這批丁零反抗勢力最後保聚之地已經從太行
山區轉移到湖澤之中。結合《魏書》引文,這一成為丁零最後歸宿的湖
澤極可能為華北平原歷史上最大的湖泊——廣阿澤(大陸澤)。廣阿澤
距離太行山區直線距離僅有 50 公里左右,在地勢平坦的華北平原要實
現兩地之間的快速移動並非難事。古代華北平原的湖澤多是由淺平窪地
蓄水形成,「許多湖沼中灘地、沙洲和水體交雜,湖沼植物茂盛,野生
動物如麋鹿之類大量生長繁殖」,[59]廣阿澤當不例外。丁零人身處其
中,蘆葦等植物可以為其亡匿提供隱蔽居所,麋鹿等則可以為其提供食

---

[59] 鄒逸麟,〈歷史時期華北大平原湖沼變遷述略〉,收入氏著,《椿廬史地論稿》(天
　　津:天津古籍出版社,2005),頁 249。

物，時不時可以劫掠湖岸村落，不啻為脫離政府控制的理想地點。由於
湖水較淺，行舟易擱淺，趟水則較深，故北魏引以為傲的騎兵在此無用
武之地，所以直到韓均拋出「橄欖枝」，這些丁零上當受騙，方被官兵
一網打盡。

　　在這些亡匿湖澤的丁零為韓均消滅後，入塞丁零舉事不見史冊，
其活動亦難尋蹤跡。魏末舉事之鮮于脩禮、鮮于阿胡等人雖為丁零後
裔，但因其生活於邊鎮，早已鮮卑化，因此不宜被視為傳統入塞丁零。
而且鮮于脩禮雖然在丁零故地中山舉事，但其區位選擇原因並非為尋求
當地丁零遺民支持，而為獲得城內北鎮移民之力量，所以入塞丁零舉事
下限當至獻文帝朝為止。

第二節　十六國至唐之稽胡舉事

一、十六國之稽胡舉事

　　匈奴系統之漢、趙亡國後，在與其存在密切關係的諸胡中，開起事
先河者為苻秦皇始三年（西元 353 年）之劉康。西域胡劉康「詐稱劉
曜子，聚眾於平陽，自稱晉王」。[60]第三章已推測劉康非五部出身，可
能為月氏胡。但平陽曾為匈奴漢國都城，原五部殘餘勢力必然頗多。劉
康詐稱劉曜之子，當意在爭取匈奴遺民。雖然起事三月爆發，四月即為
秦將苻飛擊潰，規模應當有限。不過以苻飛時為負責宮衛的左衛將軍來
看，苻秦對此仍予以一定重視，否則不可能派出禁軍。平陽臨近前燕西
境，劉康不思引燕軍為援，反以「晉王」為號，雖然可能為拉攏漢人之
手段，卻未必收到實效，否則不可能月餘即敗。可知劉康作為主事者，
戰略眼光去其攀附之劉曜遠矣。

　　前秦建元元年（西元 365 年）七月，匈奴左賢王劉衛辰、右賢王曹

---

[60] 司馬光，《資治通鑑》，卷九十九，〈晉紀二十一・永和九年〉，頁 3132。

轂起兵反秦,各率眾兩萬南征,攻杏城以南諸郡縣,曹轂屯馬蘭山,直
逼關中。關於馬蘭山地望,《隋書‧地理志》繫於馮翊郡白水縣。[61]顧
祖禹謂山在同官縣東北五十里。[62]可知當時黃土高原上杏城以南郡縣已
落入曹轂、劉衛辰之手。二人一時兵鋒甚銳,鮮卑烏延等亦叛秦投靠
之。馬蘭山以南即關中平原,憑藉騎兵機動力,反抗軍可以長驅直入,
威脅國都長安。故苻堅「率中外精銳以討之」,[63]前將軍楊安、鎮軍毛
盛為前鋒都督與曹轂部接戰,曹轂亦派其弟曹活出戰,雙方大戰於同官
川,曹軍為秦軍所敗,死傷四千多人,曹活亦戰死。在秦軍壓力下,曹
轂出降,苻堅赦其罪,封雁門公,遷其酋長大帥六千餘戶於長安。建元
三年(西元 367 年),曹轂奉命出使前燕,結束任務返秦不久後死去,
前秦分其部為二,長子曹璽為駱川侯,領貳城以西兩萬餘落;少子曹寅
為力川侯,領貳城以東兩萬餘落。可以推知,曹轂部即使在前秦移民政
策下遭到削弱,卻仍保有近五萬落,以五口一落而計,所轄部民當在二
十萬人以上,加上此前戰損、遷移之部民,則全盛時當不低於 24 萬。
而西晉時京兆郡亦不過四萬戶,[64]可知曹氏勢力之盛。

　　曹寅部至後秦時猶以貳城胡之名活動,後秦建初五年(西元 390
年),曹寅與王達獻馬於姚萇。然此時其兄曹璽已不見記載,或已早
逝。在關中混戰中,政府控制乏力,西曹之眾或重歸東曹,從此成為貳
城胡。曹寅獻馬後不久,即在建初八年(西元 393 年)遭到北鄰鮮卑薛
干部的襲擊。由於居住地區為山嶺分隔,且單位面積土地承載力不足,
故曹氏部民恐難大規模聚居,比較可能的居住模式應為分散居住在貳城
一帶的山谷、臺塬中,所以一時之間難以集結力量對抗有備而來的太悉
伏。雖然《魏書》未明言貳城胡是否抵禦成功,但從此役後的貳城胡分

---

[61] 魏徵,《隋書》,卷二十九,〈地理上‧雍州〉「馮翊郡」條,頁 809。

[62] 顧祖禹,《讀史方輿紀要》,卷五十四,〈陝西三‧耀州〉「同官縣」條,頁 2616。

[63] 房玄齡,《晉書》,卷一百十三,〈苻堅載記上〉,頁 2889。

[64] 房玄齡,《晉書》,卷十四,〈地理上‧雍州〉,頁 430。

佈來看，曹寅當被太悉伏所敗。《晉書·姚興載記上》云：「鮮卑薛勃於貳城為魏軍所伐，遣使請救，使姚崇赴救」。[65]可知姚興時貳城故地已為薛干部所據，此外氐、羌等族也填補了該地區曹氏之空缺。秦弘始十六年（西元 414 年），貳縣羌叛秦，姚興遣姚斂成等前往鎮壓，為羌人所敗。[66]同年，氐人仇常與李弘「反於貳城，興輿疾往討之，斬常執弘而還」。[67]

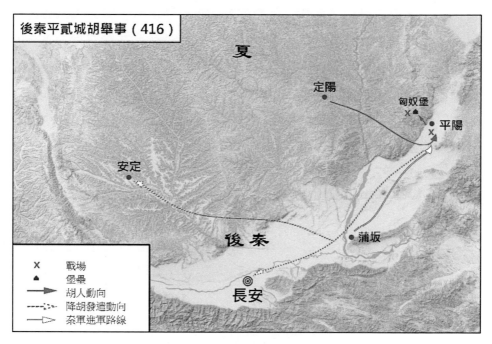

圖 5-7　後秦平貳城胡

　　螳螂捕蟬，黃雀在後，太悉伏佔領貳城不久即被魏軍攻擊後方三城，被迫投降姚興。而受打擊的貳城曹氏集團則被姚秦安置於原屬薛干

---

[65] 房玄齡，《晉書》，卷一百十七，〈姚興載記上〉，頁 2976。

[66] 房玄齡，《晉書》，卷一百十八，〈姚興載記下〉，頁 2997。

[67] 司馬光，《資治通鑑》，卷一百十六，〈晉紀三十八·義熙十年〉，頁 3664。

部的三城，成為其北境的戰略緩衝。姚興死後，這些胡人趁後秦衰弱蠢
蠢欲動。後秦永和元年（西元 416 年）六月，三城胡反秦。并州定陽貳
城胡數萬落「入於平陽，攻立義姚成都於匈奴堡，推匈奴曹弘為大單
于，所在殘掠」。[68]定陽位於今延安之東南，三城為定陽之轄地即胡人
之戶籍所在，貳城則為其祖籍地，二者雖有一字之差，但所指代對象並
無差別，均為原曹氏部眾。曹弘之所以得被推為大單于，當因其地位在
胡中較高之故，或為曹寅近支子孫。然曹弘之眾未能攻取匈奴堡，反而
在姚懿的打擊下以失敗告終。曹弘為姚懿送於長安，其部落酋帥並一萬
五千餘落被遷往雍州（安定）。由於三城位於秦、夏邊境，此次胡人發
難的背後或有赫連夏因素在內。

二、北魏之稽胡起事

天興元年（西元 398 年）三月，離石胡帥呼延鐵、西河胡帥張崇因
不滿北魏內徙政策，聚黨數千人反魏。道武帝令安遠將軍庾業延率三千
騎平叛，庾業延「斬鐵擒崇，搜山窮討，散其餘黨」。[69]此役對剛從後
燕手中奪取并州的北魏而言，無疑起到了炫耀軍力的作用，對其他尚未
歸附的胡人部落也有敲山震虎的效果。不久之後即有西河胡帥護諾于、
丁零帥翟同、蜀帥韓磐等歸魏。

天興五年（西元 402 年）十一月，前平原太守、胡帥劉曜「聚眾為
盜」，為道武帝「遣騎誅之」。[70]劉曜本為類拔部首領，在拓跋虔南下
援慕容永時為魏軍所破，被徙於秀容。故其原居住地必在秀容之北，
〈魏故咸陽太守劉府君墓誌〉言誌主劉玉曾祖初萬頭在恆代從駕。[71]恆
代正好位於秀容之北，位於拓跋虔南下路線上，劉玉或此類拔部之後，

---

[68] 房玄齡，《晉書》，卷一百十九，〈姚泓載記〉，頁 3009。

[69] 魏收，《魏書》，卷二十八，〈庾業延傳〉，頁 684。

[70] 魏收，《魏書》，卷一百五，〈天象志一〉，頁 2347。

[71] 趙超，《漢魏南北朝墓誌彙編》，〈魏故咸陽太守劉府君墓誌〉，頁 212。

初萬頭為劉曜近親。北齊劉貴或亦其部後人。

天賜五年（西元 408 年），魏臣賈彝「請詣溫湯療病，為叛胡所拘執」，[72]遣送於姚興。關於溫湯之位置，《水經注・灅水》引《魏土地記》云：「代城北九十里有桑乾城。城西渡桑乾水，去城十里有溫湯，療疾有驗」。[73]從平城至代郡途中遭遇叛胡，可知所謂「叛胡」之分佈區距離平城不遠，既稱其「叛」，則當為此前內遷之胡。時後秦距離北魏最近之郡縣為河東平陽，然代郡至平陽路途遙遠，胡人卻能成功將賈彝送至後秦，其當取道呂梁山區，可知此時北魏對該區域之控制仍然薄弱。

永興五年（西元 413 年）五月丙子（十二），明元帝大赦天下，西河胡張外卻「自以所犯罪重，不敢解散」，[74]率部保聚研子壘。己卯（十五），北魏令劉潔、魏勤率眾三千屯駐西河鎮撫之。雖然北魏的意圖為以武逼降，但這一計劃卻因另一股胡人力量的介入而受到影響。《魏書・明元紀》云：

> 河西胡曹龍、張大頭等，各領部，擁眾二萬人，來入蒲子，逼脅張外於研子壘。外懼，給以牛酒，殺馬盟誓，推龍為大單于，奉美女良馬於龍。[75]

關於此股胡人之身份，《魏書・靈徵志》稱其「河西叛胡」。[76]從姓氏來看，曹龍極可能為貳城胡曹寅之後裔，原居住地當在三城。時黃河以西非北魏掌控之地，由於魏、秦此時為姻親睦鄰，故「叛胡」之稱

---

[72] 魏收，《魏書》，卷三十三，〈賈彝傳〉，頁 792。

[73] 酈道元撰，楊守敬、熊會貞疏，《水經注疏》，卷十三，〈灅水〉，頁 1161。

[74] 魏收，《魏書》，卷三，〈明元紀〉，頁 53。

[75] 魏收，《魏書》，卷三，〈明元紀〉，頁 53。

[76] 魏收，《魏書》，卷一百十二，〈靈徵志八上〉，頁 2395。

可知其所叛乃後秦。曹龍之叛早於曹弘反秦三年,可見在姚興晚年,後秦已逐漸對三城胡失去控制力。曹龍被立為大單于後,似乎未挑戰北魏威權,可能由於劉潔等人的武力震攝,一個多月後即降於北魏,「執送張外」,[77]張外終為北魏所殺。張外與朝廷對抗竟然發生在明元帝大赦之後,蹊蹺之處疑竇叢生,既然政府已經宣佈大赦免責,張外又何以鋌而走險?《魏書·崔玄伯傳》提供了此次事件的真實原因:

> 太宗以郡國豪右,大為民蠹,乃優詔徵之,民多戀本,而長吏逼遣。於是輕薄少年,因相扇動,所在聚結。西河、建興盜賊並起,守宰討之不能禁。[78]

所謂「西河盜賊」即張外之輩,其結黨原因乃是出於對北魏政府徙民政策之厭惡。由於不願在官方逼迫下北遷恆代,這些地方酋帥豪強不得不率部反抗。即使有大赦詔書的免責保證,只要徙民政策不中止,其居留目的就無法達到,故有此次事件發生。同年,西河胡亂告一段落後,離石、吐京胡又起事反魏。魏將劉潔與拓跋屈等率軍鎮壓吐京胡,「時離石胡出以眷引屈丐騎,斷截山嶺邀潔」,劉潔彈盡糧絕「為胡所執,送詣屈丐」。[79]此事亦見於《魏書·拓跋屈傳》,「吐京胡與離石胡出以兵等叛,置立將校,外引赫連屈丐」。[80]前者曰「出以眷」,後者曰「出以兵」,以筆者之見,其中差異或由於前者為音譯,後者為半音半意譯。「出以眷」之名可能源於蒙古語族之 čerig(兵、卒),若筆者推測成立,則此差異為當時記錄姓名時由於翻譯標準不同而形成的同人異名。

---

[77] 魏收,《魏書》,卷三,〈明元紀〉,頁 53。

[78] 魏收,《魏書》,卷二十四,〈崔玄伯傳〉,頁 622。

[79] 魏收,《魏書》,卷二十八,〈劉潔傳〉,頁 687。

[80] 魏收,《魏書》,卷十四,〈拓跋屈傳〉,頁 365。

值得注意的是出以眷身份可能並非只是離石胡帥，似乎與赫連夏關係密切。夏龍昇元年（西元 407 年），赫連勃勃正式建政，署立百官，以「叱以鞬為征西將軍」，[81]時在出以眷引夏兵之前。在中古漢語中，「出以眷」讀音為 tɕʰwi jĭə kĭwɛn，「叱以鞬」為 tɕʰĭĕt jĭə kĭɐn，發音極為接近，可能均為 čerig 之音譯。換言之，二者可能為同一人。筆者在此提出一假說，即出以眷（叱以鞬）本為赫連夏重臣，受赫連勃勃派遣，至河東北魏控制區結交稽胡豪帥，伺機裡應外合，削弱北魏。

此次離石胡、吐京胡聯合舉事由於有赫連夏的支持，北魏損失慘重。永安侯魏勤陣亡，會稽公劉潔被俘，唯主帥拓跋屈倖免，明元帝「以屈沒失二將，欲斬之」。[82]雖然戰事不利，不過北魏之底蘊遠非山區胡人可比，夏國擴張重心也非東線，故衝突之成果旋即失去。魏將樓伏連拉攏西河胡曹成等酋帥七十餘人，在吐京民劉初原的配合下，於次年（神瑞元年，西元 414 年）二月襲殺赫連氏吐京護軍並守軍三百餘人，擒獲叛胡阿度支等二百多家。從曹成之姓氏看，或即去年降魏之曹龍部下。此次魏夏角力的獲勝，令北魏在稽胡中影響力大增，渡河附魏者甚眾，當年六月有西河胡劉遮、劉退孤渡河來歸，次年又有劉雲附魏。

然而在短時間內過多的胡人渡河歸附也是對北魏執政能力的考驗，處置不當則易成為不安定因素，若再遇天災，賑恤不及時則後果不堪設想。神瑞二年（西元 415 年）三月，這一幕場景終於變為現實，「河西飢胡屯聚上黨，推白亞栗斯為盟主，號大將軍，反於上黨，自號單于」，以司馬順宰為謀主。從「河西」之定位來看，白亞栗斯等人自當為後秦渡河附魏之胡，但在遭遇饑荒後，似乎沒有得到政府及時救濟，只能鋌而走險。實際上，此時天災已經瀰漫北魏全境，連明元帝也

81　房玄齡，《晉書》，卷一百三十，〈赫連勃勃載記〉，頁 3202。

82　魏收，《魏書》，卷十四，〈拓跋屈傳〉，頁 365。

不得不承認「頃者以來，頻遇霜旱，年穀不登，百姓飢寒不能自存者甚眾」。災難之下，等待餓死是死，反抗也是死，但後者尚有一線生機，故反抗之發生不可避免。此起事尚有漢人參與，司馬順宰為河內人，率先於神瑞元年舉事，「自號晉王，太守討捕不獲」。[83]可能出自晉室疏宗的司馬順宰竟然選擇與其有滅國之恨的胡人合作，可見在現實利益面前，國仇家恨只能居於次要地位。司馬順宰加入後，胡人南攻河南，一時聲勢大振。

或由於白氏為西域胡出身，非匈奴正統，難以服眾，因此胡人內部也充滿權力衝突。最終胡人廢白亞栗斯，改立劉虎，號率善王。胡人「內自疑阻，更相殺害」之時，[84]本為北魏平定起事的良機，然而由於主帥公孫表的剛愎自用，違背明元帝作戰部署，給了胡人可乘之機。《魏書·公孫表傳》云：

> 詔表討虎，又令表與姚興洛陽戍將結期，使備河南岸，然後進軍討之。時胡內自疑阻，更相殺害，表以其有解散之勢，遂不與戍將相聞，率眾討之。法令不整，為胡所敗，軍人大被傷殺。太宗深銜之。[85]

姚秦將領願意同魏軍夾擊胡人的回應更可佐證其為來自後秦控制區的叛胡。然而在公孫表的災難級指揮下，當年四月五將伐胡的浩蕩聲勢也被埋沒於滾滾胡塵中。明元帝只能聽從崔玄伯的建議，請出宿將叔孫建率領丘頹等猛將再次出征，「假建前號安平公，督表等以討虎」。果然泰常元年（西元416年）九月，叔孫建出師告捷，斬首萬餘，劉虎

---

[83] 魏收，《魏書》，卷三，〈明元紀〉，頁54-56。

[84] 魏收，《魏書》，卷三十三，〈公孫表傳〉，頁783。

[85] 魏收，《魏書》，卷三十三，〈公孫表傳〉，頁783。

部眾在逃亡中有投沁水而死者，竟導致「水為不流」，魏軍「虜其眾十萬餘口」。[86]劉虎逃至東晉控制下的陳留時，為部下所殺，司馬順宰亦死。

泰常五年（西元 420 年）五月，三城胡酋王珍、曹栗與投魏之東晉宗室司馬國璠、桓玄部將溫楷、後燕舊臣封玄之等謀外叛，為司馬文思告發，均被誅殺。此時姚秦已為劉裕所滅，劉宋與司馬氏、桓玄均有深仇，其外叛當為投靠赫連夏。

太武帝神麚元年（西元 428 年）六月，并州胡酋卜田謀反被誅，北魏對其部眾進行綏服，遣淮南公王倍斤鎮慮虒安撫之。

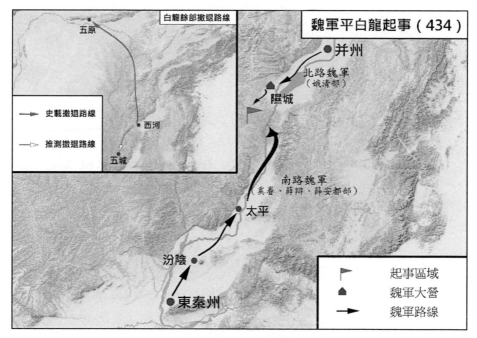

圖 5-8　魏軍平白龍起事

延和三年（西元 434 年）七月，西河胡白龍反魏。太武帝親自出

---

[86] 魏收，《魏書》，卷二十九，〈叔孫建傳〉，頁 703。

馬，兵分兩路夾擊，自率六師從平城出發至隰城，又命奚眷、薛辯從南路出兵，共擊白龍。面對胡人「烏合之眾」，手握重兵的太武帝自然不將其放在眼裡。《魏書·陳建傳》云：

> 世祖討山胡白龍，意甚輕之，單將數十騎登山臨嶺，每日如此。白龍乃伏壯士十餘處，出於不意，世祖墮馬，幾至不測。建以身捍賊，大呼奮擊，殺賊數人，身被十餘創。[87]

太武帝為自己的傲慢付出了代價。若無陳建拼死護衛，恐已淪為階下之囚。死裡逃生後，太武帝不再輕敵，終於九月廿八取勝，「斬白龍及其將帥，屠其城」，白龍之父為娥清所殺，妻為奚眷俘虜。十月初五「破白龍餘黨於五原」。[88]不過《魏書》所稱於五原破白龍餘黨之說頗值得商榷。一則白龍勢力未發展到五原一帶，縱使五原曾有白龍部眾活動，可事前曾巡行美稷的太武帝肯定不會坐視此地反胡存在，必將其剿滅。二則白龍失敗事在九月廿八，克「五原」為十月初五，前後不過七、八日。五原到西河之直線距離已達八百多里，在交通只能靠馬與步行的北魏，即使白龍餘黨人備一馬，可要在短時間內完成翻越呂梁山區，突破魏軍封鎖，渡黃河到五原的長征無異天方夜譚。依筆者之見，此「五原」當為「五城」。依《魏書·地形志》五城郡設立於魏末，然《魏書·源賀傳》已有「又從征蠕蠕，擊五城、吐京胡」之書法，[89]此或為魏收編撰時以後來之地名代入前朝，或當時雖未設郡但已有五城地名。另一方面，五城距西河直線距離僅二百餘里，七、八日內白龍餘部完全有可能撤離至此。

---

[87] 魏收，《魏書》，卷三十四，〈陳建傳〉，頁 802。

[88] 魏收，《魏書》，卷四上，〈太武紀上〉，頁 84。

[89] 魏收，《魏書》，卷四十一，〈源賀傳〉，頁 919。

　　雖然白龍舉事遭到鎮壓，但其餘部在西河仍堅持了三年之久，直到太延三年（西元 437 年）七月才為拓跋健、長孫道生鎮壓。

　　太平真君五年（西元 444 年），胡人舉事烽煙再起。《太平寰宇記・河東道二・汾州》「孝義縣」條引張太素《後魏書》云：「太平真君五年討胡賊於六壁」。[90]六壁在介休西，介休為西河轄地，起事胡人或又為西河胡。差不多同一時間，五城胡也聚眾反魏，為源賀等人平定。《魏書・源賀傳》繫此事於太武帝擊柔然與討吐京胡之間，或即太平真君五年。上文已論及五城可能為白龍餘部退守之地，故此次五城胡舉事或與白龍餘黨有關。

　　太平真君六年（西元 445 年），吐京胡反，參考《源賀傳》「擊五城、吐京胡」之筆法，不排除為五城、吐京胡聯合舉事之可能。二月，太武帝親至吐京鎮討平之。當年九月，盧水胡蓋吳反魏，十一月，蓋吳遣其部將白廣平西攻新平，「安定諸夷酋皆聚眾應之，殺汧城守將」。[91]由於曹弘起事失敗後，部下眾多豪酋被姚秦遷於安定，此次響應蓋吳者中必然有稽胡帥存在。除支持蓋吳之胡帥外，另有部分胡帥選擇支持北魏政府。出身於原姚秦太守家庭的安邑曹氏即選擇追隨太武帝「導以前驅」，「從駕西行，討平兇醜」。[92]

　　呂思靜認為蓋吳起事對稽胡族群形成意義重大，促成了秦晉地區各族聯繫加強，推動新的民族認同形成，為稽胡民族覺醒的標誌。[93]對於此說，筆者並不完全認同，然蓋吳起事對稽胡之形成確實存在影響，具體可分兩個角度看待。從北魏政府角度而言，蓋吳起事後，官方對山居族群之編民進度加快，對不服治理之族不惜採取鐵腕手段。編民如文

90　樂史，《太平寰宇記》，卷四十一，〈河東道二・汾州〉「孝義縣」條，頁 868。

91　魏收，《魏書》，卷四下，〈太武紀下〉，頁 99。

92　胡聘之，《山右石刻叢編》（收入《石刻史料新編》，冊二十），卷二，〈大周故譙郡太守曹□□□碑〉，頁 14979。

93　呂思靜，〈稽胡史研究〉，頁 46。

成帝時期，杏城鎮將尉撥對山居屠各、盧水胡之撫慰，將之民戶化。[94]
高壓如平定蓋吳當年，內都大官陸俟對安定盧水胡劉超之鎮壓，「殺傷
千數」。[95]在此壓力下，必然有大量的少數族成為民戶，進而漢化。另
一方面，從這些少數族的角度出發，除去選擇與政府合作之部族，其他
堅持對抗的部族在北魏強大實力的威脅下，只能往深山更深處退縮，以
避免政府干預；而為了增強與政府對抗之實力，免於被控制，各族之間
也可能選擇合作對外。因此這些抵抗派部族可能逐漸融合，成為後來的
稽胡。

太平真君八年（西元 447 年）正月，吐京胡曹僕渾等「阻險為
盜」，[96]魏將拓跋提、拓跋他攻之不克。不久曹僕渾渡黃河，於河西保
山自固，並聯合朔方胡共抗魏軍。二月，西線作戰之拓跋那在平定朔方
胡後，即與東線率領并州武裝的拓跋他、拓跋提合兵攻曹僕渾，終於曹
僕渾兵敗身死，部下多有跳崖自殺者。需要指出的是，催化吐京胡、蓋
吳起事的因素可能有北魏政府的交通政策變化。前田正名先生認為促使
這一系列起事爆發的原因之一當即北魏平定涼州後，開始了對河西走廊
經秦州、鄂爾多斯沙漠南緣到平城之交通線控制權的爭奪。[97]換言之，
即北魏政府尋求優化資源獲取路線。

太武帝時之胡變尚有離石胡舉事，後為周幾等人平定，然《魏
書》本傳未言事在何年。又六壁城本為防離石胡所建，亦有可能與太平
真君五年擊六壁反胡為同一事，參與者除西河胡外或尚有離石胡。

文成帝和平元年（西元 460 年），河西胡舉事，東渡黃河保聚石樓
山，「亡匿避命」。[98]魏將皮豹子、封阿君率河西之兵渡河攻石樓，拓

---

[94] 魏收，《魏書》，卷三十，〈尉撥傳〉，頁 729。

[95] 魏收，《魏書》，卷四十，〈陸俟傳〉，頁 903。

[96] 魏收，《魏書》，卷四下，〈太武紀下〉，頁 101。

[97] 前田正名著，李憑等譯，《平城歷史地理學研究》，頁 150。

[98] 魏收，《魏書》，卷五十一，〈皮豹子傳〉，頁 1132。

跋良率河東吐京、六壁二鎮及河西東雍州之兵直取胡人河西故地。雖然出於皮豹子失察，保聚石樓山之胡人成功撤離，但在拓跋良的圍堵下，諸胡最終引頸出降，六月至長安自首，為北魏赦免。

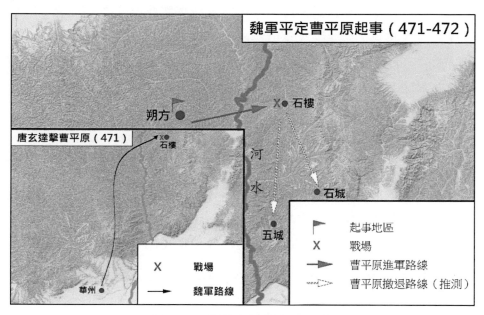

圖 5-9　魏軍平定曹平原起事

和平三年（西元 462 年），胡帥賀略孫聚眾千餘人舉事於石樓山，為長安鎮將陸真平定，斬首五百餘。值得一提的是，賀略即賀遂、賀悅之音轉，此次起事為胡中賀悅氏首次登上歷史舞臺。雖然鄭樵將賀遂得姓時間繫於北魏之末，但至少在半個世紀前，此姓豪酋已在胡中出現。

孝文帝延興元年（西元 471 年）十月，曹平原舉事於朔方。此次舉事之曹平原為「朔方民」，但從姓氏及位置可知其為貳城胡曹氏之後。起事後曹平原率部東進，渡河破石樓堡，殺北魏軍校。石樓為北魏吐京鎮治所所在，可見反抗勢力之猛烈。後華州刺史唐玄達率兵鎮壓，曹平原逃亡，延興二年（西元 472 年）三月在石城郡被擒獲，送至平城遭斬

殺。關於石城之地望，《魏書·地形志》列石城郡於陝州，然陝州為曹氏起事後的太和十一年設立，[99]恐非此石城。又同書「五城郡」下有「石城，世祖為定陽，太和二十一年改」。[100]此石城位於今蒲縣東南十五里，然其行政級別為縣。顧祖禹考其沿革曰：「後魏主燾置定陽縣，屬五城郡」，「後周兼置石城郡」。[101]此二石城從設立時間來看均在延興之後，與《魏書》記載不合。依筆者之見，或許存在兩種可能，其一或為字形相似之傳抄筆誤，石城實為五城；其二如果考慮魏收書寫時年代、地名錯置之情況，或以蒲縣東南之石城縣誤作石城郡。畢竟以族類相護的常理考量，失敗後之曹平原尋求同族庇護的可能性較高，故在呂梁地區輾轉亡命。

延興二年（西元 472 年）正月乙卯（初二），有「統萬鎮胡民相率北叛」，[102]為韓拔等追滅。其北叛之目的地當為柔然。

延興三年（西元 473 年），河西羌胡反魏，入石樓山自保。太上皇帝獻文帝親征，至并州指揮，命李洪之為河西都督討伐叛軍。面對憑險據守的胡人，李洪之沒有強攻，而是圍而不攻，「築壘於石樓南白雞原以對之」。[103]當部將紛紛提議用武力解決時，擅長處理少數族事務的李洪之又力排眾議，成功將其招降，河西胡變宣告平定。

延興元年（西元 471 年）到太和十二年（西元 488 年）中，尚有西河胡舉事及山胡劉什婆舉事。前者因北魏將領內部意見分裂，號令不齊而未能進剿，後續發展不明；後者為吐京鎮將穆羆剿滅。

太和二十年（西元 496 年）十月，吐京胡反魏，首領自號辛支王，北魏遣元彬率兵進剿。此次舉事的胡人軍事素養不同往日，戰鬥力較

---

[99] 魏收，《魏書》，卷一百六下，〈地形志二下·陝州〉「石城郡」條，頁 2631-2632。

[100] 魏收，《魏書》，卷一百六上，〈地形志二上·汾州〉「五城郡」條，頁 2484。

[101] 顧祖禹，《讀史方輿紀要》，卷四十一，〈山西三·平陽府〉「蒲縣」條，頁 1887。

[102] 魏收，《魏書》，卷七上，〈孝文紀上〉，頁 136。

[103] 魏收，《魏書》，卷八十九，〈李洪之傳〉，頁 1919。

強,甚至能主動出擊,以一千精騎截擊魏軍,然魏將奚康生力戰挫其鋒芒。之後辛支王退至石羊城,又遭奚康生追擊,被「斬首三十級」。胡軍雖在奚康生身上討不了便宜,可當對手換成主帥元彬時,卻爆發了驚人的戰力。元彬將其麾下七千甲士分為五隊與辛支王展開對戰,除奚康生一隊外,均遭慘敗。之後奚康生力挽狂瀾,率一千騎兵追擊辛支王至車突谷。「騰騎奮矛,殺傷數十人,胡遂奔北」,辛支王亦為奚康生射殺。[104]

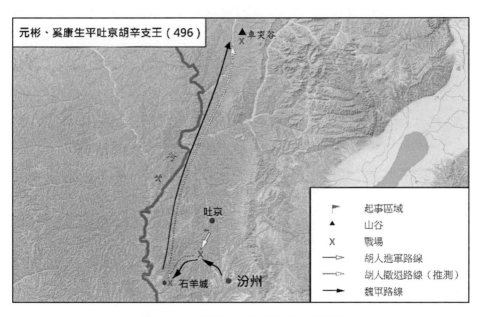

圖 5-10　元彬、奚康生平吐京胡

有賴奚康生之神勇表現,魏軍才將起事平定,不過此役吐京胡的撤退路線卻不乏令人費解之處。關於石羊城之位置,《太平寰宇記‧河東道九‧隰州》「永和縣」條云:「石羊故城,在縣西南五十里」。[105]

---

[104] 魏收,《魏書》,卷七十三,〈奚康生傳〉,頁 1630。

[105] 樂史,《太平寰宇記》,卷四十八,〈河東道九‧隰州〉「永和縣」條,頁 1013。

而車突谷之位置，胡三省注《通鑑》時引《隋書》之〈五代史志〉，認為「離石郡太和縣，後周置烏突郡烏突縣，蓋因車突谷而名之也」。[106] 顧祖禹《讀史方輿紀要》繫之臨縣東北。[107]若上述位置不誤，則辛支王並非直接北撤，而是先西行再北上，其最初意圖當為西渡黃河，或因魏軍有備而不得不北上。

吐京胡辛支王被平定後，又有胡民去居等六百人「保險謀反，扇動徒類」。或許是對辛支王之強悍戰鬥力心有餘悸，元彬向孝文帝請兵兩萬，並獲得七兵尚書同意。然孝文帝聞之大怒，叱之曰「何有動兵馬理也！可隨宜肅治若不能權方靜帖，必須大眾者，則先斬刺史，然後發兵」。[108]迫於壓力，元彬只能身先士卒，率領州郡兵平定之。

此時反魏之胡遠不止去居一股，太和二十年（西元 496 年）閏十一月，元隆又破汾州胡。同年離石又有胡人舉事，孝文帝親至離石，胡人請罪投降，為孝文帝赦免。

宣武帝正始四年（西元 507 年）九月初四，夏州長史曹明「謀反伏誅」。[109]從其姓氏看，當為稽胡曹氏，此次起事規模當有限。

永平四年（西元 511 年）正月，汾州胡劉龍駒舉事，率領其部轉戰華州、夏州。北魏令諫議大夫薛和出征，華州元爕等部歸其節度，動用了汾、夏、華、東秦四州兵力方告平定。從戰後薛和上表立東秦州來看，此次起事的核心地區當在後來的東秦州。起事領導者劉龍駒或即三十餘年前隨尉元鎮守徐州的子都將劉龍駒，以駐防時為而立之年計算，此時的劉龍駒當年過花甲。其人年輕時曾為朝廷武官，具備一定的作戰經驗，非山間土豪可比，而曾經的官身也必然令其在稽胡中頗具號召力。這也可以解釋為何北魏為平定此次起事竟然動用數州兵馬。此次起

[106] 司馬光，《資治通鑑》，卷一百四十，〈齊紀六·建武三年〉，頁 4401。
[107] 顧祖禹，《讀史方輿紀要》，卷四十二，〈山西四·汾州府〉「臨縣」條，頁 1951。
[108] 魏收，《魏書》，卷十九下，〈元彬傳〉，頁 513。
[109] 魏收，《魏書》，卷八，〈宣武紀〉，頁 204。

事給呂梁山區居民帶來的衝擊無疑是巨大的，在四年後的延昌四年（西元 515 年），汾州一方〈比丘法歡等卻波村合邑造像記〉留下了「願天下太平，人民和順」的發願文，對和平的祈求成為合邑百姓的共同願望。[110]很難說這不是數年前劉龍駒起事造成的結果，戰火燃燒令附近居民更為憧憬天下太平。

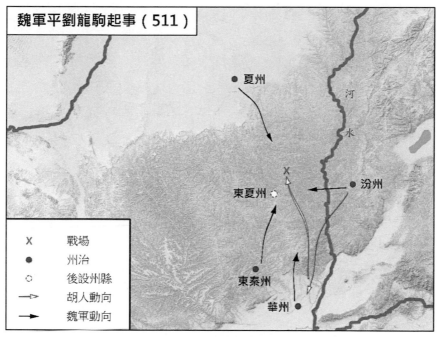

圖 5-11　魏軍平劉龍駒起事

宣武、孝明之交，介休也時有稽胡變亂發生。孝昌二年（西元 526 年）〈大魏故介休縣令李謀明府墓誌〉（〈李謀墓誌〉）云：

李謀拜屬威將軍、介休縣令。彼地帶嶮岨，山胡寇亂，前後縣官，

---

[110] 佐藤智水，〈中国における初期の「邑義」について（中）〉，龍谷大学佛教文化研究所，《龍谷大学仏教文化研究所紀要》，2007 年 46 號（京都，2007.12），頁 237。

未能遮過。及君蒞任，窮加殲討，手自斬格，莫不震肅，鄙內以
寧。[111]

　　墓主李謀正光四年（西元 523 年）逝世，得年廿七歲，出生當在太
和廿一年（西元 497 年），此事繫於十五歲後，故其為介休縣令當不早
於永平五年（西元 512 年），稽胡問題長期困擾介休，直到李謀上任才
有好轉。從其身為民政長官卻帶將軍號來看，此時胡區起事雖似星星之
火，卻有燎原之勢。軍、政分離的舊制或難以協調軍事行動，集中軍、
政權力方有可能調動資源，成功彈壓之。

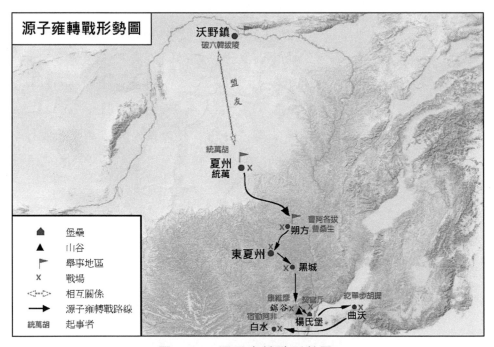

圖 5-12　源子雍轉戰形勢圖

---

[111] 趙超，《漢魏南北朝墓誌彙編》，〈大魏故介休縣令李謀明府墓誌〉，頁 179。

隨著六鎮起事的爆發，北魏境內多地陷入烽火，兵燹遍地。此時的稽胡舉事在次數、範圍上遠超往日。正光五年（西元 524 年）正月，沃野鎮民破六汗拔陵率先反魏，可能出於匈奴系同胞之血緣聯繫，統萬胡也積極響應起事，圍攻夏州治所。夏州刺史源子雍「嬰城自守，城中糧盡，煮馬皮而食之」。非但近塞之統萬胡黨附北鎮，更南部之朔方胡也有乘機舉事者。源子雍在赴東夏州尋糧時，遭朔方胡帥曹阿各拔攔截，為後者所俘。曹氏雖然傾向反魏，但仍保留與政府對話之餘地，在戰和之間搖擺。對被俘之源子雍，曹氏「常以民禮事之」。[112]在源子雍一番陳說利弊、勸誘招降的努力下，曹阿各拔決定接受招安，但因其突然去世，故由其弟曹桑生領眾歸魏。

儘管朔方胡問題宣告解決，但大亂中胡變已是由北到南，多如牛毛，即使招降了朔方曹氏，也還有其他勢力繼續反抗。《魏書·源子雍傳》云：

> 時子雍新平黑城，遂率士馬并夏州募義之民，攜家席卷，鼓行南出。賊帥康維摩擁率羌胡守鋸谷，斷嬰瓦棠橋，子雍與交戰，大破之，生禽維摩。[113]

黑城在臨真縣東二十五里，[114]鋸谷地望無明確記載，顧祖禹認為鋸谷地望「應在今洛川、宜川等境」，[115]考之《水經注·河水四》「河水又南，崌谷水注之。水出縣西北梁山，東南流，橫溪水注之……細水東流，注於崌谷」。[116]此崌谷水出自韓城縣西北，正在黑城之

---

[112] 魏收，《魏書》，卷四十一，〈源子雍傳〉，頁 929-930。

[113] 魏收，《魏書》，卷四十一，〈源子雍傳〉，頁 930。

[114] 樂史，《太平寰宇記》，卷三十六，〈關西道十二·延州〉「臨真縣」條，頁 756。

[115] 顧祖禹，《讀史方輿紀要》，卷五十七，〈陝西六·延安府〉「甘泉縣」條，頁 2726。

[116] 酈道元撰，楊守敬、熊會貞疏，《水經注疏》，卷四，〈河水四〉，頁 290。

南，與源子雍南下路線吻合，因此鋸谷當即崌谷，為源子雍所敗之胡帥
康維摩當在北魏華州境內作戰。

正光、孝昌之時，胡人起事不但令河西遍地狼煙，河東也風起雲
湧。《魏書·尒朱榮傳》云：

> 秀容內附胡民乞扶莫于破郡，殺太守；南秀容牧子萬子乞真反
> 叛，殺太僕卿陸延；并州牧子素和婆崙嶮作逆。榮並前後討平
> 之……內附叛胡乞、步落堅胡劉阿如等作亂瓜（汾）肆，敕勒北
> 列步若反於沃陽，榮並滅之。[117]

劉阿如舉事為稽胡「步落稽」名稱之始，乞扶氏即西秦王室乞伏
氏，本為隴西鮮卑，魏末卻被視為胡人，不能不說北魏立國後族群融合
之迅速。

正光五年（西元 524 年），吐京胡薛羽反魏，「恃險寇竊」，正
平、平陽二郡受其攻擊，「尤被其害」，[118]此次起事範圍已經越過毛
漢光先生提出的傳統胡漢分界線——汾水南線。[119]北魏以正平郡聞喜縣
出身之河東裴氏官員裴延儁為西北道行臺討胡，然裴延儁因病不克前
往，故又以其從弟裴良接替，率軍赴汾州討胡。可出師不利，部將李德
龍為薛羽所敗，裴良只能與汾州刺史元景和、李德龍等率兵數千，固守
治所。在吐京之外，汾州南部也爆發了五城胡馮宜都、賀悅回成起事，
「以妖妄惑眾，假稱帝號，服素衣，持白傘白幡，率諸逆眾，於雲臺郊
抗拒王師」。[120]北魏派出解圍的大都督章武王元融「寡於經略」，[121]

---

[117] 魏收，《魏書》，卷七十四，〈尒朱榮傳〉，頁 1645。

[118] 魏收，《魏書》，卷六十九，〈裴延儁傳〉，頁 1529。

[119] 毛漢光，《中國中古政治史論》，頁 123-124。

[120] 魏收，《魏書》，卷六十九，〈裴良傳〉，頁 1532。

[121] 魏收，《魏書》，卷十九下，〈元融傳〉，頁 514。

為稽胡所敗。雲臺郊即吉州東五十里的雲臺山，可知此時稽胡馮氏、賀悅之勢力已經擴張到五城以南。戰勝元融的胡人圍攻汾州州治，為背水一戰的魏軍擊敗，賀悅回成陣亡，之後馮宜都也遭裴良施以離間計，為部下所殺。雖然魏軍取得一定戰果，但稽胡起事者聲勢未減。「山胡劉蠢升自云聖術，胡人信之，咸相影附，旬日之間，逆徒還振」。[122]在稽胡的狙擊下，北魏派赴汾州之都督高防解圍失敗，汾州城內餓殍遍佈，裴良等人只能撤到西河，汾州宣告失守。

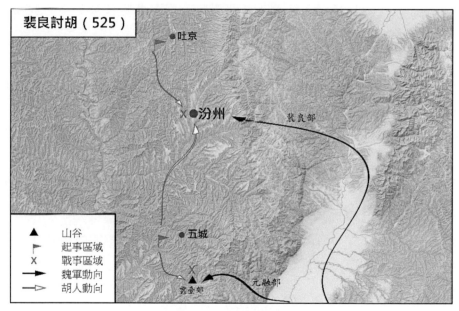

圖 5-13　裴良討胡

正光末年之吐京胡變中，胡人起事領袖眾多，不止薛羽一支。「薛悉公、馬牒騰並自立為王，聚黨作逆，眾至數萬」。從「群胡」之書法來看，其中勢力頗多。面對胡亂頻發，北魏不得不向下放權，由地方豪族募兵彈壓。裴良從子裴慶孫亦招募鄉黨從軍，得數千人出戰，屢

---

[122] 魏收，《魏書》，卷六十九，〈裴良傳〉，頁 1531。

敗胡人，深入凌雲臺，「身自突陳，斬賊王郭康兒」，[123]大破胡眾。在其赴洛陽觀見時，胡人再度聚集，兵勢再振，烽煙又一度越過汾水南線，到達北魏司州境內，直接威脅洛陽。裴慶孫再次臨危受命，從軹關入討，於齊子嶺東擊敗胡帥范多、范安族，深入胡控區二百餘里，直到陽胡城。

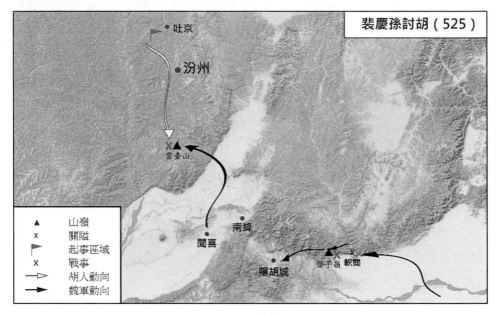

圖 5-14　裴慶孫討胡

孝昌二年（西元 526 年），北魏以宗正珍孫為都督，討汾州胡，對於此次的討伐對象，胡三省認為是劉蠡升。[124]然據《魏書‧李苗傳》記載，孝昌中，李苗曾「與大都督宗正珍孫討汾、絳蜀賊，平之」，[125]時吐京屬汾州，故此次討伐的主要對象或非劉蠡升本部嫡系，當為絳蜀

[123] 魏收，《魏書》，卷六十九，〈裴延儁傳〉，頁 1532。

[124] 司馬光，《資治通鑑》，卷一百五十一，〈梁紀七‧普通七年〉胡注，頁 4714。

[125] 魏收，《魏書》，卷七十一，〈李苗傳〉，頁 1596。

陳雙熾的盟友吐京諸胡，從傳文「平之」的記載看，此次吐京胡舉事終
為北魏平定。

　　夏州統萬胡堅持的時間可能更久，魏末于謹隨尒朱天光「平宿勤
明達，別討夏州賊賀遂有伐等」。[126]夏州治所即統萬，賀遂即胡中姓
氏賀悅之音轉，賀遂有伐當為統萬胡帥。此事繫於普泰元年（西元 531
年）至中興元年（西元 532 年）韓陵山之戰間，從響應破六韓拔陵起
事，到賀遂有伐為于謹攻滅，統萬胡起事至少堅持了七年。賀遂氏酋帥
雖在夏州起事，但事平之後，賀遂一氏在當地的地位似乎未受到太大打
擊，仍為豪族。隋代西夏州都督、郡功曹、州從事叱奴延輝之妻即賀遂
氏，叱奴延輝生於魏孝明帝時，[127]成親當在東西魏分治後。根據婚姻
門當戶對之原則，可知此時賀遂氏猶為夏州豪強。

　　值得注意的是，魏末稽胡舉事並非散發之孤立事件，各地之間存
在一定聯動性。魏末之表現已超過北魏中期的相互接納渡河起事者之程
度。《魏書‧元融傳》云：「汾夏山胡叛逆，連結正平、平陽」。[128]
又《魏書‧裴慶孫傳》稱汾胡「復鳩集，北連蠢升，南通絳蜀」。[129]
平陽之胡即薛羽之黨羽，夏州則為賀遂有伐、曹阿各拔或臨近的康維摩
之眾，汾州胡則除吐京胡外，當又有劉蠢升之屬。不但胡人之間相互聯
合，而且同盟的範圍已經擴大到蜀人。當然這是有條件的聯合，除反魏
之共同目的外，族屬也是重要的影響原因，吐京胡薛氏選擇與蜀人聯合
或因其本身即蜀裔之故。

三、東魏北齊之稽胡起事

　　北魏永熙三年（西元 534 年），孝武帝元脩為高歡所逼，出走長

---

[126] 令狐德棻，《周書》，卷十五，〈于謹傳〉，頁 245。

[127] 康蘭英，《榆林碑石》，〈叱奴延輝墓誌〉，頁 206。

[128] 魏收，《魏書》，卷十九下，〈元融傳〉，頁 514。

[129] 魏收，《魏書》，卷六十九，〈裴慶孫傳〉，頁 1532。

安，投奔關中之宇文泰。高歡隨即立清河王元亶之子元善見為帝，從此東西魏分裂。東魏初期的稽胡起事不乏北魏遺留問題，其中影響最大、持續時間最長者為劉蠡升起事。劉蠡升反魏自立，「自稱天子，置官僚」，[130]「年號神嘉，居雲陽谷」。[131]

關於雲陽谷的位置，存在兩種說法。其一為陝西涇陽說，見顧祖禹《讀史方輿紀要·陝西二》：「冶谷，在縣西北五十餘里，亦謂之谷口」，「谷中有毛原監，或謂之雲陽谷。後魏孝昌初，稽胡劉蠡升居雲陽谷，稱天子」。[132]其二為山西左雲說，見《（民國）牟平縣志》：「雲陽，谷名，在左雲縣」。[133]

無論是涇陽說，抑或左雲說，均難成立。劉蠡升諸部在東魏境內活動無疑，涇陽雲陽谷則在西魏境內，高歡斷無法在不驚動宇文泰的前提下率軍至其境內討伐稽胡。而左雲雲陽谷遠在恆州，遠離胡人活動的中心區域。劉蠡升若欲南下抄掠需先突破平城等地之魏軍防區，其難度可想而知。馬長壽先生認為其地當在呂梁山區，[134]此說甚是。依筆者之見，劉氏活動位置或可更具體一些，目前可以確定其位置的最直接證據當為《魏書·裴慶孫傳》中吐京群胡「北連蠡升」之記載。[135]可知其位置在吐京以北，魏收書法又為「山胡」，足見其處於北魏控制薄弱區域。吐京以北為離石，離石乃北魏大鎮，當地胡人多被冠以離石胡之稱，則劉氏當更在離石之北。據唐初道宣律師對稽胡分佈地域之考察，河東胡區北限為嵐州，嵐州位置大致相當於北魏之汾州北部、肆州西

---

[130] 魏收，《魏書》，卷九，〈孝明紀〉，頁242。

[131] 李百藥，《北齊書》，卷一，〈神武紀上〉，頁18。

[132] 顧祖禹，《讀史方輿紀要》，卷五十三，〈陝西二·西安府〉「涇陽縣」條，頁2546。

[133] 宋憲章等修、于清泮纂，《（民國）牟平縣志》（臺北：成文出版社，1968），卷十，〈文獻志〉，頁1566。

[134] 馬長壽，《北狄與匈奴》，頁134。

[135] 魏收，《魏書》，卷六十九，〈裴慶孫傳〉，頁1532。

部，以魏末之郡縣設置來看，該區域為當時北魏控制乏力之地，除尒朱氏曾控制之烏突戍外，未見其他行政機構。故劉蠡升的活動地區當在此一帶。需要注意的是魏末該地區活動之稽胡尚有他部，如在汾、肆興兵的步落堅胡劉阿如，筆者推測劉蠡升或與前者存在一定關係，劉阿如被尒朱榮剿滅後，作為親屬、部下的劉蠡升撤入雲陽谷，開始了其長達十餘年的「天子」生涯。

獲得吐京群胡的支持後，劉蠡升發展迅速，對北魏、東魏控制下的郡縣構成了較大威脅。「西土歲被其寇，謂之胡荒」，[136]對於「胡荒」一詞，胡三省解釋為「言其本胡種，侵擾漢民，若在荒服之外者也」。[137]《周書‧稽胡傳》亦稱「汾、晉之間，略無寧歲」。[138]其兵鋒甚至可能已威脅到并州的膏腴地區——太原盆地邊緣。《魏書‧地形志二上》稱西河郡「孝昌二年（西元 526 年）為胡賊所破，遂居平陽界，還置郡」。[139]此外尚有介休縣「後魏明帝時為胡賊所破」。[140]劉蠡升於孝昌元年（西元 525 年）反魏，孝明帝時汾州所轄之西河、介休極可能為其部攻破。介休東北的平遙縣也因遭到「西胡內侵」，而不得不遷到原治所東北的京陵塞。[141]北魏雖然派遣宗正珍孫討伐汾州胡，但征討重點當為吐京諸胡。而對於盤踞吐京以北的劉蠡升，則如《周書‧稽胡傳》所言「魏氏政亂，力不能討」。[142]面對四面烽火，已是左支右絀的北魏很難有力量直搗狼穴。

由於易守難攻的地形，加之魏末紛爭，劉氏神嘉政權竟然在呂梁

---

[136] 李百藥，《北齊書》，卷一，〈神武紀上〉，頁 18。

[137] 司馬光，《資治通鑑》，卷一百五十七，〈梁紀十三‧大同元年〉胡注，頁 4862。

[138] 令狐德棻，《周書》，卷四十九，〈稽胡傳〉，頁 897。

[139] 魏收，《魏書》，卷一百六上，〈地形志二上‧晉州〉「西河郡」條，頁 2479。

[140] 樂史，《太平寰宇記》，卷四十一，〈河東道二‧汾州〉「介休縣」條，頁 869。

[141] 李吉甫，《元和郡縣圖志》，卷十三，〈河東道二‧太原府〉「文水縣」條，頁 372。

[142] 令狐德棻，《周書》，卷四十九，〈稽胡傳〉，頁 897。

山區存在十餘年之久，直到高歡掌權。高歡煽動北鎮部下反抗尒朱氏之
藉口即尒朱氏「徵兵討步落稽」，[143]此討伐對象當即劉蠡升之黨。然
而將討伐劉蠡升擺上議事日程則要等到遷都鄴城後，此時的劉蠡升可能
已經獲得西魏方面的支持。〈敬顯儁碑〉有「秦隴放命，乘此憑陵，驅
率戎虜，擾我生民」之語。[144]東、西魏間可稱為「戎虜」者首推稽
胡，而敬顯儁任職之晉州正屬稽胡活躍地區，此騷擾東魏民戶之「戎
虜」或為與劉蠡升相關之部落。在西魏勢力介入後，高歡更不能對這位
稽胡「天子」熟視無睹，必須啃下這塊難啃的骨頭。

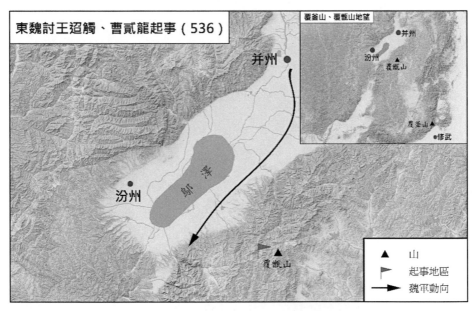

圖 5-15　東魏討王迢觸、曹貳龍起事

　　高歡佯稱願嫁女予劉蠡升之子，後者信以為真，遣子入鄴謁見高
歡，在高歡的厚禮相迎下，劉蠡升放鬆警惕。天平二年（西元 535 年）

---

[143] 李百藥，《北齊書》，卷一，〈神武紀上〉，頁 6。
[144] 毛遠民，《漢魏六朝碑刻校注》，冊七，〈敬顯儁碑〉，頁 261。

三月，高歡在寒潮相助下，頂風冒雪偷襲劉蠡升，劉蠡升為其北部王所殺，函首送於高歡。餘部又立其三子南海王為主，繼續抗拒高歡，然在後者大軍面前胡人又遭慘敗，魏軍俘虜南海王及其弟北海王、西海王等上層人士四百餘人，徙之於鄴。

天平三年（西元 536 年）九月，汾州胡王迢觸、曹貳龍舉事，設立百官，年號平都，後為高歡所平。此事亦見《北齊書・綦連猛傳》，「步落稽等起逆，在覆釜山，使猛討之，大捷，特被賞賚」。[145]綦連猛破胡之事為李百藥《北齊書》所存原文，繫於永熙二年（西元 533 年）至元象元年（西元 538 年）之間，當即天平三年汾州胡起事。關於覆釜山之位置，《魏書・地形志》繫於汲郡修武縣。[146]然此覆釜山在北魏司州境內，距汾州相去甚遠，其附近雖然曾有稽胡活動記錄，但早為裴慶孫平定，除非後來死灰復燃，否則很難認定其即王迢觸、曹貳龍起事之地，故此覆釜山當另有所在。《水經注・濁漳水》云：「涅水，出覆甑山，而東流與西湯溪水合」。[147]按《魏書・地形志》，此覆甑山在并州鄉郡陽城縣，[148]雖然不屬汾州，卻離汾州極近，汾州之稽胡欲轉移至此並非難事。且「甑」、「釜」二字意思接近，疑「覆釜山」為「覆甑山」之誤。

天平四年（西元 537 年），秀容人五千戶叛應稽胡，東魏以高市貴都督諸軍討平之，關於此次起事之可能原因，第三章已有分析。

興和三年（西元 541 年），高歡兵分二路出擊稽胡。斛律金為南道軍司，取道黃櫨嶺；高歡親自率軍出北道，翻越赤洪嶺，與斛律金在烏突戍會合後共擊稽胡。從魏軍之進軍路線來看，此次作戰當在原劉蠡升活動區域內，或為平定其餘部起事。

---

[145] 李百藥，《北齊書》，卷四十一，〈綦連猛傳〉，頁 540。

[146] 魏收，《魏書》，卷一百六上，〈地形志二上・司州〉「汲郡」條，頁 2458。

[147] 酈道元撰，楊守敬、熊會貞疏，《水經注疏》，卷十，〈濁漳水〉，頁 926。

[148] 魏收，《魏書》，卷一百六上，〈地形志二上・并州〉「鄉郡」條，頁 2468。

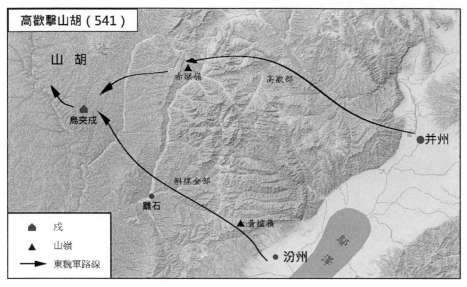

圖 5-16　高歡擊山胡

　　武定二年（西元 544 年）十一月，高歡再次征討稽胡，取勝後將俘虜的一萬多口分配諸州。高歡有意訓練世子高澄的軍事能力，故此次出征攜子前往。《北齊書·皮景和傳》云：

> 武定二年，征步落稽。世宗疑賊有伏兵，令景和將五六騎深入一
> 谷中，值賊百餘人，便共格戰，景和射數十人，莫不應弦而
> 倒。[149]

　　稽胡試圖以伏擊的老辦法以逸待勞對付魏軍，卻被高澄識破，加之皮景和的奮戰，白龍起事時的驚險一幕未能重演。從高洋代魏之〈九錫〉冊文來看，此次伐胡除獲得勞動力外，賦稅徵收等其他方面亦成效顯著。魏齊禪代之際，高洋之〈九錫〉即誇耀：「胡人別種，延蔓山

---

[149] 李百藥，《北齊書》，卷四十一，〈皮景和傳〉，頁 537。

谷，酋渠萬族，廣袤千里，憑險不恭，恣其桀黠，有樂淳風，相攜叩款，粟帛之調，王府充櫃。」[150]高洋自執政到受魏禪期間，並未對稽胡進行軍事行動，故此景象當為父兄餘蔭。可知在高歡再次伐胡後，離石以北之呂梁山區胡人至少在數年內對政府較為恭順。

武定四年（西元 546 年）二月，由於雪災、地震影響，稽胡又反魏。《隋書・五行志上》稱起事之胡「寇亂數州，人多死亡」，[151]可知事變規模較大。但對於此次波及數州的稽胡起事，據《北史》所補之今本《北齊書・神武紀》卻未言東魏出兵平叛，不能不說奇怪。或由於史料擇取之遺漏未被記載，此年八月高歡西征玉壁，在其出征前必然不會留稽胡之芒刺在背，《北齊書・薛脩義傳》有「山胡侵亂晉州，遣脩義追討，破之」之記載，[152]此事繫於高仲密之叛（武定元年，西元 543年）至高歡過世（武定五年，西元 547 年）之間，武定四年胡亂應指此事。此次被晉州刺史薛脩義平定的稽胡當為離石以南山區之胡。

在高歡執政時期，稽胡叛逃河西之舉可能時有發生。《北史・蠕蠕傳》云：

> 兼詐阿那瓌云：近有赤鋪步落堅胡行於河西，為蠕蠕主所獲。云蠕蠕主問之：「汝從高王？為從黑獺？」一人言從黑獺，蠕蠕主殺之；二人言從高王，蠕蠕主放遣。[153]

此事繫於興和二年（西元 540 年），赤鋪當為地名，今黃河東岸山西臨縣文白鎮有赤普浪村，或即其地。此雖為東魏方面之詐術，然從阿那瓌的反應來看，當是信以為真，說明此類叛逃在當時並不罕見。但囿

---

[150] 李百藥，《北齊書》，卷四，〈文宣紀〉，頁 46。

[151] 魏徵，《隋書》，卷二十二，〈五行上・貌咎〉，頁 627。

[152] 李百藥，《北齊書》，卷二十，〈薛脩義傳〉，頁 277。

[153] 李延壽，《北史》，卷九十八，〈蠕蠕傳〉，頁 3264。

於規模及屬地原因，東魏未必總能發兵征討。

北齊受魏禪後，鑑於此前經驗，文宣帝高洋試圖對胡區強化行政管理，天保三年（西元 552 年）「於離石縣北六十八里置良泉縣」。[154] 可能是為回應政府力量的深入，天保四年（西元 553 年）正月十三，稽胡圍攻離石，正月十五，高洋由晉陽率兵征討稽胡。然而大軍未到，稽胡已退，高洋只能以巡查三堆戌並統兵校獵的方式結束此次親征。

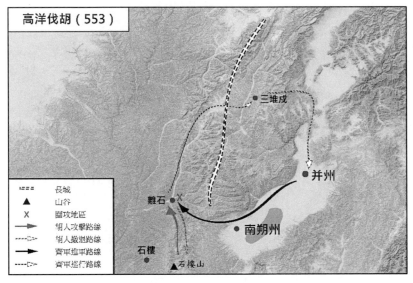

圖 5-17　高洋伐胡

天保五年（西元 554 年）正月，高洋挾戰勝突厥之威，立即部署二次伐胡。此次出征吸取了上年單線出征留給胡人撤退後路之教訓，於正月初六分兵三路出擊。有伐胡經驗的宿將斛律金走顯州道（西河汾陽），皇弟高演走晉州道，高洋親率軍隊走離石道，南、北、東三面夾攻稽胡，「斬首數萬，獲雜畜十餘萬」，終於平定石樓胡。石樓山地勢

---

[154] 樂史，《太平寰宇記》，卷四十二，〈河東道三‧石州〉「方山縣」條，頁 886。

險要，「自魏世所不能至」。[155]可謂一夫當關，萬夫莫開。東漢張耽
在平定此處烏桓時，只能「繩索相懸」上山。[156]齊軍能夠取勝，與其
嚴格的軍紀密不可分。《北史・齊文宣紀》云：

> 是役也，有都督戰傷，其什長路暉禮不能救，帝命刳其五臟，使
> 九人分食之，肉及穢惡皆盡。[157]

此條雖然為高洋暴虐的罪證，但也反映了當時齊軍為了取勝，實
行連坐法。從都督受傷來看，齊軍為攻取石樓付出的代價也不低。但就
其影響而言，也確實令「遠近山胡莫不懾服」，[158]此役之後直到齊
亡，除稽胡抄掠民戶仍有發生外，河東稽胡未有大規模舉事。

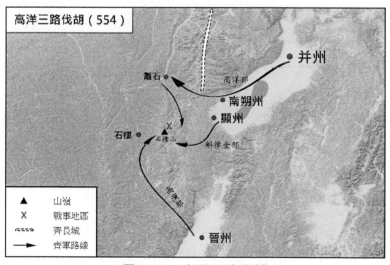

圖 5-18　高洋三路伐胡

---

155 李百藥，《北齊書》，卷四，〈文宣紀〉，頁58。
156 范曄，《後漢書》，卷八十九，〈張耽傳〉，頁2962。
157 李延壽，《北史》，卷七，〈齊文宣紀〉，頁250-251。
158 李百藥，《北齊書》，卷四，〈文宣紀〉，頁58。

四、西魏北周之稽胡起事

西魏文帝大統五年（西元 539 年），黑水稽胡反魏，被李遠、楊忠平定，此役為東、西魏分治後，見於史冊的首次河西稽胡起事。關中以北黑水之位置，考之今本《水經注》存在三說。其一在夏州，《水經注・河水三》云：赫連夏「龍昇七年（西元 413 年），於是水之北，黑水之南」，築統萬城。[159] 又《元和郡縣圖志・關內道四・夏州》「朔方縣」下云：「烏水出縣黑澗，東注奢延水，本名黑水，避周太祖諱，改名烏水」。[160] 此黑水位於統萬城之北，或即今蒙、陝交界處之納林河。

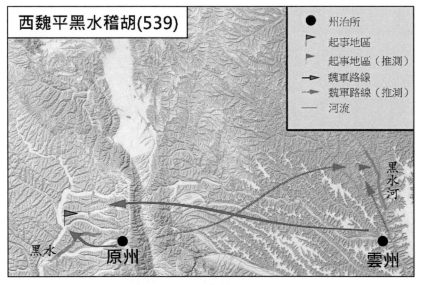

圖 5-19　西魏平黑水稽胡

其二位於華山郡，《水經注・河水四》云：「河水又南，黑水西

---

[159] 酈道元撰，楊守敬、熊會貞疏，《水經注疏》，卷三，〈河水三〉，頁 258。

[160] 李吉甫，《元和郡縣圖志》，卷四，〈關內道四・夏州〉「朔方縣」條，頁 100。

出丹山東,而東北入於河」。熊會貞引《魏書‧地形志》「華山郡夏陽有黑水城」,認為「蓋取此水為名,水當在今韓城縣北」。[161]

其三為安定黑水,《水經注‧渭水上》云:「黑水西南出懸鏡峽,又西南入瓦亭川」。[162]今人李曉傑等學者考證,此黑水即今寧夏隆德之篩子河—榆河。[163]考慮到平定此次起事之魏軍將領分別為原州刺史李遠與雲州刺史楊忠,可以推斷此黑水必在原、雲二州附近,則夏州、華山黑水可以排除,安定黑水為起事發生地之可能性較大。由於該地已在隴山以西,並非傳統稽胡活動區,故可以推測黑水部或為屠各諸族稽胡化後形成的新稽胡。除此定位之外,黑水地望尚有另一種可能,即今甘肅慶陽蒲河支流黑水河。《(嘉靖)慶陽府志》稱「黑水河源出太白山,過府西一百二十里,南流入寧州界,因其土黑,故名」。[164]此地離李遠、楊忠所牧之地未遠,且未超過《周書》所劃之稽胡活動西線。只是由於《水經注》涇水部分亡佚,不能確定此黑水是否在北魏時已有該名,姑作為一假說提出。

呂思靜根據〈厙狄迴洛墓誌〉墓主曾在天保年間授「黑水領民都督」之誌文,推斷此次稽胡起事為北齊指使。[165]不過此黑水離東魏西境甚遠,高歡對此部稽胡就算有意拉攏,恐怕也心有餘而力不足。厙狄迴洛所領之黑水當與夏州黑水有關,可能統攝夏州移民。東、西魏分立之初,高歡曾親襲夏州,得西魏治下五千落而還,其中或有原居黑水者,東遷後仍依舊名。為安置這批夏州移民,東魏於今汾陽縣西僑置靈

---

[161] 酈道元撰,楊守敬、熊會貞疏,《水經注疏》,卷四,〈河水四〉,頁 286。

[162] 酈道元撰,楊守敬、熊會貞疏,《水經注疏》,卷十七,〈渭水上〉,頁 1481。

[163] 李曉傑,《水經注校箋圖釋‧渭水流域諸篇》(上海:復旦大學出版社,2017),頁 33。

[164] 梁明翰修,傅學禮撰,《(嘉靖)慶陽府志》,卷二,〈河川〉,頁 357。

[165] 呂思靜,〈稽胡史研究〉,頁 67。

州，[166]其地與厙狄迴洛同領都督之離石、岢嵐同在呂梁山區，故其所
領黑水當在此附近。

　　大統六年（西元 540 年），白額稽胡反魏，為李弼、宇文深平定，
其起事地望無考，不過必在北山山系中。周一良先生懷疑此白額或為北
魏末年，鹿悆向南梁豫章王蕭綜之部將所誇耀的、與高車等族並列的北
魏少數族兵源「白眼」。[167]呂思靜推測白額或是白室之意，為古突厥
語「bas（首領）」之音譯。[168]姑備此二說。

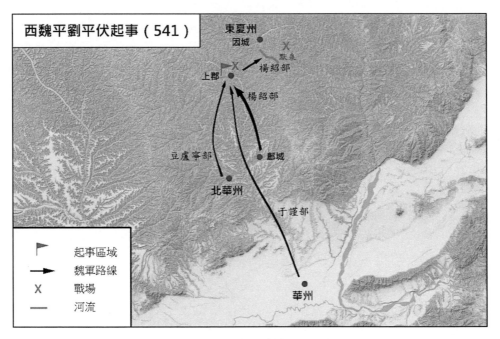

圖 5-20　西魏平劉平伏起事

　　大統七年（西元 541 年）三月，西魏夏州刺史劉平伏於上郡舉事，

[166] 施和金，《北齊地理志》，卷二，〈河北地區（下）〉，頁 203。

[167] 周一良，〈北朝的民族問題與民族政策〉，頁 121。

[168] 呂思靜，〈稽胡史研究〉，頁 121-123。

然夏州治所為統萬城，結合庾信〈周柱國大將軍拓拔儉神道碑〉所書，長孫儉（拓跋儉）大統五年（西元 539 年）為「西夏州刺史」之記載。[169]可知劉平伏所治夏州若為實授，則當為北魏末所立之東夏州，劉氏為刺史當在宇文顯和之後。此上郡並非漢代之上郡，而為北魏所置東夏州上郡，即今陝西甘泉西北之因城縣。[170]劉平伏選擇上郡，而非夏州治所廣武起事，或因後者不久前仍在「深為吏民所懷」的宇文顯和治下，[171]親中央勢力強大之故。此次起事波及範圍並不限於上郡一地，北部定陽亦有胡人響應。敷城郡守楊紹曾率鄉兵隨侯莫陳崇征劉平伏，「疋馬先登，破之於默泉之上」。[172]王仲犖先生考訂默泉位於定陽，[173]此非河東定陽，而為北魏末設立之河西定陽。位於今延安東南，為東秦州敷城郡下屬縣。故劉平伏起事影響至少波及東夏、東秦二州。起事後為于謹率侯莫陳崇、北華州刺史豆盧寧、冀州刺史庫狄昌等將領平定。劉平伏之別帥劉持塞為驃騎大將軍梁椿擒獲，然劉平伏本人下落不明，呂思靜推測其東入齊境。[174]劉平伏起事雖持續時間不長，但從西魏派遣多位刺史鎮壓來看，當一時聲勢浩大。在曾出郡兵助戰的敷城（鄜城），當地百姓於數年後的大統十二年（西元 546 年）造像時，仍在祈求「四方寧靜，干戈永戢」。[175]這類較為罕見的造像發願恐怕與數年前劉平伏起事難脫干係。在鎮壓劉氏起事過程中，敷城兵勇必有傷亡，其中可能就有造像者的親友。

　　大統十四年（西元 548 年），北稽胡舉事，為李弼、李標兄弟等人

[169] 李昉等，《文苑英華》（北京：中華書局，1966），卷九百五，庾信〈周柱國大將軍拓拔儉神道碑〉，頁 4760-1。

[170] 王仲犖，《北周地理志》，卷一，〈關中〉，頁 106。

[171] 令狐德棻，《周書》，卷四十，〈宇文顯和傳〉，頁 714。

[172] 令狐德棻，《周書》，卷二十九，〈楊紹傳〉，頁 500。

[173] 王仲犖，《北周地理志》，卷一，〈關中〉，頁 75。

[174] 呂思靜，〈稽胡史研究〉，頁 70。

[175] 〈法龍造像記〉，參見靳之林，〈延安地區發現一批佛教造像碑〉，頁 33。

平定。在平定此次胡人起事時，西魏政府玩弄權謀，以先禮後兵的方式麻痺稽胡，在「汾州胡叛」後派出趙昶對胡人慰勞，令其放鬆警惕並藉機瞭解胡中虛實。到出兵之時，趙昶理所當然打頭陣，自然輕易取勝。[176]西魏汾州為義川郡，《周書‧李弼傳》稱其為北稽胡，可知其在關中之北，西魏汾州地處關中以北之黃土高原當即舉事地區。趙昶慰勞稽胡之事發生於大統九年（西元 543 年）至十五年（西元 549 年）之間，旨在完成為配合李弼伐胡而進行之情報準備工作。此役韓果也有參加，「從大軍破稽胡於北山」。其「進兵窮討，散其種落」，稽胡憚其悍勇，「號為著翅人」。[177]北稽胡之「北」當即北山之省略，此北山不同於韋孝寬平齊計劃中欲煽動的河東稽胡之北山，後者為北山華谷之胡，此為關中以北之北山山系諸胡。

北周武帝武成元年（西元 559 年），延州稽胡郝阿保、郝狼皮等酋帥叛周附齊，郝阿保自署丞相，郝狼皮自封柱國，並得劉桑德部聲援。郝阿保為同州刺史豆盧寧會同延州刺史高琳擊敗，北周對起事之稽胡似乎並未斬盡殺絕，而是予以招降。因此次年郝狼皮再次叛周，為韓果平定。

保定元年（西元 561 年），丹州稽胡反周，此丹州稽胡即大統時起事之汾州胡。雖然為辛威平定，但保定、天和之際，「丹州、綏州、銀州等部內諸胡，與蒲川別帥郝三郎等又頻年逆命」。[178]天和元年（西元 566 年），稽胡攻破延州臨真縣，於是北周又遣達奚震率軍征伐，平定稽胡。

天和二年（西元 567 年），延州總管宇文盛率眾築城銀州，遭到稽胡帥白郁久同、喬是羅的襲擊，宇文盛陣斬白、喬二人，進而又破其別

---

[176] 令狐德棻，《周書》，卷三十三，〈趙昶傳〉，頁 577。

[177] 令狐德棻，《周書》，卷二十七，〈韓果傳〉，頁 442。

[178] 令狐德棻，《周書》，卷四十九，〈稽胡傳〉，頁 898。

帥喬三勿同。

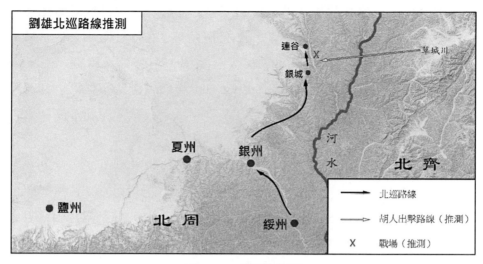

圖 5-21　劉雄北巡

　　同年，延州蒲川胡帥郝三郎攻丹州，北周遣于謹之子于寔率軍討
伐，斬郝三郎。對於此次稽胡之變，呂思靜再次強調背後的北齊因素，
理由為據《水經注・河水》，蒲川在離石附近，即北齊境內。[179]然據
《太平寰宇記・關西道十一・鄜州》「洛川縣」條，該縣亦有蒲川
水。[180]洛川蒲川當為洛河支流，屬於渭河水系的蒲川所在之鄜州與延
州比鄰，其水系延伸至延州轄區亦屬正常，所以有延州蒲川之名出現。
故此蒲川當在北周境內，即使背後有北齊挑動，亦與離石蒲川無涉。
　　天和五年（西元 570 年），劉雄出綏州巡撫北邊，川路稽胡帥喬白
郎、喬素勿同渡河與劉雄交戰，為後者所敗。綏州以北之銀州為三年前
襲擊宇文盛之胡帥喬是羅的活動區域，三者同為喬氏，喬白郎、喬素勿
同或為其黨，旨在為喬是羅復仇。需要注意的是此喬氏來自北齊境內，

---

[179] 呂思靜，〈稽胡史研究〉，頁 73。

[180] 樂史，《太平寰宇記》，卷三十五，〈關西道十一・鄜州〉「洛川縣」條，頁 738。

川路或為草城川賊路之簡稱。據嚴耕望先生研究，草城川即今山西五寨縣內諸川。[181]劉雄出綏州後巡行路線當為至銀州後北赴銀城，再上連谷，途中必然經過與草城川臨近的河西之地，故以草城川為川路當可成立。喬氏宗黨或在喬是羅敗後退入齊地，後又伺機渡河襲周；或喬氏稽胡本即跨河分佈。

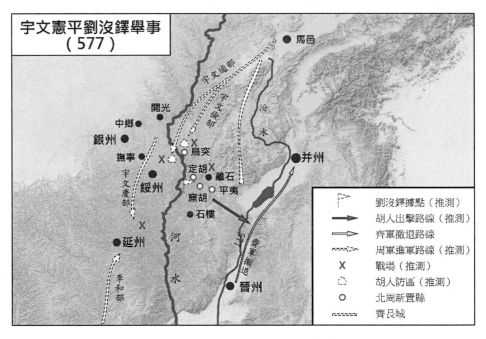

圖 5-22　宇文憲平劉沒鐸舉事

建德五年（齊武平六年，西元 575 年），齊軍為周軍所敗，由晉州北撤并州。撤離路上齊軍丟盔棄甲，拋下大量輜重，周軍急於追擊，亦未有暇清點戰利品，於是稽胡出山撿取武器盔甲，並立劉蠡升之孫劉沒鐸為帝，號聖武皇帝，年號石平。劉蠡升之近親早在四十餘年前即被高歡送往鄴城，此時鄴城尚在北齊手中，劉蠡升子孫即使當初免於一死，

---

[181] 嚴耕望，《唐代交通圖考》，冊五，頁 1409。

此時也難從鄴城回到呂梁山區。故劉沒鐸得以被擁立，當為高歡平其祖時尚有漏網之魚，其父即劉蠡升某子躲藏山中，伺機策動胡人。《北齊書·神武紀》有言俘獲南海王、西海王、北海王，獨未言東海王，若劉蠡升以四海封諸子，則此下落不明的東海王當即劉沒鐸之父。

建德六年（西元 577 年）十一月，北周挾滅齊之威，以宇文憲為行軍元帥，都督宇文儉、宇文逍等將領討劉沒鐸。宇文憲集大軍於馬邑，再分道南下攻劉沒鐸。胡人盤踞之具體位置雖然無明文記載，但考察平胡後周人所置郡縣，或可推斷大致所在。《太平寰宇記·河東道三·石州》云：

> 臨泉縣……本漢離石縣地，後周大象元年（西元 579 年）於此置烏突郡烏突縣。
>
> 平夷縣……本漢離石縣地，屬西河郡。後周大象元年（西元 579 年）割離石縣西五十一里置平夷縣。
>
> 定胡縣……本漢離石縣地，屬西河郡。後周大象元年（西元 579 年）於此置定胡縣及置定胡郡。[182]

同一時期設置之郡縣還有窟胡郡（後改修化郡）。北朝郡縣不乏以得勝紀功為原則命名，如北魏禽昌縣即得名於擒獲赫連昌。在北周平定稽胡後，胡區出現多個冠以「胡」、「夷」字號的郡縣決非偶然，必與戰事勝利有關，與之時間、地望相合的較大規模戰事唯有平定劉沒鐸。[183]「定胡」可視為平定稽胡，「平夷」也為同意，「窟胡」則為直搗胡人巢窟之意，其命名也揭示了一條平胡的進軍路線，暗藏了戰事進展過程。離石治所的西面或南面當為劉沒鐸之最後抵抗地。

---

[182] 樂史，《太平寰宇記》，卷四十二，〈河東道三·石州〉，頁 886-887。

[183] 稍晚之劉受邏干起事雖然也頗有聲勢，然其中心似在更南之隰州。

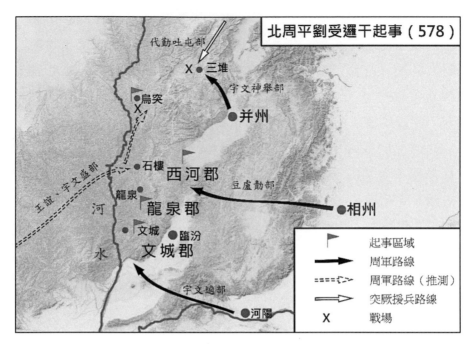

圖 5-23　北周平劉受邏干起事

　　可能由於以彌勒教為宣傳手段的備戰動員較為成功，河東、河西稽胡已連成一片。〈李和墓誌〉所謂「建德六年，群稽復動」可能即延州胡人對劉沒鐸起事之響應。[184]面對北周大軍，劉沒鐸分兵把守黃河兩岸，天柱守東岸，穆支守西岸。宇文儉攻天柱，斬首三千，宇文遚又破穆支，二者合計斬首過萬。天柱防守位置第三章已有討論，可能在事後設置之烏突郡附近。而穆支所在之位置，《隋書·宇文慶傳》可以提供一些線索，傳主「尋以行軍總管擊延安反胡，平之，拜延州總管」。[185]宇文慶擊延安稽胡事繫於平齊之後，且其為行軍總管，則上層當有行軍元帥存在，參考同一時期職務相合者，唯有以此職討劉沒鐸之宇文憲。

---

[184] 〈李和墓誌〉，參見陝西省文物管理委員會，〈陝西省三原縣雙盛村隋李和墓清理簡報〉，頁 41。

[185] 魏徵，《隋書》，卷五十，〈宇文慶傳〉，頁 1314。

延安當指延安郡，位置正在河西，與〈李和墓誌〉記載及穆支陣地相合，則破穆支之周軍除宇文逌外，尚有宇文慶及李和所部。北周在出動多路人馬外，又不得不令原地方長官李和出馬，率眾三萬，鎮壓河西反胡，可見事態嚴重。劉沒鐸雖然率領胡人頑強抵抗，堅持到次年年初，[186]卻還是無法逃脫為宇文招擒斬的命運。

北周此次伐胡的戰略考量為「剪其魁首，餘加慰撫」，但稽胡「種類既多，又山谷阻絕，王師一舉，未可盡除」。[187]次年（宣政元年，西元 578 年）河東又發生汾州胡帥劉受邏干起事。《周書》之外，《隋書》也留下了此次起事的一些記錄。《隋書·王誼傳》云：「汾州稽胡為亂，誼率兵擊之。帝弟越王盛、譙王儉雖為總管，並受誼節度」。[188]又同書〈侯莫陳穎傳〉云：「周武帝時，從滕王逌擊龍泉、文城叛胡，與柱國豆盧勣各帥兵分路而進」。[189]又同書〈高熲傳〉云：「以平齊功，拜開府。尋從越王盛擊隰州叛胡，平之」。[190]對於「叛胡」起事之區域，涉及汾州、龍泉、文城、隰州等多地，此當為行政區劃調整導致的記敘混亂。按《隋書·地理志中》之記載，文城郡「後周改為汾州」；龍泉郡「後周置汾州」，開皇五年（西元 585 年）「改為隰州總管」；[191]涉及地區均為北周末之汾州轄地。故《隋書》雖未明言，但參考行政沿革可知波及文城、龍泉、隰州之反胡即汾州胡帥劉受邏干。與〈侯莫陳穎傳〉、〈高熲傳〉均稱之為「叛胡」對應，

---

[186] 史射勿宣政元年（西元 578 年）掩護宇文憲伐胡，可知劉沒鐸對周作戰從建德六年持續到宣政元年。參見王其褘、周曉薇，《隋代墓誌銘彙考》，冊四，〈史射勿誌〉，頁 40。

[187] 令狐德棻，《周書》，卷四十九，〈稽胡傳〉，頁 898。

[188] 魏徵，《隋書》，卷四十，〈王誼傳〉，頁 1168。

[189] 魏徵，《隋書》，卷五十五，〈侯莫陳穎傳〉，頁 1381。

[190] 魏徵，《隋書》，卷四十一，〈高熲傳〉，頁 1179。

[191] 魏徵，《隋書》，卷三十，〈地理志中·冀州〉，頁 850-851。

《周書‧稽胡傳》稱其「復反」，[192]則知劉氏此前也曾與北周作對，很可能為降周之劉沒鐸部下。劉受邏干之據點以文城、龍泉為中心，當為北魏吐京胡之後。此次舉事為高洋平石樓後，吐京胡人二十餘年沉默之怨念爆發，規模直逼上年劉沒鐸舉事。《周書‧宇文神舉傳》云：

> 屬稽胡反叛，入寇西河。神舉又率眾與越王盛討平。時突厥與稽胡連和，遣騎赴救。神舉以奇兵擊之，突厥敗走，稽胡於是款服。[193]

相較於劉沒鐸之劃地自立、不服王化，劉受邏干則對外擴張之勢明顯，或為吸取前者失敗教訓，故以攻代守。除吐京故地外，西河也成為劉受邏干染指之地。甚至連遠在離石以北的胡帥也有被劉氏爭取者，〈楊文思墓誌〉稱，「稽胡賊劉庫歷圍烏突城」。[194]烏突即呂梁山區之軍事重鎮烏突戍，可知劉氏起事波及地域之廣。此役胡人得到突厥援助，後者派「代勤吐屯至三墮」。[195]三墮即北齊高洋曾巡視之三堆戍，若放任胡騎牧馬，則非但忻定盆地失控迫在眉睫，并州治所晉陽亦堪憂。所以北周為平亂，由宿將王誼主持全局，出動相州刺史豆盧勣、河陽總管宇文逌、大冢宰宇文盛三路兵馬分道夾擊劉受邏干，另遣宇文神舉、楊文思等將領狙擊突厥援軍、附隨胡部，方平定此亂。此役之後，北周對河東胡區的統治策略發生改變，由委任胡帥之間接羈縻轉為政府直接管理，在劉沒鐸、劉受邏干起事地區廣泛設置郡縣或總管府以管轄之。定胡、烏突、平夷、蒲子、龍泉諸郡縣均出現於平亂次年（大象元年，西元 579 年），虞慶則等官吏受朝廷委派至當地，代替胡帥酋

---

[192] 令狐德棻，《周書》，卷四十九，〈稽胡傳〉，頁 899。
[193] 令狐德棻，《周書》，卷四十，〈宇文神舉傳〉，頁 715。
[194] 王其禕、周曉薇，《隋代墓誌銘彙考》，冊四，〈楊文思誌〉，頁 333。
[195] 王其禕、周曉薇，《隋代墓誌銘彙考》，冊四，〈楊文思誌〉，頁 333。

長行使日常管理職能。關於政府對胡區之治理，可參見第四章相關部
分。

五、隋唐之稽胡起事

　　與北周對胡區實行武力鎮壓不同，獲周「禪位」的隋文帝坐收前
朝軍政成果，大可對其實行休養生息之策。較前代而言，政府對胡中民
瘼的關注前所未見。《隋書·五行志下》云：

> 仁壽二年（西元 602 年），西河有胡人，乘驟在道，忽為廻風所
> 飄，并一車上千餘尺，乃墜，皆碎焉。[196]

　　隋代之前的歷朝政府恐怕並不關心這些不服王化的胡人死活，但
隋文帝時有明顯改善，不但在賦役方面對稽胡作出一定讓步，而且胡區
的災害也受到政府關注。[197]因此在開皇之治餘澤下，直至隋煬帝中
期，胡區均未出現大規模起事。然而隨著隋煬帝一系列濫用民力的大興
土木及對外戰爭的推行，胡區也在怨聲載道的大環境中重燃戰火。

　　大業九年（西元 613 年）正月，隋煬帝為伐高麗，「徵天下兵，募
民為驍果」。在民怨驅使下，不久之後靈武即發生白榆妄舉事，「稱
『奴賊』，劫掠牧馬，北連突厥，隴右多被其患」。[198]從其姓氏來
看，當為稽胡白氏，或為北魏戍兵之後。舉事雖始於靈州，然時又稱為
「原州奴賊」，足見其地緣關係密切，可能由於原州諸族的加入令白氏
反抗軍聲威更盛之故。原州胡人之具體來歷或可參考北周將領蔡祐之事

---

[196] 魏徵，《隋書》，卷二十三，〈五行下·心咎〉，頁 656。

[197] 如前文所述徵發稽胡修長城時縮短服役時間。參見魏徵，《隋書》，卷一，〈高祖
上〉，頁 15。

[198] 魏徵，《隋書》，卷四，〈煬帝紀〉，頁 83-84。

例，其曾祖蔡紹本為夏州鎮將，「徙居高平，因家焉」。[199]蔡氏在西魏時被賜姓大利稽氏，根據考古發掘之大利稽冒頓墓磚，大利稽氏出自稽胡的可能性較高，[200]其來源或為夏州。原州在地政學上意義頗重，為東南通長安，西連河西，向北又直達靈州之交通要衝。[201]在此要道之上，自然彙集各類族群。故奴賊中不止存在稽胡，也存在粟特等其他族群。史射勿之子、入唐後曾為遊擊將軍、虢州刺史的史訶耽即可能參加過奴賊起事。[202]

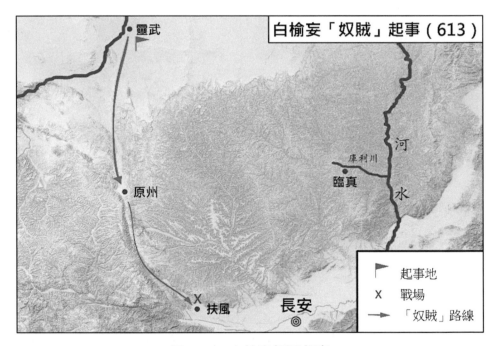

圖 5-24　白榆妄奴賊起事

[199] 令狐德棻，《周書》，卷二十七，〈蔡祐傳〉，頁 442。

[200] 羅豐，〈北周大利稽氏墓磚〉，頁 69。

[201] 石見清裕，《ソグド人墓誌研究》（東京：汲古書院，2016），頁 183。

[202] 李錦繡，〈史訶耽與隋末唐初政治——固原出土史訶耽墓誌研究之一〉，收入羅豐，《絲綢之路上的考古、宗教與歷史》（北京：文物出版社，2011），頁 50-52。

面對多族聯合作戰的奴賊，隋廷遣將軍范貴鎮壓，但多年未有進展。後再遣元弘嗣進剿，仍然無功而返。朝堂上甚至出現招撫之聲，《隋書‧裴蘊傳》云：

> 今者之役，不願發兵，但詔赦群盜，自可得數十萬。遣關內奴賊及山東歷山飛、張金稱等頭別為一軍，出遼西道，諸河南賊王薄、孟讓等十餘頭並給舟楫，浮滄海道，必喜於免罪，競務立功，一歲之間，可滅高麗矣。[203]

此雖為蘇威之優孟式反話勸諫，但也可知隋廷在面對盡剿無望的四方反抗軍時，招撫也是可能選項。

白榆妄奴賊軍從靈武起兵南下，轉戰平涼、安定（原州），甚至圍攻扶風郡城。《續高僧傳‧釋僧定傳》中也留下了「奴賊」的蹤影：

> 大業末歲，栖心南山太和寺，群盜來劫，定初不怖。盜曰：「豈不聞世間有奴賊耶？」定曰：「縱有郎賊，吾尚不怖，況奴賊耶！」因剝其衣服，曾無恪色。至於坐氈，將欲挽挈，定捉之曰：「吾仰此度冬，卿今將去，命必不濟。乍斷吾命於此，氈不可離，吾命也！」群盜相看，便止之。[204]

《水經注疏‧禹貢山水澤地在所》稱終南山在「扶風武功縣西南」，故僧定所居之南山即終南山，[205]又《宣室志》有「扶風縣西有

---

[203] 魏徵，《隋書》，卷六十七，〈裴蘊傳〉，頁1576。

[204] 釋道宣，《續高僧傳》，卷十九，〈唐京師大莊嚴寺釋僧定傳〉，頁696。

[205] 酈道元撰，楊守敬、熊會貞疏，《水經注疏》，卷四十，〈禹貢山水澤地在所〉，頁3351。

天和寺」，[206]「大和寺」或即「天和寺」。將不問俗世的僧人作為劫掠對象也表明圍攻扶風之「奴賊」已是山窮水盡。隨著「賊中食盡，野無所掠，眾多離散」，這些「奴賊」最終以隨丘行恭降唐而謝幕。[207]

然而在其他地方仍有「奴賊」餘部活動。《大唐新語·忠烈第九》云：

> 常達為隴州刺史，為薛舉將仵政所執以見舉，達詞色不屈，舉指其妻謂達：「且識皇后否？」達曰：「只是瘦老嫗，何足可識！」舉奇而宥之。有奴賊帥張貴問達曰：「汝識我？」達曰：「汝逃奴耶！」瞋目視之。[208]

張貴既曰「奴賊」，則必為白榆妄餘部。常達為薛舉所俘事在武德元年（西元 618 年），可知在白榆妄舉兵後，其部至少堅持五年之久。雖然有部分隨丘行恭歸唐，但可能有先行離去之「奴賊」帥投奔其他勢力，如張貴即投薛氏父子。此外尚有另一些奴賊似乎回到胡中故地。《元和郡縣圖志·關內道三·丹州》「雲巖縣」下云：「庫利川在縣郭南，昔有奴賊居此，川內稽胡呼奴為庫利，因以為名」。[209]雖然這一部分「奴賊」轉戰東行，回到稽胡舊壤，但可能由於分離太久，認同疏隔，因此原鄉同胞反而以「奴」視之，這一部分最終是重新歸於稽胡抑或是為官軍所滅，由於資料缺乏不得其詳。

大業十年（西元 614 年）五月廿三，劉迦論據雕陰縣反隋，自稱皇王，建元大世。擁眾十餘萬，與稽胡首領劉鷂子、劉拔真相互聲援。劉

---

[206] 張讀，《宣室志》（上海：上海古籍出版社，2012），卷二，頁 19。

[207] 劉昫，《舊唐書》，卷五十九，〈丘行恭傳〉，頁 2326。

[208] 劉肅，《大唐新語》（北京：中華書局，1984），卷五，〈忠烈第九〉，頁 72。

[209] 李吉甫，《元和郡縣圖志》，卷三，〈關內道三·丹州〉「雲巖縣」條，頁 75。

迦論之籍貫一曰延安，[210]一曰安定，[211]此二地均為稽胡活動區域，加之為劉氏，其人當即編民化稽胡。可能由於劉迦論之為民經歷，其視野較仍在部落中之胡人開闊，故在稱王後可能進行了一系列中原式的政權建設措施，鑄造「大世通寶」即其中之一。收藏家稱其鑄錢「徑七分，重一錢，面、背肉好周郭」。其以「通寶」命名，「實開通寶之先聲」。[212]劉迦論稱王時間不長，卻能在鑄錢方面一改以往政權質劣之弊病，並可能影響唐代之開元通寶，於財政史意義重大。這點或許是其本人始料未及的。

圖 5-25　大世通寶拓片
（錄自馬國翰，《紅藕花軒泉品》。）

　　面對這類目的不同於傳統部落反抗之起事，隋政府發關中兵，由屈突通率領進剿，屈突通欲擒故縱，「師臨安定，初不與戰」。雖然表面上示劉迦論以膽怯，實際上則暗渡陳倉，「揚聲旋師而潛入上郡」。[213]

[210] 魏徵，《隋書》，卷四，〈煬帝紀〉，頁 87。

[211] 劉昫，《舊唐書》，卷五十九，〈屈突通傳〉，頁 2320。

[212] 馬國翰，《紅藕花軒泉品》（清末刻本），卷六，頁 300-301。

[213] 劉昫，《舊唐書》，卷五十九，〈屈突通傳〉，頁 2320。

放鬆警惕的劉迦論以為其撤軍，故進兵南掠，在離隋軍僅七十里之地安營紮寨不說，而且不為防備，終遭屈突通夜襲。隋軍陣斬劉迦論，胡兵陣亡上萬，胡中男女數萬淪為俘虜。

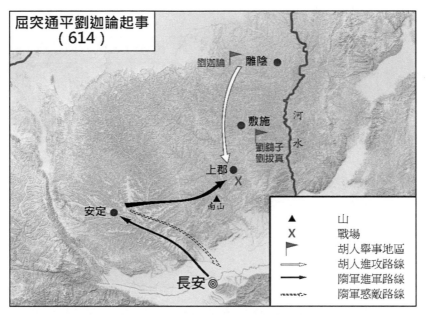

圖 5-26　屈突通平劉迦論起事

　　同年丹州汾州縣為稽胡郝仁郎攻破，汾州（汾川）治所被迫從庫利川甚寒原移至土壁堡。郝仁郎陷汾州一事未言月份，不過汾州在雕陰之南，離劉迦論南出上郡之路線不遠，考慮到劉迦論曾「分兵掠諸城邑」，[214]郝仁郎或其部將。

　　同年十一月廿一，離石胡劉苗王反隋，[215]自號天子，[216]以子劉季

---

[214] 劉昫，《舊唐書》，卷五十九，〈屈突通傳〉，頁 2320。

[215] 《舊唐書》作劉龍兒。參見劉昫，《舊唐書》，卷五十六，〈劉季真傳〉，頁 2281。

[216] 《資治通鑑》作劉王。參見司馬光，《資治通鑑》，卷一百八十七，〈唐紀三‧武德二年〉，頁 5856。

真為太子,季真弟劉六兒為永安王,「鋒甚銳」。[217]將軍潘長文征討
不能取勝,直到後來劉苗王為虎賁郎將梁德擊殺,胡眾方散。參考劉六
兒再次起兵為大業十一年(西元 615 年)九月楊子崇為離石郡守之後,
可知劉苗王身死當在大業十一年九月之前,起事前後不逾十個月。

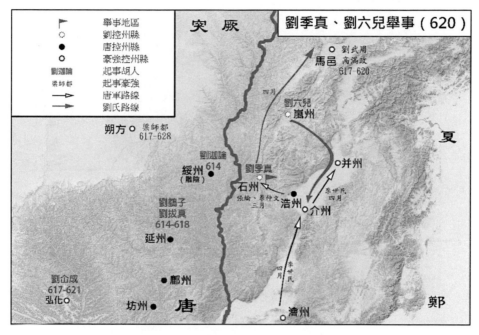

圖 5-27　劉季真、劉六兒舉事

大業十一年(西元 615 年)五月,隋煬帝遭突厥圍於雁門,九月突
厥解圍而去,經此一役,隋王朝的權威一落千丈。當年年底,數月前為
梁德所殺的劉苗王之子劉六兒再舉反旗。面對離石胡亂再起,離石郡守
楊子崇「上表請兵鎮遏」,煬帝卻「下書令子崇巡行長城。子崇出百餘
里,四面路絕,不得進而歸」。[218]

[217] 歐陽修、宋祁,《新唐書》,卷八十七,〈劉季真傳〉,頁 3732。
[218] 魏徵,《隋書》,卷四十三,〈楊子崇傳〉,頁 1215。

　　煬帝令楊子崇巡視之長城或以開皇長城為主，亦可能包含部分齊
長城。等不來援兵的楊子崇雖然前後殺數千人以儆效尤，但由於胡人控
制區地勢險要，加之各地起事已呈星火燎原之勢，彈壓效果不甚理想。
隨著大業十三年（西元 617 年）梁師都、劉武周等人起兵，原本稍有收
斂的離石稽胡反抗更甚。李淵起兵後，劉六兒附劉武周，其兄劉季真也
跟進。在劉氏昆仲點燃的胡區烽火中，僧人亦難於倖免，隋末喪亂隱於
離石北千山之曇韻禪師遭遇的稽胡反抗軍當即劉氏兄弟之黨。[219]

　　面對胡區動盪局勢，李淵於七月初六遣西河公張綸徇稽胡。當月
十七日克離石，殺楊子崇。九月初七徇龍泉、文城等郡，所到之處均歸
唐。不過巡行對於劉氏昆仲的招撫效果並不理想。武德二年（西元 619
年），劉季真叛唐，引劉武周兵攻陷石州，殺刺史王儉（王綽），自號
太子王，以劉六兒為拓定王。王儉之子王湛的神道碑記錄了此次事變。
〈瀘州都督王湛碑〉云：

> 父綽，秦孝王府掾、仁壽宮監、離石郡通守、晉陽侯，皇朝石州
> 刺史。逆賊劉武周攻陷郡城，因而遇害，贈代州總管，諡曰烈
> 侯。禮也，天造草昧，王業艱難。周師纔至於太原，胡兵遂入於
> 離石。[220]

　　可見此次石州事變反抗軍主力當為劉季真所領之「胡兵」。為利
用突厥虛張聲勢，劉季真甚至冒充始畢可汗之子什鉢苾，自稱突利可
汗。五月，劉六兒降唐，受封嵐州總管。武德三年（西元 620 年）三
月，唐將張綸、李仲文兵臨石州，在唐軍壓力下，劉季真不得已降唐。
當月廿二受封石州總管，賜姓李氏，封彭城郡王。

---

[219] 釋道世撰、周叔迦等校注，《法苑珠林校注》（北京：中華書局，2003），卷十八，
〈唐釋曇韻禪師〉，頁 421-2。

[220] 李昉等，《文苑英華》，卷九百十二，楊迥〈瀘州都督王湛碑〉，頁 4799-1、4799-2。

劉氏兄弟降唐本為權宜之計，故私下仍與劉武周等反唐勢力暗通款曲。見唐軍與劉武周部將宋金剛相持於澮州，局勢未明，劉季真又改投劉武周，與之合兵攻唐，其弟劉六兒也至介州支援宋金剛。然此後宋金剛敗北，介休為尉遲恭獻於唐軍，首鼠兩端之劉六兒為李世民擒殺。劉季真見其弟死，即棄石州而去，赴馬邑投奔劉武周部將高滿政，後為高滿政所殺。

雖然劉氏兄弟為唐軍平定，然殘餘勢力在胡區仍樹大根深。其年九月，稽胡又反唐，攻陷嵐州。嵐州胡亂之事僅見於《資治通鑑・武德三年》，[221]其始末細節無明文詳述。不過嵐州本為劉六兒勢力範圍，當年五月，劉氏為李世民誅殺後，其兄劉季真奔馬邑，所留部眾自當降唐。從司馬光行文稱「叛胡」來看，當即此前降唐之劉氏部眾。當年六月，突厥入并州，派兵駐守定襄以北以控之，嵐州距離突厥佔領區不遠，其叛唐或為突厥煽動所致。嵐州為稽胡所攻陷後情況如何？何時為唐軍收復？史無明文。然參考武德四年（西元 621 年）三月廿四突厥攻石州，時代州為李大恩（胡大恩）守衛，突厥難以借道，則其騎必取道嵐州南下，故此時嵐州當尚在稽胡控制中。

在河東胡人頻舉反旗的同時，河西稽胡舉事亦此起彼伏。與大業十年（西元 614 年）起事之劉迦論相呼應的稽胡帥劉鷂子、劉拔真在劉迦論被隋軍平定後似未受到太大打擊，或者說由於隋軍無力擴大戰果，只能對其姑息了之。劉鷂子、劉拔真部落之具體所在雖未見記載，但從其合作對象為盤踞雕陰之劉迦論來看，其部當在延州、綏州境內。隋末此區域為梁師都控制，劉氏部落當亦其盟友。

劉迦論早在大業十年即為屈突通平定，然在此後，其昔日盟友趁隋末大亂之際，竟能將兵鋒深入涇水以北的關中地區。《舊唐書・太宗

---

[221] 司馬光，《資治通鑑》，卷一百八十八，〈唐紀四・武德三年〉，頁 5891。

紀》云：「師次於涇陽，勝兵九萬，破胡賊劉鷂子，并其眾」。[222]對於此戰經過，《冊府元龜》補充了一些細節：「胡賊劉鷂子擁兵而至，未即歸款。太宗親率精騎襲擊，破之，遂并其眾」。[223]

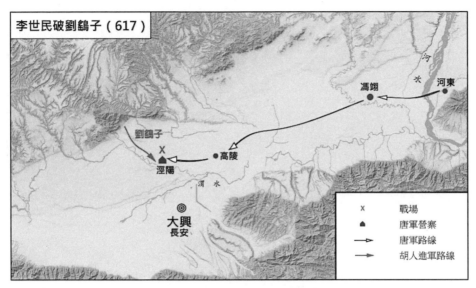

圖 5-28　李世民破劉鷂子

劉鷂子似對李世民頗為忌憚，或因有意投唐而作戰意志不高，故為李世民乘隙所敗。南下的劉鷂子在為唐軍所敗前可能亦如劉迦論有分兵至各地劫掠之舉。隋離石郡守楊子崇在欲渡河西歸時遇到「河西諸縣各殺長吏」，[224]當即與稽胡煽動有關。又《元和郡縣圖志・關內道三・丹州》記載，大業十三年（西元 617 年）延平縣「為胡賊劉步祿所據。義寧元年（西元 617 年）於義川縣置丹陽郡」。[225]大業十三年與義

[222] 劉昫，《舊唐書》，卷二，〈太宗紀〉，頁 23。

[223] 王欽若等，《冊府元龜》，卷十九，〈帝王部・功業〉「唐太宗」條，頁 192。

[224] 魏徵，《隋書》，卷四十三，〈楊子崇傳〉，頁 1215。

[225] 李吉甫，《元和郡縣圖志》，卷三，〈關內道三・丹州〉，頁 74。

寧元年為同年，當年十一月李淵控制區改元義寧，則劉步祿對丹州之攻佔當在十一月前，且控制時間不長，與劉鷂子九月為李世民所敗相合，此劉步祿可能為劉鷂子部將。

　　李世民伐胡取勝，不但令唐軍兼併稽胡兵馬、擴充勢力，而且提高了李唐在胡區之影響力，「延安、上郡、雕陰皆請降於淵」。[226]稽胡酋長也有歸唐者，義寧元年（西元 617 年），臨真縣「稽胡首領歸國」。[227]

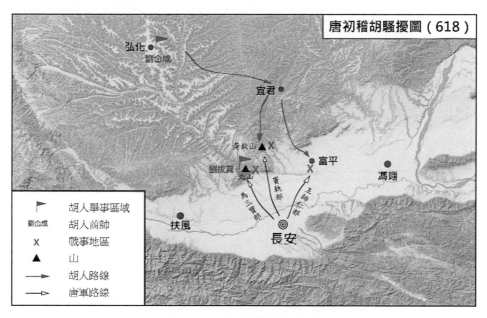

圖 5-29　唐初稽胡騷擾圖

　　劉鷂子為唐軍平定後，另一稽胡酋長劉仚成仍游離於中央控制外。大業十三年（西元 617 年），弘化胡帥劉仚成擁眾萬人反隋，「傍

---

[226] 司馬光，《資治通鑑》，卷一百八十四，〈隋紀八・義寧元年〉，頁 5760。

[227] 樂史，《太平寰宇記》，卷三十六，〈關西道十二・延州〉「臨真縣」條，頁 756。

郡苦之」。[228]其部甚至南下騷擾歸唐郡縣，《資治通鑑・武德元年》
云：「武德元年（西元 618 年）夏，四月，稽胡寇富平」。[229]時隔不
久，又有稽胡「五萬餘人掠宜君」。[230]由於此時劉鷂子部已被李世民
收編，延、綏、上郡亦臣服李唐，故此稽胡當出自更西之弘化劉仚成。
在這次抄掠中，進攻富平之胡為王師仁所敗，攻宜君之胡為竇軌所敗。
關於竇軌之作戰過程，《舊唐書・竇軌傳》云：

> 軌討之，行次黃欽山，與賊相遇，賊乘高縱火，王師稍卻。軌斬
> 其部將十四人，拔隊中小帥以代之。軌自率數百騎殿於軍後，令
> 之曰：「聞鼓聲有不進者，自後斬之。」既聞鼓，士卒爭先赴
> 敵，賊射之不能止，因大破之，斬首千餘級，虜男女二萬口。[231]

　　有十四名部將因違背軍紀遭竇軌正法，而且需要主帥親自壓陣，
可見面對「稽胡侵軼，將遍近畿」的嚴峻形勢，[232]唐軍取勝確屬不易，
胡人必然給唐軍造成不小損失。需要注意的是，曾與劉鷂子一起支援劉
迦論的胡帥劉拔真在此年亦有出現。《舊唐書・馬三寶傳》云：「初以
平京城功拜太子監門率，別擊叛胡劉拔真於北山，破之」。[233]又參考
《冊府元龜・將帥部》對馬三寶此後「又從平薛舉」之記載，[234]可知
馬三寶擊劉拔真當在其拜太子監門率至平薛舉之間。李建成立為太子事

---

[228] 魏徵，《隋書》，卷四，〈煬帝紀〉，頁 92。

[229] 司馬光，《資治通鑑》，卷一百八十五，〈唐紀一・武德元年〉，頁 5785。

[230] 劉昫，《舊唐書》，卷六十一，〈竇軌傳〉，頁 2365。

[231] 劉昫，《舊唐書》，卷六十一，〈竇軌傳〉，頁 2365。

[232] 陸心源，《唐文拾遺》（北京：中華書局，1983），卷十四，李百藥〈洛州都督竇軌碑銘〉，頁 10512-1。

[233] 劉昫，《舊唐書》，卷五十八，〈馬三寶傳〉，頁 2316。

[234] 王欽若等，《冊府元龜》，卷三百五十七，〈將帥部・立功第十〉「馬三寶」條，頁 4028。

在武德元年（西元 618 年）六月，征薛舉在八月，故平劉拔真當在此中間。關於北山之位置，《元和郡縣圖志·關內道一·京兆府》「咸陽縣」下云：「縣在北山之南，渭水之北，故曰咸陽」。[235]考慮到唐軍平定劉拔真在兩個月內完成，故劉氏屯駐位置距離長安不會太遠，所以此北山當即咸陽以北之北山山系。從劉氏被書為「叛胡」可推知其曾降唐，或為與劉鷂子同時被唐軍收編。馬三寶在此役中作戰序列為「別擊」，則當作為副將出戰，以時間視之，與竇軌平胡應在同時，或即配合後者作戰，故劉鷂子此時可能已成為劉仚成盟友。

劉仚成雖然一度為唐軍擊敗，但對各郡縣之騷擾卻未停止，甚至一度進入長安近郊之醴泉掠奪人口、財物。《法苑珠林·救厄篇第七十六》云：

> 唐武德初中，有醴泉縣人，姓徐，名善才……每在京師延興寺玄琬律師所修營功德，敬造一切經。至武德二年（西元 619 年）十一月，因事還家，道逢胡賊，被捉將去，至豳州南界。[236]

以徐善才「道逢胡賊」看，此次胡酋兵鋒已達到長安西北郊。豳州於開元十三年（西元 725 年）改邠州，位於京畿之西北、弘化（慶州）之南，實屬弘化南下長安之捷徑，因此劫持徐善才之稽胡為劉仚成部可能性較高。劉仚成除騷擾京畿外，也聯合突厥、梁師都等勢力圖謀坐大。武德三年（西元 620 年）七月，劉仚成與突厥、梁師都合兵攻唐，為北齊名將段韶之子、延州總管段德操擊退。

武德四年（西元 621 年）正月廿三，李淵命太子李建成率軍討劉仚成，下詔勉之曰：

---

[235] 李吉甫，《元和郡縣圖志》，卷一，〈關內道一·京兆府〉「咸陽縣」條，頁 12。

[236] 釋道世撰、周叔迦等校注，《法苑珠林校注》，卷六十五，〈唐居士徐善才〉，頁1971。

稽胡部類，居近北邊，習惡之徒，未悉從化。潛竄山谷，竊懷首鼠，寇抄居民，侵擾亭堠。可令太子建成總統諸軍，以時致討，分命驍勇，方軌齊驅。跨谷彌山，窮其巢穴，元惡大憝，即就誅夷，驅掠之民，復其本業。行軍節度期會進止者，委建成處分。[237]

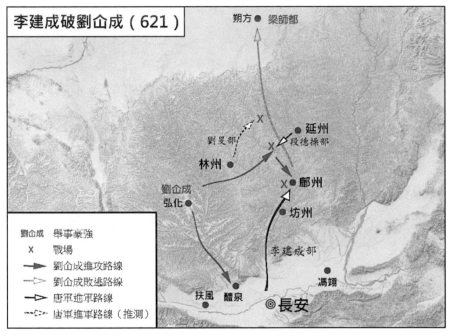

圖 5-30　李建成破劉仚成

　　就在李淵下令李建成出討稽胡不久，胡帥劉仚成為雪上年之恥，又攻延州，卻於二月廿四再次敗於段德操。延州折戟後，劉仚成引兵南下，三月在鄜州遭遇李建成大軍，為後者大敗。李淵為李建成定下的方針為寬嚴相濟，可李建成卻佯裝招降，實欲大開殺戒。劉仚成在知曉其真實意圖後，放棄降唐打算，投奔梁師都。此後，劉仚成可能打算回鄉

---

[237] 董誥等，《全唐文》，卷二，唐高祖〈令太子建成統軍詔〉，頁 30-2。

爭取舊部,西南再下弘化,但於四月初五為林州總管劉旻擊退,劉仚成僅以身免,部落皆降唐。劉旻本為梁師都部將,武德三年(西元 620年)九月初十以華池降唐,唐以之為林州總管。華池、弘化均屬慶州,故其人可能也屬稽胡。此後梁師都聽信讒言,殺劉仚成,不過其軍中似仍有稽胡。《新唐書‧梁師都傳》記載武德六年(西元 623 年),梁師都部將「賀遂、索周以所部十二州降」。[238]賀遂為稽胡姓,下文或有脫漏致其名不傳,或索周即其名。此賀遂當即梁師都部下之稽胡將領。

當劉氏等稽胡酋長投靠各方豪傑對唐作戰時,也有稽胡酋帥選擇與李唐合作。在李淵起兵之初,面對大兵壓境的唐軍,土門「賊帥」白玄度選擇「率其眾送款,并具舟楫以待義師」,[239]幫助李淵兵馬順利渡過黃河。土門即符秦時設有上門護軍之華原縣,既以護軍鎮之,可知其民多有非漢胡族,加之姓氏特別,白玄度為稽胡帥的可能性較高。當然無論是支持哪一方,胡人都難免受到戰火殃及,而且並非所有稽胡百姓都對廝殺搶掠抱以興趣,胡民主流意見當然是過和平安定的生活。所以在厭倦劉仚成等稽胡酋帥的刀光劍影後,一些稽胡甚至不惜舉家遷往戰火已熄的河東避難。如唐代稽胡軍官劉明德之先人,「本延州河曲豐林縣人也,因草擾之故,移家此州,寄食臨泉縣界永吉村」。[240]所謂「草擾」即暗指胡人起事,此次遷徙在其曾祖之前,恰為隋末唐初之時。

在唐初戰火漸熄後,數十年未見較大規模之胡變,直到高宗時才烽煙再起。綏州稽胡白鐵余利用胡中流行的劉薩訶宿繭傳說,先埋銅像於柏樹下,以一通篝火狐鳴之操作假裝發現後,模仿劉薩訶所宿之繭,「以緋紫紅黃綾為袋數十重盛像」,大肆宣傳其像神異,向信眾騙取佈

---

[238] 歐陽修、宋祁,《新唐書》,卷八十七,〈梁師都傳〉,頁 3731。

[239] 劉昫,《舊唐書》,卷一,〈高祖紀〉,頁 3。

[240] 胡聘之,《山右石刻叢編》,卷八,〈劉明德墓誌〉,頁 15101。

施。[241]經過一、兩年準備後，終於永淳二年（西元 683 年）四月據城平縣反唐，自稱光明聖皇帝，[242]置百官，進攻綏德、大斌二縣。後為右武衛將軍程務挺、夏州都督王方翼平定，平叛細節第三章已有敘述。

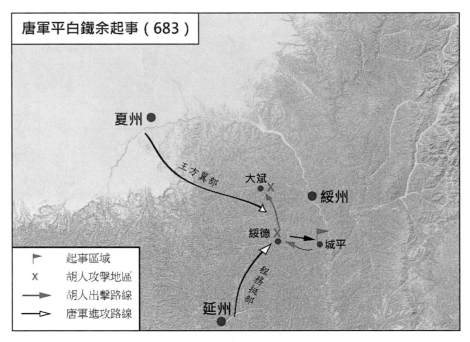

圖 5-31　唐軍平白鐵余起事

白鐵余起事被平定後，稽胡故地再未見大規模起事，不過安史之亂中，鄜、坊二州的胡人似乎有響應叛軍之企圖。杜甫〈夔府書懷四十韻〉中有「賊號連白翟，戰瓦落丹墀」之句，仇兆鰲注曰「唐鄜、延二州即春秋白翟地，祿山反，京畿鄜坊皆附之，故云連白翟」。[243]直到

[241] 張鷟，《朝野僉載》（北京：中華書局，1979），卷三，頁 73。

[242] 《朝野僉載》稱其號「光王」。參見張鷟，《朝野僉載》，卷三，頁 73。

[243] 杜甫撰，仇兆鰲注，《杜少陵集詳注》（上海：商務印書館，1939），冊七，卷十六，〈夔府書懷四十韻〉，頁 32。

代宗之初,小規模稽胡抄掠仍然存在。廣德元年(西元 763 年)僕固懷恩上書時猶言「鄜、坊稽胡草擾」。[244]

此後稽胡發動、參與之起事已難查找,作為一獨立族群也漸漸淡出史籍。茲將其自十六國至唐之起事頻率列表於下:

表 5-1　稽胡起事頻率表

政權	前秦	後秦	北魏	東魏—北齊	西魏—北周	隋	唐
胡人起事次數	2	1	43	6	21	9	3
政權立國時間	44	33	148	43	46	37	289
頻率(年/次)	22.00	33.00	3.44	7.17	2.19	4.11	96.33

表 5-2　齊、周胡區牧守政績表

政權	東魏—北齊		西魏—北周	
類型	人數	比例	人數	比例
良吏	10	24%	21	27%
貪墨	4	9%	1	1%
不詳	28	67%	57	72%
總計	42		79	

觀於上表,可知在曾經統治稽胡諸政權中,北魏及西魏—北周—隋時期之稽胡起事頻率遠超其他時期及同時期之其他地區。這一現象絕非巧合,除隋末天下大亂影響外,當時政府對胡區的開發力度更是造成稽胡起事頻發的決定因素。北魏到西魏北周時期正是中央政府極力在胡區建立統治、獲取各類資源的時期,對於不想由傳統羈縻轉為直接郡縣管

---

[244] 劉昫,《舊唐書》,卷一百二十一,〈僕固懷恩傳〉,頁 3486。

轄的胡人而言，這無疑是一個痛苦的轉型期，因此擦槍走火、鋌而走險
的起事衝突也成為這一時期的常態。相比之下，雖然東魏北齊在牧守素
質方面遜於西鄰（見表 5-2），但因治理消極，故其境內發生的衝突遠
少於西部胡區。可是西魏北周的積極治理並非一無所獲，當經過多位進
取型牧守的長期治理後，充滿陣痛的轉型逐漸完成，生胡變為胡民，成
為政府治下的順民，故起事自然較以往減少。可以說唐代稽胡起事遠遠
少於前代之原因除其治理思想較為開明外，更不容忽視的是北魏至隋耗
費大量人力物力，在胡區構建起政府統治秩序，唐代胡區的相對穩定乃
是建立在前代諸多努力的基礎上。

第三節　起事、衝突之分析

　　上文已對十六國以來的丁零、稽胡兩大族群與政府之間的歷次衝
突作了詳述，從起事次數、頻率來看可謂屢降屢叛、屢戰屢敗，本節將
對其起事原因、作戰方式及起事難以成功之原因進行分析。

一、起事原因分析

　　丁零、稽胡之所以頻頻舉事，不能不先從其族群主觀文化特徵考
察原因。丁零與稽胡的祖先均可追溯至草原游牧族群，即使入塞後經濟
形態改變，可心理認同具有穩定性，不是短時間內通過政府教化就能重
新塑造，二族必在相當長的時間內仍然維持著草原部族心理。根據巴菲
爾德（Thomas Barfield）之理論，草原民族在面對中原王朝時，其策略
分為內部邊界類型與外部邊界類型兩類。內邊界類型並非完全投降中
原，令部落領袖獲得漢地官職並進入其行政體系之投降主義，而為旨在
保持自治性，避免被漢人直接控制，再利用中原的軍事保護和財富贏得
草原內戰。[245]與之對應的外邊界類型則是一種敲詐性戰略，表現為以

---

[245] 巴菲爾德著，袁劍譯，《危險的邊疆：游牧帝國與中國》（南京：江蘇人民出版社，

暴力突襲震攝中原王朝，時戰時和以增加漢人之供奉與貿易權，大捷之後也有意拒絕佔領漢地。[246]

參考巴菲爾德之邊界類型理論，丁零、稽胡起事之投機特徵或許似曾相識。如丁零翟斌在慕容垂舉兵時，見其聲勢浩大，多次主動遣使求歸，而當慕容氏在鄴城下受挫時，則又密謀叛燕。若不考慮他者之勸誘影響，這種重現實而輕忠義的選擇當是對祖先策略之繼承。

司馬遷從漢人角度對匈奴之族群性格作了描述：「其戰，人人自為趣利，善為誘兵以冒敵。故其見敵則逐利，如鳥之集；其困敗，則瓦解雲散矣」。[247]對於丁零的文化心理則可以通過其塞上胞族找到答案，即《隋書·鐵勒傳》所謂：「人性凶忍，善於騎射，貪婪尤甚，以寇抄為生」。[248]「貪婪」、逐利即兩者之心理共同點，在主觀方面也可解答為何屢屢起事。但若只關注其主觀因素，則必陷入種族優劣論之泥潭，故在逐利的特性之外，客觀因素亦不能忽視。故根據其起事原因，可以將其起事分為以下幾種類型：

（一）求生型

該類型為丁零與稽胡尋求生存權利之起事，為起事最常見類型。導致其生存權受到侵害的兩大主要因素即天災與人禍。

天災為自然災害，山區之生活環境本就不如外部平原良好，因此突然降臨的自然災害對居住在生態環境脆弱地區的兩族而言，不啻為壓死駱駝的最後一根稻草。面對生活無著，與其等待死亡，不如鋌而走險，舉事求生。在各種災害中，常見的有水災、雪災、饑荒、地震等。《太平寰宇記·關西道十一·丹州》「雲巖縣」條云：

2011），頁79

[246] 巴菲爾德著，袁劍譯，《危險的邊疆：游牧帝國與中國》，頁63。

[247] 司馬遷，《史記》，卷一百十，〈匈奴列傳〉，頁2892。

[248] 魏徵，《魏書》，卷八十四，〈鐵勒傳〉，頁1880。

大統九年（西元 535 年），大水漂蕩，移於桑樞原……唐武德元
年（西元 618 年）復置於迴城堡，每逢陰雨，汲水不通。咸亨四
年（西元 673 年）移居庫利川，復為河水衝注。[249]

雲巖縣位於黃土高原，因河川徑流量變化大，多次發生水災；加
之黃土土質疏鬆，地表不穩，在短短 130 年中僅因水患即三次遷移治
所。此尚為有文字記載的官府治下郡縣，至於未被有效管理、環境更惡
劣的深山胡區可能受災更甚。筆者曾至延河流域詢問當地村民，得知雖
然延河在平日看似乾涸，僅有涓涓細流，但一到雨季，只要連下數日大
雨，河水必漫過堤岸，有洪水之憂。[250]

水旱災害荼毒必然導致農牧減產，甚至生活資源蕩然無存。隨之
而來的必然為饑荒，不同於政府郡縣有望獲得救濟，不列郡縣的少數族
難得恩澤。白亞栗斯、劉虎起事逼北魏派出五將以鎮壓，其爆發原因即
為饑荒。

魏末六鎮大亂時，稽胡也聞風起兵，除受其他勢力之影響外，饑
荒也是其中不可忽視的因素。時「并、肆頻歲霜旱，降戶掘黃鼠而食
之，皆面無穀色」。[251]災害不會因該地族群差異而區別降臨，并州、
肆州遭遇災害，則受災的不止降戶，稽胡肯定也受到影響。

水旱之外，寒潮、雪災也是促使丁零、胡人起事之原因。根據筆
者之統計，丁零之起事季節分佈可見於下表：

---

[249] 樂史，《太平寰宇記》，卷三十五，〈關西道十一‧丹州〉「雲巖縣」條，頁 745。

[250] 筆者於西元 2021 年 5 月 19 日於陝西延長延河水濱向當地村民請教。

[251] 李百藥，《北齊書》，卷一，〈神武紀上〉，頁 5。

表 5-3　丁零起事時間分佈表

時間	冬		春			夏			秋			冬	不詳
	1	2	3	4	5	6	7	8	9	10	11	12	
316													√
384	十二月												
386									八月				
387						五月							
402				二月								十一月	
417					四月								
418	十二月												
428												閏月	
430									八月				
456			二月										
526	正月												

合計（次）	冬		春			夏			秋			不詳	
11	4.5		2.5			1			2			1	
比例	41%		23%			9%			18%			9%	

資料來源：《晉書》、《魏書》、《資治通鑑》。

　　可以看出丁零舉事集中於冬季，比較可能的解釋即受寒冷天氣影響糧食缺乏，難以存活。值得注意的是，北朝末期頻繁的稽胡舉事正好與氣象史上的小冰河期吻合，西元 485 年起天氣「出現突變性轉折，轉向寒冷」，持續到西元 580 年前後。[252]東魏武定四年（西元 546 年）波

---

[252] 張蘭生、張丕遠、鄒逸麟，《中國東部地區 10000 年以來的溫度變化》，收入符淙斌、嚴中偉，《全球變化與我國未來的生存環境》（北京：氣象出版社，1996），頁 53。

及數州之稽胡騷亂亦因雪災而起。

由於稽胡居住地區位於山西地震帶，因此地震頻發。尤其是北魏宣武帝延昌元年（西元 512 年）之恆肆大地震，「京師及并、朔、相、冀、定、瀛六州地震。恒州之繁時、桑乾、靈丘，肆州之秀容、雁門地震陷裂，山崩泉湧，殺五千三百一十人，傷者二千七百二十二人，牛馬雜畜死傷者三千餘」。[253]此次地震延續時間之長可謂舉世罕見，直到延昌三年（西元 514 年）肆州仍餘震不停。由於稽胡居於山區，因此在地震影響下，極可能引發山崩、土石流等次生災害，帶來雙重打擊。李謀主政介休時平定的胡亂正在此地震之後，當與之有關。此外，太武帝太平真君元年五月，河東地震，同年發生六壁胡、五城胡起事，次年又發生吐京胡起事，不能說與地震傷害毫無關係。

自然災害的打擊雖然嚴重，但若能及時施加救濟，尚有降低衝突風險之可能。因此與天災相比，人禍是影響更大的外在因素，主要表現為政府官僚的無能與貪瀆，激化族群、區域矛盾。魏初安同巡行并、定二州丁零、稽胡居住區域後，即向明元帝報告該地官員「多不奉法」。[254]時任并州刺史之拓跋六頭因「荒淫怠事」為明元帝撤職，可繼任之拓跋屈也是難兄難弟，「縱酒，頗廢政事」。[255]太武帝時主政丁零區域的定州刺史拓跋纂「好酒愛佞，政以賄成」，[256]後來的定州刺史許宗之在平定丁零後更是趁巡行郡縣之際「求取不節」。[257]

即使是意在安撫少數族之慰問巡行，在執行過程中也可能因官員的失職而事與願違，激化矛盾。孝文帝時汾州胡起事，北魏命李彪持節

[253] 魏收，《魏書》，卷一百十二上，〈靈徵志八上〉，頁 2897。

[254] 魏收，《魏書》，卷三十，〈安同傳〉，頁 713。

[255] 魏收，《魏書》，卷十四，〈拓跋屈傳〉，頁 365。

[256] 魏收，《魏書》，卷十五，〈拓跋纂傳〉，頁 372。

[257] 魏收，《魏書》，卷四十六，〈許宗之傳〉，頁 1036。

綏撫，然李彪卻利用持節之生殺大權，「得其兇渠，皆鞭面殺之」。[258]
李彪撫汾胡當在太和二十年（西元 496 年），然其巡行之後汾州、離石
又有胡人舉事，甚至迫使孝文帝親自出馬進行招降。稽胡之動向與李彪
違背孝文帝指示精神、濫用職權不無干係。即使前任為賢牧良吏，可有
這些桃杌之徒的煽風點火，多年治理成果也會毀於一旦。

（二）爭霸型

除因生存受威脅被迫起事外，在為數眾多的起事中有一種為酋長
豪帥趁天下大亂之際，出於個人私利，圖謀問鼎逐鹿，或求割地為王。
其中較為典型的即十六國時丁零翟斌家族與隋末唐初稽胡劉季真父子兄
弟之所為，前文已有詳述，在此不再贅述。

（三）役使型

與爭霸型起事多出於部落上層人士之私心不盡相同，役使型多見
於多方政權對峙之時，除上層酋長意志外，更多的誘因是來自所屬政權
之敵對方的煽動、役使。

宋、魏對立之時，劉宋即對北魏境內之少數族展開拉攏、煽動。
魏太武帝對此痛斥宋文帝，《宋書·索虜傳》載其國書云：

> 頃關中蓋吳反逆，扇動隴右氐、羌，彼復使人就而誘勸之，丈夫
> 遺以弓矢，婦人遺以環釧，是曹正欲譎詐取略，豈有遠相順從。
> 為大丈夫之法，何不自來取之，而以貨詃引誘我邊民。[259]

太武帝所指雖為蓋吳起事，但也適用於其他族群。北魏東南界彭
城之稽胡戍兵即為劉宋、蕭齊的拉攏對象。蕭道成掌權後向北魏境內

---

[258] 魏收，《魏書》，卷六十二，〈李彪傳〉，頁 1390。

[259] 沈約，《宋書》，卷九十五，〈索虜傳〉，頁 2346。

「多遣間諜，扇動新民，不逞之徒，所在蜂起」。因南朝煽動，稽胡軍官呼延籠達圖謀叛逃，被尉元平定，可另一胡人子都將王敕懃卻成功南逃，之後「每懼姦圖，狡誘同黨」。[260]此王敕懃後來在宋人尚書符中也有出現，《宋書·沈攸之傳》云：

> 新除持節督廣交越寧湘州之廣興諸軍事領平越中郎將征虜將軍廣州刺史統馬軍主沌陽縣開國子周盤龍、輔國將軍後軍統馬軍主張文憘、龍驤將軍軍主薛道淵、冠軍將軍遊擊將軍并州刺史南清河太守太原公軍主王敕勤、龍驤將軍射聲校尉王洪範、龍驤將軍冗從僕射軍主成買等，鐵馬五千，龍驤後陳。[261]

冠軍將軍為劉宋高級武官，王敕懃能從北魏軍中之低級武官一躍成為南朝的高級將領，並得公爵之位，可謂鯉躍龍門，今非昔比。足見南朝為招攬對方降人，不惜痛下血本。

齊、周對立時，此形態起事亦為常見。宇文泰支持劉蠡升，韋孝寬利用北山稽胡攻齊的計劃已如前述。北齊也利用稽胡對付北周，郝阿保、郝狼皮的背後存在北齊支持。而劉雄北巡之綏州時，渡河與之交戰的稽胡帥喬白郎、喬素勿同可能也有北齊奧援。參考劉雄北巡之路線當為沿「河」而行，而沿途之較大河流唯有奢延水與黃河，且「河」自古多屬黃河專稱。故渡河擊劉雄之川路胡帥所渡當為黃河，換言之，喬氏稽胡帥來自北齊控制區。所謂「川路」或即「草城川賊路」之簡稱，草城川具體位置在管涔山、蘆芽山以西，隋唐嵐谷縣之北，為今五寨縣內源於管涔山、流入黃河之河流，若取道後世合河津，渡河即近銀城、開光等北巡路上州縣。

---

[260] 魏收，《魏書》，卷五十，〈尉元傳〉，頁 1113-1114。

[261] 沈約，《宋書》，卷七十四，〈沈攸之傳〉，頁 1935。

二、起事所用戰術

　　面對實力遠超自己的政府軍,發動起事之山居族群也會採取不同戰術以應對,有時也會取得一定戰果。

(一)游擊戰

　　游擊戰之要點為敵進我退、敵困我擾。由於山區地形複雜,起事之丁零、稽胡往往趁政府尚無準備之時,利用熟悉之山間小徑出山騷擾,甚至進攻郡縣;而當官兵集結之後,則退入山區躲避,或以少量丁壯扼守出入險要。一如其祖先南下牧馬,利則進掠邊郡,不利則退入草原,利用廣闊的腹地與中原王朝周旋。并州丁零多次利用太行山諸陘騷擾山東;北齊稽胡圍攻離石,見高洋大軍來襲則捨離石入石樓山躲避。雖然這些少數族實力遠不及官兵,但因其在易守難攻之山區進退自如,官兵鎮壓成本較高,追殲不及時往往只能作罷。

(二)伏擊戰

　　當官兵進入山區進剿後,起事諸族多利用地形之便,設下埋伏,以逸待勞攻擊之。如白龍即在起事時利用太武帝之輕敵心態,「伏壯士十餘處」,[262]等待太武帝及其侍從進入埋伏圈再發動攻擊,幾乎俘獲太武帝。武定二年(西元 544 年)稽胡起事中,稽胡也於山谷中伏兵百餘,等待世子高澄進入,但為皮景和所敗。在山區之外,丁零翟真也曾通過伏兵戰勝追擊而來的燕軍。《資治通鑑·太元九年》云:

　　　　八月,翟真自邯鄲北走,燕王垂遣太原王楷、驃騎大將軍農帥騎追之,及於下邑。楷欲戰,農曰:「士卒飢倦,且視賊營不見丁壯,殆有他伏。」楷不從,進戰,燕兵大敗。[263]

---

[262] 魏收,《魏書》,卷三十四,〈陳建傳〉,頁 802。

[263] 司馬光,《資治通鑑》,卷一百五,〈晉紀二十七·太元九年〉,頁 3333。

（三）陣地戰

　　與前兩者為以弱圖強不同，當起事者本身擁有一定實力時，亦可能選擇與官軍進行正面接戰。如丁零翟魏在慕容垂軍隊來攻時，選擇於黃河南岸列陣以待，欲等其半渡而擊之。稽胡依託防禦陣地進行作戰也頗為常見，從白龍至劉受邏干，均有實施以城柵抵禦政府軍之戰術。由於入塞後生活環境變化，稽胡諸部雖然保留了規模不等的牧業，但和匈奴傳統游牧並不相同，時已多為定居畜牧。《周書·稽胡傳》稱「其俗土著」，[264]對於「土著」之意，可以參考顏師古之解釋——「土著者，謂有城郭常居，不隨畜牧移徙也」。[265]其實最遲在西晉之末，入塞匈奴已獲得築城技術。《搜神記》云：

> 劉淵築平陽城，不就，募能城者。摑兒應募。因變為蛇，令嫗遺灰誌其後，謂嫗曰：「憑灰築城，城可立就。」竟如所言。[266]

　　摑兒變蛇當然為神話，但神話背後可能說明通過一些漢人工匠之技術指導，匈奴人逐漸掌握築城技術。在反抗北魏時，白龍之黨即憑城據守，因此太武帝得以「斬白龍及其將帥，屠其城」。[267]白龍率領的稽胡軍應已擁有建築城池的能力。在利用版築法建造的夯土城牆外，另一種較為簡易的防禦工事——「編豎木」而成的柵也為稽胡掌握。[268]北周侯莫陳穎征劉受邏干時，「懸軍五百餘里，破其三柵」。[269]可知稽

---

[264] 令狐德棻，《魏書》，卷四十九，〈稽胡傳〉，頁896。

[265] 班固，《漢書》，卷六十一，〈張騫傳〉顏師古注，頁2689。

[266] 干寶撰，胡懷琛標點，《新校搜神記》（上海：商務印書館，1931），卷十四，頁103。

[267] 魏收，《魏書》，卷四上，〈太武紀上〉，頁84。

[268] 許慎，《說文解字》，卷六上，頁121。

[269] 魏徵，《隋書》，卷五十五，〈侯莫陳穎傳〉，頁1381。

胡不但能築造土城，也能就地取材、斬木為柵。胡人在利用險要地形的基礎上，因地制宜構築防禦工事，憑此抵禦政府軍。必須看到的是以上三種作戰方式在很大程度上需要依託地形方能展開。史念海先生在論及陝北黃土高原軍事行動何以較少時，提出一重要制約因素，即該地區「山梁高峻，崖澗深陡，這對於北方游牧民族的騎兵的前進，起著阻礙的作用。河谷中的通道比較容易行走些，但狹窄的河谷難容得許多軍馬並進。前後相距過遠，糧秣運輸不便，又擄掠不到許多東西，還容易受到伏擊」。[270]這一限制條件不但適用於南下之游牧部族，亦適用於北上之政府軍，因此在當地胡人狙擊官兵時，地形所起之作用不容忽視。

　　值得一提的是，北魏吐京胡中有以騎兵與北魏官軍直接對戰之事，如吐京胡酋辛支王面對弓馬起家的鮮卑武士，竟然毫不示弱地出動精騎一千予以邀擊。既然稱為精騎，則其裝備當與政府軍差距較小，對於稽胡武備，陝西志丹駱駝脖子摩崖石刻（圖5-32）及黃陵梁家河摩崖造像（圖 7-1）之力士恐怕為現存為數不多的直接證據。如果此二造像為寫實風格，[271]則可以成為北魏晚期到西魏時期稽胡武士的重要參考，從力士手持之武器可以推測稽胡之精銳武備與政府軍相似，短兵為環首直刀，長兵則為槊，只是在長度尺寸方面遜於政府制式裝備之三尺直刀與丈八長槊。這一差異恐怕與胡人冶煉技術相對落後及鐵礦資源開發不足有關，力士未披甲頂盔或也因此原因所致。故而對於製造技術要求更加複雜的盔甲，胡人往往只能從政府軍中繳獲，如齊末劉沒鐸部撿拾敗退齊軍之甲仗。

　　火攻戰術也為胡人所運用，在黃欽山與唐軍竇軌部交戰之稽胡即從高處順風放火攻擊唐軍，令其出師不利。到隋代，由於與政府軍長期

---

[270] 史念海，〈陝西北部的地理特點和在歷史上的軍事價值〉，收入氏著，《史念海全集》，第四卷，頁87。

[271] 張敏、楊軍，〈陝西省志丹縣永寧鎮石窟、摩崖造像調查簡報〉，《敦煌研究》，2019年第2期，頁82，圖17。

作戰的洗禮，稽胡可能已掌握地道挖掘技術，並用於作戰。隋大業八年
（西元 612 年）〈劉德墓誌〉云：

> 賊帥劉師，固堞狼據，乃於城北穿地為道，掩以不備，欲襲王
> 師。公知其密謀，潛守穴口，賊遂夜出，公引兵擊焉。[272]

圖 5-32　駱駝脖子摩崖造像之持環首刀力士
（筆者據張敏、楊軍，
〈陝西省志丹縣永寧鎮石窟、摩崖造像調查簡報〉臨摹。）

漢王楊諒反煬帝時，其麾下將領劉師試圖在晉陽城北挖掘地道、
遣兵襲擊政府軍，然為劉德識破。從行文以「賊帥」稱之來看，劉師並
非出自楊諒麾下的原政府軍，當為雜牌武裝。楊諒之亂中，并州城內確

---

[272] 韓理洲，《全隋文補遺》（西安：三秦出版社，2004），〈劉德墓誌〉，頁 271。

實存在稽胡士卒,加之其姓氏為稽胡大姓,劉師可能為統帥胡眾服役的稽胡豪強。雖然此次突襲失敗,劉師也最終被政府軍擊滅,但挖掘地道表明此時稽胡的土木工程技術可能已得到長足發展。

三、起事無法成功之原因

儘管丁零與稽胡舉事頻頻,但無一例外均以失敗告終,其起事無法成功之原因主要有以下幾點:

(一)領導者能力欠佳

丁零翟斌舉事時,儘管麾下精銳子母軍令前秦頗為忌憚,但對於丁零將帥的能力外界評價卻普遍不高。在與翟真的戰事中,慕容農即比較過丁零陣中士兵與主將的差距——「丁零非不勁勇,而翟真懦弱」。[273]除慕容氏集團對「戎狄小人」之固有歧視外,丁零首領的指揮能力確實令人不敢恭維。翟真雖然曾設計以伏兵戰勝燕軍,取得下邑之戰的勝利,但此役取勝的主要原因在於燕軍驕兵必敗,若慕容楷戰前聽從慕容農建議,則結果可能改寫。此役之後,翟真再無此等好運眷顧。

首舉反秦大旗的翟斌比起其侄也高明不了多少,在舉事之初,只顧吸收其他族群豪強,壯大自身勢力,卻沒有甄別其麾下眾人是否為誠心來附。故在慕容垂出現後,軍中慕容鳳、王騰、段延等前燕顯貴「皆勸翟斌奉慕容垂為盟主」。[274]這些勢力從加入丁零陣營伊始,即帶入不穩定因素,間接宣告了翟斌集團的命運。由於領導人能力不足,因此在制定政策時也不可避免地出現失誤。翟遼南逃後,雖然在黎陽、滑臺一帶建立統治,但面對南方之東晉、北面之後燕兩大強鄰,卻兩面出擊,攻城略地。此舉雖然有仿效諸葛亮北伐,進行以攻代守積極防禦之意,但也帶來了四面樹敵之惡果。更為致命的是,滑臺所在之黃河流域

---

[273] 司馬光,《資治通鑑》,卷一百六,〈晉紀二十八‧太元十年〉,頁3340。
[274] 司馬光,《資治通鑑》,卷一百五,〈晉紀二十七‧太元九年〉,頁3320。

為四戰之地，不似蜀地有秦嶺險阻、易守難攻。只要敵方解決其主要問題後，自可騰出手來對付翟氏集團。在處理對燕關係時，翟氏屢降屢叛無疑透支了自身的政治信用，遭到滅頂之災並不意外。此類戰略佈局的失敗很難說與領導人自身的決策能力不足無關。丁零對其他族群管理人才之搜求或亦旨在解決這一問題，只可惜效力其下的漢人士族多惡其出身卑微，出工不出力者甚眾。

更嚴重的是，即位後的翟釗似乎並未因外部環境險惡而勵精圖治，反而意在享受帝王生活排場，安於逸樂。《太平廣記·畜獸十三》云：

> 晉太元中，丁零王翟昭，後宮養一獼猴，在妓女房前。前後妓女，同時懷娠，各產子三頭，出便跳躍。昭方知是猴所為。乃殺猴及十子。六妓同時號哭。昭問之云：「初見一年少，著黃練單衣、白紗恰。甚可愛。笑語如人。」[275]

此故事原出南朝偽託陶淵明所撰之《搜神後記》，翟昭即翟釗。情節雖光怪陸離，難以置信，[276]但亦可知翟釗在個人生活中對後宮女伎頗為沉溺。

在稽胡起事中，主導者能力不足的瓶頸同樣存在。如果追溯至匈奴五部時期，劉氏貴族不但在胡人中素養出類拔萃，面對漢人也不遜色。劉淵文則「習毛詩、京氏易、馬氏尚書，尤好春秋左氏傳、孫吳兵法，略皆誦之，史、漢、諸子，無不綜覽」，武則「妙絕於眾，猿臂善

---

[275] 李昉等，《太平廣記》（北京：中華書局，1961），卷四百四十六，〈畜獸十三〉「獼猴」條，引陶潛《續搜神記》，頁 3645。

[276] 翟釗太元十六年（西元 391 年）十月即位，次年六月國滅，前後在位僅八月餘。以十月懷胎而計，其後宮姬妾難在翟魏亡國前分娩。

射，膂力過人」。[277]其子劉聰「究通經史，兼綜百家之言，孫吳兵法靡不誦之」，「猿臂善射，彎弓三百斤，膂力驍捷，冠絕一時」。[278]其中雖然不免存在史官的粉飾美化，但五部上層為允文允武之菁英當是不爭事實，否則也不可能提出「且可稱漢，追尊後主，以懷人望」之策略借殼上市，[279]並攻陷長安，滅亡西晉。

然而到稽胡時代，即使貴為部落酋長，其文化素養也僅為「頗識文字」。[280]當然這種文化水準在酋長中並不具備普遍性，同為酋帥出身的劉薩訶在出家前即「目不識字」。[281]這點從目前留存之有稽胡參與的造像記中亦可見一斑，錯別字、同音字的使用屢見不鮮，如渭北之〈合方邑子百數十人造像記〉，將「皇帝陛下」直作「黃帝比下」，渭南之〈邑子五十人等造像記〉將「梵」作「範」、「塗炭」作「徒炭」，「辛苦」作「新苦」，遣詞用字之隨意令人不忍直視。[282]而這些造像記的撰寫者當為該地區所謂「頗識文字」者，「文化人」尚如此，遑論一般部民。文化水準的下降令稽胡在組織動員能力方面遠較昔日祖先遜色。劉曜之時，匈奴上層可以借陰陽五行理論鼓舞士氣，手段與漢人無異，永嘉元年（西元 307 年），洛陽「步廣里地陷，有鵝二，色蒼者飛冲天，白者不能飛」。[283]由於晉代自命五行為金德，金德之色為白色，前趙則為水德，顏色尚黑，故劉曜以此為晉室必衰，劉氏必興之兆。但到稽胡時，這套複雜的陰陽五行理論在胡中已缺乏市場，鼓動胡人起事之思想工具倒退為類似跳大神的巫術，其中退化令人唏噓。

---

[277] 房玄齡，《晉書》，卷一百一，〈劉元海載記〉，頁 2645-2646。

[278] 房玄齡，《晉書》，卷一百二，〈劉聰載記〉，頁 2657。

[279] 房玄齡，《晉書》，卷一百一，〈劉元海載記〉，頁 2649。

[280] 令狐德棻，《周書》，卷四十九，〈稽胡傳〉，頁 897。

[281] 釋道宣，《續高僧傳》，卷二十六，〈魏文成沙門釋慧達傳〉，頁 980。

[282] 參見魏宏利，《北朝關中地區造像記整理與研究》，〈合方邑子百數十人造像記〉，頁 226。同書，〈邑子五十人等造像記〉，頁 221。

[283] 樂史，《太平寰宇記》，卷四十，〈河東道一·并州〉「清源縣」條，頁 853。

造成這一文化斷層的原因很大程度上要歸罪於石勒。《晉書・劉曜載記》云：

> 季龍執其偽太子熙、南陽王劉胤并將相諸王等及其諸卿校公侯已下三千餘人，皆殺之……又坑其王公等及五郡屠各五千餘人於洛陽。[284]

　　在劉氏鼓行摧晉的大旗下，隨行征戰的匈奴屠各人士必然為族中之菁英，然而石趙的厚厚塵土卻埋葬了這些菁英胡人，留在原地之匈奴當然多為老弱，靠這些留守者怎能將下一代重新培養為菁英？由於菁英階層的喪失，此後胡人領袖素質不高者多，普遍難堪大任。除匈奴正胤劉衛辰、赫連勃勃父子之驚鴻乍現外，其餘人士多能力堪憂。曾嘯聚河內的白亞栗斯、劉虎等人，雖然曾敗官軍，但領導能力之欠缺卻為崔玄伯洞悉，即「胡眾雖盛，而無猛健主將，所謂千奴共一膽也」。[285]「無猛健主將」、「千奴一膽」的黑色幽默如果放到劉淵父子身上恐怕是難以想像的，但在百年之後，這一幕居然在其族人身上發生。

　　領導者能力不足也體現在軍事常識匱乏方面，《舊唐書・屈突通傳》云：

> 通發關中兵擊之，師臨安定，初不與戰，軍中以通為怯，通乃揚聲旋師而潛入上郡。迦論不之覺，遂進兵南寇，去通七十里而舍，分兵掠諸城邑。通候其無備，簡精甲夜襲之，賊眾大潰。[286]

---

[284] 房玄齡，《晉書》，卷一百三，〈劉曜載記〉，頁 2701-2702。

[285] 魏收，《魏書》，卷二十四，〈崔玄伯傳〉，頁 623。

[286] 劉昫，《舊唐書》，卷五十九，〈屈突通傳〉，頁 2320。

設立斥候、偵查敵情本是古今不變之行軍常識，但劉迦論卻沒有做到此基本要求，實乃兵家大忌。此役胡軍之敗與其說是因為屈突通的善戰，倒不如說是因劉迦論缺乏能力。

（二）對手強大

相較於丁零、稽胡首領的能力欠缺，其對手卻屢見文治武功、一時之選的當世人傑。丁零諸翟可謂生不逢時，面對的是連雄主符堅也不敢掉以輕心的慕容垂。慕容垂不但曾敗東晉梟雄桓溫，而且令北魏開國皇帝拓跋珪退避三舍。《晉書》也不吝讚其「天資英傑，威震本朝」。[287]對內也能「明立約束，均適有無，軍令嚴整，無所侵暴」，在此之下，自然「穀帛屬路，軍資豐給」。[288]與此等軍政強人對壘自然是諸翟的噩夢。而劉季真、劉鷂子等胡帥面對的敵人更是李世民這樣的千古一帝，從事後諸葛亮的角度看，二者尚未交手，勝負已無懸念。以上只是領導者個人能力的差距，至於各自控制區域的經濟體量之別則更不啻天壤。

（三）組織結構鬆散

關於入塞之後丁零的生活形態，目前可知的是其仍然保留了部落組織。如果參照《魏書·高車傳》對其草原胞族之記錄，「無都統大帥，當種各有君長」應為其一般組織形態。[289]這也決定了其組織鬆散，難以形成統一的政治力量。從黑龍江齊齊哈爾出土的一方「魏丁零率善佰長」印也可察知丁零族群內部結構的這一特徵。在匈奴傳統政治體制中，「諸二十四長亦各自置千長、百長、什長」等。司馬貞《史記索隱》引《續漢書·百官志》稱：「里有魁，人有什伍。里魁主一里百

[287] 房玄齡，《晉書》，卷一百二十四，〈論贊〉，頁3109。
[288] 司馬光，《資治通鑑》，卷一百五，〈晉紀二十七·太元九年〉，頁3333。
[289] 魏收，《魏書》，卷一百三，〈高車傳〉，頁2307。

家，什主十家，伍長五家，以相檢察」。[290]佰長當即百人長，所轄百
家，以一家五口而計，則此佰長統轄人口當為五百口左右，僅相當於中
原鄉里之里長。然而僅控制如此規模部民的丁零酋長卻能得到中央王朝
所賜之印信，足見其族內各自為政之普遍。

圖 5-33　齊齊哈爾出土之「魏丁零率善佰長」印
（錄自周曉陸，《二十世紀出土璽印集成》。）

　　雖然丁零首領印信可見者有限，難以窺其全豹，但不妨從其他同
樣被賜予「佰長」印信之族群的社會形態來參考推測。漢魏時期得到政
府「佰長」印信之族群尚有烏桓、羌等。[291]對於此二族，王明珂先生
指出，烏桓之部落大人難以直接役使其下部落渠帥的牧民，家庭和牧團
是烏桓社會中最主要的社會群體，民眾依其牧團直接參與部落聯盟的活

---

[290] 司馬遷，《史記》，卷一百十，〈匈奴列傳〉司馬貞《索隱》引《續漢書·百官志》，
頁 2891。

[291] 如王莽之「新西國安千制外羌佰右小長」印、曹魏之「魏率善羌佰長」印、「魏烏丸率
善佰長」印等，參見羅福頤，《古璽印考略》（北京：紫禁城出版社，2010），頁
138、164-165。

動。[292]羌人則是「即使名義上有一主幹部落，但各部落還是自行其事」，其次級首領可能有相當的自主權，部落領袖難以左右其屬下首領之決定。[293]由於屬下部落的相對獨立性，對中央來說，向其次級酋帥賜予印信，在肯定其權力的同時，亦可以之制衡主要首領，達到分化牽制的目的。通過中央冊封，各次級首領的自主地位也得到強化。從烏桓、羌人的部落組織與印信之關係來看，丁零當與之相似，諸部落之間甚至部落內部諸牧群之間存在一定獨立性。

事實上，在翟魏以前，丁零（高車）未進行建政嘗試，缺乏組織經驗當是重要原因。入塞之後，定州丁零與漁陽丁零之間似無往來聯繫。即使在入塞丁零最大規模的聚落——定州丁零中，似乎也存在多個山頭勢力，所以當翟鼠反抗石勒時，翟斌卻能率部歸降。

組織渙散也使其作戰方式存在缺陷，「闕無行陳，頭別衝突，乍出乍入，不能堅戰」。[294]個體戰鬥力雖然可觀，但面對軍紀嚴明、號令如一的政府軍時，則往往力不從心。因此坐擁子母軍精銳的翟真即使能令燕將　時羨慕，可當其遭到慕容國鐵騎衝擊逃離後，即使勇悍如子母軍也不免因群龍無首而四散逃亡。

相較於未形成統一政權、甚至部落聯盟之丁零，身為草原王者匈奴之後代的稽胡竟然也面臨相似的窘境。自匈奴五部遭石趙打擊，權力中樞被毀滅後，其後人避入山中，受到山區地形之分隔影響及其他族裔的加入，稽胡社會的聯繫緊密程度不如匈奴。其組織形態可能與春秋時期居住在該地的戎狄相似，「各分散居谿谷，自有君長，往往而聚者百有餘戎，然莫能相一」。[295]即使是在地勢平坦之地，由於單于帝系的

---

[292] 王明珂，《游牧者的抉擇：面對漢帝國的北亞游牧部族》（臺北：中研院、聯經出版公司，2012），頁227。

[293] 王明珂，《游牧者的抉擇：面對漢帝國的北亞游牧部族》，頁199。

[294] 魏收，《魏書》，卷一百三，〈高車傳〉，頁2307。

[295] 司馬遷，《史記》，卷一百十，〈匈奴列傳〉，頁2883。

消亡，各部落間各自為政亦屬常態。《冊府元龜‧帝王部》云：

> 靈州刺史曹泥擁兵作亂，太祖率兵擊之。時有破野頭賊屯聚塞
> 下，太祖遣使諭之，皆來降服，遂徵其眾，并力攻泥，四旬而
> 尅。[296]

　　據日本學者石見清裕研究，「破野頭」即「費也頭」，為匈奴系
部族。[297]曹泥當為貳城胡曹氏之後，然而在共同的族群背景下，駐牧
地臨近曹泥所部的破野頭似乎並未追隨之，反而是在宇文泰的拉攏之
下，手足相殘，同室操戈，成為其鎮壓曹泥的馬前卒。這也反映胡人酋
長之間的疏離感，劉淵反晉時，匈奴雜胡對劉氏一呼百應的情景蕩然無
存。

　　雖然歷次胡變中可以看到不同地區的胡民相互聲援，如西河之於
吐京，未必皆如林幹先生所言「聯繫並不緊密」。[298]但在北朝末年之
前，除魏末天下大亂外，稽胡起事酋帥較少聯絡非本族勢力，甚至是稽
胡內部不同族源的成員之間也存在一定隔閡。如魏末汾州薛悉公、馬牒
騰舉事。《魏書‧裴慶孫傳》云：

> 正光末，汾州吐京群胡薛悉公、馬牒騰並自立為王，聚黨作逆，
> 眾至數萬……胡賊屢來逆戰，慶孫身先士卒，每摧其鋒，遂深入
> 至雲臺郊。諸賊更相連結，大戰郊西，自旦及夕，慶孫身自突
> 陳，斬賊王郭康兒。賊眾大潰……於後賊復鳩集，北連蠡升，南
> 通絳蜀，兇徒轉盛，復以慶孫為別將，從軹關入討。至齊子嶺

---

[296] 王欽若等，《冊府元龜》，卷一，〈帝王部‧帝系〉「唐高祖」條，頁11。

[297] 石見清裕著、胡鴻譯，《唐代北方問題與國際秩序》（上海：復旦大學出版社，
　　　2019），頁37。

[298] 林幹，〈稽胡（山胡）略考〉，頁154。

東，賊帥范多、范安族等率眾來拒，慶孫與戰，復斬多首。[299]

僅僅是吐京一地，一次起事就出現兩個「王」，而且二者之間似乎不存在統屬關係，這必然導致反抗力量分散。這一現象的出現可能與其族源有關，薛氏為河東蜀人著姓，馬氏或為羌胡之後。可能由於族裔隔閡仍在起作用，因此二人互不服從，只能並立為王。而對於可能出自匈奴五部後裔的劉蠡升，吐京胡也未從起事伊始就加以聯絡，而是到了受挫之後才有了聯合的嘗試。在社會組織方面，由於缺少類似單于之中央領袖存在，稽胡呈現權力分散化。《魏書·樓伏連傳》云：

伏連招誘西河胡曹成等七十餘人，襲殺赫連屈丐吐京護軍及其守士三百餘人，并擒叛胡阿度支等二百餘家。[300]

七十餘人居然能夠擊敗、擒殺數目遠超自身的敵人，其身份當然不可能是普通部民，而應為統領部眾的胡中酋長。然上方並未再見更高層級首領，其人當是各自為政，統領本村勢力。李建成在與稽胡帥劉仚成作戰時，「設詐放其渠帥數十人，並授官爵」，令其回營曉以利害，於是「仚成與胡中大帥亦請降」。[301]劉仚成雖然為擁眾數萬的大帥，但其權力遠不能與昔日有絕對權威的單于相比，從渠帥達數十人可知其組織形態當是部落聯盟。劉仚成之外尚有其他胡中大帥，劉氏可能也要受其制約，不能如單于獨斷專行。

由於社會發展程度的倒退，起事丁壯難如政府軍隊一樣脫產為職業軍人，極大可能為兵農或兵牧合一。除孝文帝時吐京胡辛支王的一千

---

[299] 魏收，《魏書》，卷六十九，〈裴慶孫傳〉，頁 1532。

[300] 魏收，《魏書》，卷三十，〈樓伏連傳〉，頁 717。

[301] 劉昫，《舊唐書》，卷六十四，〈李建成傳〉，頁 2414。

精騎有職業兵可能外，其餘胡帥之部眾均找不到脫產之痕跡。在起事時，其兵員當由成年男子充當，全族皆兵。此舉雖然可在一時壯大聲勢，卻為一雙刃劍，不能脫離農牧生產以長期作戰。這種弊端可以參考生活環境與稽胡類似的近代涼山彝族武裝，在只能依靠步行與牲畜馱運的條件下，交通的不便制約了後勤運輸，所以彝族武裝在戰鬥不分勝負時不能持久，一般只能堅持三、五天，少數較大規模經過廣泛動員之戰鬥也只能堅持二、三十天左右。[302]稽胡起事不乏旋起旋滅、出降請罪，其作戰形態當與近代彝族相似。

在作戰時，稽胡武裝的組織方式也存在問題，可能出於虛張聲勢之考量，行軍竟然拖家帶口。故唐將竇軌在與稽胡作戰時可「虜男女二萬口」。[303]作戰若連同家屬行動，一來影響進退速度，二來面對官兵時家屬極容易成為易令隊伍崩潰的軟肋，一遭官軍攻擊，即可導致全體潰敗。

---

[302] 胡慶鈞，《涼山彝族奴隸制社會形態》（北京：中國社會科學出版社，1985），頁 283-284。

[303] 劉昫，《舊唐書》，卷六十一，〈竇軌傳〉，頁 2365。

第六章　面對中央的應對之策
──反抗中的嘗試

　　面對中央的咄咄逼人，恐怕無論是哪一個族群都不會坐以待斃，即使存在合作者，也必然存在不服從者。這些不肯與官方合作，不願屈服的丁零、稽胡酋長所能採取最為激烈的對抗方式必然是武力抗爭。由於所處環境的差異，武力抗爭的具體形式也可能存在差異，需要分析其具體表現。

　　敵我強弱分明之勢下，為了提高對抗官府之實力，丁零與稽胡是否採取了其他策略以強化合作或區域整合？如唐長孺先生等前輩學者指出的稽胡採用彌勒教作為宣傳組織手段對抗政府。是何種因素影響其採取宗教方式舉事？又為何採取特定宗教？其中究竟未嘗不值得剖析。

第一節　外援之尋求

　　面臨敵強我弱的不利形勢，尋求存在合作可能的盟友即成為丁零、稽胡的當務之急。敵人的敵人是朋友，因此在政權對峙時，求助目標自然投向所屬政權之其他敵人。

　　丁零翟氏在面臨後燕威脅時，即採取遠交近攻之計，試圖以西燕牽制後燕。翟遼派故堤詐降後燕樂浪王慕容溫後，刺殺慕容溫，「并其長史司馬驅，帥守兵二百戶奔西燕」，[1]以此作為結好西燕的投名狀。由於慕容農應對及時，翟遼之企圖未完全得逞。不過慕容溫乃後燕懿親重臣，其遇刺對慕容氏而言損失不小。在慕容垂親征翟魏時，翟氏再次

---

[1]　司馬光，《資治通鑑》，卷一百七，〈晉紀二十九・太元十四年〉，頁3390。

將求援目光投向西燕。可惜慕容永不明脣亡齒寒之理，不願給予翟釗實際援助，坐視後者亡國，个久之後西燕亦重蹈覆轍。

進入北魏後，由於起事屢戰屢敗，丁零不得不將求助目標轉向東晉之實際控制者、軍界領袖劉裕。泰常二年（西元 417 年），榆山丁零翟蜀遣使通劉裕。但劉裕北伐重在效法數十年前之桓溫，與收復中原故土相比，其意更在為代晉自立立威，並不願意擴大與北魏之軍事衝突，因此丁零求援不但沒有收到實際回報，還導致了北魏的嚴重關切。魏將長孫嵩在劉裕入長安，邊警解除後即回師誅滅翟蜀。

相較於丁零尋求外援之徒勞無功，稽胡在此方面倒是收到了一些實際回報。第四章已有討論北朝時稽胡與赫連氏之相互利用及北周治下稽胡對北齊勢力之引入。不過與這些偏霸政權相比，回應較為積極的求援對象當為雄踞塞外的突厥。雖然突厥對邊郡的劫掠也為稽胡帶來災難，但並不妨礙兩族在必要時合作。文獻回顧部分已論及稽胡語與突厥語相似詞彙頗多，兩族之間可能語言相同，因此在感情上或較他族更為親近。除現實利益外，這點也許是突厥願與之往來的另一原因。

至於結交突厥的交通要件，呂梁胡區應該存在當時政府難以控制的道路可通塞上。證據或許就隱藏在官軍平胡獲得的戰利品中，吐京辛支王被平定後，北魏「俘其牛羊駝馬以萬數」。[2]在山區常見畜種中，牛馬羊均屬平常，但令人意外的是反抗軍中駱駝的存在。眾所周知，雖然駱駝對地形適應力較強，但主要生活於半荒漠地帶，山區並不是原生環境。所以胡中駱駝應該並非源於本地繁殖，當從外界引入。不過具體源自何地，則無明確記載。《（康熙）永寧州志》有記載離石當地畜種中存在駱駝，[3]但亦未言其來源。倒是在同為稽胡歷史分佈區的榆林，《（道光）榆林府志》明確提及當地駱駝的來源，「套人以駝為常畜，

---

[2] 魏收，《魏書》，卷七十三，〈奚康生傳〉，頁 1630。

[3] 謝汝霖，《（康熙）永寧州志》，卷三，〈物產〉，頁 239。

以芻荄省而所負重也。榆郡居民買駝數百頭奔走於并門伊洛之間」。[4]
《（光緒）綏德直隸州志》也有駱駝「種自邊外來，畜之以運貨」的記
錄。[5]可推知吐京駱駝應當來自塞外，由草原通過呂梁山區胡人控制道
路進入其中。這條道路的存在也可在某些稽胡舉事路線中得到印證。吐
京胡辛支王在失利後由汾州北上，直到今臨縣之車突谷方為官軍追殲。
可見根據稽胡逃生經驗，北方當較為安全，如果官軍追趕不及，或可撤
至草原脫離危險。根據嚴耕望先生之《唐代交通圖考》，這條道路可能
為從離石北略沿離石水至方山，又東北至嵐州，再略西北而行，過飛
鳶、洪谷至嵐谷，由草城川路北出至塞上。[6]此北上道路到唐代已為政
府所控制，但在北朝時或尚在稽胡手中。

目前有明文記載突厥對稽胡起事之支持始於北周末之劉受邏干起
事，「時突厥與稽胡連和，遣騎赴救」。突厥代勤吐屯率軍屯駐三堆戍
以為聲援。[7]有賴宇文神舉「以奇兵擊之，突厥敗走，稽胡於是款
服」。[8]實際上突厥對稽胡的奧援可能比劉受邏干起事更早一些，當在
劉沒鐸「稱帝」時已有南援之嫌。周軍平劉沒鐸之進軍路線為派遣宇文
憲等「軍次馬邑，乃分道俱進」。[9]平齊克鄴後，周軍不是選擇交通更
近的南線北上伐胡，而是捨近求遠，先北上馬邑再南下征戰。其中原因
極可能意在切斷劉沒鐸與北方勢力之聯繫，而當時塞北草原正為突厥汗
國控制，加之劉沒鐸之名為典型的突厥名，很難想像二者毫無關聯。到
隋末唐初，突厥更是直接支持劉季真、劉仚成等稽胡帥武裝對抗中原王

---

[4] 李熙齡，《（道光）榆林府志》（道光二十一年刻本），卷二十三，〈物產〉，頁
777。

[5] 孔繁樸修、高維嶽纂，《（光緒）綏德直隸州志》（光緒三十一年序本），卷三，〈物
產〉，頁253。

[6] 嚴耕望，《唐代交通圖考》，冊五，頁1406-1407。

[7] 王其褘、周曉薇，《隋代墓誌銘彙考》，冊四，〈楊文思誌〉，頁333。

[8] 令狐德棻，《周書》，卷四十，〈宇文神舉傳〉，頁715。

[9] 令狐德棻，《周書》，卷四十九，〈稽胡傳〉，頁898。

朝，嵐州胡亂的背後似也有突厥因素在內。

第二節　包容與排他——兩族建政之嘗試

在與中央政權對抗的過程中，丁零、稽胡均進行了建立政權的嘗試，但二者在建政思想上存在明顯差異。

一、丁零之包容合作

丁零建政時包容性較為明顯，對人才之爭取不限胡漢大防，有跨族合作之表現。翟斌與慕容垂合作時，其基本盤除丁零外，尚有「西人」，當為有前秦背景之西來胡漢勢力。在翟魏政權中，除存在翟氏等丁零人外，似乎看不出其他少數族政權中存在的顯著特徵。如十六國各胡族王朝中常見的單于臺等胡漢分治機構在其中難尋蹤跡。非但外殼如此，內涵上翟氏對漢人管理人才也頗為重視，不吝延攬以漢人為代表的各地士大夫。《資治通鑑·太元十七年》云：

> 初，郝晷、崔逞及清河崔宏、新興張卓、遼東鮮騰、陽平路纂皆仕於秦，避秦亂來奔，詔以為冀州諸郡，各將部曲營於河南；既而受翟氏官爵。[10]

郝晷本為前燕散騎侍郎，「王佐之才，近代所未有」的崔宏本為苻丕功曹，[11]鮮騰為石趙天竺大臣鮮安之後。[12]翟氏將這些以漢士為主的各族菁英吸收延攬，在塑造合作形象、裝點門面外，更直接的理由自然是希望利用其管理經驗鞏固政權。不過需要指出的是，這些漢人士大

---

[10] 司馬光，《資治通鑑》，卷一百八，〈晉紀三十·太元十七年〉，頁3406。

[11] 魏收，《魏書》，卷二十四，〈崔玄伯傳〉，頁620。

[12] 鄧名世，《古今姓氏書辯證》，卷三，〈鮮氏〉，頁48。

夫雖食翟家之祿，但以其心態而言，多數對主君難有認同。以識人知名的太原士族郝軒即對崔宏降翟釗一事發表感嘆：「斯人而遇斯時，不因扶搖之勢，而與鶉雀飛沉，豈不惜哉！」[13]

即使在漢人士大夫眼中，丁零不過是「燕雀」，可這一重視漢士的國策並未因此動搖。士族崔逞先後效力前秦、東晉，後「為翟遼所虜，授以中書令」。[14]依照晉制，中書令為執掌誥命機密之樞機重臣，翟遼以崔逞為中書令可謂求賢若渴，虛席以待。

翟遼不但在管理層中吸收漢人士族，對於漢人武裝也積極爭取，其最重要的盟友即原東晉太山太守張願，二者合作多年共抗燕、晉。此外後燕境內的漢人反抗勢力王祖、張申等也是翟氏發展合作之對象。對下層漢人士兵翟遼亦吐哺捉髮，確實獲得不少直屬漢人武裝。其投奔東晉黎陽太守滕恬之後，利用滕氏「喜畋獵，不愛士卒」之弱點，「潛施姦惠以收眾心」。[15]在漢人史官筆下，翟遼之所為固然被書寫為包藏禍心，但其對待士卒遠優於東晉官員卻是不爭事實，所以當滕恬之為翟遼所逐時，滕氏麾下士兵並無異議，反而樂於歸命翟遼。翟遼部下除丁零本族外，這些來自三魏等地的漢人士兵也是重要組成部分。

即使多數漢人士大夫對翟魏政權貌恭而心不服，但其加入統治集團後，對於此前缺乏治理經驗的丁零人來說或多或少存在一定幫助。可能由於得到漢人指導，翟魏在控制區域內也進行了一些民生工程建設，如發展水利。唐末趙翊「按鄧艾故蹟，決翟王渠溉稻以利農」。[16]同事《新五代史·趙翊傳》稱「決翟王陂溉民田。兄弟居陳二十餘年，陳人大賴之」。[17]歐陽修行文又將「翟王渠」稱作「翟王陂」，不過在《舊

[13] 魏收，《魏書》，卷二十四，〈崔玄伯傳〉，頁620。

[14] 魏收，《魏書》，卷三十二，〈崔逞傳〉，頁757。

[15] 司馬光，《資治通鑑》，卷一百六，〈晉紀二十八·太元十一年〉，頁3358。

[16] 歐陽修、宋祁，《新唐書》，卷一百八十九，〈趙翊傳〉，頁5475。

[17] 歐陽修，《新五代史》（北京：中華書局，1974），卷四十二，〈趙翊傳〉，頁462。

五代史》中，翟王渠、翟王陂作翟王河，[18]一字之差，相去千里。若為陂、渠，則指人工修建之水利工程。唐末五代前被稱作「翟王」者尚有秦漢之交的董翳，然其封地在上郡，與陳州無涉。故此翟王可能指十六國末期一度將勢力發展到陳州附近之翟遼、翟釗父子中某人。若以歐陽修版本為正，則翟氏治理下，政府曾在當地興修水利，以便農事。

到北魏時，丁零舉事仍有跨族合作嘗試，對管理人才之獲取亦較為迫切。翟釗餘部翟都乘魏軍攻秦時，與上黨「群盜」秦頗等「聚眾於壺關」，反抗北魏統治。[19]翟都選擇與漢人反抗勢力秦頗合作除現實利益外，當也是對原翟魏多族合作舊政策的沿襲。而另一些未參與翟魏建政之丁零亦不介意同漢人聯合。《魏書·長孫肥傳》云：

> （趙）准喜而從之，自號使持節、征西大將軍、青冀二州牧、鉅鹿公，（仇）儒為長史，聚黨二千餘人，據關城，連引丁零，殺害長吏，扇動常山、鉅鹿、廣平諸郡。[20]

趙准、仇儒二人前者為漢人反抗勢力，後者為後燕之漢人舊臣，丁零在此混亂時局中，成為其合作對象。而在翟猛雀起事中，則可窺見丁零起事的另一特徵，即對管理人才的需求。明元帝泰常初，丁零翟猛雀「驅逼吏民入白澗山，謀為大逆」。[21]為翟猛雀驅使的對象中，除普通民戶外，吏的存在尤為引人注意。相對於民戶承擔賦役，作為社會財富之來源存在；吏的作用則在於管理日常行政，維持政權有序運行。翟猛雀對吏的獲取或含有試圖吸收漢人管理人才，完善政權建設之意圖。

---

[18] 薛居正，《舊五代史》（北京：中華書局，1976），卷十四，〈趙珝傳〉，頁197。

[19] 魏收，《魏書》，卷二十八，〈莫題傳〉，頁683。

[20] 魏收，《魏書》，卷二十六，〈長孫肥傳〉，頁652。

[21] 魏收，《魏書》，卷三十三，〈張蒲傳〉，頁779。

二、稽胡之胡族本位

　　相較於丁零對跨族群合作之嘗試，稽胡在建政中則凸顯胡人本位色彩，排他性較強，胡族元素遠較丁零明顯。丁零建政時，政權架構中連胡漢分治的蹤跡都難以尋覓，但稽胡在十六國北魏之交的初次建政嘗試即打上了深深的匈奴烙印。

圖 6-1　賀蘭山巖畫——刑白馬（拓片）
（筆者西元 2021 年 5 月攝於寧夏賀蘭山巖畫博物館。）

　　河西胡曹龍、張大頭入蒲子時，西河胡張外為前者威逼，即向曹龍上大單于之號。曹龍為貳城胡曹氏之後，有右賢王曹轂之血統背書，地位自然高於張外等人。單于為匈奴最高領袖之號，這點勿庸贅言。而其盟誓形式也頗具草原色彩，「給以牛酒，殺馬盟誓，推龍為大單于，奉美女良馬於龍」。[22]如不意外，此儀式所用之馬當為白馬。雖然殺白

---

[22]　魏收，《魏書》，卷三，〈明元紀〉，頁 53。

馬盟誓之俗在漢人中也存在，但較為少見，而且該行為當出自北族影響。[23]北方游牧族群中此風可追溯至史前時期，有學者認為賀蘭山巖畫中刑白馬刻石即匈奴文化的見證。[24]匈奴在盟誓時有以白馬獻祭之俗，《漢書‧匈奴傳下》云：

> 昌、猛與單于及大臣俱登匈奴諾水東山，刑白馬，單于以徑路刀金留犂撓酒，以老上單于所破月氏王頭為飲器者共飲血盟。[25]

這一習俗不但見於匈奴，也由匈奴影響了其他草原族群，如慕容鮮卑，慕容垂西奔前秦時，即「殺白馬以祭天，且盟從者」。[26]相較於匈奴、鮮卑，更為著名的當屬同李世民締結渭水之盟的突厥，武德九年（西元 626 年），頡利可汗與李世民「刑白馬設盟，突厥引退」。[27]

曹龍與張外之盟誓當即北亞草原遺風。由於族群構成之單一性，曹龍部下胡人之匈奴色彩顯著。即使與漢人合作後，稽胡在維持聯盟方式上仍與丁零存在較大區別。《魏書‧明元紀》云：

> 河西飢胡屯聚上黨，推白亞栗斯為盟主，號大將軍，反於上黨，自號單于，稱建平元年，以司馬順宰為之謀主……眾廢栗斯而立劉虎，號率善王。[28]

[23] 謝劍，〈匈奴的宗教信仰及其流變〉，《歷史語言研究所集刊》，第 42 本第 4 分，頁 588。

[24] 陳育寧、湯曉芳，〈古代北方草原通道上的賀蘭山巖畫與匈奴文化〉，收入張少志、張建國，《賀蘭山巖畫研究集萃》（銀川：寧夏人民出版社，2017），頁 193。

[25] 班固，《漢書》，卷九十四下，〈匈奴傳下〉，頁 3801。

[26] 司馬光，《資治通鑑》，卷一百二，〈晉紀二十四‧太和四年〉，頁 3222。

[27] 劉昫，《舊唐書》，卷二，〈太宗紀〉，頁 30。

[28] 魏收，《魏書》，卷三，〈明元紀〉，頁 55。

　　由於漢人加入，白亞栗斯胡部組織結構較曹龍時發生了一些變化，流露出對胡漢分治的效仿。胡漢分治制度可以追溯到劉淵建漢，在政權構建時除以中原魏晉式行政機構為模仿對象外，又根據胡族之實際情況，設立單于臺統馭各少數族。此時的大單于已非往日之匈奴最高首領，其政治地位類似以往作為儲君之左賢王，就行政職能而言，則類似大司馬。由於白、劉諸胡之影響範圍遠不能與十六國諸政權相比，故未設立類似單于臺之統治機構，但就其政權性格而言，則明顯存在二元性。考量到部下以胡人居多，故建胡族單于之號以號召、統轄之，但其活動區域——河內卻為漢人佔絕對優勢之地，故效仿漢式王朝建元統治，到劉虎取代白亞栗斯後，可能考慮到謀主司馬順宰之出身及漢匈仇殺的特殊歷史過往，以「王」取代「單于」試圖安撫漢人。而王號「率善」一詞為東漢至晉常見的中央對少數族首領之封號，如東漢之「漢率善胡長」、曹魏之「魏率善胡仟長」、西晉之「晉烏丸率善邑長」等。[29] 採用傳統少數族豪酋之政府封號除強調自身的少數族屬性外，或許也是胡人對曾經尊奉漢人朝廷的歷史之默認，旨在與漢人合作者相互妥協。

　　值得注意的是，白亞栗斯、劉虎舉事是各胡族見諸史冊的最後一次以單于為王號進行的舉事，此後再未見到有胡族主動以單于之名號召、統領部眾。此次舉事雖然在規模上遠無法和十六國諸政權建政相比，但從某種意義而言，卻宣告了深受匈奴文化影響之十六國的結束，從此正式邁入鮮卑文化佔主導的北魏時代，更標誌著匈奴時代的徹底終結。雖然此時赫連夏尚在，也無力扭轉這一趨勢。這一轉變的背後原因當是隨匈奴衰弱帶來的單于貶值。西漢時代，匈奴單于可以大漠為界與漢家天子分庭抗禮。此後匈奴雖然分裂，南單于附漢稱臣，但漢朝仍「以客禮待之，位在諸侯王上」。[30] 相較其他族群，單于在東漢末期前

29　參見羅福頤，《古璽印考略》，頁 146、164、176。

30　班固，《漢書》，卷八，〈宣帝紀〉，頁 270。

仍然有優勢地位。可是到漢末三國時，中央甚至地方竟然屢將「單于」
之號下賜他族首領，以為籠絡。袁紹即「矯制賜蹋頓、難樓、蘇僕延、
烏延等，皆以單于印綬」。[31]區區烏桓一族，即有四人得封為單于，其
價值自然不可與漢初同日而語。到兩晉之時，烏桓、鮮卑諸族酋長被封
單于者不勝枚舉。不過在入塞匈奴內部，傳統的匈奴王爵等級制度仍在
運行，《晉書‧劉聰載記》云：

> 元海為北單于，立為右賢王，隨還右部。及即大單于位，更拜鹿
> 蠡王。[32]

在匈奴傳統王制中，單于以下依次為左賢王、左谷蠡王、右賢王
等，劉聰之得爵順序無疑仍遵循此舊制。可在劉曜為石趙所破後，匈奴
傳統貴族制度也因缺少執行階層而湮滅。昔日尊貴、世襲之單于名號竟
然由政府玩弄權術下的酬庸工具更進一步淪為各族豪強自壯聲勢的頭
銜。苻健、姚萇等毫無匈奴血統之氐羌酋長也能自號單于，頗有五代之
時「天子寧有種邪？兵強馬壯者為之爾」的架勢。[33]

政壇上之匈奴系族群漸漸遠去後，單于號就如濫發的紙幣一樣迅
速貶值，對各族的吸引力也越來越低。因此當白、劉起事為北魏鎮壓
後，「單于」之稱再不見於史冊。但這並不代表稽胡的匈奴胡族心理認
同之停止，白亞栗斯、劉虎之亂宣告胡漢分治嘗試中止，此後由族群合
作走向其他形式的胡族本位。其中將胡族本位發展到巔峰的大概要算北
魏孝文帝時的辛支王起事。第三章已有論證，辛支王可能為出自羌裔的
稽胡，雖然在北魏官方眼中，辛支王身份為胡人，但其在宣傳動員上卻

---

[31] 范曄，《後漢書》，卷九十，〈烏桓鮮卑列傳〉，頁2984。

[32] 房玄齡，《晉書》，卷一百二，〈劉聰載記〉，頁2658。

[33] 歐陽修，《新五代史》，卷五十一，〈安重榮傳〉，頁583。

可能以羌裔稽胡作為重點動員對象，試圖用辛支（析支）的歷史記憶喚醒羌人後裔的民族自豪感，揭竿而起，一如東漢諸羌反漢一樣抗擊北魏。

從某種意義而言，辛支王舉事之手段與其說是凝聚族群認同，倒不如稱為排他性民粹。雖然可收一時之效，但卻將非同源的其他潛在盟友拒之門外，不利於起事規模擴大。可能正是由於辛支王之教訓，為因應胡人內部來源繁雜、祖先各異的構成背景，此後某些稽胡酋帥又進行了新的族群整合嘗試，繼而以調整後的族群整合原則塑造新的族群認同，其標誌即「步落稽」這一新名詞的誕生。

「步落稽」一名於魏末大亂中首次出現，「內附叛胡乞、步落堅胡劉阿如等作亂瓜肆」，[34]為尒朱榮所滅。劉阿如之「步落堅」即「步落稽」之同音異譯。何星亮先生認為「『步落稽』一名不是自古就有，而是後來產生的」。「『步落稽』必與劉阿如等作亂有關，由於在此名稱出現之前，各部落無共同的族稱。劉阿如等取名『步落稽』無非是以此旗號召集種類繁熾的胡人」。[35]陳三平先生認為這一稱呼的獲得與胡中印歐人種的增加有關，[36]即西域胡的融入。對於「步落稽」詞源，林梅村先生推測為突厥語「balaq」（魚）之音譯，並進一步提出稽胡之西域胡祖源即中亞之魚國。[37]第三章中已經對稽胡之族群構成進行量化分析，其中雖有數量不少的西域胡存在，但主要還是以匈奴後裔居多。所以新的族名以「魚」為號當與西域無關。如果換個角度，從入塞匈奴

---

[34] 魏收，《魏書》，卷七十四，〈尒朱榮傳〉，頁1645。

[35] 何星亮，〈稽胡語若干詞試釋〉，頁41。

[36] Sanping Chen（陳三平），*Multicultural China in the Early Middle Ages*, p.95.

[37] 林梅村，〈稽胡史蹟考——太原新出隋代虞弘墓誌的幾個問題〉，頁82。關於「步落稽」之音譯問題，陳三平先生認為其源於拓跋氏「勳臣八姓」之一的步六孤氏。參見 Sanping Chen（陳三平），*Multicultural China in the Early Middle Ages*, p.98. 按此說頗值得商榷，步六孤氏為鮮卑無疑，且出現早於步落稽百餘年，何以中間無聞而魏末突然出現？陳先生並無提出合理解釋。

神話入手，或可推測入塞胡人取這一名稱的心理遠因。《晉書‧劉元海載記》云：

> 豹妻呼延氏，魏嘉平中祈子於龍門，俄而有一大魚，頂有二角，軒鬐躍鱗而至祭所，久之乃去。巫覡皆異之，曰：「此嘉祥也。」其夜夢旦所見魚變為人，左手把一物，大如半雞子，光景非常，授呼延氏，曰：「此是日精，服之生貴子。」寤而告豹，豹曰：「吉徵也。吾昔從邯鄲張冏母司徒氏相，云吾當有貴子孫，三世必大昌，仿像相符矣。」自是十三月而生元海，左手文有其名，遂以名焉。[38]

劉淵誕生神話中魚的形象當來自武王伐紂時「渡河中流，白魚躍入王舟中」之傳說母題，[39]亦可能源自鯉魚躍龍門之典故，二者均為漢人傳說。劉淵神話當是入塞匈奴對漢人傳說之文化移植，以圖增強其問鼎中原的正當性與塑造領袖色彩。即使傳說源頭為漢人神話，但在入塞匈奴之「拿來主義」操縱下，可能已被匈奴語境包裝演繹，並在與匈奴有關的族群中傳播，成為入塞匈奴（非西遷匈奴）認可的英雄誕生說。對魚之重視不僅見於匈奴五部，匈奴北部出塞後代之鐵弗匈奴中同樣也存在這一理念。赫連勃勃統治下的統萬城於真興元年（西元 413 年）、鳳翔元年（西元 423 年）兩次出現天降魚雨的異象。[40]考慮到赫連勃勃曾祖劉虎為劉聰認可之前趙宗室，劉淵出生傳說極可能為之接受，故能對魚雨大書特書。換言之，該傳說可能在入塞匈奴及受其影響族群中廣泛流傳。

---

[38] 房玄齡，《晉書》，卷一百一，〈劉元海載記〉，頁 2645。

[39] 司馬遷，《史記》，卷四，〈周本紀〉，頁 120。

[40] 李昉等，《太平御覽》，卷一百二十七，〈偏霸部十一‧夏〉，頁 616-1。卷八百七十七，〈咎徵部四‧雨魚〉，頁 3897-2。

　　第四章已推測劉阿如可能與劉蠡升有舊，或為其主公，則「步落稽」之名詞創造當與劉蠡升原屬集團有關。劉蠡升作為一名能以宗教手段感召群胡，並在呂梁山區維持政權十幾年的胡人酋帥，其組織手腕及宣傳動員能力自然非一般胡人所能企及，而劉阿如作為其可能之故舊這方面能力當不在前者之下。因此筆者推測「步落稽」之名或為劉氏出於適應新環境下之需要，團結、整合不同祖源胡人而求同存異創造的最大公約數。一方面，對匈奴系胡人來說，「魚」的象徵意義即紀念曾率領匈奴各部反晉成功，一洗百年之恥的大單于劉淵，隱含對英雄祖先的追憶；另一方面，對其他族裔的稽胡而言，一則可以減輕其對匈奴元素的抵觸心理，二則可以利用鯉躍龍門的典故燃起對未來的美好嚮往。兩方面共同作用下，一個新的混合族群逐漸整合完成。這一名稱也確實為胡人接受，有胡人甚至直接以此為名，如隋末丹州胡帥劉步祿、唐初延州稽胡呼延步洛，其名當均為步落稽之省稱，[41]這一取名方式就如同當代國人取名時用的「中」、「華」、「漢」等詞彙一樣，至少代表了其父輩對族群屬性之強烈認同。

　　筆者推測劉蠡升之「蠡升」可能並非其胡中原名，乃漢式雅名。在取漢名時，劉氏可能也有借力宣傳，借人上位之考量。《急就篇》云：「蠡升，參升半厄觕。蠡升，瓢蠡之受一升者因以為名，猶今人言勺升耳」。[42]蠡升的意思即能裝下一升。無獨有偶，在劉氏舉事前數十年，胡區有一吐京太守劉升甚得胡人信任，治理頗有聲響。劉蠡升很可能化用移植劉升之「升」以為雅名，「蠡升」即表示對劉升故事之繼往開來，通過喚起胡人對劉升之記憶，擴大自身影響力。

　　在劉氏神嘉政權中存在不少官爵，雖然馬長壽先生認為其官制介

---

[41] 〈劉細利造像記〉，參見楊宏明，〈安塞縣出土一批佛教造像〉，頁55。

[42] 史游撰，顏師古注，《急就篇》（收入紀昀等總纂，臺灣商務印書館編審委員會主編，《景印文淵閣四庫全書》，冊二二三），卷三，頁223-32。

於匈奴與漢之間，[43]但如果拋開皇帝、年號等漢文化因素，其職官設置頗有胡族色彩，可能繼承自入塞匈奴傳統。《北齊書·神武紀》云：

> 其北部王斬蠢升首以送。其眾復立其子南海王，神武進擊之，又獲南海王及其弟西海王、北海王、皇后公卿已下四百餘人。[44]

神廳政權中「北部王」的存在很難不令人聯想起魏晉時期入塞匈奴五部中的「北部帥」（都尉），叛晉出塞的右賢王劉猛即統治新興之匈奴北部帥，劉淵亦擔任過北部都尉。二者名號相近的背後，或是流傳未斷的祖先職官記憶，只不過為適應劉蠢升稱帝之排場，將「帥」上升至「王」。另一方面，劉蠢升諸子之王號均以「海」命名，巧合的是這種習慣在匈奴漢國時已經存在。劉淵曾以「子和為皇太子，封子乂為北海王」。[45]北海王劉乂地位僅次於太子劉和，可見其爵位在漢國之尊貴。事實上，在草原諸族的世界觀念中，海似乎有一種特殊意義，天下四方皆以海為參照。後世「成吉思汗」之號意義雖然眾說紛紜，但比較有力的說法即「成吉思」意為「大海」，係突厥語 tengiz 之顎化音讀法。[46]窩闊臺、貴由均曾自稱大海汗，明代土默特部首領俺達汗賜予西藏宗教領袖的「達賴」稱號亦為蒙古語「大海」（dalai）之意。所以劉蠢升諸子之王號當非無中生有之憑空想像，應與草原舊俗有關，其中蘊含的是劉氏開疆擴土的野心，試圖讓匈奴後裔再次偉大。

相較丁零治下還有民生工程建設之內政管理痕跡，強調胡族中心的稽胡施政多表現為武力崇拜，進行軍事、軍備之強化。如辛支王起事可能在稽胡時代史無前例地重現了祖先兵民分離的職業兵建設。其一千

---

[43] 馬長壽，《北狄與匈奴》，頁 134。

[44] 李百藥，《北齊書》，卷一，〈神武紀上〉，頁 18。

[45] 房玄齡，《晉書》，卷一百一，〈劉元海載記〉，頁 2652。

[46] 法國學者伯希和所提，參見余大鈞譯註，《蒙古秘史》，頁 4。

精騎極可能為脫產之職業軍人，曾向蒙古地方牧區出身之朋友確認，並非所有人都具備天生會騎馬的能力，[47]因此騎兵訓練對時間要求較高，需要投入大量的時間訓練。據筆者訪問過的一位東北軍騎兵老戰士回憶，一名無基礎的新兵從學會騎馬到完成各種馬上劈刺、衝鋒技能，至少需要半年時間之基礎訓練。[48]而辛支王麾下面對北魏鐵騎毫不遜色的騎兵即使從天生會騎馬的胡人中揀擇，可會騎馬和會騎射絕非同一概念，後者需要更多時間訓練。在兵民合一的時代，訓練、農牧兩不誤恐是魚和熊掌不可兼得。另外參考劉龍駒從北魏軍中服役到回鄉領導起事之經歷，訓練胡人士兵之教官即可能來自這些有軍事經驗的還鄉士兵。劉蠡升神嘉政權對武力建設也較為重視，雖然劉氏面對高歡的甜言蜜語放鬆警惕，最終身死人手，但這並不代表其放棄以武自保。高歡奇襲劉蠡升時，正值「蠡升率輕騎出外徵兵」。[49]徵兵目的即為強化自身武力，此舉證明即使有「和親」保障，劉蠡升也不忘維持、擴大自身之軍事實力。其失敗與其說是一時疏於防備，不如說是高歡將貴知機、兵貴神速。

第三節　稽胡的新凝聚手段——宗教綜述

日本學者護雅夫曾提出，在草原族群中比卡里斯馬型（Charisma）英雄領袖更重要的可能是統治家族的宗教神聖地位。如突厥人利用狼起源的祖先傳說來達到「天賦神權」的目的，此外也存在一系列宗教儀式以圖強化族群凝聚力。[50]第五章已論及起事之稽胡領袖多難堪大任，既

---

[47] 筆者西元 2021 年 5 月 15 日向內蒙古大學歷史與旅遊學院之朝魯孟老師請教，其察哈爾鑲黃旗牧區出身，對畜牧深有體會。

[48] 筆者西元 2016 年 5 月 30 日於基隆訪問李如剛先生，李老西元 1928 年入東北軍騎兵第二軍第三師。

[49] 令狐德棻，《周書》，卷四十九，〈稽胡傳〉，頁 897。

[50] 德魯普撰、陳浩譯，〈內陸亞洲帝國形成論——以突厥汗國和回鶻汗國為例〉，收入陳

然缺乏卡里斯馬人格，那利用宗教動員當為擴大起事規模的另一選擇。事實上據美國學者斯科特（James C. Scott）研究，東南亞山地族群在阻止國家統合時，所採用的最後和風險最高的手段即屬於宗教手段。[51]在稽胡中以彌勒教為首的各種宗教也時常出現，於各種活動中扮演著重要角色。

一、稽胡彌勒信仰來源

唐長孺先生等老一輩學者在〈白衣天子試釋〉、〈北魏末年的山胡敕勒起義〉等文中對稽胡的彌勒教信仰問題已有簡要考證，[52]不過依筆者之見，在稽胡選擇彌勒教作為信仰的這一過程中，促成因素並非僅有佛教影響之一端，當為多種信仰綜合作用下的結果，佛教之外主要存在以下元素：

（一）匈奴傳統習尚

彌勒教最典型的外在特徵即對白色推崇，教徒舉事時多穿白衣。開元三年（西元 715 年）〈禁斷妖訛等敕〉稱：「比有白衣長髮，假託彌勒下生，因為妖訛，廣集徒侶，稱解禪觀，妄說災祥」。[53]可見白衣乃彌勒信徒的基本標誌。然而北亞草原部族多有尚白傳統，党項、蒙古即為代表。在西伯利亞一些族群中，穿白衣進行之宗教儀式流傳至今。據 Trostchansky 之記錄，雅庫特人（Yakuts）在春日祭典上，一人穿白衣，代表春天，為「創造者之子」；另一人穿黑衣，代表冬天，為「惡

浩主編，《西方突厥學研究文選》（北京：商務印書館，2020），頁 226。

[51] 詹姆士・斯利特著，王曉毅譯，《逃避統治的藝術》（北京：生活・讀書・新知三聯書店，2020），頁 379。

[52] 參見唐長孺，〈白衣天子試釋〉，頁 11-14。唐長孺，〈北魏末年的山胡敕勒起義〉，頁 89。

[53] 宋綬、宋敏求，《唐大詔令集》（北京：中華書局，2008），卷一百十三，〈禁斷妖訛等敕〉，頁 588。

靈之子」，二者摔跤相鬥。[54]直到今天，雅庫特人舉行夏至 Yhyakh 節慶時，仍由穿白衣之年長男子揭開序幕，並有白衣舞蹈儀式。

雅庫特人又稱薩哈人，原本居住在貝加爾湖一帶，與丁零存在親緣關係。匈奴與丁零風俗相近，故應當也有以白為尊之風。

（二）祆教影響

祆教又稱拜火教，誕生於古波斯，粟特商人沿絲綢之路將其傳播入華，由於組成稽胡的族群中亦有粟特存在，故祆教對稽胡可能也產生了影響。甘肅莊浪出土、雕鑿於北魏後期的卜氏石塔 B 面第四層有人首鳥身造像，人首為老人形象，與北朝粟特墓葬中的祆教神祇──赫瓦雷納（Khvarenah）相似，「很可能傳承自中亞人首鳥身神形象」。[55]莊浪為北魏秦州轄地，卜氏當為屠各出身，祆教既然可以影響屠各，則當屠各稽胡化後，將這一信仰擴散予其他胡人也不無可能。

在宗教儀式中，祆教祭司著白衣白帽，以白巾遮擋口鼻，故又稱白頭教。胡人在舉事時也有相似裝束。五城山胡馮宜都、賀悅回成反魏時，「服素衣，持白傘白幡，率諸逆眾，於雲臺郊抗拒王師」。[56]馮宜都當為羯人後裔，羯人之中恰恰流行祆教崇拜。《晉書·石季龍載記下》云：「龍驤孫伏都、劉銖等結羯士三千伏於胡天，亦欲誅閔等」。[57]胡天即石趙王室祭祀祆教神祇之處，羯人後裔馮宜都等人並非全員白衣，服白衣者僅限於領導者，其裝束與祆教祭司存在相似之處。這恐怕不能只用巧合來解釋，當是祖先信仰在一定程度上仍具影響。

祆教主神阿胡拉·馬茲達（Ahura Mazda）為代表光明的善神，故

---

[54] W. Jochelson, *Kumiss festivals of the Yakut and the Decoration of kumiss Vessels*, Boas Anniversary Volume, New York, 1906, p.265.

[55] 俄玉楠，〈甘肅省博物館藏卜氏石塔圖像調查研究〉，《敦煌學輯刊》，2011 年第 4 期，頁 71-72。

[56] 魏收，《魏書》，卷六十九，〈裴良傳〉，頁 1531。

[57] 房玄齡，《晉書》，卷一百七，〈石季龍載記下〉，頁 2791。

祆教主張行善行，得善報，並鼓勵與惡作鬥爭，其崇拜標誌即代表光明之火。而某些稽胡起事的細節無疑與祆教觀念存在相似之處。在白亞栗斯、劉虎起事中這點較為明顯，白亞栗斯之名「亞栗斯」在中古漢語中讀為 Øa lĭĕt sĭe，或出自突厥語 Atesh（火），不排除為受祆教聖火崇拜影響。而另一位領導人劉虎王號「率善王」或與祆教存在理念契合處，「率善」為漢魏以來對少數族首領之傳統封號，有率善長、率善都尉等，乃率領善人歸化中央之義。不過若聯繫到胡眾中存在大量西域胡，則可以對應祆教之「善」崇拜，而率善之目的何在？自然是要向代表「惡」的北魏政府展開鬥爭。

　　到唐代稽胡最後一次大規模舉事時，領導者白鐵余之稱號無論是「光明聖皇帝」還是「光王」，均與光明崇拜有關。白鐵余與白亞栗斯雖然相隔二百餘年，但俱為西域胡後裔，均表現出崇拜光明之信仰特徵。可能在某些族裔的稽胡中，祆教崇拜一直傳承，儘管這一信仰可能經過包裝，改頭換面以存在。入唐以後當地祆教似乎與佛教融合，在延州稽胡造像中可見其大略。延安狄青牢石窟有唐代劉進、魚謙所造之力士像，其題名為「修善神兩士」。[58]魚謙當為西域胡後裔，而「善神」之稱不禁令人想到祆教崇拜之善，無論是「聖靈」斯奔達·麥紐（Spenta Mainyu），還是「善靈」沃胡·摩那（Voda Manah），均有善之屬性。雖然此時魚氏似乎皈依佛教，但力士表象之下，卻可能暗藏了祆教雙靈的屬性。

　　寧夏鹽池發現的「白烏二年」金方奇也可能為稽胡受祆教影響提供一些支持。其中一方武士騎馬狩獵圖與西亞受祆教影響之波斯藝術品極為相似。在西亞祆教美術中，武士狩獵為常見藝術形象。武士代表善神阿胡拉·馬茲達，而獸類則是惡神阿赫里曼（Ahriman）的化身。[59]

[58] 延安市文物研究所編，《延安石窟碑刻題記》（西安：陝西人民出版社，2020），頁131。

[59] 齊東方，〈虞弘墓人獸搏鬥圖像及其文化屬性〉，《文物》，2006年第8期，頁80。

其發現地為稽胡之擴散居住區，故此方奇可能與之有關。

（三）霍山神之文化輻射

傳說中霍山神為黃帝之子，在山西地區香火頗旺。其最著名之傳說為遣使助李淵進軍，此事甚至被寫入正史。《舊唐書·高祖紀》云：

> 會霖雨積旬，餽運不給，高祖命旋師，太宗切諫乃止。有白衣老父詣軍門曰：「余為霍山神使謁唐皇帝曰：『八月雨止，路出霍邑東南，吾當濟師。』」高祖曰：「此神不欺趙無恤，豈負我哉！」[60]

「神使」指點李淵之地為汾州靈石縣賈胡堡，正好位於胡區邊緣。白衣使者形象可能通過文化傳播進入胡區，並為後者借鑑。

在以上信仰外，促成稽胡族中彌勒信仰盛行的更重要因素無疑是佛教影響。提及十六國時期的佛教信仰，首推羯人石氏對佛圖澄之頂禮膜拜。不過早在西晉之末，已有匈奴部族對佛教表示出濃厚的興趣，曾試圖迎接高僧帛遠，但因其被張輔所殺而未果。《高僧傳·帛遠九》云：

> 初祖道化之聲，被於關隴，崤函之右，奉之若神，戎晉嗟慟，行路流涕。隴上羌胡，率精騎五千，將欲迎祖西歸。中路聞其遇害，悲恨不及，眾咸憤激，欲復祖之讎，輔遣軍上隴，羌胡率輕騎逆戰，時天水故帳下督富整，遂因忿斬輔，群胡既雪怨恥，稱善而還，共分祖屍，各起塔廟。[61]

---

[60] 劉昫，《舊唐書》，卷一，〈高祖紀〉，頁3。

[61] 慧皎，《高僧傳》（北京：中華書局，1992），卷一，〈晉長安帛遠〉，頁26-27。

張輔死於惠帝永興二年（西元 305 年），時五部匈奴處於劉淵時期，勢力尚未發展到秦隴，故隴上羌胡或為其後投劉曜之休屠王石武之黨。劉淵出生時匈奴普遍崇尚巫術，然數十年後已有部落心向三寶，尤其是有「分祖屍各起塔廟」之嫌的秦隴屠各。該地區之屠各到北魏時已普遍信佛，〈成醜兒造像記〉云：

> 太和十二年（西元 488 年）歲次丙辰二月十二日，弟子成醜兒合
> 家眷屬為七世父母、歷劫諸師、一切眾生，敬造石像十四區。
> 成雙會、成發文、成□龍、成□□、王□□、成法□。[62]

該造像記出土於甘肅寧縣，正為屠各活躍的安定郡。成氏為屠各著姓，從其可一次造像十四區來看，必為有力豪酋。在其身體力行宣傳下，當地伽藍應香火頗望。北朝後期安定屠各逐漸融合於稽胡，前者帶來的信仰影響不容小覷。

匈奴右賢王之後赫連勃勃雖然殘暴嗜殺，但也重修海寶塔以奉釋氏，此舉無形之中必然令梵唄緇衣更為接近匈奴各支的生活。在稽胡形成的過程中，佛教信仰傳統悠久的龜茲胡、月氏胡及羌人通過各種渠道與匈奴諸部的融合，也必然加速佛法在胡中地位的確立。這些因素都為稽胡皈依禪門提供了歷史遠因，不過其中影響較大的當為十六國時期胡籍高僧劉薩訶（釋慧達）之出現。[63]《續高僧傳·釋慧達傳》云：

> 釋慧達，姓劉，名窣蘇骨反和，本咸陽東北三城定陽稽胡也。先
> 不事佛，目不識字。為人兇頑，勇健多力，樂行獵射。為梁城突

---

[62] 魏宏利，《北朝關中地區造像記整理與研究》，〈成醜兒造像記〉，頁16。

[63] 有趣的是，在寧波古阿育王寺亦有供奉劉薩訶之靈骨，劉氏被寺僧尊為利賓菩薩（如《法苑珠林》所述），時代也被提前到西晉。只不過寺僧對於其匈奴—稽胡出身諱而不言，甚至稱其原為對抗匈奴的士兵。

騎，守於襄城。父母兄弟三人並存，居家大富，豪侈鄉閭，縱橫
不理。後因酒會，遇疾命終，備覩地獄眾苦之相，廣有別傳，具
詳聖述。達後出家，住於文成郡，今慈州東南高平原即其生地
矣，見有廟像，戎、夏禮敬，處於治下安民寺中。曾往吳越，備
如前傳。

至元魏太武大延元年（西元 435 年）流化將訖，便事西返，行及
涼州番禾郡，東北望御谷而遙禮之。人莫有曉者，乃問其故，達
云：「此崖當有像現，若靈相圓備，則世樂時康，如其有闕，則
世亂民苦。」達行至肅州酒泉縣城西七里石澗中死……余以貞觀
之初歷遊關表，故謁達之本廟，圖像儼肅，日有隆敬。自石、
隰、慈、丹、延、綏、威、嵐等州，並圖寫其形，所在供養，號
為劉師佛焉。因之懲革胡性，奉行戒約者殷矣。[64]

　　劉薩訶出生於後趙石虎時，淝水之戰後出家，曾在稽胡區域弘揚
佛法，對當地胡人影響較大。如第四章所述，綏州白鐵余即利用胡人對
劉薩訶傳說之篤信，籌劃了稽胡最後一次大規模起事。其人行跡遍及大
江南北，江南、敦煌等地都留有蹤跡，甚至有到過印度的傳說。[65]在離
石鳳山猶有以其法號命名之慧達寺，屢經修葺，至今香火不斷，當地亦
流傳其主持興建臨縣萬佛洞石窟之傳說。[66]劉薩訶之影響甚至超越中
土，遠涉日本，日本兵庫縣多可郡極樂寺至今保存有以其冥界傳說為主
題的畫作〈六道繪〉。[67]

---

[64] 釋道宣，《續高僧傳》，卷二十五，〈魏文成沙門釋慧達傳〉，頁 980-982。

[65] 《劉薩訶因緣記》，參見陳祚龍，〈劉薩訶研究──敦煌佛教文獻解析之一〉，頁 35。

[66] 馮巧英、趙桂溟主編，《山西佛道摭存》（太原：三晉出版社，2016），頁 526-527、585。

[67] 田林啓，〈神異僧図を軸とした美術作品の伝播と受容の様相──劉薩訶像を中心に〉，頁 62。

圖 6-2　寧波古阿育王寺之劉薩訶靈骨塔
（筆者西元 2021 年 5 月攝於寧波。）

　　繼劉薩訶後，隋代胡區又出現了一位影響較大的胡族僧侶——釋法
通。《續高僧傳·釋法通傳》云：

　　釋法通，龍泉石樓人。初在隰鄉，未染正法，眾僧行往，不達村
　　閭，如有造者，以灰灑面。通雖處俗，情厭恒俗，以開皇末年獨
　　懷異概，超出意表，剃二男二女并妻之髮，被以法衣，陟道詣
　　州，委僧尼寺。時有問者，通便答曰：「我捨枷鎖，志欲通
　　法」。既達州寺，如前付囑，便求通化寺明法師度出家。於即遊
　　化稽胡，南自龍門，北至勝部，嵐、石、汾、隰，無不從化。多
　　置邑義，月別建齋，但有沙門，皆延村邑，或有住宿，明旦解
　　齋，家別一槃，以為通供。此儀不絕，至今流行。河右諸州，聞
　　風服義。[68]

---

[68] 釋道宣，《續高僧傳》，卷二十五，〈唐隰州沙門釋法通傳〉，頁 933-934。

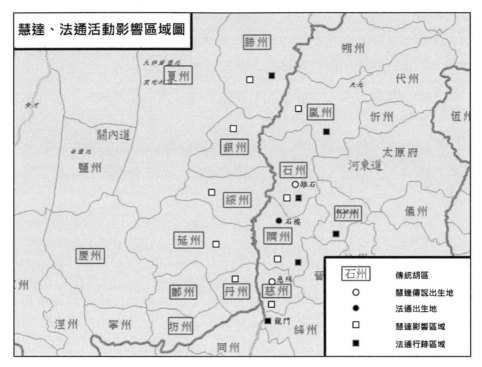

圖 6-3　慧達、法通活動影響區域圖

　　如果對比劉薩訶與釋法通之弘法影響，可以推測佛教在胡區之深入絕不是在一朝一夕間完成。劉薩訶身前固然已對胡區佛教信仰傳播起到較大的推動作用，但直到隋代，在較為閉塞的隰州山區，正統佛法尚未被多數胡人接受，故有胡人面對僧侶來訪時甚至向其潑灰羞辱。而隰州處在受劉薩訶影響較大的石州、慈州之間，可胡眾猶有謗僧之舉，可見佛藏記載對劉薩訶多有溢美誇大之處，然實際影響恐仍有不足。在法通出家前，佛教正法可能已進入胡區諸州縣治所，但對山區胡村並未產生太大影響力。法通等接受佛法之胡人可能先通過家庭成員皈依，再向周圍村民弘法的方式逐漸擴散信仰，並配合種種「神跡」之感通，在胡人中培養信眾。法通巡化之地雖然有河西勝州，但主要以河東胡州為主。至於河西胡區，北魏末已有佛教造像出現在各州郡治所，隨著交通

幹線為政府漸漸控制，佛法也隨之傳播，河西胡人也逐漸禮敬三寶，河東胡僧的宣講又鞏固了這一趨勢。唐高宗時圓寂之綏州海禪師即可能為受法通影響而皈依的僧侶。此外，唐代劉薩訶崇拜盛行之胡州與法通遊化地亦不乏重疊之處，可以推測劉薩訶信仰之深入鄉村離不開這些後世胡僧的推動。

不僅有胡族僧侶巡行弘法，外界他族僧侶也可能進入胡中宣化。北魏延興二年（西元 472 年），掌握實權之太上皇帝獻文帝以孝文帝名義下詔：

> 比丘不在寺舍，遊涉村落，交通姦猾，經歷年歲。令民間五五相保，不得容止。無籍之僧，精加隱括，有者送付州鎮，其在畿郡，送付本曹。若為三寶巡民教化者，在外齎州鎮維那文移，在臺者齎都維那等印牒，然後聽行。違者加罪。[69]

獻文帝意圖強化僧侶管理之詔書透露了當時僧侶入各村莊遊歷、傳教之行為已是相當普遍，且由來已久。從某些線索來看，稽胡居住區可能亦受到這些外來僧人的影響。而促使他族僧人進入胡區「遊涉」的關鍵因素極可能為太武帝滅佛。北魏孝文帝時有山胡劉什婆起事，劉什婆之名當出自梵語 Shiva，與十六國高僧鳩摩羅什婆名字相同，意謂童壽。劉什婆為目前可見最早以佛經取名之胡人，以起事時為而立之年計算，出生當不晚於文成帝時。考慮到取名多體現家長之行為意志，則其父母當此前已接觸佛教，這正好符合太武滅佛之時間點，極大可能為受進入胡中避難之僧人影響，方有「什婆」之名。

強調民族意識與認同在很多時候只能起到團結本族及與本族有關之族群的作用，但宗教的作用卻能超越族群界限，爭取更多的潛在力

---

[69] 魏收，《魏書》，卷一百十四，〈釋老志十〉，頁 3038。

量。斯科特提出在語言、政治複雜至極的山地社會，只有魅力型宗教領袖才擁有社會凝聚力，可能打破族群界限，克服當地的分裂，吸引超越族群、宗族和方言的眾多追隨者。[70]因此對於生活區域被山險谷深的呂梁山或千溝萬壑的黃土高原割裂的胡人而言，共同的宗教信仰加之某些較有能力的酋帥催化無疑對族群整合頗有幫助。這點可以參考吐蕃王國滅亡後陷於分裂之西藏地方最終在黃教的吸引下，重新構築了族群共同體。只不過相似的情況可能早在數百年前就已在黃河兩岸悄悄發生。由於彌勒教的主旨為宣傳彌勒下生、拯救信徒，且修行簡便，若有人故意歪曲利用，便可改造為反抗性極強的異端。對於希望煽動部眾之酋帥而言，自然比其他佛教派別好用，故不乏通過各種儀式將個人意志與彌勒教下生觀念結合，以圖成大事。彌勒的佛號在入塞胡人心中或許也有較強的親近感。彌勒只是其俗稱，梵語意譯則為慈氏菩薩，西晉竺法護所譯《普曜經》中已有「慈氏」之稱。在中古漢語中，「慈氏」讀音 dzĭe tɕĭe，與劉淵出身之匈奴左部所在地「茲氏」同音。當胡人在聽聞慈氏菩薩法名後也許會想到本族英雄的出身地「茲氏」，因此對彌勒接受度較高。

二、稽胡中其他宗派及流行崇拜

彌勒教之外，也有佛教其他宗派試圖進入胡中弘法，主要有以下數宗：

（一）天台宗

天台宗源於南北朝之末，為漢傳佛教的第一個本土宗派，因該宗開基者智顗大師常駐天台山說法，故稱天台宗。由於天台宗之基本經論為《法華經》，因此又被稱為法華宗。隋代有該派僧人入胡區弘法，《法苑珠林・唐沙門釋曇韻》云：

---

[70] 詹姆士・斯科特著，王曉毅譯，《逃避統治的藝術》，頁 393。

唐釋曇韻禪師，定州人。遊至隰州，行年七十。隋末喪亂，隱於
離石北十山。常誦《法華經》，欲寫其經，無人同志。如此積
年，忽有書生無何而至，云：所欲潔淨寫經，並能為之。於即清
旦食訖，入浴著淨衣，受八戒，入淨室，口含檀香，燒香懸幡，
寂然抄寫。至暮方出。明又如先，曾不告倦。及經寫了，如法奉
嚫，相送出門，斯須不見。乃至裝潢，一如正法。及至誠受持讀
誦，七重裹結，一重一度，香水洗手，初無暫廢。後遭胡賊，乃
箱盛其經，置高巖上。經年賊靜，方尋不見。周惇窮覓，乃於巖
下獲之。箱巾糜爛，撥朽見經，如舊鮮好。[71]

曇韻禪師常誦《法華經》，當為天台宗僧人，但從其數年得不到
寫經教友來看，天台宗在胡區影響力甚微。

（二）律宗

律宗也為漢傳佛教派別，以重視戒律、嚴肅教規而得名，開基者
為唐代名僧道宣律師，其經籍依據為《四分律》。貞觀十一年（西元
637 年），道宣律師曾入稽胡地區周遊兩年之久，其行程中必然有將律
宗諸儀傳入胡中之嘗試。不過頗耐人尋味的卻是道宣與彌勒信仰之關
係。《佛祖統記‧道宣律師》云：

乾封二年（西元 667 年）春，天人告師曰：「師報緣將盡，當生
彌勒內宮」。十月三日，眾見空中旛華交列，異香天樂，天人同
聲，請師歸覲彌勒。[72]

---

[71] 釋道世撰、周叔迦等校注，《法苑珠林校注》，卷十八，〈唐釋曇韻禪師〉，頁 605-
606。

[72] 志磐撰、釋道法校注，《佛祖統記校注》（上海：上海古籍出版社，2012），卷三十，
〈諸宗立教志‧南山律學‧道宣律師〉，頁 667-668。

　　道宣圓寂後生彌勒內宮為當時僧俗共識，可知道宣生前對彌勒信
仰極為重視。此為稽胡彌勒信仰憑藉道宣入胡弘法而鞏固，還是胡區弘
法令道宣受彌勒信仰影響，抑或是二者兼而有之，目前尚難定論。

（三）禪宗

　　禪宗為目前東亞佛教界影響最大之宗派，傳說由印度僧人菩提達
摩傳入中土。本以坐禪為基本修行方式，後發展為注重精神修法之宗
派。禪宗以《楞迦經》為基本經典，主張不立文字、教外別傳、直指人
心、見性成佛，與主張經、論、頌、律等經典學習之教宗不同。禪宗所
鼓吹之頓悟修行方式因簡便易學，受到下層民眾歡迎，因此發展迅速，
後來居上。隋唐之時，已經有稽胡皈依禪宗。〈化度寺海禪師墓碑〉
云：

> 　　大唐化度寺故僧海禪師，年六十六，俗姓劉，綏州上縣人也。永
> 徽五年（西元 654 年）十一月八日卒於禪。[73]

　　海禪師既為劉姓，又為綏州上縣人，為稽胡可能性極高。以永徽
五年（西元 654 年）六十六歲而計，出生當在隋開皇之時。「禪師」為
弟子對修禪先輩之尊稱，海禪師圓寂前仍修習坐禪，當為早期禪宗僧
人。

　　至盛唐之時，先藏禪師曾「具尸羅於汾川」。[74]「尸羅」為佛教戒
律之代指，可以引申為佛法禪理。先藏禪師師從禪宗北六祖神秀之再傳
弟子大照禪師，為禪宗門人。汾川屬丹州，自北朝以來即稽胡活動地
區，先藏禪師說法之聽眾中必有不少為稽胡。到中唐以後，甚至可以看

---

[73] 王言，《金石萃編補略》（收入《石刻史料新編》，冊五），卷一，〈化度寺海禪師墓
　　碑〉，頁 3578。

[74] 〈先藏禪師碑〉，參見季愛民，〈唐元和三年《先藏禪師塔銘》考釋〉，《文物》，
　　2020 年第 2 期，頁 59。

到稽胡僧侶以禪宗修習方式教學傳法,《景德傳燈錄·汾州石樓和尚》
云:

> 師上堂,有僧出,問曰:「未識本來生,乞師方便指」。曰:
> 「石樓無耳朵」。僧曰:「某甲自知非」。師曰:「老僧還有
> 過」。僧曰:「和尚過在什麼處」?曰:「過在汝非處」。僧禮
> 拜,師乃打之。
> 師問僧:「近離什麼處」?曰:「漢國」。師云:「漢國主人還
> 重佛法麼」?曰:「賴遇問著某甲,問著別人則禍生。尚不見有
> 人,更有何佛法可重」。師云:「汝受戒得多少夏」?僧曰:
> 「三十夏」。師云:「大好不見人」。便打之。[75]

石樓和尚在修習教學中動輒打人的作法無疑就是來自德山、臨濟
之棒喝,可知到中唐以後,禪宗已經在稽胡地區開枝散葉。

(四)密宗

密宗相傳為印度龍樹大師所弘,乃印度佛教為與恢復勢力之印度
教抗衡而衍生之新宗派。相對於禪宗等顯教,密宗表現為對陀羅尼(咒
語)之重視。在經早期雜密發展後,唐代已經形成純正密,以大日如來
為本尊,《大日經》、《金剛頂經》為基本典籍。盛唐時開元三大士
——善無畏、金剛智、不空傳密教入華,到安史之亂後,稽胡也受其影
響。《太平廣記·釋證三》有一〈延州婦人〉故事云:

> 昔延州有婦女,白皙頗有姿貌,年可二十四五。孤行城市,年少
> 之子,悉與之遊,狎昵薦枕,一無所卻。數年而歿,州人莫不悲

---

[75] 道原,《景德傳燈錄》(海口:海南出版社,2011),卷十四,〈汾州石樓和尚〉,頁
399。

惜，共醵喪具，為之塋焉，以其無家，瘞於道左。大曆中，忽有
胡僧，自西域來，見墓，遂趺坐具，敬禮焚香，圍繞讚嘆。數
日，人見謂曰：「此一淫縱女子，人盡夫也，以其無屬，故瘞於
此，和尚何敬耶？」僧曰：「非檀越所知，斯乃大聖，慈悲喜
捨，世俗之欲，無不狗焉。此即鏁骨菩薩，順緣已盡，聖者云
耳。不信即啟以驗之。」眾人即開墓，視遍身之骨，鉤結皆如鏁
狀，果如僧言。州人異之，為設大齋，起塔焉。[76]

延州本稽胡之地，婚前男女關係遠較漢人自由，不過值得注意的
是延州婦人自薦枕席之弘法方式。周一良先生即指出「故事被設想成發
生在大曆年間，不空的密宗學說此時正處在巔峰狀態」，並進一步推測
「這個傳奇是在密宗佛教的環境中產生的」。[77]密宗根本經典《大日
經·入真言門住心品》有云「佛言菩提心為因，悲為根本，方便為究
竟」，[78]延州婦人之所為即方便法。不過這種旨在大樂之中感悟大悲、
進而悟道的雙修方便法多見於晚期左道密，純正密（右道密）中難以存
在，開元三大士均以持戒精嚴著稱。延州婦人之享樂式傳教或與胡中彌
勒教傳統有關，彌勒信仰在胡人酋長利用下可能發展為極端邪術，在與
其他新興宗派結合時，出現離經叛道行為也不意外。

（五）淨土宗

淨土宗源於印度大乘佛教中之淨土信仰，中原自北魏始現，經唐
代善導大師開基成為獨立宗派，為禪宗之外對後期漢傳佛教影響較大的
另一派別。與其他宗派提倡自力解脫相比，淨土主張他力，即能否入極

---

[76] 李昉等，《太平廣記》，卷一百一，〈釋證三〉「延州婦人」條，引牛僧孺《續玄怪
錄》，頁 682。

[77] 周一良著，錢文忠譯，《唐代密宗》（上海：上海遠東出版社，1996），頁 115。

[78] 善無畏、一行譯，《大毗盧遮那成佛神變加持經》（收入大藏經刊行會編，《大正新脩
大藏經》，冊十八），卷一，〈入真言門住心品〉，頁 1-3。

樂世界在於佛之引導,而非個人主觀修行,認為只要誦佛號就能得到解脫,惡人亦可得道,加之修行簡單,故而在下層人民中流傳廣泛。目前可見較早表達胡人淨土信仰者為唐貞觀十八年(西元 644 年)之〈白伏原造像記〉,延州稽胡白伏原為祈福在數日內連造兩區阿彌陀像。[79]胡人縱使離鄉,可淨土信仰仍難放棄,〈高善達造像記〉文曰:「弟子高善達為一切法界眾生敬造阿弥陁仏一軀」。[80]此造像題記位於洛陽龍門,被陸增祥列於唐時,關於高善達籍貫,吳式芬《金石彙目分編》稱「石州定胡縣」人。[81]阿彌陀佛為淨土信仰之本尊,高氏石州定胡人,自為信仰淨土之稽胡。

始建於北魏的淨土宗根本道場——玄中寺即在呂梁山東麓,與稽胡居住區重合。雖然該寺「處於近乎爬行才能到達的地方」,直到近代,「能騎毛驢、步行的地方,也只是一里半多的路,其餘的地方,如果一步走不好,就會掉進深谷裡去」,[82]但卻曾為唐代天下三戒壇之一。居住區存在如此重要的寺院,稽胡受淨土宗影響而皈依是自然不過的事。

稽胡在接受佛教信仰後,其崇拜神祇主要有以下幾類:

(一)釋迦

釋迦為佛教之祖釋迦牟尼簡稱,在佛教中釋迦被認為是大千世界最尊貴者,被信徒尊奉猶如水流就下。其乃娑婆世界之教主,為娑婆三聖之首。目前可見最早之胡人釋迦造像當為北魏神龜元年(西元 518年)之鄜城劉文朗造像,其碑為千佛造像,但主尊為釋迦。[83]在河西稽

---

[79] 〈白伏原造像記〉,參見白文、尹夏清,〈陝西延長的一批唐代窖藏造像碑調查〉,頁 18-19。

[80] 陸增祥,《八瓊室金石補正》,卷三十三,〈高善達造像記〉,頁 4532。

[81] 吳式芬,《金石彙目分編》(收入《石刻史料新編》,冊二八),卷九,〈高善達造像記〉,頁 21011。

[82] 道端良秀撰、吳華譯,〈中國的淨土宗和玄宗寺〉,收入楊曾文、鐮田茂雄,《中日佛教學術會議論文集》(北京:中國社會科學出版社,1997),頁 18-21。

[83] 參見靳之林,〈延安地區發現一批佛教造像碑〉,頁 38。靳文雖未明言主尊為釋迦,但

胡活動較多的區域，釋迦造像活動盛行，多有留存至今者，如今富縣葫蘆河水磨摩崖造像第一區一號龕主尊即為釋迦，此窟開鑿於北魏中晚期。[84]

（二）彌勒

彌勒下生傳說在稽胡起事中多次被酋帥利用，成為發動起事之工具。彌勒教的標誌即白衣，從魏末馮宜都、賀悅回成到唐代白鐵余，不少起事有運用彌勒教之嫌。彌勒為未來佛，在晉代竺法護譯《佛說彌勒下生經》中，彌勒下生成佛、淨化世界後，「穀食豐賤，人民熾盛，多諸珍寶」，「時氣和適四時順節，人身之中無有百八之患」。[85]彌勒下生為渴望得到幸福之胡人描繪了美好的未來畫卷。胡中高僧劉薩訶即同彌勒信仰關係匪淺，敦煌發現的〈劉師禮文〉有「欲生彌勒佛國，願人求畢，不違心意」之祝詞，[86]傳說此劉師即劉薩訶。莫高窟第 72 號窟北壁壁畫的彌勒經變不但與南壁劉薩訶因緣變相對，而且前者融入了劉薩訶地獄行傳說的內容。[87]〈劉師禮文〉紀年為北涼玄始十一年（西元 422 年），可知劉薩訶接觸彌勒信仰當在十六國末。

劉薩訶與彌勒之關係因有傳說色彩，時間或未必準確，不過可以肯定的是到北朝後期，胡人已瞭解彌勒信仰。目前河東最早可見有稽胡參與之彌勒信仰造像為東魏武定七年（西元 549 年）之〈興化寺高嶺諸村造像記〉：

有描述主尊施無畏與願印，此印為釋迦佛常見標誌。

[84] 楊軍、安彩虹，〈陝西延安葫蘆河水磨摩崖造像調查〉，《東方博物》，2020 年第 2 期，頁 101、108。

[85] 竺法護譯，《佛說彌勒下生經》（收入大藏經刊行會編，《大正新脩大藏經》，冊十四），頁 421-1、421-2。

[86] 黃永武，《敦煌寶藏》（臺北：新文豐出版公司，1981），冊卅六，〈劉師禮文〉，頁 340。

[87] 田林啓，〈劉薩訶の美術——吳越阿育王塔と敦煌莫高窟第七二窟〉，頁 122。

唯大魏武定七年，歲在己巳四月丙戌朔八日癸巳，肆州永安郡定襄縣高嶺以東諸村邑儀道俗等敬白十方諸佛，一切賢聖過□□善，生遭季運，前不值釋加初興，後未遭彌勒三會，二聖中間日有□歎，先有共相要約，建立法儀，造像一區。[88]

　　此造像題名中「呼延清郎」為稽胡，又「厲武將軍劉顯仲」亦有稽胡之嫌。彌勒信仰的重要標誌即龍華三會，造像記中明確表達了造像眾人對「彌勒三會」的憧憬。雖然為合造佛像且造像具體種類不確定，但參與造像的稽胡對彌勒崇拜至少是認可的，否則當不情願題名其上。在屬於稽胡歷史活動區的山西吉縣，被斷定為北魏至隋初開鑿的掛甲山摩崖造像第二組一號龕、第五組二號龕中均有出現主題為彌勒說法的造像，主尊為頭戴寶冠的彌勒。[89]不過由於缺乏題名，難以判斷造像者是否屬於稽胡，但可以肯定的是，在這一時期當地彌勒信仰盛行，很難不對胡人產生影響。

　　河西胡區彌勒信仰的出現似乎更早，不排除該信仰為由西向東，渡黃河傳播。前述鄜城〈劉文朗造像記〉發願詞中即有「龍華俱會」之語，[90]此為彌勒龍華三會思想之流露。該造像題名中多有張氏、白氏、董氏、路氏等稽胡或稽胡化族群姓氏，可見至少在北魏之末東秦州胡酋對彌勒信仰已較為熟悉。北朝時期修建、位於今陝西黃陵之香坊石窟亦在後壁正中雕鑿彌勒造像。[91]鄜城留存之西魏交腳彌勒像並非出自鄉豪延請的工藝大師之手，而為一般鄉間勞動階層雕刻，[92]所表達主題乃彌

88　胡聘之，《山右石刻叢編》，卷一，〈興化寺高嶺諸村造像記〉，頁 14958。

89　山西省考古研究所、吉縣文物管理所，〈山西吉縣掛甲山摩崖造像調查簡報〉，《文物》，2010 年第 10 期，頁 41、49-51。

90　魏宏利，《北朝關中地區造像記整理與研究》，〈劉文朗造像記〉，頁 72。

91　靳之林，〈陝北發現一批北朝石窟和摩崖造像〉，頁 62。

92　靳之林，〈延安地區發現一批佛教造像碑〉，頁 39、45。

勒在兜率宮中等待下生。可知在西魏治下的河西胡區連一般百姓都已普
遍認識彌勒這一神祇，其下生信仰廣為流傳。這一崇拜之風甚至影響到
周邊族群，如屠各路氏即在北周明帝二年（西元 558 年）鑿刻「龍華三
會」祈願文。[93]或許推動北朝後期隴東屠各稽胡化的重要助力即為彌勒
信仰，共同的信仰催化、促進了新的族群共同體形成。彌勒崇拜的流行
甚至可能促使類似宗教聖城的信仰中心出現，《冊府元龜・妖妄第二》
錄開元時王懷古之亂：

> 王懷古，玄宗開元初，謂人曰：「釋迦牟尼佛末，更有新佛出。
> 李家欲末，劉家欲興。今冬，當有黑雪下貝州合出銀城」。勅
> 下，諸道按察使捕而戮之。[94]

　　黃敏枝在〈唐代的彌勒信仰及其活動〉中指出，以釋迦謝世，新
佛彌勒即將出世來鼓動禍亂，顯然是彌勒教亂的宗旨。並認為王懷古彌
勒之亂中涉及的貝州為北宋彌勒教王則舉兵之地，為唐、宋彌勒教徒的
大本營。[95]既然貝州為彌勒教重地，則與之相提並論的銀城（今陝西榆
林）亦當與此教有關，當地極可能存在大量彌勒信徒。巧合的是，銀城
恰好為稽胡分佈區域，信徒之中必然存在不少胡人。

　　一些具有一定地位的胡人亦利用自身特權，加入了弘傳彌勒信仰
的行列。隋開皇二年（西元 582 年）〈董將軍三十人等造像記〉云：

> 大隋開皇二年十一月十四日，發心主徐州慕人都督殿忠將軍董□
> □卅人等敬造彌勒下山象，一佛二菩薩。上為國王帝主、州郡令

---

[93] 魏宏利，《北朝關中地區造像記整理與研究》，〈路氏為夫造像記〉，頁 215。

[94] 王欽若等，《冊府元龜》，卷九百二十二，〈總錄部・妖妄第二〉「王懷古」條，頁 10693。

[95] 黃敏枝，〈唐代民間的彌勒信仰及其活動〉，頁 15。

　　長、師僧父母、七祖先零所生父母見前眷屬,法界眾生咸同思福。[96]

　　造像位於吉州,屬於稽胡活動的呂梁山區,當地彌勒造像的流行與胡人之傳統彌勒信仰很難說沒有關係。董氏在屠各中並非鮮見,而徐州為北魏時期稽胡軍人駐地之一,董將軍有返鄉胡人之可能,與前述造像中胡人為參與者不同,該造像胡人已成領導者,利用自身地位向其他族群傳播法音。

　　主尊之外,作為釋迦脅侍存在之彌勒造像更為多見,今黃陵、洛川、延安等地均有發現北朝至唐代的相關造像。當其他地區的彌勒信仰於北朝後期逐漸衰微後,稽胡之彌勒崇拜卻到唐代仍流行不衰,唐太宗時延州稽胡白伏原即為亡父造彌勒像祈福,[97]山西隰縣千佛洞南窟右側之唐代佛龕中也有保存龍華樹下之彌勒形象。[98]

　　由於胡中流行彌勒信仰,故對周邊地區發生輻射作用亦在情理之中。在稽胡活動區外圍的呂梁山東麓交城縣,唐開元年間有〈石壁寺鐵彌勒像頌〉為人鏤刻,其中提及「鄉望王思貞、縣吏郝先壽」在當地之作用,[99]此或為持彌勒信仰之稽胡。值得注意的是,此時其他地區彌勒信仰已漸漸衰微,而在交城卻仍然虔誠,不能不說是這些胡人的提倡之功。

(三)阿彌陀佛(無量壽佛)

　　阿彌陀佛即無量壽佛,為引導信徒至西方極樂世界之神祇,係佛

---

[96] 胡聘之,《山右石刻叢編》,卷二,〈董將軍三十人等造像記〉,頁14983。

[97] 〈白伏原造像記〉,參見白文、尹夏清,〈陝西延長的一批唐代窖藏造像碑調查〉,頁18。

[98] 鄭慶春、王進,〈山西隰縣七里腳千佛洞石窟調查〉,《文物》,1998年第9期,頁72。

[99] 王昶,《金石萃編》,卷八十四,〈石壁寺鐵彌勒像頌〉,頁1422。

之化身，淨土信仰之本尊。入唐以後，稽胡對阿彌陀佛崇拜增加，除白伏原、高善達外，尚有其他胡人之發願造像。如陝西安塞縣發現的〈劉細利造像記〉：

> 顯慶五年（西元 660 年）十月八日，佛弟子劉細利為亡夫呼延㗊陀敬造阿弥陀像一區，願離苦難，俱登妙法，一時成佛。姪男㮁知、步洛等并妻及男女合家大小一心供養佛時。[100]

阿彌陀信仰與彌勒信仰之間存在一定的相通之處，在北朝的造像記中，為得生西方淨土，兩種佛均可成為信徒的祈願對象。雖然提及西方淨土，人們第一印象往往是阿彌陀佛，然而由於道安將彌勒兜率天定位於天之西北，[101]故二者融合並不困難。據日本學者倉本尚德研究，北朝造像記中不乏同一刻石上彌勒與阿彌陀思想共存的例子。雖然看似違和，但如果從信徒所憧憬的對象，即彌勒與諸佛所居之西天以「西方妙樂國土」來表現，就比較容易理解。[102]彌勒與包括阿彌陀在內的其他佛同在一處，要相互調和並非不可能，白伏原在同一碑上發願造阿彌陀與彌勒即為明證。故稽胡阿彌陀信仰的出現絕非憑空出現的無源之水、無根之木，而是以其彌勒信仰為基礎，由彌勒淨土過度到彌陀淨土。

呂思靜將稽胡淨土信仰出現時間列於禪宗之後，對此筆者並不認同，若從地緣考量，稽胡中阿彌陀淨土信仰的出現與流傳可能並不比漢人晚多少。實際上，淨土宗祖庭──玄中寺即在呂梁山東麓，依地利而言，稽胡完全有接觸之可能。淨土祖師曇鸞大師從北魏末年起即在玄中

---

[100] 〈劉細利造像記〉，參見楊宏明，〈安塞縣出土一批佛教造像〉，頁 55。

[101] 慧皎，《高僧傳》，卷五，〈晉長安五級寺釋道安〉，頁 183。

[102] 倉本尚德，《北朝佛教造像銘研究》（京都：株式會社法藏館，2016），頁 484-485。

寺弘法，其高足道綽大師繼承衣鉢，長期駐錫該寺，「恒講《無量壽觀》」，[103]「勸并汾人念佛」，[104]宣傳淨土思想。道綽弟子善導大師也在西河留下了足跡，「惟行念佛彌陀淨業」。[105]從魏末到唐初，在淨土三祖佛號梵唄的不斷感召下，唐初稽胡當多有接受阿彌陀信仰者。

（四）觀音

觀音在佛教中為救苦救難之神祇，《普門品》中觀音可解救眾生遇到的以下苦難：水火自然災害、被殺等苦難、個人情慾、鬼怪之劫等。因觀音為「近在身邊、隨時回應的現世生活中的大慈大悲救苦救難的活菩薩」，所以受到一般世人熱誠信仰。[106]由於胡人既要面對天災，也要承擔政府賦役，所以當起事也不能解決問題時，只能將希望寄託於救苦救難之神祇，這點與阿彌陀佛的接引意義相近。巧合的是，在淨土信仰中，觀音恰好為阿彌陀之右脅侍，西方三聖已佔其二。而另一方面，觀音也代表愛與憐憫，能給信徒以安慰，接受信徒懺悔。在宋代法智大師編定以觀音為主體的《人悲懺儀軌》之前，胡人中已存在以觀音為對象之懺悔，這與其狩獵經濟及起事中的殺戮當存在關係。

目前可見較早的、可能為稽胡表達觀音信仰之造像為北周〈白景造像記〉，[107]不過由於出土地點不明，難以進一步判斷該造像與胡人之關係。今陝西富縣石泓寺石窟第一窟東壁第一、二號龕均有觀音造像，此二龕均為唐代開鑿，[108]可知唐初胡區觀音崇拜已流行。事實

---

[103] 釋道宣，《續高僧傳》，卷二十，〈唐并州玄中寺釋道綽傳〉，頁761。

[104] 志磐撰、釋道法校注，《佛祖統記校注》，卷二十八，〈淨土立教志‧往生高僧傳‧道綽〉，頁586。

[105] 釋道宣，《續高僧傳》，卷二十九，〈唐終南山豹林谷沙門釋會通傳〉，頁1164。

[106] 樓宇烈，〈《法華經》與觀世音信仰〉，《世界宗教研究》，1998年第2期，頁67。

[107] 端方，《陶齋藏石記》，卷十四，〈白景造像記〉，頁8114。

[108] 員安志，〈陝西富縣石窟寺勘察報告〉，《文博》，1986年第6期（西安，1986.12），頁3。

上，胡中觀音信仰甚至可以追溯到劉薩訶之時，《梁書‧扶南國傳》
云：

> 西河離石縣有胡人劉薩何遇疾暴亡，而心下猶暖，其家未敢便
> 殯，經十日更蘇。說云：「有兩吏見錄，向西北行，不測遠近，
> 至十八地獄，隨報重輕，受諸楚毒。見觀世音語云：『汝緣未
> 盡，若得活，可作沙門。洛下、齊城、丹陽、會稽並有阿育王
> 塔，可往禮拜。若壽終，則不墮地獄。』語竟，如墮高巖，忽然
> 醒寤。」因此出家，名慧達。[109]

在某些地區的稽胡民間信仰中，劉薩訶甚至被視為觀音的化身。
道宣律師遊歷胡中時即發現當地胡人提及慧達大師之神異時，「亦以為
觀世音者假形化俗，故名惠達」。[110]

雖然皈依佛教者眾多，但直到隋末唐初，起事稽胡仍對以教宗為
代表的其他佛教宗派懷有強烈排他性。在胡變波及之地，即使是曇韻這
樣的天台宗僧人也要離鄉避難。不過對持觀音信仰之其他族群，稽胡反
抗軍有時卻能網開一面。《法苑珠林‧救厄篇第七十六》云：

> 唐武德初中，有醴泉縣人，姓徐，名善才。一生已來，常修齋
> 戒，誦念《觀世音經》，過逾千遍……道逢胡賊，被捉將去……
> 賢者見前皆殺，定知不免，唯念觀音，剎那不輟。次到賢者，初
> 下刀時，自見下刀。及至斫時，心不覺惺。當殺之時，日始在
> 申，至於初夜，覺身在深澗樹枝上坐，去岸三百餘步。賢者便自
> 私念，我何故在此？良久始知，今日被殺，何因不死，自全在

---

[109] 姚察、姚思廉，《梁書》，卷五十四，〈扶南國傳〉，頁 791。
[110] 釋道宣，《集神州三寶感通錄》，卷下，〈神僧感通錄〉「釋慧達」，頁 434-3。

359

樹。便以手摩項，覺項微痛而無損傷，即知由念觀音，得全身命。[111]

　　將徐善才性命保全歸因於觀音顯靈當然為禪門人士之附會，比較可能的解釋當為胡人聞其誦觀音經文，知其為教友而心生憐憫，象徵性作出砍殺的樣子後即放其一條生路。

（五）藥師如來

　　藥師如來又稱藥師佛、藥師琉璃光佛或藥師琉璃光如來，在佛教中被認為是擁有消災延壽法力之神祇，傳說曾發下十二大願，以求醫人心、離輪迴，解除信眾身心痛苦，引導其至與西方極樂世界相似之淨琉璃世界。從一些稽胡的造像記題名可以推測，唐時稽胡已對藥師如來有所認識。唐永隆二年（西元 681 年）〈張善思造像記〉中，其過世的父親即名藥師。[112]考慮到該造像地處呂梁山南麓之山西鄉寧，張氏在稽胡中並非罕見，其母卜氏更是典型的匈奴舊姓，故該造像當與胡人有關。以三十年一代來推算，其父出生當在隋末唐初，正為劉龍兒、劉季真父子昆仲鏖兵河東之時。藥師如來消災之神通正是飽受兵燹摧殘的胡人部眾所祈求的，故張善思之祖父母極可能以此為子取名。

　　需要指出的是，隋代黃土高原南部之稽胡中已出現道教信仰，開皇三年（西元 583 年）〈白顯景造像記〉即為「道民白顯景慈心造道像一區」，祈求「一切眾生，一時成道」。[113]當佛教進入胡區開花結果後，作為唐代國教的道教也存在從邊緣胡區向傳統中心胡區傳播的可能。《太平廣記·虎二》云：

---

[111] 釋道世撰、周叔迦等校注，《法苑珠林校注》，卷六十五，〈唐居士徐善才〉，頁1971。

[112] 胡聘之，《山右石刻叢刊》，卷四，〈張善思造像記〉，頁 15013。

[113] 魏宏利，《北朝關中地區造像記整理與研究》，〈白顯景造像記〉，頁 354。

慈州稽胡者，以弋獵為業。唐開元末，逐鹿深山。鹿急走投一室，室中有道士，朱衣憑案而坐。見胡驚愕，問其來由。胡具言姓名，云：「適逐一鹿，不覺深入，辭謝衝突。」道士謂胡曰：「我是虎王，天帝令我主施諸虎之食，一切獸各有對，無枉也。適聞汝稱姓名，合為吾食。」案頭有朱筆及盃兼簿籍，因開簿以示胡。胡戰懼良久，固求釋放。道士云：「吾不惜放汝，天命如此，為之奈何？若放汝，便失我一食。汝既相遇，必為取免。」久之乃云：「明日可作草人，以己衣服之，及豬血三斗、絹一匹，持與俱來，或當得免。」胡遲回未去，見群虎來朝，道士處分所食，遂各散去。胡尋再拜而還。翌日，乃持物以詣。道士笑曰：「爾能有信，故為佳士。」因令胡立草人庭中，置豬血於其側。然後令胡上樹，以下望之，高十餘丈。云：「止此得矣。可以絹縛身著樹。不爾，恐有損落。」尋還房中，變作一虎。出庭仰視胡，大噑吼數四，向樹跳躍。知胡不可得，乃攫草人，擲高數丈。往食豬血盡，入房復為道士。謂胡曰：「可速下來。」胡下再拜。便以朱筆勾胡名，於是免難。[114]

　　稽胡獵人在道術的庇佑下得改天命之劫，表面上是宗教的各顯神通，深層卻透露出道教向佛教優勢區擴張，與佛教爭奪信徒的時代背景。李唐王朝既然可以命玄奘法師譯《道德經》為梵文，對印度反向輸出道教，則身為國教的道教自然堂而皇之進入胡人所在州縣。該筆記小說背後反映的恐怕是胡區佛道兩教對信眾之爭奪趨於激烈。可資佐證的是呂梁山區的道觀修建時間，道教聖地——「天下神山」北武當山（龍王山、真武山）諸建築正是「創建於唐時」。[115]離石九鳳山洞陽觀之

---

[114] 李昉等，《太平廣記》，卷四百二十七，〈虎二〉「稽胡」條，引戴孚《廣異記》，頁3476。

[115] 〈乾隆十六年重修神山復立古記碑〉，參見方山縣縣志編纂辦公室編，《方山縣志》

修建更是得到了政府的有力支持，「唐貞觀中敕建」。[116]另一方面，作為稽胡組成部分之一的盧水胡早在北魏宣武帝時期已有部分選擇道教作為信仰，今可見疑似陝西出土之延昌四年（西元 515 年）〈蓋氏造道像記〉中，供養人「蓋客□、蓋周得、蓋雙圖、蓋祭祖、蓋□奴」等當為合宗信道。[117]盧水胡外，胡中尚有對五斗米道信仰已久的蜀人存在。當這些崇奉三清的盧水胡、蜀人後裔融入稽胡時，向其他胡人宣傳南華之學，使之從邊緣向中心散開不無可能。

侯旭東先生指出，中土民眾固有之信仰取捨標準為重視信仰對象的靈驗度，靈驗與否很大程度上決定其興衰，若有效，百姓則信奉，反之則被拋棄。[118]這一標準不但適用於漢人，同樣適用於文化普遍較漢人低的稽胡。在崇拜對象的選擇上，稽胡虔誠度不足，存在相當的務實性，亦即漢人中通行的靈驗標準——何方神仙靈驗則拜何方神仙。《宋高僧傳·唐潞州普滿傳》云：

> 釋普滿者，未知何許人也。於汾晉間，所為率意，不拘僧體，或歌或哭，莫喻其旨。以言斥事，往必有徵，故時人以強練萬迴待之。或入稽胡，激勸修善，至有罷弋獵者。[119]

又《宋高僧傳·唐河東懸甕寺金和尚傳》云：

> 釋金和尚者，姓王氏，西河平遙人也，所生之地豬坑村。幼而魁

（太原：山西人民出版社，1993），頁 429。

[116] 孫和相修，戴震纂，《（乾隆）汾州府志》，卷二十四，〈祠廟〉，頁 584。

[117] 魏宏利，《北朝關中地區造像記整理與研究》，〈延昌四年蓋氏造道像記〉，頁 63。

[118] 侯旭東，《五六世紀北方民眾佛教信仰：以造像記為中心的考察》（北京：社會科學文獻出版社，2015），頁 59。

[119] 釋贊寧，《宋高僧傳》（北京：中華書局，1987），卷二十，〈唐潞州普滿傳〉，頁 523。

岸，為人魯質。所作詭異，與平人不類。於嵩巖山出家，其後身裁一丈，腰闊一圍，言事多奇箸，終後如在。鄉人供祭之，乞願，皆遂人意，西河至稽胡皆鄭重焉。[120]

按普滿和尚於唐建中初年（約西元 780 年）圓寂潞州，其入胡弘法當在代宗之時。釋金和尚於懸甕山剃度，《元和郡縣圖志·河東道二·晉陽縣》有「懸甕山，一名龍山，在縣西南十二里」。[121]《大方廣佛華嚴經隨疏演義鈔》錄北魏沙門靈辯熙平二年（西元 517 年）「徙居懸甕山嵩巖寺」，[122]該寺院為北魏以來即香火鼎盛之晉陽名剎。雖然釋金和尚生卒年代無載，然與其名列同卷者多為中晚唐高僧，其活動時間當亦不外乎此時。

萬迴為唐代以神異著稱之預言僧，釋普滿、釋金之傳教方式已不同於顯教之注重經籍禪理，亦不同密宗之依託陀羅尼密咒，而是徹徹底底依靠算命、占卜等手法吸引信眾。事實上不僅是唐代的普滿、釋金和尚，對胡區佛教信仰推動較力的隋代名僧釋法通之宣傳手段亦不外玩弄神祕主義的一套把戲。為了巡行無礙，法通利用「經日不食，夜又狐鳴」的神祕主義實現目的。[123]湯用彤先生探討魏晉佛教傳播時，指出「佛教之傳播民間，報應而外，必藉方術以推進，此大法之所以興起於魏晉」，[124]這一原理在後世胡人信眾中依然發揮著作用。這些類似方術的宣傳手法在當時已取得社會主流認可的正統佛教眼中不過是難登大雅之堂的雕蟲小技，但胡人卻因靈驗，奉「異僧」為神明。將這些僧人

---

[120] 釋贊寧，《宋高僧傳》，卷三十，〈唐河東懸甕寺金和尚傳〉，頁 747。

[121] 李吉甫，《元和郡縣圖志》，卷十三，〈河東道二·太原府〉「晉陽縣」條，頁 364。

[122] 澄觀，《大方廣佛華嚴經隨疏演義鈔》（收入大藏經刊行會編，《大正新脩大藏經》，冊九），卷十五，頁 114-2。

[123] 釋道宣，《續高僧傳》，卷二十五，〈唐隰州沙門釋法通傳〉，頁 934。

[124] 湯用彤，《漢魏兩晉南北朝佛教史》（北京：中華書局，1983），頁 134。

之行為視作數百年前佛圖澄等所用幻術把戲之重演並不為過，實乃配合宣傳之輔助手段，亦似後世基督教傳教時依靠之醫術，劉蠱升等人所謂之聖術大概也難離其窠臼。

在彌勒教以外的各宗中，除了禪、淨土、密外，其他各派影響力並不大，甚至可以說微乎其微。究其原因，當為注重佛教典籍學習的教宗對信眾文化水準要求較高，在漢人地區流行尚不普遍，何況受教育程度較低的稽胡山區，要不識文字的稽胡下層民眾手不釋卷研讀貝葉、恪守戒律無異癡人說夢。相反，修行簡便的禪宗、淨土以及宣傳方式特殊、充斥享樂主義的左道密則能在胡人中得到一定程度的推廣。

圖 6-4　延安嶺山寺塔（寶塔山）
（筆者西元 2021 年 5 月攝於延安。）

在以彌勒為主的佛教推動下，胡區地域整合程度似乎有所提高。劉虎、白亞栗斯起事時因族裔不同，胡中尚有內訌。但到北魏末期，依託宗教組織動員之手段在胡中興起後，汾、夏二州胡已能「連結正平、平陽」，[125]河東、河西胡人的距離大大拉近。此後雖然東西分治，但

---

[125] 魏收，《魏書》，卷十九下，〈元融傳〉，頁 514。

劉蠡升之孫劉沒鐸竟能號令黃河兩岸，這恐怕與其祖以「聖術」取信胡人的家學淵源有關，不能不說可能利用了共同的彌勒信仰，就組織方式而言是一大發展。

圖 6-5　延安清涼山石窟彌勒窟
（筆者西元 2021 年 5 月攝於延安。）

　　不過隨著唐代混一宇內，通過宗教整合稽胡以謀霸業的發展過程終於被政府打斷。即使有佛力加持，稽胡也難以抗衡中央。而旨在下生救世的彌勒此時也漸漸讓位於求來世解脫的阿彌陀佛、觀音。貞觀時期延州稽胡尚將彌勒與阿彌陀並立禮敬，可到不久後的高宗之時，該地已是阿彌陀信仰佔優。不肯改宗的虔誠彌勒教僧侶、信徒則可能避入山中，試圖延續舊有信仰。《（康熙）隰州志・山川》云：「白衣山，州東三十五里，昔有白衣居士居此」。[126]隰州屬後魏仵城郡，恰在利用白衣異術起事之馮宜都活動範圍內，此白衣居士或亦類似彌勒教信徒，

---

[126] 錢以壋，《（康熙）隰州志》（臺北：成文出版社，1976），卷四，〈山川〉，頁 80。

或形勢所迫下，退居山中。

可以說，稽胡的信仰轉變是對現實的承認與無可奈何。更需要看到的是，在改宗過程中，外在因素或為官方對正統佛教的大力推廣，即以官方認可之意識形態取代胡區原有之異端佛教信仰。離石安國寺、延安嶺山寺塔等原稽胡居住區之著名古剎叢林均建於唐代，且有不少為李唐王朝敕建或得到敕封，如離石靈泉寺、香巖寺等。這一時間點恐非偶然，只不過在這一過程中，原有信仰仍然通過某種傳承或明或暗留下了一些痕跡，北宋時鄜州尚有書寫彌勒兜率信仰之造像題詩以及祈福造像。[127]很難說今天仍可見到的延安清涼山石窟彌勒窟，離石安國寺觀音閣與稽胡之傳統彌勒、觀音信仰無關，祂們依舊頑強地訴說了曾經的族群記憶。

三、從造像記看胡漢信仰之差異

稽胡中佛教信仰流行，但是根據現有資料，漢人等族群中盛行的造像之風在胡人中卻相對少見，可確定為稽胡出身並以像主身份造像者更是少之又少。雖然在曾為稽胡主要聚居地的呂梁山區，佛教石窟開鑿史可以追溯至北魏時期，如千佛洞石窟、岳家山石窟等，[128]但由於毀損、盜掘等因素難以見其大略，河西留存之石窟雖然較多，但由於缺少題名，不少造像難以判斷與胡人之關係。不過根據有限的胡人造像或參與造像之刻石，也可從中窺探胡漢之間在宗教信仰與活動上的差異。茲將筆者目前所掌握、有關稽胡之造像活動表列於下：

---

[127] 陝西黃陵萬安禪院石窟第一窟有北宋題記「鑽道如鑱佛，應到兜率天」；同窟另存〈周萬造像記〉，中有「作菩薩一尊、彌勒佛一尊」，「伏乞合家平善，早成佛道者」等語。參見延安市文物研究所編，《延安石窟碑刻題記》，頁 4-5。

[128] 呂梁地區之中古石窟現存狀況，可參見潘豐嬌，〈山西北朝隋唐時期小型石窟的研究〉（太原：山西大學碩士論文，2019），頁 138-139。

表 6-1　稽胡佛教造像發願表

編號	名稱	時代	地點	造像方式	胡人參與方式	發願內容	佛法表述	造像主尊
1	劉文朗造像記	北魏	鄴城	合造	發起、附從	八方清壽，人（殘泐）四大康和、子孫榮（殘泐）老者延康，（殘泐）知識，三通光靈，龍華俱會（殘泐）。	坐化仙佛龍華俱會。	釋迦
2	李黑城造像紀	北魏	鄴城	合造	附從	殘泐。	殘泐。	佛
3	黃石崖造像（法義兄弟姊妹等題記）	北魏	歷城	合造	發起、附從	悉以成就，應名題記，釋伏守同心鋤。	無。	不詳
4	興化寺高嶺諸村造像記	東魏	肆州	合造	附從	上為皇帝陛下、勃海大王延祚無窮，三寶永隆，累級聖德，□世父母現存眷屬，後願生生之處遭賢遇聖，值佛聞法，常隨善業□至菩提誓不退轉，願法界含生同獲此願一時儀道。	前不值釋加初興，後未遭彌勒三會。	不詳
5	曹續生造像記	西魏	富平	合造	發起	上為帝主永隆，諸王公長壽，下及邑子（闕）。	至道空玄。	不詳

表 6-1　稽胡佛教造像發願表（續）

編號	名稱	時代	地點	造像方式	胡人參與方式	發願內容	佛法表述	造像主尊
6	法龍造像記	西魏	鄴城	合造	附從	伏願□皇帝陛下、大丞相王□□□□四方寧靜，干戈永戢，又願三寶禎隆□□師正師僧父母因緣眷屬善友知識以及四土普升，常樂所願。	是以如來發四誓曩於暇劫，問寢於□□□軌。故乘和降生誕影王宮□九舍愛出登□鹿野。誠訓憍陳獨惇耆闍方便一音隨類發唱。	釋迦
7	似先難及造像記	西魏	鄴州	合造	附從	（殘泐）國主大丞相王祚隆無窮下為亡（殘泐）普共常洛，三界四生有（殘泐）。	殘泐。	佛
8	張迴興造像記	西魏	延安	獨造	像主	願使亡父永（下闕）面奉聖容，聽（下闕）有又願興之己身（下闕）無病苦，富貴（下闕）永興隆。又願七世（下闕）界眾生（下闕）。	法界眾生。	不詳
9	白景造像記	北周	不詳	獨造	像主	為一（切）法界眾（生），於見在父母、七（世）□□□因緣，普同成佛。	普同成佛。	觀音

表 6-1　稽胡佛教造像發願表（續）

編號	名稱	時代	地點	造像方式	胡人參與方式	發願內容	佛法表述	造像主尊
10	合方邑子百數十人造像記	北周	渭北	合造	附從	為法界眾生普同妙洛，先方無量壽國。願黃帝比下延祚無窮，離苦享洛。	為法界眾生普同妙洛，先方無量壽國。	釋迦
11	邑子五十人等造像記	北周	渭南	合造	附從	願周皇帝延祚，常等安樂。晉國公忠孝，慶算無窮。又邑子亡者，值佛聞法，見在眷屬，恆與善居。將來道俗，世世同修。使如來佛業，不墜於今奕。	蓋大範攸寂，非一念無以顯其原；妙理澄湛，非表象何以暢其旨。是故隱跡雙林，示蒼生離合；□蟻聚沙，知善□可崇。	釋迦
12	郭亂頤造像記	北周	鄜城	合造	附從	上為皇帝陛下，下為群遼伯官、一切群生、亡世父母、所生父母、因緣眷屬及法界眾生，普離三塗，願等上集，同厭四流，一時成佛。	夫妙登（蒙）莫名相之表，幽玄隱稱言像之外，俱感悟修，飭應同生滅，俞越苦津，顯澄常樂，化盡歸終，雙林應滅。	佛
13	合邑生一百三十人等造像記	北周	寧州	合造	附從	願使皇帝陛下，明中日月，法界眾生，□洽此福。公得圓滿，果保成佛。	法界眾生，果保成佛。	釋迦

表 6-1　稽胡佛教造像發願表（續）

編號	名稱	時代	地點	造像方式	胡人參與方式	發願內容	佛法表述	造像主尊
14	王洪暉造像記	隋	鄴城	合造	發起	□生佛聞法，又□國祚，法界眾生俱成果。	□生佛聞法。	佛
15	董將軍三十人等造像記	隋	吉州	合造	發起、附從	上為國王帝主、州郡令長、師僧父母、七祖先零所生父母見前眷屬，法界眾生咸同思福。	法界眾生。	彌勒
16	梁禮德造像記	隋	鄴城	合造	附從（母子）	殘泐。	夫自法輪□釋典東流□□雙樹忘□。	彌勒
17	劉細利造像記	唐	延州	獨造	像主	願離苦難，俱登妙法，一時成佛。	俱登妙法。	阿彌陀
18	高善達造像記	唐	洛陽	獨造	像主	為一切法界眾生。	法界。	阿彌陀
19	張善思造像記	唐	吉州	獨造	像主	合家大小一心供養。	無。	不詳
20	白伏原造像記一	唐	延州	獨造	像主	為七世父母、前生父母、因緣眷屬及一切法界眾生俱沾斯福，成無上道。又為皇帝陛下，望化無窮，法界眾生一□□□。	法界。	阿彌陀、彌勒
21	白伏原造像記二	唐	延州	獨造	像主	（殘泐）法界眾生共沾斯福□□□。	法界。	阿彌陀

資料來源：陸增祥《八瓊室金石補正》、胡聘之《山右石刻叢刊》、魏宏
　　　　　利《北朝關中地區造像記整理與研究》等。

以上諸造像記有合造與獨造兩種造像方式，合造像中除董將軍、曹續生、王洪暉、梁禮德主持之造像可能為稽胡或稽胡化族群領銜外，其餘造像活動中胡人均為一般參與者。就造像意圖而言，當以像主身份獨造之像更為符合胡人自我意思表示。不過合造之像當也得到參與者認可，故視為其信仰表達當無不可。當然由於現存造像記數量有限，難以如同現代問卷調查一樣較為客觀地展示其全貌，因此對比不同族群之間信仰差異時存在一定偏差為難以避免之事。以目前可見資料結合侯旭東先生對漢人等族群造像特點之研究，胡人造像不同於漢人之處主要體現在以下諸方面：

（一）造像材料簡陋、數量少

根據侯旭東先生研究，以玉造像在北朝後期平民信徒中影響力持續擴大。[129]只不過這種崇尚玉的造像風格在目前可見與稽胡有關之造像活動中均未發現，所造之像均為石像。[130]究其原因除崇玉之風不如漢人外，更重要的原因當為經濟能力制約。

造像材料的選擇與造像者的經濟能力密切相關。據侯旭東先生統計，玉石造像半數以上集中於今河北地區。[131]崇玉之風的出現必以客觀物質基礎為支撐，河北數州為北魏時期的「國之基本」，「國之資儲，唯藉河北」。[132]繁榮的經濟為其採用奢侈材料造像提供了有利條件，故可以利用珍貴之玉材體現其虔心向佛。相比之下，稽胡活動區域為今山、陝山區，經濟水準直到唐代仍在開發中，相對當時經濟繁榮的河北地區，前者只能望塵莫及。

---

[129] 侯旭東，《五六世紀北方民眾佛教信仰：以造像記為中心的考察》，頁 151。

[130] 隋仁壽三年《王洪暉造像記》（表中編號 14）雖刻文「玉石像一區」，但其現存材質實為砂石。參見劉忠民，〈洛川出土隋代造像碑〉，《文博》，1995 年第 5 期（西安，1995.10），頁 83。

[131] 侯旭東，《五六世紀北方民眾佛教信仰：以造像記為中心的考察》，頁 151。

[132] 魏收，《魏書》，卷十五，〈元暉傳〉，頁 380。

稽胡造像不但在材料上選用平常，單次造像數量上也普遍顯得寡少。漢人有財力者不乏一家造像多尊，即使是同為匈奴系族群之秦隴屠各，北魏時之成醜兒家族一次也可造像十四區。然而目前看到的稽胡造像除部分官吏支持建造者外，在數量上以一區佔絕大部分。肆州、渭河流域甚至存在數十人、百餘人同造一區佛像的景象，其族分佈地區之現存石窟亦以尺餘見方之小型窟為多。這些多人「眾籌」的現象基本發生在山、陝等經濟較落後之地，與之形成鮮明對比的是今山東地區之黃石崖造像，雖然造像者中有不少胡人，亦屬群體合造，卻能造像二十四區。原因自然是地區經濟發展水準制約下之造像人的財力差異。

何茲全先生指出，建寺活動多屬於帝王官員，「一般人民群眾建不起大廟就建小廟，就造像」，「造像通常是群體活動」，「這裡面有一代社會風氣和宗教的因素，但不能否認這和造像者的經濟條件有關係，甚或可以說窮是主要原因」。[133]這一貧富差異決定造像規模之理論套用在稽胡造像活動上可謂一語中的。

（二）發願內容少有佛法論述

造像為信徒表達對佛教虔誠信仰之產物，其中的遣詞造句也能體現造像者對佛法、佛教理論的掌握程度。侯旭東先生提出，信徒造像所披露的佛法認識分為不同層次，與三言兩語相比，有不少信徒具有更為系統的認識，使用了大量佛教術語、佛經典故，代表了當時造像認識的較高水平。[134]

而在稽胡造像中，這些充滿佛學辭藻的造像內容雖然存在，但數量並不佔優勢，而且多見於有官員身份者主持的群體造像中。肆州〈興化寺高嶺諸村造像記〉中運用了龍華三會之典故，渭南〈邑子五十人等造像記〉也能以「雙林」之典故配合對仗之辭藻，鄜城諸碑運用禪理哲

---

[133] 侯旭東，《五六世紀北方民眾佛教信仰：以造像記為中心的考察》，何茲全序，頁2。

[134] 侯旭東，《五六世紀北方民眾佛教信仰：以造像記為中心的考察》，頁277。

學之修辭更為突出。而其他更多的碑文只是用「法界」、「妙法」等少量概述性詞彙作為佛理之籠統表達,顯得理論認識較為不足。在稽胡以像主身份進行的造像活動中,這一短板直到唐代仍未有明顯突破。

需要看到的是,造像文內容的撰寫也許並不是造像者本人所為,請人代筆並不罕見,因此可以在遣詞造句中舞文弄墨、賣弄詞藻。所以具體到造像者本人,其對佛教理論之實際掌握程度也許更在造像文辭之下。

(三)信仰對象之發展趨勢不甚相合

在佛像種類可以確定的造像中,稽胡參與修造之主尊主要為釋迦佛、阿彌陀佛及彌勒佛。其他族群造像活動中,釋迦佛之崇拜特點為北朝時期造像及崇拜較為流行,總體上官吏崇拜釋迦較多。[135]就這一點而言,有稽胡參與之造像與這一規律較為相符,主尊釋迦之造像 1、6、10、11、13 均出現於北朝時期,而且其中四例為有「都督」、「將軍」身份之官員參與。

阿彌陀信仰造像雖然早已存在,然於北朝時期影響尚在發展之中,屬於六世紀初逐漸興起之崇拜對象,北朝時期信徒不多,勢力不大。[136]稽胡阿彌陀造像均出現在唐代,與漢人相似。胡人受阿彌陀信仰影響較晚,當在北朝後期曇鸞駐錫玄中寺弘法之後,方知淨土之說。

比較特殊的則為彌勒信仰崇拜,胡漢之間差異明顯。彌勒造像與崇拜在北朝時期由盛轉衰,到北朝末年造像數量已極少,其轉折點集中於北魏末年,北魏滅亡後,平民中崇拜彌勒者日漸減少。[137]不過這一現象多存在於漢人等其他族群中,對胡人並不適用。疑似與休屠梁元碧

---

[135] 侯旭東,《五六世紀北方民眾佛教信仰:以造像記為中心的考察》,頁 122-123。

[136] 侯旭東,《五六世紀北方民眾佛教信仰:以造像記為中心的考察》,頁 133。

[137] 侯旭東,《五六世紀北方民眾佛教信仰:以造像記為中心的考察》,頁 127。

有關之稽胡梁禮德到隋朝仍「割捨家珍造彌勒石像」。[138]雖然彌勒崇
拜並不能完全等同於彌勒信仰，但以造像為載體的彌勒崇拜在胡區卻長
久流傳，迥異於漢人彌勒崇拜衰弱、彌勒信仰猶在。

　　稽胡彌勒信仰已如前論，就其造像而言，不能以北魏滅亡為轉
折。西魏時鄜城工匠猶熟練掌握彌勒造像工藝，直到隋、唐之時，在呂
梁山區仍存在彌勒造像活動，其崇拜、影響持續之久遠遠超過其他族
群，可以說胡人在相當長的時間內堅持此基本信仰原則不動搖。

（四）祈福對象之異同

　　與造像文中深奧抽象的佛教義理相比，發願詞中的具體祈福對象
更為現實，對體現造像者之人際、階層關係較有幫助。造像活動中，村
民對待地方官與皇帝的態度往往不同，「儘管對官方的基層制度不屑一
顧，卻對皇帝與朝臣作出熱切的祝願」。[139]可以看到，稽胡參與之集
體造像亦不外於此規律，所見之北朝後期至唐代造像，均少不了對皇
帝、權臣之祝福，如對高澄、宇文護等人之阿諛。但對直接治民之父母
官的祝福卻少的可憐，唯一一方明確可見有祝願州郡長官之造像為隋代
之〈董將軍三十人等造像記〉，只不過考慮到造像發起者本身即為朝廷
體制內之武將，出現這一例外就不足為奇了。此外北周〈郭亂頤造像〉
有籠統地提及「群僚百官」，即使算上此方也不過兩方。

　　至少在北朝時期，漢人造像為親族祝福的內容比較罕見，其家族
觀念並不發達，造像時不甚關心族人的命運。[140]這點胡漢平民之間存
在一定差別。由於群體造像體現的可能多為集體共識，因此家庭獨立造
像之發願詞在此方面就比較有參考意義。在可見的六方獨造案例中，除

---

[138] 〈梁禮德造像記〉，收入楊軍、李妮，〈洛川縣博物館藏的隋唐佛教文物〉，《東方博
　　　物》，2019 年第 4 期（杭州，2019.12），頁 92。

[139] 侯旭東，《北朝村民的生活世界——朝廷、州縣和村里》，頁 160。

[140] 侯旭東，《五六世紀北方民眾佛教信仰：以造像記為中心的考察》，頁 257-258。

客居洛陽的高善達及出身地方僚佐家庭的白伏原仍祈福「法界眾生」外，張迴興雖有提及法界眾生，卻以亡父及自身為重點；其餘平民出身的劉細利、張善思造像均以家人為祈福對象，希望其解脫，即祈願家庭成員成為佛法賜福的對象。該差異之存在或與胡人長期保存部落制度有關，在血緣紐帶的聯繫下，家族個體之間感情較漢人深厚。

對於丁零之信仰變遷，由於資料限制，難以如同稽胡一般作較為詳細的分析。不過以宗教宣傳作為起事工具、進行組織動員的事例不僅存在於稽胡中，丁零中也能找到相似的情況，其對佛教的利用也經歷了一個從陌生到熟悉、從排斥到接受的過程。在入塞之初丁零的宗教信仰當仍為源自草原的薩滿巫術，對佛教並不感興趣。《太平廣記·報應十五》云：

> 相州鄴城中，有丈六銅立像一軀。賊丁零者，志性兇悖，無有信心。乃彎弓射像，箭中像面，血下交流。雖加瑩飾，血痕猶在。又選五百力士，令挽仆地，消鑄為銅，擬充器用。乃口發大聲，響烈雷震。力士亡魂喪膽，人皆仆地。迷悶宛轉，怖不能起。由是賊侶憨惶，歸信者眾。丁零後時著疾，被誅乃死。[141]

該故事本出自劉宋劉義慶之《宣驗記》，結合「被誅乃死」之下場，此丁零帥當為翟斌。不過與事實衝突的是，翟斌並未進入鄴城，僅參加過慕容垂指揮下對鄴城之圍攻。但「丁零、烏丸之眾二十餘萬，為飛梯地道以攻鄴城」的彈雨槍林必然是鄴中父老記憶中的一段傷痛，[142]因此對參與攻城的丁零翟斌必然恨之入骨。對其橫死的咒罵在宣傳因果報應外，更是回憶鄴城攻防戰的春秋筆法。不過也可得知此時的入塞丁

---

[141] 李昉等，《太平廣記》，卷一百十六，〈報應十五〉「丁零」條，引劉義慶《宣驗記》，頁 811。

[142] 房玄齡，《晉書》，卷一百十四，〈符堅載記下〉，頁 2919。

零並不信佛。但僅僅過了二十多年，北魏時期之丁零已經同僧侶合作，
發動起事。道武帝時，僧人張翹「自號無上王，與丁零鮮于次保聚黨常
山之行唐」。[143]

　　雖然由於記載簡略，聯合張翹起事之丁零是否已皈依佛教尚存疑
問。但在與漢人僧侶、信眾的接觸中，各佛教宗派無疑會給丁零人帶來
影響，彌勒教也在其列。事實上，丁零人生活的定州中山至少在北魏獻
文帝時已經出現彌勒信仰。北魏皇興三年（西元 469 年）〈彌勒佛石像
記〉云：

> 唯大魏皇興三年定州中山郡趙垌為亡父母、亡兄造彌勒佛像一
> 區。若在三塗，速令解脫；若生人間，王侯子孫捨身處身常與佛
> 會，願見世安隱願，願從心使一切眾生普同斯願。[144]

　　隨著周圍漢人彌勒信仰之風日盛，疑似丁零後裔中也出現了彌勒
崇拜。如魏末神龜三年（西元 520 年）之〈翟蠻造像記〉：

> 佛弟子翟蠻為亡父母、洛難弟造弥勒像一堀，願使亡者上生天
> 上，託生西方，侍佛佐右，供養三寶。[145]

　　又北魏宣武帝永平三年（西元 510 年）〈魏僧通等廿三人造彌勒像
記〉：

> 維那王方□、邑主游□光、邑師慧敢、政邑主魏僧通、維那翟僧

[143] 魏收，《魏書》，卷二，〈道武紀〉，頁39。

[144] 周悅讓等，《登州金石志》（收入《石刻史料新編（第三輯）》，冊廿七），〈彌勒佛石像記〉，頁46。

[145] 端方，《陶齋臧石記》，卷六，〈翟蠻造像記〉，頁8040。

□永平三年閏月五日，邑子等廿三上為七世父母、所生父母、宜兄弟敬造弥勒像一區，願願從心□求□。[146]

翟蠻、翟僧某均有丁零後裔出身之可能，只是由於丁零在北魏中期後已逐漸同化於漢人，所以沒有出現類似稽胡利用彌勒教發動起事的記錄，僅僅將彌勒作為信仰對象供奉，祈求目的也注重於來世解脫，而非今世下生解救信眾。

---

[146] 〈魏僧通等廿三人造彌勒像記〉，參見《中國金石總錄》：
http://hfihy5b0578cd4147481chp06uwufqqpqx6wv5.fcxg.1.8.1.a696.www.proxy1.online/jsxs/
default.aspx?id=42318&jsz=%E6%94%BF%E9%82%91%E4%B8%BB%E9%AD%8F%E5%8
3%A7%E9%80%9A。

第七章　入塞族群的漢化及差異原因

　　丁零與稽胡雖然進入中原的時間大體相近，可是二者之後的發展卻大相徑庭。尤其是漢化過程中二者差異明顯，丁零在北魏之後已鮮有音訊，而稽胡直到中晚唐仍時有出現，較前者多延續了三百餘年。

　　導致二者差別如此顯著之因素到底有哪些？如採用單純之地理原因解釋，恐怕難以服眾。抑或是二者雖俱為山居族群，但居住環境之細部差異影響其與周邊族群之聯絡？不能不說需要細加探究。除地理環境因素外，經濟、心理等主觀因素的影響可能較大，具體表現在哪些方面，需要結合史籍及文化人類學等理論試加闡述，以圖解釋其差異背後之深層原因。

第一節　丁零之漢化

　　自北魏獻文朝最後一批亡匿廣阿澤的西山丁零為韓均剿撫後，曾多次起事反抗政府的丁零從此罕見史冊。可以說作為一個獨立存在的族群，丁零在北魏中期後已經逐漸漢化，除在姓氏上與他族還有所區別外，其他方面已與漢人趨同。

　　丁零被同化的前提應為對政府之服從，從獻文帝時的反旗尚舉到孝文帝時銷聲匿跡，中間不過數十年，可就在這一代人的時間內，北魏對丁零的態度已由提防轉變成較為放心。孝文帝時沃野、統萬二鎮高車起事，北魏「徙其遺迸於冀、定、相三州為營戶」。[1]高車為丁零的塞外胞族，北魏作為游牧族群建立之政權，自然知道「北方以為敕勒，諸

---

[1]　魏收，《魏書》，卷七上，〈孝文紀上〉，頁 135。

夏以為高車、丁零」之掌故，[2]明白兩者本為同一族群。如果此時丁零
如數十年前一樣屢生事端，則極可能借同語同種之優勢，與定州營戶
取得聯繫，共舉反魏旗幟。然而這一幕並未發生，究其原因，恐怕在大
漠懸隔令昔日同胞漸行漸遠外，入塞丁零受北魏統治日久，已甘為其治
下順民也是可能的原因之一。因此北魏對在丁零居住地安置其叛逃胞族
一事也無太多顧慮，並不擔心二者合流。

事實上，鮮于脩禮的反魏過程也透露出丁零作為一個獨立族群似
已消失。鮮于脩禮為北遷邊鎮之丁零後裔，其起事為魏末大亂的重要組
成部分。鮮于脩禮於孝昌二年（西元 526 年）舉事，距離韓均剿滅西山
丁零不過一個甲子。然而在此次舉事，甚至是整個魏末動盪中，都沒有
類似百餘年前翟斌反秦的劇本出現。作為入塞丁零最重要的部族——翟
氏對起事參與熱忱極低，甚至根本找不到反魏記錄。然而鮮于脩禮舉事
卻令不少學者將之與爭取丁零餘部聯想起來，譚其驤先生猜測「脩禮反
於定州，豈以州境多其族類乎」？[3]段連勤先生直言「鮮于脩禮返回定
州，發動鮮于部民造反」。[4]事實上，鮮于脩禮雖為丁零後裔，但從其
懷朔鎮兵之出身可知此人情況可能與高歡相似，當因祖輩遷徙北鎮而成
鮮卑化人士。在定州舉事後，鮮于脩禮的計劃爭取對象也為北鎮降戶，
並非原鄉丁零同胞。《魏書·甄楷傳》云：

> 尋值鮮于脩禮、毛普賢等率北鎮流民反於州西北之左人城，屠村
> 掠野，引向州城。州城之內，先有燕恒雲三州避難之戶，皆依傍
> 市廛，草廬攢住。脩禮等聲云欲收此輩，共為舉動。[5]

2　魏收，《魏書》，卷一百三，〈高車傳〉，頁 2307。

3　譚其驤，〈記五胡元魏時之丁零〉，頁 242。

4　段連勤，《丁零、高車與鐵勒》，頁 125。

5　魏收，《魏書》，卷六十八，〈甄楷傳〉，頁 1517。

左人城臨近後燕時的丁零據點行唐、望都，然而在百餘年後，此地的丁零後裔卻毫無動靜，對同胞的舉事參與熱情有限，甚至可能淪為起事者「屠村掠野」的犧牲品。定州丁零後裔的舉動與其說是忠於北魏政府，倒不如說是已與漢人趨同，不願回憶或已選擇性忘記本族之鬥爭史。在丁零居住的傳統區域尚且如此，其他擴散區之漢化進程自然更加迅速。在原翟魏統治的核心地區也留下了一些丁零後裔，如翟普林。《隋書·翟普林傳》云：

> 翟普林，楚丘人也。性仁孝，事親以孝聞。州郡辟命，皆固辭不就，躬耕色養，鄉鄰謂為楚丘先生。後父母疾，親易燥濕，不解衣者七旬。大業初，父母俱終，哀毀殆將滅性，廬於墓側，負土為墳。盛冬不衣繒絮，唯者單縗而已……大業中，司隸巡察，奏其孝感，擢授孝陽令。[6]

楚丘本為翟魏統治中心，其地有白馬城，即「古翟遼城，翟遼於此僭號」，[7]翟普林雖以晉人翟湯後裔自居，實際或為翟魏覆亡後之丁零遺民。但在烽煙散去的百餘年後，丁零後裔已經由翟斌時代兇暴嗜殺之戎狄異類轉變為恭行仁孝的社會典範，得以名留青史。以孝行著稱者另有疑出自上黨丁零的翟壽仁，在面對喪親之痛時，「枯柴骨立，蓬髮垢身。叩地無依，號天罔極」。[8]另一方面，丁零後裔與漢人在信仰方面的衝突也逐漸消弭，不奉佛的傳統也為皈依三寶取代，這點在第六章已有論述。

如果從墓誌入手，則更能發現丁零後裔之心理認同變遷。如唐顯

6　魏徵，《隋書》，卷七十二，〈翟普林傳〉，頁 1669。

7　樂史，《太平寰宇記》，卷五十七，〈河北道六·通利軍〉「黎陽縣」條，頁 1185。

8　趙力光，《西安碑林博物館新藏墓誌彙編》（北京：線裝書局，2007），中冊，〈唐翟洪景墓誌〉，頁 507。

慶四年（西元 659 年）〈翟惠隱墓誌〉誌主「其先洛陽人也，三代祖徙居於洛，故今為洛陽人焉」。[9]洛陽並非翟氏傳統郡望所在，以洛中為籍貫之風倒是廣泛存在於北魏遷都之後改籍的鮮卑人中。北魏太武帝時曾遷徙定州丁零三千戶至平城，後孝文帝遷都洛陽，其中也有一部分丁零後裔隨之南下，造像於龍門之翟興祖當即代表。因此翟惠隱之洛陽籍貫當為從龍南遷後，在孝文帝政策強制下形成之新籍貫認同。在漢化大潮下，丁零後裔的祖先記憶也與漢人之同姓名人相交織，以嫁接的方式，移花接木編織祖先認同。唐上元三年（西元 676 年）〈翟瓚墓誌〉云：

> 君諱瓚，字元宗，河南洛陽人也。作帝[於]唐，聖祚以之綿[遠]；□[族]□□，□氏由其鬱興。丞相以政術匡朝，將軍以忠規抗逆，備昭前史，無待[詳][言]。[10]

又唐先天二年（西元 713 年）〈翟慶墓誌〉稱誌主「河南郡人也。昔金貂七葉，為天子之忠臣；鼎冠三公，晉武皇之名將」。[11]在上黨丁零後裔中，這一攀附行為亦不罕見。卒於開元十九年（西元 731）的翟守義自稱「唐堯之胤緒，丞相盡榮寵於大漢，將軍召迥秀於中燕」，其為「上黨銅鞮人」，[12]極可能為北魏上黨丁零之後。唐代翟氏追認的祖先中常見「丞相」、「將軍」等回憶對象，丞相即漢代名臣翟方進，將軍則為其子，曾反抗王莽之翟義。翟氏父子俱為漢人無疑，然此時已變成丁零後裔的攀附對象。

9　毛漢光，《唐代墓誌銘彙編附考》，冊四，〈翟惠隱誌〉，頁 391。

10　毛漢光，《唐代墓誌銘彙編附考》，冊九，〈翟瓚誌〉，頁 147。

11　毛漢光，《唐代墓誌銘彙編附考》，冊十六，〈翟慶誌〉，頁 155。

12　齊運通、楊建鋒，《洛陽新獲墓誌二〇一五》（北京：中華書局，2017），〈唐翟守懿墓誌〉，頁 208。

　　對祖先之冒認不但在入居中原久矣的丁零後裔中存在，也存於定居涼土的同族中。〈翟家碑〉自敘源流云：「陶唐之後，封子丹仲為翟城侯，因而氏焉。其後柯分業散，璧去珠移，一支從官流沙，子孫因家焉，遂為敦煌人也」。立翟家碑者乃敦煌翟氏，以其祖翟希光「矢穿七札，弧彎六鈞」的尚武之風觀之，[13]當為貲虜分出之丁零翟氏。然在祖先認同方面卻與東遷同胞無異，到唐末五代時該部已認同漢人祖先，但與東部同胞追認漢代名臣不同，西陲翟氏直接追到堯帝，再無中生有敘述本宗本支。這些冒認均可視為與漢人相處日久，接受漢文化之結果。但令人頗為意外的是，不止入華較久的丁零後裔如此，初來乍到的西域丁零後裔在追認漢人祖先方面也積極跟進。隋大業十一年（西元 615年）〈翟突娑墓誌〉云：

> 君諱突娑，字薄賀比多，并州太原人也。父娑摩訶，大薩寶。薄賀比多日月以見勳劾，右改宣惠尉不出其年右，可除奮武尉擬通守祖晉上鄉之苗裔，翟雄漢皇帝尚書令司徒公文海之胤。[14]

　　翟突娑雖自云太原人，但從其名及其父為薩寶來看，當來自中亞，為粟特化之西丁零之後裔，即使入華未久，但在祖先冒認方面與同胞如出一轍。只不過較早入華同胞所追認的祖先《漢書》尚有記載，可翟突娑冒認之翟雄等人卻史籍無存，或為攀附過程中考據不慎導致笑話發生。

　　在婚姻方面，原本被視為「戎狄小人」的翟氏到北魏中期後竟然也能與當時的漢人士族共結秦晉之好。宣城公李孝伯在元配崔氏死後，

---

[13] 張維，《隴右金石錄》，〈翟家碑〉，頁 16012。

[14] 趙萬里，《漢魏南北朝墓誌集釋》，圖版四八四〈翟突娑墓誌〉，頁 215。

「納翟氏」，雖「不以為妻」，然翟氏所出二子「並有風度」。[15]唐初趙郡趙昉「夫人翟氏，齊洛州洛[陽]縣法曹休之女也。敵稱秦晉，性□溫柔」。[16]需要注意的是，李孝伯出身於趙郡李氏，趙郡李氏乃位居五姓七家之列的北方漢人頭等高門，翟氏為其續娶，而且不能得到正妻的待遇。趙昉亦為趙郡人，但在趙郡的士族等級中，趙氏位列李氏、睦氏之後，當為二流士族。這也反映了翟氏在漢化後的地位，雖然可以同漢人聯姻，但或是只能維持類似妾的地位有實無名，或是只能與二流士族結為姻親，不能不說其原族群屬性多少仍存在影響。但不管怎麼說，漢人能接受翟氏作為婚姻對象，也代表其對翟氏之接納，不再以山野異類視之。

遷居上黨的翟氏到唐代甚至已經獲得郡姓的地位。《太平寰宇記·河東道五·澤州》錄高平郡六姓：米、范、巴、翟、過、獨孤。[17]澤州即北魏翟猛雀起事波及之地，在翟猛雀被鎮壓數百年後，其丁零後裔不但未銷聲匿跡，反而一躍成為郡中豪族。上黨翟守義之祖翟願、父翟儒也分別官拜太谷縣丞、平州參軍，本人亦為陪戎校尉。[18]位階雖不高，但屬於流內。留在中山故地之鮮于氏也成為唐代高陽郡五姓之一。[19]這一轉變當看作丁零後人為適應周邊文化之自我調節，以夏變夷，主動順應時代趨勢。

當然，隋末還有翟松柏、翟讓等丁零後裔舉事發生，不過與此前之鮮于脩禮相似，已經不能將其視為獨立之丁零族群行為。作為族群主體存在的入塞丁零自北魏中期以後已逐漸與周邊漢人融合。需要指出的

---

[15] 魏收，《魏書》，卷五十三，〈李孝伯傳〉，頁1173。

[16] 毛漢光，《唐代墓誌銘彙編附考》，冊二，〈趙昉誌〉，頁135。

[17] 樂史，《太平寰宇記》，卷四十四，〈河東道五·澤州〉，頁916。

[18] 齊運通、楊建鋒，《洛陽新獲墓誌二〇一五》，〈唐翟守懿墓誌〉，頁208。

[19] 今本《古今姓氏書辯證》謂鮮于氏為貞觀高陵郡五姓之一，譚其驤先生以高陵作高陽為是。參見鄧名世，《古今姓氏書辯證》，卷九，〈鮮于氏〉，頁138。譚其驤，〈記五胡元魏時之丁零〉，頁242。

是，在入塞丁零中，除居留中山、常山等地者之直接漢化外，尚存在先鮮卑化再漢化之另一途徑。由於十六國末期以翟同為代表的一些丁零酋長降附北魏較早，故其待遇當較一般丁零部民高，可能為鮮卑統治者吸收，如太武帝寵臣遼東公翟黑子即可能出自丁零。此類高層丁零不可避免受到鮮卑貴族影響，進從而鮮卑化，而後又隨著太和改制而逐漸漢化，如翟瓚、翟隱惠、翟慶等籍貫為河南洛陽之翟氏，雖假託為漢代翟方進之後人，但籍貫卻透露了其可能的族屬，北齊翟嵩或亦屬此類。另一些被北魏政府從定州原住地遷徙至北鎮的丁零平民由於生活環境轉變，受北鎮濃郁的鮮卑文化影響，較遷洛同胞更晚漢化，北魏末年之鮮于脩禮、鮮于阿胡、鮮于世榮等即其中代表。如鮮于世榮家族，《北齊書》稱其「父寶業，懷朔鎮將」。[20]唐長孺先生推斷，鮮于寶業任期當在正始元年（西元 504 年）到永平元年（西元 508 年）間，前任為元尼須，繼任為段長。[21]北魏中期以後，北鎮人士即使出身鮮卑，也多為「征鎮驅使，但為虞候白直，一生推遷，不過軍主」，[22]然丁零出身之鮮于寶業卻可與元魏宗室比肩，賜印鎮將之尊，其經歷當屬罕見。不過亦可反證，此鮮于氏已與鮮卑幾無分別，難稱之丁零。又如鮮于廉家族，〈鮮于廉墓誌〉云：

> 公諱[廉]，字庭誨，漁陽人也。曾祖摽，周開府儀同三司，謚曰襄公。祖緒，使持節驃騎大將軍、開府儀同三司、大都督、懷州刺史，贈大都督、涼河渭三州諸軍事、涼州刺史，謚曰景公；考仁敏，高尚不仕……起家拜右衛翊府隊正長上，尋遷右衛明光府

---

[20] 李百藥，《北齊書》，卷四十一，〈鮮于世榮傳〉，頁 539。

[21] 唐長孺，〈葛榮未任懷朔鎮將辨〉，收入氏著，《唐長孺文存》（上海：上海古籍出版社，2006），頁 770-772。

[22] 魏收，《魏書》，卷十八，〈元深傳〉，頁 430。

果[毅]都尉。[23]

北周之開府儀同三司雖有淪為散秩化之勢,然從鮮于摽可得諡號來看,其地位不低。可能亦為起自北鎮,扈從宇文泰征戰之豪強。其子鮮于緒為武職,鮮于廉本人亦衛官起家,可見家傳尚武之風,此當得益於北鎮鮮卑文化洗禮。不過這一部分鮮卑化丁零或如鮮于脩禮、鮮于阿胡為朝廷剿滅,或如鮮于世榮、鮮于摽等南下中原,後者終究難以逃離漢文化的沖刷。

第二節　稽胡之漢化

與丁零相似,入塞居住後,由於受周圍漢文化輻射影響及政府控制的強化,稽胡的漢化進程也不可避免地開啓了。

這種變化應該最早作用於因故被遷徙、與其他族群混居的稽胡,由於不得不與漢人等其他族群雜居,共同生活、勞動,加之佛教作為共同信仰。因此雖然在遷徙之初,第一代胡民或能堅守胡族心理認同,可是到第二代、第三代之後,只能接受淹沒於周邊漢人的命運。目前可見的諸造像題名可在一定程度上支持這點,即北朝末期仍存在一部分外遷胡人對於自身之北族背景多少抱以認同。北周武成二年(西元 560 年)〈合方邑子百數十人造像記〉中有出自匈奴—稽胡系統的造像人呼延觀、卜阿妃、破洛汗阿拔等,其人均位列造像之北面,馬長壽先生認為諸邑子之所以分別刻姓名於四方,似與其原籍位置有關,故匈奴諸姓多在北方。[24]值得注意的是該造像位於陝西渭南,而且為多族合造,或許可以說明當某些稽胡在被遷出原鄉、與其他族群混居後的一段時間內,仍然堅持自身族群認同。這種方位排列並非孤立現象,在差不多同時的

---

23 毛漢光,《唐代墓誌銘彙編附考》,冊十七,〈鮮于廉誌〉,頁 457。

24 馬長壽,《碑銘所見前秦至隋初的關中部族》,頁 58。

寧州保定二年（西元 562 年）〈合邑生一百三十人等造像記〉中，胡人呼延永興亦名列造像北面。[25]

　　由於資料限制，對於這些外遷胡人後人的心理變化進程難以進行太多討論，不過對於居留原鄉的胡人來說，這一漢化進程也在潛移默化中進行。漢文化首先作用於進入統治集團內部的稽胡上層人士，此變化速度恐怕遠比一般遷居之胡族平民迅速，其心理認同及族群認識變化即重要參照。東魏興和二年（西元 540 年）〈劉懿墓誌〉云：

> 君諱懿，字貴珍，弘農華陰人也。自豢龍啟冑，赤烏降祥，磐石相連，犬牙交錯，長原遠葉，繁衍不窮，斧衣朱綬，蟬聯弈世……起家拜大將軍府騎兵參軍第一酋長。[26]

　　劉懿即東魏重臣劉貴，關於其出身，第三章已經提及實為稽胡，但在墓誌中卻自謂「弘農華陰人」，所謂「豢龍」乃傳說中夏代之劉累，墓主儼然以漢人自居。但頗具諷刺意味的是劉貴生前卻根本看不起漢人，「一錢漢，隨之死」的冷血言論正出自此公之口。[27]墓誌與《北齊書》、《北史》本傳不同，後兩者對其曾獲胡族官號——領民酋長之經歷予以選擇性忽略，墓誌則保留了這一胡族官號，並記錄死後被東魏政府追贈「第一酋長」之事。可以說這是一種二元文化認同，即不排斥接受相對先進的漢文化，又不願放棄原族群的歷史，因此出現這種折衷表述。可以視為匈奴、鮮卑諸族入華後擬製華夏祖先習慣之延續。與劉貴相似，北魏末年的其他胡人中也存在這種二元認同表述。北魏孝昌三

---

[25] 魏宏利，《北朝關中地區造像記整理與研究》，〈合邑生一百三十人等造像記〉，頁231。

[26] 趙超，《漢魏南北朝墓誌彙編》，〈魏故使持節侍中驃騎大將軍太保太尉公錄尚書事都督冀定瀛殷并涼汾晉建鄃肆十一州諸軍事冀州刺史鄃肆二州大中正第一酋長敷城縣開國公劉君墓誌銘〉，頁 336。

[27] 司馬光，《資治通鑑》，卷一百五十七，〈梁紀十三·大同三年〉，頁 4882。

年（西元 527 年）〈魏故咸陽太守劉府君墓誌〉云：

> 君諱玉，字天寶，弘農胡城人也。厥初基冑與日月同開，爵封次
> 弟通君臣之始。周秦大漢，并班名位。遠祖司徒寬之苗。其中易
> 世，舉一足明。值漢中讒凶奴之患，李陵出討，軍勢不利，遂沒
> 虜廷。先人祖宗，便習其俗，婚姻官帶，與之錯雜。[28]

前文已有論及劉玉祖先初萬頭為領民酋長，故其出身胡族無疑。
但其後人也未忘記將自己和漢代聞人搭上關係，只不過在擬製祖先譜系
時沒有考慮到李陵出塞事在西漢，劉寬為司徒事在東漢，竟然將劉寬列
於李陵之前，更進一步證明此乃偽託。需要看到的是，在北朝後期一些
居住於漢人優勢地區的稽胡家族對於自身祖先之敘述矯飾甚多，完全諱
言胡族相關詞彙，已然將自己視為漢人。〈大周故譙郡太守曹□□□
碑〉云：

> 君諱恪，字祁樂，沛國譙人也……漢室龍興，曹參為相。魏武皇
> 帝以英傑之上才，□挺之浚哲，□為魏祖。歷載彌長，君即其
> 後……霖，黃初三年立為河東王，食邑六千二百戶……子啓
> 嗣……茲逢不造，□深思遠，大慮後變起，遂令夫人達攜二子，
> 長道真、次道英微行避難，私稱姓禾，唯求萬全。[29]

曹恪不但以曹操後裔自居，而且擬製了其族出自曹丕之子曹霖的
譜系，將祖先置身於西晉戰亂之大背景中，完成家系移植。相較於北朝
時尚有不少稽胡上層在自敘出身時一邊回溯祖先華夏起源，一邊無意中

---

[28] 趙超，《漢魏南北朝墓誌彙編》，〈魏故咸陽太守劉府君墓誌〉，頁 212。

[29] 胡聘之，《山右石刻叢編》，卷三，〈大周故譙郡太守曹□□□碑〉，頁 14979。

流出塞外經歷的猶抱琵琶半遮面相比，隋唐稽胡之對漢認同更加徹底。
〈劉仁願紀功碑〉云：

> 君名仁願，字士元，雕陰大斌人也。闕一字土開家，闕二字建旟於東
> 國；分茅錫壤，王孫投節於北疆。三楚盛其衣簪，六郡稱其軒
> 冕。本枝奕葉，可略而言。高祖闕三字常侍闕二字遠將軍闕一字州大中
> 正彭城穆公，屬魏室不綱，爾朱陵虐，東京闕一字喪闕二字西邊陪奉
> 鑾輿，從居關內。尋除鎮北大將軍持節都督河北諸軍事綏州刺
> 史。因官食闕一字仍闕一字居闕七字北州之望。曾祖平，鎮北大將軍朔
> 方郡守綏州刺史上開府儀同三司，襲爵彭城郡開國公。祖懿，周
> 驃騎大將軍儀同三司，隨使持節綏州諸軍事綏州總管闕一字州刺史
> 雕陰郡開國公。父大俱，皇朝使持節因綏二州總管廿四州諸軍事
> 綏州刺史尋遷都督左武衛將軍右驍衛大將軍勝夏二州道行軍總管
> 冠軍大將軍鎮軍大將軍上柱國別封闕一字城郡開國公。[30]

　　劉仁願乃雕陰大斌人，中唐林寶在述及雕陰劉氏時，明確指出
「唐左武大將軍、綏州總管、義成公大俱，晉右賢王豹之後，綏州代為
酋望」。[31]劉大俱即劉仁願之父，其祖先不言劉淵而言劉豹，當為政治
正確的產物，與李唐社稷間接承自西晉，而劉淵率先反晉有關。雕陰劉
氏出自稽胡，但劉仁願高祖以來之爵位封贈卻表明其意在塑造彭城劉氏
為祖先，與河東同胞劉季真被封為彭城郡王交相呼應。同樣的情形在初
唐夏州稽胡劉神、劉保從兄弟的墓誌中亦有出現，此二者已以彭城人自
居，並以祖先仕官之藉口解釋何以東西跋涉千里，最終落籍夏州。[32]

---

[30] 董誥等，《全唐文》，卷九百九十，闕名〈唐劉仁願紀功碑〉，頁 10249-1。據《元和
姓纂》可補其父劉大俱爵位為義城郡開國公。

[31] 林寶，《元和姓纂》，卷五，〈劉氏〉，頁 703。

[32] 康蘭英，《榆林碑石》，〈劉神墓誌〉，頁 208。〈劉保墓誌〉，頁 217。

　　唐代胡人擬製漢人祖先之現象雖然更為普遍，但是稽胡上層人士在冒認祖先時屢見考據不慎的笑話。開元十一年（西元 723 年）〈曹明照墓誌〉稱誌主出身譙郡，「曾祖繼代，金河貴族」。[33]曹明照雖自稱譙郡，似乎為曹操之後，然金河為北魏故都盛樂，故「金河貴族」表明其宗族極可能與曹覆寅有關。不難推測，十六國之末薛干部襲擊東曹，然螳螂捕蟬，黃雀在後，拓跋珪又乘虛擊敗其部，部分東曹部民當從薛干部先歸赫連夏，後又因拓跋燾平統萬而歸魏。曹明照之夫即出自鮮卑折掘氏，從此角度亦不難推斷曹氏血統也非漢人。除曹明照之憑空追認祖先外，曹氏胡裔中可見的另一種祖先書寫則以仕官為藉口辯解遷徙緣由。唐代夏州胡曹憚在強調出身沛國譙縣曹氏後，又以「後代因官，遂家於夏府」之理由，洗白胡族出身，卻不想誌文亦有對其尚武習氣之讚美以及「種落」生活之描寫，[34]很難不令人聯想到北魏夏州胡曹明等人。

　　到中唐時，劉姓胡人已經在兩漢諸帝中為自己找到了「祖先」，貞元六年（西元 790 年）〈劉明德墓誌〉稱誌主出自「彭城漢武帝之裔」。[35]關於劉明德之稽胡出身，第四章已有論及，但其對祖先之追認卻不禁令人捧腹。與劉仁願相同，劉明德也選擇彭城劉氏作為祖先，彭城劉氏雖為漢室宗親，但系出楚元王劉交，在譜系上與漢武帝相差甚遠。劉明德家人考證不細，終貽笑大方。

　　與諸劉姓稽胡從漢室外甥轉為直接冒認漢室宗親相比，其餘姓氏之胡也不甘落後，即使不能攀附帝王，也要與名臣良將搭上關係。如卜氏，〈卜元簡墓誌〉大談「偃以數術居晉，商以文學遊[魯]，大名之兆克從，立言之曲惟茂，令德之後，君其有諸」。[36]卜元簡之出身第四章

---

[33] 毛漢光，《唐代墓誌銘彙編附考》，冊十八，〈折曹明照墓誌〉，頁 23。

[34] 康蘭英，《榆林碑石》，〈曹憚墓誌〉，頁 221。

[35] 胡聘之，《山右石刻叢編》，卷八，〈劉明德墓誌〉，頁 15101。

[36] 毛漢光，《唐代墓誌銘彙編附考》，冊十四，〈卜元簡誌〉，頁 437。

亦有提及，當為匈奴須卜氏之後，或為北魏稽胡帥卜田之族，然其竟然將卜偃、子夏認作祖先。

龜茲系胡人白氏則攀附白起為祖先，唐乾寧二年（西元 895 年）〈白敬立墓誌〉云：

> 公諱敬立，字□□，秦將軍武安君起之後。武安君將秦軍破楚於鄢郢，退軍築守於南陽，因而號其水為白水，始稱貫於南陽。武安君載有坑趙之功，為相君張祿所忌，賜死於杜郵，其後子孫淪棄或逐扶蘇有長城之役者，多流裔於塞垣。□公家自有唐洎九世，世世皆為夏州之武官。[37]

白敬立祖先自唐初即為夏州武官，夏州在唐初仍為稽胡部落分佈地，白敬立當與白道生類似，為稽胡之後。

屠各裔胡王氏也將祖先追溯至漢代大臣，隋大業元年（西元 605 年）〈王善來墓誌〉云：

> □□□，字善来，晉西河人也。其先□□□□苗裔，漢大將軍王根之胤冑。祖居伏□□同三司，魏道武皇帝以其有雄幹勇毅，補任迴荒鎮將，禦捍北蕃。獫狁見之無不膽碎，是以不敢內侵猾夏。父蓋仁，志□英賢，獨步人表，齊獻武皇帝補任前鋒直盪、第一領民酋長。[38]

王善來為西河人，其父曾被高歡封為領民酋長，當係稽胡出身。然在墓誌中卻不但將祖先與匈奴對立，而且攀附漢代大將軍王根為遠

---

[37] 康蘭英，《榆林碑石》，〈白敬立墓誌〉，頁 242。

[38] 羅振玉，《京畿冢墓遺文》，卷上，〈王善來墓誌〉，頁 13617。

祖。王根為王莽之叔父，王善來以其為祖先，當是植入王莽篡漢敗亡後，近支宗人避難入胡之潛臺詞，為家族出身製造合理性。

不同於姓氏為漢式單姓之稽胡可以偽託漢人祖先，仍沿用胡人複姓的稽胡雖難以掩蓋胡族出身，但卻退而求其次找到另一條矯飾道路。唐上元三年（西元 676 年）〈呼延章墓誌〉自敘族源曰：「其先出自帝顓頊，有裔孫封於鮮卑山，控弦百萬，世雄漠北，與國遷徙，宅於河南，衣冠赫奕，於鑠記傳」。[39] 呼延章曾祖即東魏名將高昂之部將呼延族，在關隴鮮漢貴族把持上流社會話語權的時局中，為了給自身塑造一個顯赫的祖先，不惜放棄原匈奴之出身，編造了呼延氏曾為拓跋氏部落聯盟成員之一、後隨孝文帝南遷的傳說，將自己包裝為當時社會認可度較高的鮮卑代北虜姓。然呼延氏終歸為匈奴舊貴，與鮮卑人甚至一度兵戎相見，此等冒認與劉明德等人相比不遑多讓。順帶一提的是，先呼延章一年過世的堂弟呼延宗在墓誌中僅書曰「閱龍門而北徙，族茂中州；運鵬翼而南遷，枝繁上國」，[40] 含蓄地提及家族歷史，而且行文暗示其為中原士族北遷再南下者，否定胡族血統之目的不言自明。

在諱言胡人出身、攀附漢人祖先的表象外，心理認同的變化也促成一些稽胡上層由武入文。此前只有酋帥階層知曉文字的稽胡在入唐之後竟然也出現了胡裔文學家，其文學筆法、生活情趣等方面與漢人士大夫已無甚差別。如賀遂亮，唐時為侍御史、陵州刺史，曾為唐軍平百濟紀功撰文，茲錄一段於下：

> 原夫皇王所以朝萬國、制百靈，清海外而舉天維，宅寰中而恢地絡。莫不揚七德以馭遐荒，耀五兵而肅邊徼。雖質文異軌，步驟殊途，揖讓之與干戈，受終之與革命。皆載勞神武，未戢佳兵。

---

[39] 毛漢光，《唐代墓誌銘彙編附考》，冊十四，〈呼延章誌〉，頁 71。

[40] 毛陽光，《洛陽流散唐代墓誌彙編續集》（北京：北京圖書館出版社，2018），〈唐呼延宗墓誌〉，頁 49。

是知凶水挺妖，九嬰遂戮；洞庭搆逆，三苗已誅。若乃式鑒千
齡，緬惟萬古；當塗代漢，典午承曹。至於任重鼙門，禮崇推
轂。馬伏波則鑄銅交阯，竇車騎則勒石燕然。竟不能覆鯤海之奔
鯨，絕狼山之封豕。況邱樹磨滅，聲塵寂寥；圓鼎不傳，方書莫
紀。蠢茲卉服，竊命島洲。襟帶九夷，懸隔萬里。恃斯險阨，敢
亂天常。東伐親鄰，近違明詔；北連逆豎，遠應梟聲。[41]

其文辭氣勢磅礴，對仗工整，典故頻出，在短短二百餘字中禹伐
三苗、曹氏代漢、司馬代魏、馬援伐交阯、竇憲征匈奴等典故已躍然其
間。文學素養較漢士亦不遜色。文章之外，賀遂亮也有詩篇傳世，《大
唐新語》載其一首曰：

意氣百年內，平生一寸心。
欲交天下士，未面一虛襟。
君子重名義，貞道冠衣簪。
風雲行可託，懷抱自然深。
落霞靜霜景，墜葉下風林。
若上南登岸，希訪北山岑。[42]

此詩沿襲北朝詩風，平實質樸，豪氣干雲，胡人勇健重義之氣洋
溢字裡行間，雖無法與後世李杜相提並論，卻絕非某些他人集中作賊者
可高攀，時人讚譽其「詞學稱優」並不為過。[43]由於稽胡某些上層人士
與統治集團較早產生聯繫，為後者吸收，或主動或被動接受主導文化

---

[41] 董誥等，《全唐文》，卷二百，賀遂亮〈大唐平百濟國碑銘〉，頁 2024-2。

[42] 劉肅，《大唐新語》，卷八，〈文章第十八〉，頁 125。

[43] 陳長安，《隋唐五代墓誌彙編·洛陽卷》（天津：天津古籍出版社，1991），冊七，
〈劉璿墓誌〉，頁 210。

——漢文化，成為州縣屬官的胡族豪強即此中代表。隋唐之交的延州稽胡白留真曾任延安縣主簿，雖為從九品下之稗官，卻有流內身份。執掌「付事勾稽，省署鈔目」，[44]工作中要紙筆隨身，更須具備斷文識字的能力。在此客觀要求及官場迎來送往的應酬下，漢化速度當遠超一般部民。

圖 7-1　梁家河摩崖造像之持槊力士
（筆者據延安市文物研究所，
〈陝西黃陵洛河和沮河摩崖造像調查〉臨摹。）

　　不止是上層，自北魏末起，下層稽胡也在多方面開始其緩慢的漢化歷程。從稽胡與漢人之日常接觸看，至少在北朝末期，二者接觸已經較為頻繁。《周書・稽胡傳》記其服飾習尚云：「丈夫衣服及死亡殯葬，與中夏略同。婦人則多貫蜃貝以為耳及頸飾」。[45]稽胡男子服裝與

---

[44] 杜佑，《通典》，卷三十三，〈職官十五〉，頁 921。

[45] 令狐德棻，《周書》，卷四十九，〈稽胡傳〉，頁 897。

外界漢人大致相同，雖然考慮到中原「自北齊以來乃全用胡服」的服裝
變化史，[46]此時一般漢人平民所穿也多為胡風窄袖袍服，但區別於其他
族群的匈奴傳統尖帽似乎已非稽胡主流服飾，故未被記錄者注意。[47]而
且史家也沒有強調髮式，看來「拖髮」之匈奴舊俗似乎也被「束髮」漢
俗取代。可資佐證的是，今宜君秦家河北朝摩崖造像、黃陵香坊北朝石
窟、梁家河西魏石窟等史蹟中均存在身著窄袖胡服之束髮男子形象，[48]
應為當時服髮之寫實反映。相比之下，婦女尚保留了較多本族特色。對
於這種服裝性別差異，王明珂在考察近現代四川羌族時也有注意到，認
為「為了與外面的漢人世界接觸，男人常穿著漢裝」，[49]以避免可能受
到的歧視。故服裝「略同中夏」也反映了胡人男子似乎已和漢人等外界
族群存在往來。另一方面，胡中佛教造像的推廣在客觀上也促成稽胡與
他族交流。北朝末期黃土高原胡區的造像藝術風格頗有類似雲岡等其他
地區者，此或為稽胡豪酋聘請漢人等外族工匠所為，或為胡人至臨近漢
區學習之結果。借助佛教的力量，胡人與其他族群聯繫不斷加深。

　　對統治者權威的承認與甘願接受被統治地位當是接受漢化的第一
步。不過需要看到的是，即使酋帥不樂意接受政府統治，卻也無法避免
受到政府主導文化潛移默化的影響，雖然帶來影響的文化未必是漢文
化。馬長壽先生即敏銳地察覺到北朝末期羌人多有取名與鮮卑人略同
者，[50]不過受鮮卑文化影響的不止是羌人，也包括黃河兩岸的稽胡。汾

---

[46] 沈括撰，胡道靜校證，《夢溪筆談校證》（上海：上海人民出版社，2011），卷一，
〈故事一〉，頁 23。

[47] 梁家河摩崖造像第二層之力士形象或表明在某些稽胡地區仍可能存在著傳統匈奴尖帽之
俗，但由於風化侵蝕對造像之破壞，不能完全確定該力士所戴為匈奴尖帽。另外，此力
士之服裝與臨沂白莊漢墓石刻之擊鼓胡人較為相似。

[48] 參見靳之林，〈陝北發現一批北朝石窟和摩崖造像〉，頁 62、65；延安市洛川縣博物
館、延安市文物研究所，〈陝西黃陵洛河和沮河摩崖造像調查〉，《洛陽考古》，2019
年第 1 期，頁 8-9。

[49] 王明珂，《羌在漢藏之間》（臺北：聯經出版有限公司，2003），頁 352。

[50] 馬長壽，《碑銘所見前秦至隋初的關中部族》，頁 80。

州胡帥劉受邏干之名即拓跋、吐谷渾等鮮卑部族中常見的男子名——受洛干（樹洛干），延州胡人郝伏顛之名當亦出自鮮卑語，可能即北魏將領樓伏連之名——「伏連」，在中古漢語中「顛」（ian）、「連」（jian）急讀音近。隨著鮮卑北朝逐漸漢化，這一影響因素自然從鮮卑文化轉為漢文化。

北魏時稽胡起事不勝枚舉，但到東、西魏時，一些地區的稽胡已經向政府表示服從，使用政府年號紀年並視帝王或權臣為國家威權的象徵。東魏武定七年（西元 549 年）〈興化寺高嶺諸村造像記〉造像目的之一即「為皇帝陛下、勃海大王延祚無窮，三寶永隆，累級功德」。[51]此造像乃肆州定襄高嶺以東諸村所為，肆州為稽胡活動區域，其後列造像者姓名中有「呼延清郎」，其為稽胡無疑，此外「厲武將軍劉顯仲」也有稽胡出身之可能。該造像記中提及之「皇帝陛下」為孝靜帝元善見，「勃海大王」為高澄，將帝王作為祈福對象的造像活動在漢人中較為常見，但在稽胡中出現則代表了該地稽胡已同其他漢人一樣，承認國家的權威。

雖然黃土高原偏遠胡區的佛教石窟、造像尚多有不書年號者，但在西魏北周政府控制力較強的胡區，造像活動中承認國家威權的鑴文並不罕見。西魏大統十二年（西元 546 年）鄜城〈法龍造像記〉即有「伏願□皇帝陛下，大丞相王□□□□」之語，該造像題名中有「邑子梁道興」、「邑子王道龍」、「邑子董骨□」等，[52]梁氏、王氏、董氏等當出自稽胡或稽胡化之屠各。這些胡人與氐、羌等族一起將西魏文帝、宇文泰作為祈福對象，表明此時當地稽胡已經與氐、羌、鮮卑等族一樣成為國家治下的順民。此外北周武成二年（西元 560 年）渭南〈合方邑子百數十人造像記〉的題名胡人雖或多或少保留了對塞北故土的認同，

---

[51] 胡聘之，《山右石刻叢編》，卷一，〈興化寺高嶺諸村造像記〉，頁 14957。

[52] 靳之林，〈延安地區發現一批佛教造像碑〉，頁 33。

可其發願文中也有「願皇帝陛下延祚無窮」這類冠冕堂皇的奉承之詞。與之形成鮮明對比的是北魏末期黃石崖造像〈法義兄弟姊妹等題記〉，雖然造像者同樣屬於外遷胡，亦有採用北魏孝明帝之年號「正光」，卻並未將祝福帝王的阿諛之詞鑴之頑石。儘管有學者認為造像記中提及皇帝、官僚的字眼可能只是起應酬作用的門面話。[53]但不能否認，這一「門面話」從無到有的過程標誌著政府控制力的深入與當地居民切身體會的加強。

某些傳說表明，在一些胡區，人間最高統治者——帝王可能已經與神界之佛祖結合，前者為佛祖化身——轉輪王的觀念已被當地居民接受。今陝西安塞存有一造像龕，根據工藝推斷其雕刻時間當在北魏中期以後。此龕內雕佛陀，然右側雕刻一彎曲之蛇。[54]該造像寓意當出自《雜阿含經》，為述說魔王波旬化為蟒蛇企圖擾亂佛陀修法，卻為佛陀叱退之典故。[55]該造像的出現表明至少在北朝末期當地胡人對該神話已較為熟悉。巧合的是，至遲在北宋之末當地卻出現了李世民斬蟒的傳說，「弓矢張□正中此蟒」，「太宗挽尾努力一拔，朗然得」。[56]如果剔除劉邦斬白蛇傳說的可能影響，不難看出相似神話母體中的佛陀被唐太宗取代，表明胡人後裔已經接受轉輪王即佛的觀念，拜倒在帝王權威之下，而這一轉變就發生在北朝末到北宋時期。

在官方控制力的不斷強化下，孝道等儒家傳統觀念也被一般胡人百姓接受，匈奴賤老貴壯的傳統價值觀遭漢人倫常衝擊趨於瓦解。唐代汾州隰城人劉善經「少小孤，母所撫育。其母平生常習讀內典，精勤苦

---

[53] 黃敏枝，〈唐代民間的彌勒信仰及其活動〉，頁 14。

[54] 楊宏明，〈安塞縣出土一批佛教造像〉，頁 55。

[55] 失譯人名，《別譯雜阿含經》（收入大藏經刊行會編，《大正新脩大藏經》，冊二），卷二，頁 382-1。

[56] 〈劍匣寺重修碑記〉，收入延安市文物研究所編，《延安石窟碑刻題記》，頁 302。該寺始建於宋元祐六年（西元 1091 年），則傳說出現更當在此之前。

行」，其母死後，劉氏「哀毀過禮，哭聲不輟」。[57]以劉善經之籍貫、姓氏來看，當出自稽胡家庭。但胡俗在其母子身上似乎已蕩然無存，母喪後的種種表現也與漢人孝子無異。需要看到的是這一改變應該出自儒、佛二教的雙管齊下，內經（佛典）的作用不可忽視。佛教以「目蓮救母」等傳說生動有力地補充了儒家的孝道觀念，在此道德領域，二教高度一致。劉母過世於貞觀廿一年（西元 647 年），則其受到佛典影響當在初唐。這可能正是第六章討論過的政府推崇正統佛教之結果。

除文化、信仰外，至隋唐時胡區的經濟生活也發生了變化。斯科特在考察被稱為贊米亞（Zomia）的東南亞地塊之山地居民「文明化」案例時，提出文明化的先決條件為定居農業與居住在國家空間中。[58]這一「文明化」正可對應政府對胡人之「教化」，故推廣農業自然成為教化胡人的必由之路。可能是由於歷代治理官吏勸課農桑，當地經濟轉型當取得一定成效，如延州總管李和「實倉廩而息干戈，勸農桑而變夷俗」。[59]此時一些區域的稽胡其經濟形態已由半農半牧逐漸變為以農業為主。《法苑珠林·十惡篇第八十四》云：

> 唐武德年中，隰州大寧人賀悅永興為鄰人牛犯其稼穡，乃以繩勒牛舌斷。永興後生子三人，並皆瘖瘂，不能言語。[60]

此故事雖意在宣揚佛家因果報應，但傳說的背後卻隱藏了胡區經濟形態之轉變事實。隰州大寧為稽胡之地，再姓氏而論，賀悅永興為稽胡

---

[57] 釋道世撰、周叔迦等校注，《法苑珠林校注》，卷二十六，〈唐汾州隰城人劉善經〉，頁 826。

[58] 詹姆士·斯科特著，王曉毅譯，《逃避統治的藝術》，頁 141。

[59] 〈李和墓誌〉，參見陝西省文物管理委員會，〈陝西省三原縣雙盛村隋李和墓清理簡報〉，頁 41。

[60] 釋道世撰、周叔迦等校注，《法苑珠林校注》，卷七十三，〈唐賀悅勒牛舌斷瘂驗〉，頁 2176。

無疑。然而大寧本屬以出產駿馬著稱之屈地，又臨近北魏時牧種繁熾的吐京，可到隋唐之交，當地胡人養殖重點已經由馬入牛。牛為農耕經濟下的重要資源，賀悅永興亦以農作為業，為了莊稼甚至不惜與鄰人交惡。從北朝時的屢屢起事到唐人眼中的「風俗和平」，[61]隰州的轉變不過用了兩代人時間，促成其民風改變的原因之一當為經濟轉型、農業推廣。

根據文化人類學原理，語言為獨立族群之重要構成要素，基礎語言學的奠基人威廉・馮・洪堡特（Wilhelm von Humboldt）指出一族所在的生活環境、氣候條件和他的宗教、社會建制、風俗習慣等，一定程度上都可以與之脫離，但無論如何都不能捨棄的就是語言，因為語言是一族生存必須的呼吸，是他的靈魂所在。[62]因此從語言的變化亦可窺見從匈奴入塞到稽胡逐漸漢化的過程。直到三國曹魏之時，入塞匈奴還較完整的保留了族語。《藝文類聚》引皇甫謐《玄晏春秋》云：

> 計君又授與〈司馬相如傳〉，遂涉《漢書》。讀〈匈奴傳〉，不識「棠棃孤塗」之字。有胡奴執燭，顧而問之。奴曰：「『棠棃』天子也，言匈奴之號『單于』，猶漢人有天子也。」予於是乎曠然發寤。[63]

該故事之主人公為皇甫謐，以其「太康三年（西元 282 年）卒，時年六十八」而計，[64]出身當在東漢建安末，其人二十後方學習，因此胡

---

[61] 毛漢光，《唐代墓誌銘彙編附考》，冊十，〈李嘉誌〉，頁 267。

[62] 威廉・馮・洪堡特著，姚小平譯，《論人類語言結構的差異及其對人類精神發展的影響》（北京：商務印書館，2008），頁 39。

[63] 歐陽詢，《藝文類聚》（上海：上海古籍出版社，1982），卷八十，〈火部・燭〉引皇甫謐《玄晏春秋》，頁 1371。

[64] 房玄齡，《晉書》，卷五十一，〈皇甫謐傳〉，頁 1418。

奴故事當發生在曹魏明帝之時。到西晉時,即使入塞匈奴上層漢文化素養較高,可在相互交流時似乎仍以匈奴語為媒介。并州文水大于城即得名於匈奴語,「本劉元海築令兄延年鎮之,胡語長兄為大于,因以為名」。[65]據楊守敬考證,此「大于」當為「大干」,語源當出自鮮卑語之「阿干」。[66]匈奴語中不乏今蒙古語族詞彙,因此與鮮卑語有相近之處並不意外。今蒙古語稱兄長為 ax_a,當即該詞詞源。[67]

　　到稽胡時代,由於生活區域之封閉,因此族語得到了較好的保留。直到北周,一般胡人與外界漢人接觸時還需要借助翻譯,至於擔任譯員者為通曉漢語之胡人還是通曉胡語之漢人則不得而知。但由此可以確定的是至少在當時已經有人同時學習兩種語言,以便相互交流。這些譯員的出現為促進稽胡學習漢語提供了幫助。在隋初胡區烽火漸熄、郡縣設置增多之後,胡人習漢語之風漸盛。《元和郡縣圖志・關內道三・丹州》引《隋圖經》云:「丹州白室,胡頭漢舌,其狀似胡,其言習中夏」,[68]這種學習漢語的風習至唐代不衰。在此背景下,道宣律師才有可能入稽胡地區巡禮、弘法。道宣律師為漢僧,除漢語、梵語外,肯定不諳胡語,但其卻能入胡中兩年,當是憑藉漢語為媒介與胡人交流溝通。《集神州三寶感通錄・釋慧達》記載釋慧達(劉薩訶)「有經一卷,俗中行之,純是胡語,讀者自解」。[69]唐初稽胡當為胡、漢雙語並行,胡人通過使用漢語記音的方式來誦讀胡語經卷,這種學習方法必須建立在掌握一定漢字的基礎上。但從「讀者自解」來看,其思維語言仍然為胡語。事實上,初唐胡人取名時尚可見到以胡語命名者,如延州呼

---

[65] 李吉甫,《元和郡縣圖志》,卷十三,〈河東道二・太原府〉「文水縣」條,頁 372。

[66] 酈道元撰,楊守敬、熊會貞疏,《水經注疏》,卷二,〈河水二〉注,頁 179。

[67] 據內蒙古大學朝魯孟老師告知,不同地域的蒙古語發音所有差異,在察哈爾方言中「哥哥」的發音與「阿干」無異。

[68] 李吉甫,《元和郡縣圖志》,卷三,〈關內道三・丹州〉,頁 74。

[69] 釋道宣,《集神州三寶感通錄》,卷下,〈神僧感通錄〉「釋慧達」,頁 434-3。

延牒陁、劉細利夫婦及其侄輩，胡語名的存在表明在偏遠地區胡語仍是其族日常交流的主要語言。

不過到盛唐時，稽胡的漢語能力進一步提高，似不用通過翻譯即能理解專業詞彙頗多的佛理。先藏禪師弘法時，「具尸羅於汾川，演毗盧於嵩岱」。[70]其為出身清河張氏之漢人高門，基本不可能學習胡語，因此其在汾水胡區說法時即使遣詞通俗易懂、貼近百姓，所用語言也一定是漢語，胡人聽眾除非附庸風雅、不懂裝懂，否則應是對漢語聽解已無大礙。可以肯定的是到中唐時期，漢語已成為綏州胡人的主要通行語言。鄭玉在雕陰聽聞當地民歌時，已知內容為「雕陰人唱採花歌」。能令滎陽鄭氏出身之士族聽懂，所用語言自然是漢語，雖然被目為「舊時白翟今荒壤」，[71]但這些所謂的白翟後裔已用漢語取代「夷狄」胡語。

需要指出的是，從空間而言，不同區域之間稽胡漢化進度存在明顯差異，廖幼華先生對丹州稽胡漢化較快之問題已有研究。在河東胡區，隰州較石州而言，漢化可能較為迅速，唐初已經出現農業推廣、漢文化價值觀深入等現象，可石州在同一時期仍被視作「離石前壚，稽胡舊俗」。[72]其差異除北齊時高洋平石樓之影響外，與當地牧守之個人素質亦當有關，如唐舒王李元名在州二十年，「數遊山林，有高蹈意」，[73]出於明哲保身，故無為而治，不可能對當地風俗舊習觸動過多。

丁零與稽胡雖然在祖先入塞時間上相差不遠，稽胡甚至略早於丁零，但二者的漢化過程卻差異較大。丁零在北魏中期後已逐漸與漢人融合，然而稽胡的漢化過程卻緩慢得多，直到唐初河西還有數量頗多的稽胡酋長存在。中唐時期，唐憲宗授張宏靖太原節度使時，仍不忘提及當

---

[70] 〈先藏禪師碑〉，參見愛民，〈唐元和三年《先藏禪師塔銘》考釋〉，頁 59。

[71] 彭定求等，《全唐詩》，冊二十二，卷七七二，鄭玉〈葦谷〉，頁 8760。

[72] 毛漢光，《唐代墓誌銘彙編附考》，冊十四，〈卜元簡墓誌〉，頁 437。

[73] 歐陽修、宋祁，《新唐書》，卷七十九，〈李元名傳〉，頁 3557。

地「雁塞之上，稽胡雜居」，[74]其族漢化所用時間遠超丁零。

在心理認同方面，雖然入唐之後，稽胡上層紛紛攀附漢人帝王將相為祖先，但仍有少量人士對自身之非漢族出身直言不諱。唐永泰元年（西元 765 年）〈左武衛將軍白公神道碑〉自稱祖先「呼韓之宗，谷蠡之胤，代居南部，早入中原」。[75]稽胡白氏為西域胡出身，白道生將祖先追溯至匈奴單于雖屬於另一類型之攀附，但至少承認自身非漢人，與其他胡人上層迴異。

婚姻對象方面，除進入上層社會之胡人外，一般稽胡則偏向選擇本族或其他胡族（詳見附錄二）。〈劉細利造像記〉表明直到唐初陝北某些地區劉氏與呼延氏兩大匈奴舊姓仍然維持互為婚姻之傳統。〈劉明德墓誌〉載其夫人高氏，高氏可能亦出自稽胡，為匈奴勾王高不識之入塞後裔。在本族之外尋求婚姻對象時，稽胡存在選擇胡族或胡化族群之偏好。西魏〈焦延昌造像碑〉云：

> 邑子焦延昌
> 祖父故曹，為勾雷平奠將軍、第一領民酋長
> 父拔拔，西夏朔方郡功曹
> ……
> 祖母呼延卒□
> 母呼延虎[76]

焦氏雖以漢人居多，但氐人等其他族群中也存在焦氏，效力宋、齊之武將焦度即出於南安氐。[77]雖然馬長壽先生推斷造像之焦氏為鮮

---

[74] 董誥等，《全唐文》，卷五十七，唐憲宗〈授張宏靖太原節度使制〉，頁 624-1。

[75] 李昉等，《文苑英華》，卷九百八，于益〈左武衛將軍白公神道碑〉，頁 4779-1。

[76] 王昶，《金石萃編》，卷三十二，〈焦延昌造像碑〉，頁 564-565。

[77] 蕭子顯，《南齊書》，卷三十，〈焦度傳〉，頁 559。

卑，[78]然鮮卑中罕見此姓，故氐人可能性高於鮮卑。從其能為領民酋長來看，焦延昌家族即使為漢人，也已經胡化，故兩代與胡人呼延氏聯姻。據出土於陝西榆林之隋開皇十三年（西元 593 年）〈叱奴延輝墓誌〉，墓主夫人為賀遂氏。[79]叱奴本鮮卑部落，西夏州稽胡賀遂氏與之聯姻亦可說明胡人對聯姻族群的選擇偏好。不過胡漢通婚的現象也有少量存在，據筆者統計，除去顯貴後可見的 18 例稽胡婚姻關係中，胡漢聯姻可見 4 例，佔其 2 成。

　　陳寅恪先生曾指出，對於北朝胡漢之區別標準，文化較血統重要，漢化之人即為漢人，反之，胡化之人即為胡人。[80]這一理論亦可用於稽胡，在文化認同上，唐時仍有排斥漢化、堅持非漢心理認同之胡人。即使在稽胡通用語言逐漸變為漢語後，某些地區胡民的心理認同也未向漢人靠近，而是出人意料地選擇了他族作為祖先。對於稽胡族源，十六國末期後秦在其居住區設立匈奴堡，表明當時統治者對其族出身比較清楚。劉淵後裔、匈奴別種之觀點直到隋朝初期都是主流觀點，北周保定元年（西元 561 年）〈周大將軍延壽公碑頌〉稱頌勳州刺史于寔「[恩？]被北[狄？]」，[81]「北狄」為匈奴代指，勳州即原南汾州，為稽胡居住區，頌詞作者徑直將稽胡作為北狄書寫。天和末庾信所撰〈周柱國大將軍拓跋儉神道碑〉在描述長孫儉治理稽胡聚居之夏州時，有「郅支抱馬，如聞耿秉之戰；單于願識，似畏王商之威」等語，[82]仍然視之為匈奴。隋初〈李和墓誌〉在渲染誌主延州總管任內政績時，稱其「細侯再撫，比跡易追；子虞重臨，方之何遠」，[83]「細侯」為擊退匈

---

[78] 馬長壽，《碑銘所見前秦至隋初的關中部族》，頁 46。

[79] 康蘭英，《榆林碑石》，〈叱奴延輝墓誌〉，頁 206。

[80] 陳寅恪，《唐代政治史述論稿》（北京：生活・讀書・新知三聯書店，2009），頁 200。

[81] 顏娟英，《北朝佛教石刻拓片百品》，〈周大將軍延壽公碑頌〉，頁 177。

[82] 李昉等，《文苑英華》，卷九百五，庾信〈周柱國大將軍拓跋儉神道碑〉，頁 4760-1。

[83] 〈李和墓誌〉，參見陝西省文物管理委員會，〈陝西省三原縣雙盛村隋李和墓清理簡

奴之東漢漁陽太守郭伋，「子虞」乃治理南匈奴頗有成效之漢末并州刺史梁習。〈李和墓誌〉用此二人比擬墓主，反映了當時知識階級對匈奴與稽胡關係之認識。中唐時期，常人雖對稽胡來源已不甚了了，但譜牒學者仍洞悉其匈奴祖先。[84]

《周書·稽胡傳》雖然也有錄有「或云山戎赤狄之後」之說，[85]但「或云」前綴表示對此說存疑。然而到隋代，這種存疑之說卻大行其道，甚至得到了部分稽胡的主動認可。《元和郡縣圖志·關內道三·丹州》引《隋圖經》云：「近代號為步落稽胡，自言白翟後也」。[86]「自言」至少代表了隋時丹州稽胡之自我認同，到唐開元年間這種認同已經擴大到稽胡居住的多數地區。張守節《史記正義》云：「翟，隰、石等州部落稽也。延、綏、銀三州皆白翟所居」。[87]河東胡人為翟，河西胡為白狄，這一狄人認同的擴大與其族語式微時間相近，可伴隨胡語衰退的卻不是漢人認同的擴張，而是另一種非漢人認同的深入。儘管在經濟上可以通過勸課農事對胡人加以同化，但心理上的胡人認同卻又改頭換面繼續堅守。到北宋時，原稽胡居住地區在胡漢文化交融下仍然留下了胡人的文化印記，《東齋記事》所錄之歌或是對這段歷史的回憶：

漢似胡兒胡似漢，

改頭換面總一般，

只在汾河川子畔。[88]

報〉，頁 41。

[84] 林寶，《元和姓纂》，卷五，〈劉氏〉，頁 703。

[85] 令狐德棻，《周書》，卷四十九，〈稽胡傳〉，頁 896。

[86] 李吉甫，《元和郡縣圖志》，卷三，〈關內道三·丹州〉引《隋圖經》，頁 74。

[87] 司馬遷，《史記》，卷一百二十九，〈貨殖列傳〉引注張守節《正義》，頁 3263。

[88] 范鎮，《東齋記事》（北京：中華書局，1980），卷三，頁 28。

第三節　丁零、稽胡漢化差異之原因

漢化進程中丁零與稽胡的巨大差異可以歸因於以下諸方面：

一、地理因素

丁零與稽胡雖然均被視為山居族群，但二者的居住環境存在明顯區別。入塞丁零生活的太行山區雖然為「形勝之區但地險而瘠」，[89]可實際上太行山區與外界自古就存在通道相連，即著名的「太行八陘」，對外聯繫並不算太困難。所以山居丁零人絕非與世隔絕，這些道路的存在可以令并州地區的丁零東出華北平原，也可令華北之丁零北遷代郡。

此外並非所有的丁零人都生活於山區，其另一生活形態為「阻山而居」，[90]即背靠太行山麓，面向華北平原生活。一些丁零部落就生活於山腳，甚至山外的平原地區。《魏書‧太武紀上》明言定州丁零鮮于臺陽、翟喬等「二千餘家叛入西山」。[91]從「叛入」之用詞看，其原本生活地區並非位於山中，似應在山外平地居住。西山等山區只是一些丁零起事時之地形依託，而非所有丁零部落的集中居住區。不僅定州丁零如此，并州丁零情況可能也類似。魏泰常初，「白澗、行唐民數千家負嶮不供輸稅」，經周幾與長孫道生曉以禍福，「逃民遂還」。[92]既然「逃民」還家，則可知這些丁零民的日常居住地區並不在群山中。所以丁零人並不是純粹的山居族群，當稱為半山居族群。

相比丁零人半開放之居住環境，稽胡地區要封閉得多，呂梁山區之閉塞絕非太行山區可比。《（雍正）石樓縣志》自云地勢曰：「邑隸

89　蔡懋昭，《（隆慶）趙州志》（收入《天一閣藏明代方志選刊》，臺北：新文豐出版公司，1985，冊二），卷一，〈地里‧疆域〉，頁454。

90　司馬光，《資治通鑑》，卷一百二十六，〈宋紀八‧元嘉二十八年〉胡注，頁3964。

91　魏收，《魏書》，卷四上，〈太武紀上〉，頁74。

92　魏收，《魏書》，卷三十，〈周幾傳〉，頁726。

萬山之中，四望皆崇山陡坡」。[93]直到近代，石樓「縣城僅能通乘騎，鄉間只有崎嶇蜿蜒的羊腸小道」。[94]筆者曾赴延安地區走訪，司機告知直到 20 世紀 90 年代，當地道路仍然崎嶇難行，從鄉村到縣城只能乘坐數日的騾馬車。[95]

按《周書·稽胡傳》之記載，稽胡的生活環境為山谷，不過該地形當多適用於山居胡人，尚有胡人生活於其他地形中。劉薩訶之出生地即在慈州東南高平原。[96]高平原之「原」即「塬」，為流水沖刷形成之地貌，上方較為平坦，四周陡峭，高於平地，多見於黃土高原，著名的五丈原、董志塬即其代表，居住於黃土高原之稽胡必有不少在臺塬上經營農牧。無論哪種地形俱在群山圍繞中，與外界聯繫困難。易守難攻的同時，亦在一定程度上妨礙了胡人與其他族群的接觸，即使直線距離接近，但千溝萬壑的地貌卻令直接交流受到阻礙。廖幼華先生即指出稽胡所居地受地理條件限制，多為與漢人社會完全不同的「隙地」，中央王朝政治、文化力量的延伸對於這種形勢封閉的地區往往很難達到。[97]

所以在各自不同的地理環境中，丁零與外界之交通較稽胡便利，也更容易受到周邊文化的輻射影響。而稽胡無論是生活在黃土高原還是呂梁山區，大多受到自然環境的諸多限制，外界要進入其中必先克服自然阻礙，而這一成本並不低廉。這也可以解答為何在稽胡起事地區中，西河胡早在北朝末已少有舉事？當必與西河之地形有關，西河與定州丁零相似的半開放環境令胡漢文化交流較其他地區容易。

---

[93] 袁學謨，《（雍正）石樓縣志》（鈔本缺卷以刻本配之），卷六，〈山川〉，頁 503。

[94] 石樓縣志編纂委員會，《石樓縣志》（太原：山西人民出版社，1994），頁 10。

[95] 筆者西元 2021 年 5 月 19 日赴陝西延長時，所搭乘出租車之李姓駕駛員告知。

[96] 釋道宣，《續高僧傳》，卷二十六，〈魏文成沙門釋慧達傳〉，頁 981。

[97] 廖幼華，〈丹州稽胡漢化之探討——歷史地理角度的研究〉，頁 309。

二、經濟形態

與自然地理密切相關的是受其影響的經濟形態，經濟形態的類型一定程度上影響了相關族群的對外關係，對漢化之作用也不盡相同。

丁零本為草原部族，但翻檢史冊，卻找不到其入塞後經濟生活的直接描述。換個角度考量，其中原因除漢人編寫史書時往往不重視其他族群之經濟生活外，可能也與其經濟形態同周圍漢人大同小異有關，即以農業為主。不過晉末十六國初的丁零可能仍保留了一定規模的牧業。中山丁零翟鼠反抗石勒後，「勒率騎討之」，「鼠保於胥關，遂奔代郡」。[98]按唐代交通條件，中山至代郡取道飛狐陘路程在四百七十里以上，如果翟鼠要率領部眾完成撤退，而不為石勒騎兵追及，則必然需要以馬力為憑藉，而馬匹的配備則需畜牧業為基礎。又《晉書‧慕容儁載記》云：

> 遣其撫軍慕容垂、中軍慕容虔與護軍平熙等率步騎八萬討丁零敕勒於塞北，大破之，俘斬十餘萬級，獲馬十三萬匹，牛羊億餘萬。[99]

此時前燕都城尚在薊，所出征的塞北離丁零翟鼠曾出奔之代郡不遠，被其俘獲大量畜產的丁零、敕勒中或有部分為此前翟鼠殘部。到翟魏敗亡時，某些細節顯示可能游牧族群影響仍在，如翟釗「攜妻子率數百騎北趣白鹿山」，[100]翟釗之妻也能騎馬，這不禁令人聯想起〈李波小妹歌〉中「褰裙逐馬如卷蓬，左射右射必疊雙」之語。[101]如果遠離畜牧，恐怕難以掌握騎術。至於與定州丁零關係較為疏遠的幽州、平州

---

[98] 房玄齡，《晉書》，卷一百四，〈石勒載記上〉，頁 2725。

[99] 房玄齡，《晉書》，卷一百十，〈慕容儁載記〉，頁 2838。

[100] 房玄齡，《晉書》，卷一百二十三，〈慕容垂載記〉，頁 3088。

[101] 魏收，《魏書》，卷五十三，〈李孝伯傳〉，頁 1176。

丁零，由於居住在北疆，受寒冷天氣影響，僅靠農業生產或難以為生，因此狩獵經濟成為重要補充。後燕丁零楊道即狩獵於白鹿山，為契丹俘虜北遷後，仍以射獵為生。[102]

但是當北魏在中原逐步確立統治秩序後，丁零的經濟也納入國家管控中。其生活的行唐、白澗等地區均要向北魏繳納賦稅，按照北魏千里內納粟之規定，其所承擔的賦稅當以納粟的形式上繳，故到北魏時丁零的生活無疑已農業化。由於定州本身即傳統農業地區，非稽胡之農牧過度地帶，因此在農業較高的回報率吸引下，政府必然會大力引導丁零人從事農業生產。

相較於政府治下之丁零在定居後逐漸轉為農業生產，稽胡地區雖然也存在地方長官勸課農桑的經濟指導，如李和主政延州期間，「勸農桑而變夷俗」。[103]不過當地牧獵經濟在相當長的時間內仍然佔有較大比重。入塞之後，由於空間的變化，匈奴人已有從事農業生產者。匈奴後部出身的漢趙大臣陳元達未發跡前，「常躬耕兼誦書」。[104]其實早在陳元達之前，曹魏末期「太原諸部亦以匈奴胡人為田客，多者數千」，[105]不過這種以匈奴為田客之行為恐怕並不是建立在匈奴農業發展水準已與漢人接近的基礎上，或由於蓄養胡人奴隸為灰色地帶，缺少政府介入，使用成本較低，故權貴通過追加人力資本之方式彌補其耕作技術生疏，以保證產量。總之，入塞匈奴的農業化程度可能被高估。

在陳元達農耕時，匈奴中仍存在以牧業為生之部民。《太平御覽》引崔宏《十六國春秋·前趙錄》云：李景「少貧，見養叔父，常使

---

[102] 李昉等，《太平御覽》，卷一百九十二，〈居處部二十·城上〉引崔鴻《十六國春秋·北燕錄》，頁 927-1。

[103] 〈李和墓誌〉，參見陝西省文物管理委員會，〈陝西省三原縣雙盛村隋李和墓清理簡報〉，頁 41。

[104] 房玄齡，《晉書》，卷一百二，〈劉聰載記附陳元達傳〉，頁 2679。

[105] 房玄齡，《晉書》，卷九十三，〈王恂傳〉，頁 2412。

牧羊」。[106]李景即曾救劉聰駕之李景年，出身匈奴前部（南部）。而
陳元達所在之北部（後部）繼劉猛叛晉出塞後，劉淵時又出現部民叛逃
出塞之事，如果此時匈奴已完全成為農耕部族，則土地田產等必然成為
其出塞的負擔。只有在主要資產具有可移動性的前提下，較長距離的遷
徙方有可能實現。因此魏晉時期入塞匈奴的牧業必然仍有重要地位。根
據考古發掘，呂梁山區永和縣龍吞泉遺址之漢魏時期地層中極少出土鐵
器，但存在大量陶片，「表明這裡當時並不進行農業等生產活動」，但
「曾有人定居生活過」，山西考古研究所之發掘報告推測為駐軍。[107]
但如果考慮到該時期呂梁山區的族群構成，入塞匈奴在此定居畜牧也當
為一合理解釋。

　　牧業規模從其軍種組成也可見一斑，劉淵起兵之初，可以「遣左
於陸王宏帥精騎五千，會穎將王粹拒東嬴公騰」，[108]而此五千騎必然
不是劉淵五萬眾中騎兵的全部，可知其騎兵所佔比例當不低。晉建興三
年（西元 315 年）箕澹對劉琨之諫言中尚有「內收鮮卑之餘穀，外抄殘
胡之牛羊」等語，[109]考慮到古漢語修辭手法，當認為此時并州之匈
奴、鮮卑在經濟上為農牧兼營。

　　到十六國時期，原入塞匈奴居住區的牧業仍保有較大規模。《太
平御覽》引《陳武別傳》云：陳武「休屠胡人，常騎驢牧羊」。[110]陳
武「育於臨水令陳君」，[111]臨水屬西河郡，為原匈奴活動地區。至於

---

[106] 李昉等，《太平御覽》，卷八百三十三，〈資產部十三‧牧〉引崔宏《十六國春秋‧前
　　趙錄》，頁 3719-1。

[107] 山西省考古研究所等，〈永和龍吞泉遺址發掘報告〉，《三晉考古（第三輯）》（太
　　原：山西人民出版社，2006），頁 210。

[108] 司馬光，《資治通鑑》，卷八十五，〈晉紀七‧永興元年〉，頁 2700。

[109] 房玄齡，《晉書》，卷六十二，〈劉琨傳〉，頁 1685。

[110] 李昉等，《太平御覽》，卷三百九十二，〈人事部三十三‧吟〉引《陳武別傳》，頁
　　1812-2。

[111] 李昉等，《太平御覽》，卷三百六十三，〈人事部四‧字〉引《陳武別傳》，頁 1671-1。

陳武騎驢牧羊的深層原因，除因戰爭需要馬作為戰略資源為政府徵收外，另一可能的答案是牧業規模縮小。草原上傳統放牧為騎馬放牧，近現代內蒙地方一人徒步能管理 150-200 隻羊，而騎馬則可以擴大到 500 隻。[112]驢的位置應介於二者之間，表明入塞後牧業規模雖然較原來收縮，但亦非人力步行可以應付。另外驢對山地、丘陵等複雜地形的適應力超過馬，也可將其視為新環境下畜牧方式的自我調節。

前、後秦之交的貳城胡中也保留了相當規模的牧業，曹寅、王達一次即向姚萇貢馬三千匹。三千匹的概念可以參考下表：

表 7-1　十六國貢馬表

時間（西元）	貢馬方	所屬政權、族群	進貢對象	數量（匹）	目的
310	張軌	前涼	西晉	500	赴難
323	張茂	前涼	前趙	1500	請和
371	辟奚	吐谷渾	前秦	50	輸誠
390	曹寅、王達	貳城胡	後秦	3000	輸誠
402	拓跋珪	北魏	後秦	1000	求親
406	禿髮傉檀	南涼	後秦	3000	輸誠
407	杜崙	河西鮮卑	後秦	8000	輸誠
410	慕容超	南燕	東晉	1000	請和
411	郁久閭斛律	柔然	北燕	3000	求親
411	虞出庫真	庫莫奚	北燕	1000	求市
414	郁久閭大檀	柔然	北燕	3000	通好

資料來源：《晉書》、《資治通鑑》。

---

[112] 王明珂，《游牧者的抉擇：面對漢帝國的北亞游牧部族》，頁 131。

　　三千匹的貢馬數量當然無法與河西走廊的鮮卑相比，但在當時規模中也居於前列。考慮到進貢目的之差異，輸誠之急迫程度遜於請和，可推測這一數目當在貳城曹氏的可承受範圍內，則其馬匹保有量更應在此之上，當地牧業規模可見一斑。

　　入魏以後，稽胡雖然以納粟作為承擔政府賦役的主要方式，但在某些地區，牧業似乎仍是主要產業。王明珂先生提出在環境變遷影響下，黃土邊緣人群曾有逐漸減少對農業生產的依賴之應對舉措，如西元前 2000 年至前 1000 年的氣候乾冷化影響下以游牧維持生計。[113]稽胡活躍的時代也是歷史上之氣候寒冷期，即使政府極力推廣農業，也難以在氣候條件上得到客觀保障。

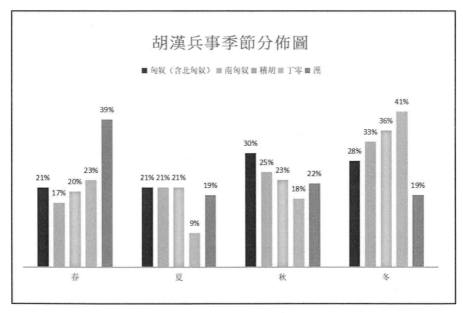

圖 7-2　胡漢兵事季節分佈
*漢人起事參考張澤咸、朱大渭，
《魏晉南北朝農民戰爭史料彙編》之統計繪製。

---

[113] 王明珂，《游牧者的抉擇：面對漢帝國的北亞游牧部族》，頁 108。

在起事季節選擇上，稽胡與祖先匈奴存在相似之處，即集中於秋冬發難。王明珂將游牧人群之掠奪分為生計性掠奪與戰略性掠奪兩種模式，其中生計性掠奪多發生於秋季與初冬，是出於直接獲得生活物資之目的，為游牧經濟生態的一部分。此時牧民一年中的游牧工作大體完成，兵強馬壯，因而可以滿足戰鬥需要。[114]在吐京胡中疑似生計性掠奪遠較其他地區之稽胡突出，概率高達75%。事實上，吐京胡居住的石樓地區自先秦時代就有「晉國多馬，屈焉是產」之美譽，[115]以其優越的地理環境，北魏時仍以出產良馬著稱。《水經注・河水三》云：土軍縣「有龍泉，出城東南道左山下牧馬川，上多產名駒，駿同滇池天馬河」。[116]所以在傳統及環境的雙重作用下，牧業在吐京胡中地位重要，正是以此為基礎，北魏吐京胡方能訓練出可與正規軍一戰的騎兵，政府軍也能在擊敗吐京胡後獲得「牛羊駝馬以萬數」。[117]直到北齊時，該地之畜牧規模仍能令伐胡齊軍「獲雜畜十餘萬」。[118]

在河西稽胡中，牧業也有一定規模的保留，故于寔平胡帥郝三郎後可「獲雜畜萬餘頭」，[119]在黃陵香坊石窟右側壁上也刻有騎馬之供養人形象，[120]可為當地牧業發達之佐證。史念海先生、譚其驤先生均認為此時居於山谷之中的稽胡仍然以畜牧為生，史先生進一步提出其經濟活動「只能是畜牧，而不可能有很廣闊的草原從事於游牧」。[121]目前離石尚有名為西華鎮草原的亞高山草甸，為當地重要畜牧地，此山地

---

[114] 王明珂，《游牧者的抉擇：面對漢帝國的北亞游牧部族》，頁147。

[115] 董誥等，《全唐文》，卷五百八十六，柳宗元〈晉問〉，頁5917-1。

[116] 酈道元撰，楊守敬、熊會貞疏，《水經注疏》，卷三，〈河水三〉，頁263-264。

[117] 魏收，《魏書》，卷七十三，〈奚康生傳〉，頁1630。

[118] 李百藥，《北齊書》，卷四，〈文宣紀〉，頁58。

[119] 令狐德棻，《周書》，卷十五，〈于寔傳〉，頁251。

[120] 靳之林，〈陝北發現一批北朝石窟和摩崖造像〉，頁62。

[121] 參見史念海，〈隋唐時期黃河中上游的農牧業地區〉，頁171。譚其驤，〈何以黃河在東漢以後會出現一個長期安流的局面〉，頁26。

畜牧可為史老佐證。隋代稽胡分佈區域中「多畜牧」仍為其主要經濟特徵。[122]一些稽胡分佈州縣，直到唐代畜牧業仍佔有一定地位。在原稽胡居住的夏、銀、嵐、綏四州，唐政府先後建立過牧馬機構，如果沒有當地居民的畜牧傳統及地理條件為支撐，恐怕較難設立。夏州在牧馬業外，牧牛業亦較為發達，中唐時仍是京畿百姓的耕牛來源地之一。[123]黃河以東牧羊業盛行，時有「河西羊最佳，河東羊亦好」之說。[124]安史之亂後仍有稽胡活動的鄜州亦有較發達的牧羊業。[125]

作為畜牧經濟的補充，狩獵在稽胡中也有一定地位。前文已引《太平廣記》之唐代慈州稽胡「以弋獵為業」故事。[126]又中唐僧人釋普滿入稽胡弘法時，胡人亦有以狩獵為營生者。在第四章所列之貢物表中，胡民所承擔的熊皮、鹿角等貢物也需依託狩獵才能取得。直到晚唐五代，白敬立、李存進等人還在原稽胡地區「勸以耕農」，[127]可見當地非農經濟生命力之頑強。

根據文化人類學原理，生態對文化會產生影響，不同的經濟形態也干預著人們的價值觀。「在環境惡劣和需要勇氣和技藝來生存的地區，強調力量、堅忍的男子氣概更容易出現」，與此相反，「在那些環境宜人、食物充足且容易獲得的地區」，男子氣概並不重要。「環境越惡劣，資源越稀缺，人們的男子氣概越被強調」。[128]相較丁零生活的

---

[122] 魏徵，《隋書》，卷二十九，〈地理上‧雍州〉，頁 817。

[123] 董誥等，《全唐文》，卷六十八，唐敬宗〈令市耕牛詔〉，頁 716-1。

[124] 孟詵，《食療本草》，收入唐慎微，《證類本草》（收入紀昀等總纂，臺灣商務印書館編審委員會主編，《景印文淵閣四庫全書》，冊七百四十），卷十七，頁 740-771。

[125] 尉遲偓，《中朝故事》（收入紀昀等總纂，臺灣商務印書館編審委員會主編，《景印文淵閣四庫全書》，冊一〇三五），卷下，頁 1035-821。

[126] 李昉等，《太平廣記》，卷四百二十七，〈虎二〉「稽胡」條，引戴孚《廣異記》，頁 3475。

[127] 參見康蘭英，《榆林碑石》，〈白敬立墓誌〉，頁 243；胡聘之，《山右石刻叢編》，卷十，〈李存進碑〉，頁 15140。

[128] Steven J. Heine 著，張春妹等譯，《文化心理學》（北京：中國輕工業出版社，2012），

定州物產豐富，胡區的生存環境無疑更為惡劣，牧獵經濟的長期存在無疑對其族尚武性格的保留起著維持作用。因此在農業為主要產業，經濟形態與漢人逐漸靠攏的前提下，丁零更容易與漢人接近；相反參雜了相當比重的牧獵經濟之稽胡在維護胡人性格同時，也與農業為主的漢人保持了距離。相似的例子可以參考乾隆之上諭——「若平時將狩獵之事廢而不講，則滿洲兵弁習於晏安，騎射漸至生疏矣」。[129]雖然此後包括吐京胡在內的諸種稽胡也逐漸轉為經營農業，但這一轉變的加速已在隋唐之時。

三、外部作用

（一）政府重視程度

丁零生活的河北定州自戰國以來即經濟發達地區，為歷代政府之重要財源型州縣，北魏時更有「國之資儲，唯藉河北」之說。[130]對於此等膏腴之地，政府重視程度自然非同一般，因此北魏一朝帝王視察的頻率較高。茲將道武至孝文時之有關出巡表列於下：

表 7-2　北魏前期帝王巡視胡區、丁零區域表

時間（西元）	執政者	巡視區域						備註
		胡區			丁零區			
		離石	吐京	隰城	定州（中山）	常山	趙郡	
398	道武				√	√	√	攻後燕之善後

頁 62-63。

[129] 托津、曹振鏞，《大清會典事例（嘉慶朝）》（收入《近代中國史料叢刊三編》，臺北：文海出版社，1992，冊六百八十），卷五百七十三，頁 6604。

[130] 魏收，《魏書》，卷十五，〈元深傳〉，頁 380。

表 7-2　北魏前期帝王巡視胡區、丁零區域表（續）

時間（西元）	執政者	巡視區域						備註
		胡區			丁零區			
		離石	吐京	隰城	定州（中山）	常山	趙郡	
427	太武				√			428 年丁零叛而復降
434	太武			√				討白龍
435	太武				√			
439	太武				√			
443	太武				√			
445	太武		√		√			討吐京胡、徙丁零
447	太武				√			
448	太武				√			
453	文成				√			
454	文成				√			456 年平定井陘丁零
458	文成				√			
461	文成				√			
481	孝文				√			
494	孝文				√			
497	孝文	√						討離石胡
總計		3			16			

資料來源：《魏書》。

　　在帝王出巡的鹵簿威儀中，國家威權也必然在當地得到構建、強化。帝王的聲勢、排場也應該會對丁零人產生潛移默化的作用，促使其臣民觀念形成。而伴隨儀駕的往往是武力炫耀，在馬射、講武等軍事演習的威懾下，對於所部與政府的實力差距，丁零豪酋當然也心知肚明，與其選擇根本沒有勝算的起事，倒不如成為國家治下之順民以保全性命。

　　政府不僅宣傳國家權力的強大，也會通過社會救濟、慈善公益等各種慰問安撫方式向含丁零在內的該地區居民「送溫暖」，予以民生關懷，藉以籠絡人心，塑造政府親民形象。《魏書‧太武紀下》云：

> （太平真君）六年（西元 445 年）春正月辛亥（廿一），車駕行幸定州，引見長老，存問之。
> （太平真君九年，西元 448 年）二月癸卯（初一），行幸定州。山東民飢，啟倉賑之。罷塞圍作。[131]

　　即使到了魏室實力衰退的宣武帝時期，地方官員在饑饉之歲，仍會「開公廩，捨秩粟數百萬斛，以餽饑民」，[132]實施災害救助。為緩和官民矛盾，北魏甚至不惜通過嚴刑峻法對該地一些違法官員予以嚴懲，以獲取民心，維護政府機構之有效運轉。始光四年（西元 428 年）十二月，太武帝巡行中山，考察吏治，「守宰貪污免者十數人」。[133]又《魏書‧段霸傳》云：

> 世祖親考內外，大明黜陟。前定州治中張渾屯告霸前在定州濁貨

---

[131] 魏收，《魏書》，卷四下，〈太武紀下〉，頁 98、102。

[132] 趙超，《漢魏南北朝墓誌彙編》，〈魏使持節驃騎將軍冀州刺史尚書左僕射安樂王墓誌銘〉，頁 64。

[133] 魏收，《魏書》，卷四上，〈太武紀上〉，頁 73。

貪穢，便道致財，歸之鄉里。召霸定對，霸不首引。世祖以霸近
臣而不盡實，由此益怒，欲斬之。恭宗進請，遂免霸為庶人。[134]

　　需要注意的是，在丁零作為一個獨立族群逐漸消失的關鍵時期——
孝文朝，北魏對定州民生的重視程度較以往有所提高，救濟力度與效果
均值得肯定。《魏書·孝文紀上》云：

　　（太和七年，西元 483 年）三月甲戌（廿五），以冀定二州民
　　飢，詔郡縣為粥於路以食之，又弛關津之禁，任其去來……六
　　月，定州上言，為粥給飢人，所活九十四萬七千餘口。[135]

　　第五章對丁零起事的原因已作分析，其中很大一部分為天災人禍
所致，即出於饑荒威脅與守令威逼下的求生鬥爭。但是當這兩大原因都
得到緩和後，起事的動因自然被鬆動。漢人自然是政府利好政策的主要
受益者，但同一地區的丁零人也當受到餘澤。最終丁零甘心接受政府統
治，進而融合於周邊其他族群中。
　　與之相比，稽胡生活的呂梁山區、黃土高原無論是人口資源還是
土地開發潛力都遠遠無法同河北地區相比，對政府吸引力有限。所以受
重視程度遠不及後者，從上表所列北魏帝王在該地區的出巡次數也可印
證這一結論。北魏對胡區僅有的幾次出巡也多為平叛需要，除孝文帝太
和廿一年（西元 487 年）巡行離石可能向當地胡人施加了一定影響力
外，其餘巡行恐怕效果有限。另一方面，正是由於缺乏政府力量宣傳，
胡人對國家威權自然認識不足，難以對政府產生畏懼。需要注意的是，
政府影響程度直接關係到胡區的治亂。當政府有能力對胡區進行宣傳，

---

[134] 魏收，《魏書》，卷九十四，〈段霸傳〉，頁 2015。

[135] 魏收，《魏書》，卷七上，〈孝文紀上〉，頁 152。

塑造強大政府形象時，則胡人對發動起事較為謹慎；相反，則蠢蠢欲動。最典型的即齊、周對峙時，由於北齊的精銳力量集中於離胡區較近的并州，對西部宇文氏之軍事行動也往往從胡區外圍經過或直接進入胡區，故其治下之河東稽胡起事頻率遠遠低於宇文氏治下之河西。而宇文周之核心區域在關中平原，對北部黃土高原胡人威懾力有限，其後雖然也有大軍北上通過胡區繞道伐齊之舉，但相較於北齊并州武力的長期存在，周軍對胡人威懾力顯得不足。當然造成齊、周胡人起事頻率差異的尚有前述治理政策等原因，但周邊軍力的威懾也是需要考量的因素。

表 7-3　河東、河西稽胡起事對比

地域時期	353-383	384-439	440-494	495-523	524-534	535-581	582-610	611-628	629-907
	十六國後期	北魏初	北魏中	北魏末	魏末戰亂	齊周	隋初	隋唐之交	唐
河東	1	12	6	5	11	12	0	2	1
河西	1	3	5	0	4	15	0	6	3

資料來源：《晉書》、《魏書》、《北齊書》、《周書》、《隋書》、《舊唐書》、《新唐書》、《資治通鑑》。

　　直到北朝末期北方統一後，胡區郡縣設置逐漸增多，政府之強力形象才在其中逐步確立。但政府對胡區之重視程度仍遠不及河北，胡區各州經濟水準多為中下，自然也難以提高官方之興趣。

（二）其他族群之進入

　　與漢化形成鮮明對比的是胡化，但胡化之「胡」未必代表匈奴之胡，亦可指代其他文化與漢人迥異的少數族。丁零居住的河北地區雖然經歷了北魏末年六鎮鮮卑化勢力湧入及唐代安史之亂後藩鎮胡化這兩個非漢文化擡頭的時代。但前者在數年後即宣告失敗，丁零後裔在六鎮軍

人席捲州縣時也未表現出明顯的合作傾向；而後者之胡化雖然從安史之亂延續到五代時期，但丁零人在此前早已完成漢化，因此河北藩鎮對丁零的漢化過程沒有產生阻礙作用。

然而稽胡情況不同，除自身漢化進程緩慢外，其居住地區也一直有其他少數族進入。開啓入居胡區先河者當為突厥，突厥自北朝末年即積極介入稽胡事務，非但與劉受邏干合作抗周，稍早的劉沒鐸起事似乎也少不了突厥的暗中支持。在隋末唐初大亂中，劉季真、劉仚成等稽胡酋帥均直接投靠突厥。當稽胡酋帥失敗後，可能亦有北上逃入突厥者。突厥雖然在胡區叱吒一時，但隨著李唐力量之增強，不久即退回塞外，因此這一時期不可能在胡區留下太多突厥人。不過百年以後，隨著突厥勢力漸衰，其部眾又有播遷南下者。《舊唐書・張嘉貞傳》云：

> 時突厥九姓新來內附，散居太原以北，嘉貞奏請置軍以鎮之，於是始於并州置天兵軍，以嘉貞為使。[136]

張嘉貞鎮撫突厥一事，司馬光繫於開元五年（西元 717 年）。實際上，突厥進入傳統胡區的時間應該更早，至少不晚於先天元年（西元 712 年）。先天元年〈劉穆墓誌〉有「險即孟門，地稱離石，濱於雜虜，控以諸軍」之語。[137]依陳寅恪先生所論，雜虜即雜種，此二詞彙屢次出現於杜甫詩中，其為安史之同類，即中亞九姓胡。[138]這些與突厥混雜之胡人與尚未漢化之稽胡接觸後，可能令當地更加動盪。石州刺史劉穆即可能為處理這一問題而殫精竭慮，最終積勞成疾，猝死任上。

---

[136] 劉昫，《舊唐書》，卷九十九，〈張嘉貞傳〉，頁 3090。

[137] 周紹良，《唐代墓誌彙編》（上海：上海古籍出版社，1992），上冊，〈劉穆墓誌〉，頁 1148。

[138] 陳寅恪，〈以杜詩證唐史所謂雜種胡之義〉，收入氏著，《金明館叢稿二編》（上海：上海古籍出版社，2020），頁 53。

安史之亂的爆發令中央一時無法顧及突厥，因此又有突厥部落進一步南下，直至稽胡核心地區。永泰年間，「慈、隰等州狼山部落首領塌實力繼章掠眾，聚兵比脅州縣，不顧王命，恣行剽煞」。[139]慈州、隰州為北朝吐京胡居住地，考其當地方誌，附近山川均無稱狼山者。故此狼山當非慈、隰境內山脈。《舊唐書‧突厥傳上》云：

> 高宗數其罪而赦之，拜左武衛將軍，賜宅於長安，處其餘眾於鬱督軍山，置狼山都督以統之……車鼻既破之後，突厥盡為封疆之臣，於是分置單于、瀚海二都護府。單于都護領狼山、雲中、桑乾三都督、蘇農等一十四州，瀚海都護領瀚海金微新黎等七都督、仙萼賀蘭等八州，各以其首領為都督、刺史。高宗東封泰山，狼山都督葛邏祿社利等首領三十餘人，並扈從至嶽下，勒名於封禪之碑。[140]

此狼山當即唐高宗時所設狼山都督之狼山，其地「在京師西北六千里」。[141]「塌實力」一詞或出於突厥語，非稽胡常見姓氏，故此狼山酋長或從狼山都督府南下，進入稽胡地區，族屬當為突厥或其別部葛邏祿。高宗時狼山都督為社利，故此狼山部落或與中唐胡將李光進之姊夫舍利葛旃（李奉國）同源。此時唐室經安史之亂而元氣大傷，無力剿平之，只能派宦官楊良瑤招撫塌實力繼章，姑息了事。此後其部自然在此定居，與尚未完全漢化的稽胡雜處。比較典型的融合例子當屬前文提及之寧朔州白氏部落，其酋長本出自稽胡，然而到中唐時期，白道生之

---

[139] 〈楊良瑤神道碑〉，參見張世民，《楊良瑤與海上絲綢之路——〈唐故楊府君神道之碑〉解讀》（西安：西安地圖出版社，2017），頁41。

[140] 劉昫，《舊唐書》，卷一百四十四上，〈突厥傳上〉，頁5165-5166。

[141] 劉昫，《舊唐書》，卷一百九十九下，〈鐵勒傳〉，頁5344。

子白元光卻被視為突厥人，[142]當為部下三百餘戶在突厥南下後因通婚、雜居等原因突厥化。順帶一提的是，白道生夫人為康氏，顯係粟特，該部落內部狀況之複雜由此可見一斑。

唐高宗儀鳳中（西元 678 年前後）延州金明縣又遷入吐谷渾，李唐為之設立渾州。[143]晚唐時，稽胡故地雕陰在遷入吐谷渾後，各族融合致「稽胡雜種之俗」不改。[144]由於吐蕃崛起的壓力，党項所屬羈縻州也多有內遷，其中也有進入稽胡地區者。党項酋長拓跋馱布在武則天「萬歲年，以大酋長檢校黨州司馬」，[145]黨州即為党項所設之羈縻州，位於稽胡居住已久的慶州境內。此後河東也出現党項的蹤跡，《舊唐書・党項羌傳》云：

（貞元）十五年（西元 799 年）二月，六州党項自石州奔過河西⋯⋯居慶州者號為東山部落，居夏州者號為平夏部落。永泰、大曆已後，居石州，依水草。[146]

党項拓跋氏崛起後，夏州胡酋白敬立即成為節度使拓跋思恭的麾下大將。到唐末，原河東稽胡地區已為沙陀李克用地盤，在沙陀、粟特等胡文化的影響下，本即漢化不深的當地胡人自然更願接受這些非漢文化，可以說外來族群介入是打斷稽胡漢化過程的意外因素。

---

[142] 歐陽修、宋祁，《新唐書》，卷一百三十六，〈白元光傳〉，頁 4594。

[143] 歐陽修、宋祁，《新唐書》，卷四十三下，〈地理七下・關內道〉「延州都督府」條，頁 1125。

[144] 李昉等，《文苑英華》，卷四百五十六，沈珣〈授李彥佐鄜坊節度使制〉，頁 2321-2。

[145] 〈拓跋馱布墓誌〉，參見段志凌、呂永前，〈唐《拓跋馱布墓誌》——党項拓跋氏源於鮮卑新證〉，《中國國家博物館館刊》，2018 年第 1 期，頁 51。

[146] 劉昫，《舊唐書》，卷一百九十八，〈党項羌傳〉，頁 5293。

四、文化類型差異及原文化保留程度

除自然環境、經濟形態及外力介入程度存在區別外，更可能造成二者對漢文化接受度不同的因素當為文化模式的差異，以及在此基礎上對原文化的改造力度等衍生要素。

（一）文化模式類型

由於自然環境和生活方式的差異，以及觀念、信仰、習慣之區別，不同族群會在其文化類型上呈現差別，形成自己獨特的文化特徵。丁零與稽胡在其祖先時代都為草原游牧部族，因此在文化類型上有一定的相似之處。丁零風俗可參考其草原胞族鐵勒，「人性凶忍，善於騎射，貪婪尤甚，以寇抄為生」。[147]相似的習俗在匈奴中也有存在，《史記‧匈奴列傳》云：

> 其俗，寬則隨畜，因射獵禽獸為生業，急則人習戰攻以侵伐，其天性也。其長兵則弓矢，短兵則刀鋋。利則進，不利則退，不羞遁走。苟利所在，不知禮義。[148]

逐水草而居，以遷徙為常，在追求利益最大化時不在乎臉面。此乃草原游牧族群的一般性格特徵，也可用於解釋為何丁零、稽胡入塞後叛服不定，畢竟傳承自祖先的族群認同影響深遠。然在共性之外，二者在文化上也有顯著區別，《魏書‧高車傳》云：高車「無都統大帥，當種各有君長，為性粗猛，黨類同心，至於寇難，翕然相依」。[149]對同胞的愛護與對首領的忠誠構成了高車—丁零族群性格中最具人性光輝的

---

[147] 魏徵，《隋書》，卷八十四，〈鐵勒傳〉，頁1880。

[148] 司馬遷，《史記》，卷一百十，〈匈奴列傳〉，頁2879。

[149] 魏收，《魏書》，卷一百三，〈高車傳〉，頁2307。

一面——生死與共。可能也正是因為這一族群心理的作用，當南下的翟
遼面對慕容垂大軍壓境時，身處河北故地之翟遙等人不惜以卵擊石，起
事反燕，恐怕為的正是圍魏救趙，緩解同胞壓力。而翟釗單騎奔西燕
後，其舊部翟都等人不離不棄，輾轉追隨至上黨，也當為「黨類同心」
之寫照。但站在政府角度，丁零的這一特性恰恰有利於對其招安，只要
拉攏丁零上層，施以小恩小惠，即有望維持其部民的順從。

丁零的另一族群性格表現為英雄崇拜，《魏書・高車傳》云：

> 倍侯利質直勇健過人，奮戈陷陳，有異於眾。北方之人畏嬰兒啼
> 者，語曰「倍侯利來」，便止。處女歌謠云：「求良夫，當如倍
> 侯。」其服眾如此。[150]

丁零對英雄的崇拜並不侷限本族，而是超越地緣、血緣之隔，有
卡里斯馬特質之外族也可得到丁零人之推崇。這一特性也可解釋為何曾
為死敵的慕容麟在走投無路時，西山丁零仍願意接納之並受其徵用。正
因前者軍事才能尚稱卓越，曾擊敗丁零反抗軍，故為其族服膺。在其族
對象族群界限模糊的英雄崇拜影響下，頗具領袖魅力的北魏前期諸帝可
能亦受丁零人畏服。其在丁零居住地周圍舉行騎射講武後，鮮卑武士的
馬上英姿自然會口耳相傳進入丁零，隨之而來的自然是畏懼，轉而心悅
誠服，並最終接受當代英雄之領導。

丁零在塞外游牧時從未成為草原霸主，倍侯利曇花一現的武功也
與入塞丁零無關。入塞前，丁零先後受到匈奴、鮮卑等外族統治，這段
歷史也令丁零在接受其他族群統治時心理抵觸較小，在民間交流中也較
少顧慮。所以到北朝後期，已有丁零後裔與漢人鄰居一起合作，從事慈
善，造福地方。如施捨義田、救濟餓殍，河北定興之北齊天統三年（西

---

[150] 魏收，《魏書》，卷一百三，〈高車傳〉，頁2309。

元 567 年）〈標異鄉義慈惠石柱頌〉中有鮮于氏、嚴氏等多人與鮮卑、漢人等族群一同投身鄉里慈善。[131]又如修築橋樑、改善交通，山東臨沂之隋開皇二十年（西元 600 年）〈密長盛等橋象碑〉中即有一同參與修橋、名字缺失的翟氏二人。[152]合力從事地方慈善不但有助於改變漢人對丁零的刻板印象，也能增進相互瞭解，促進族群融合。

　　相較於長期作為臣服者存在的丁零，稽胡之祖先匈奴卻有著不一樣的歷史。匈奴是有史以來第一個一統草原、雄踞塞外的族群，對面大軍襲來的劉邦，冒頓單于用白登之圍令西漢陷入數十年的納貢、和親屈辱。對自身的實力與戰績，匈奴格外自豪。《漢書·匈奴傳上》錄〈單于遺漢書〉云：「南有大漢，北有強胡。胡者，天之驕子也，不為小禮以自煩。」[153]匈奴人的自信在其中表露無遺，故單于也以「天地所生日月所置」的前綴修飾語凌駕漢人「天子」之上。[154]此後匈奴雖在漢軍打擊下逐漸衰弱，南單于也歸漢附邊，但單于地位一度在諸侯王以上，這是其他少數族難以比擬的。直到魏晉禪代時，匈奴地位至少在形式上還居於其他少數族之上，為四夷外藩之首。[155]

　　然而在單于貴族仍得到中原王朝形式上的尊重時，匈奴下層部眾卻已多有被掠為漢人豪強田客者。實際上早在東漢中期，陝北地區已經有匈奴人淪為當地官紳之馬伏牧奴。[156]西晉之時，即使是單于近支出身的劉曜在面對國法時亦不能憑藉其特殊身份，免於繩墨，只能「亡匿

---

[151] 顏娟英，《北朝佛教石刻拓片百品》，〈標異鄉義慈惠石柱頌〉，頁 184-199。

[152] 陳景星，《（民國）臨沂縣志》（民國六年刊本），卷十二，〈金石〉，頁 672。

[153] 班固，《漢書》，卷九十四上，〈匈奴傳上〉，頁 3780。

[154] 司馬遷，《史記》，卷一百十，〈匈奴列傳〉，頁 2899。

[155] 房玄齡，《晉書》，卷三，〈武帝紀〉，頁 50。

[156] 朱滸，《漢畫像胡人圖像研究》（北京：生活·讀書·新知三聯書店，2017），頁 162、235。畫像石見李貴龍、王建勤，《綏德漢代畫像石》（西安：陝西人民美術出版社，2001），頁 98。

朝鮮，遇赦而歸」。[157]此時匈奴貴族面對今非昔比的待遇早已怒火中燒，《晉書·劉元海載記》載右賢王劉宣之言：

> 昔我先人與漢約為兄弟，憂泰同之。自漢亡以來，魏晉代興，我單于雖有虛號，無復尺土之業，自諸王侯，降同編戶。今司馬氏骨肉相殘，四海鼎沸，興邦復業，此其時矣。[158]

「南有大漢，北有強胡」，與中原王朝分庭抗禮的歷史已成為匈奴貴族對往昔的美好回憶。相較於丁零安於定居塞內，「興我邦族，復呼韓邪之業」，[159]重塑草原帝國之輝煌成為了匈奴右賢王劉宣明確提出的政治構想。雖然此提議被劉淵否決，但至少代表了相當一部分匈奴貴族的心聲。即使匈奴漢趙隨著歷史的滾滾車輪成為過往，但匈奴曾經書寫的輝煌必然仍是其遺民後代仰視的對象，雖然在時間的沖刷下，這個仰角逐漸固定，印象也漸趨模糊，但要其後人徹底放棄祖先歷史卻是不切實際的。縱然時代已進入北朝，「單于」之號漸漸被人遺忘，可對英雄祖先的一些記憶卻通過「步落稽」的新族號新瓶裝舊酒，改頭換面繼續發揮影響。

根據文化人類學觀點，需要強調族群文化特徵的人群，往往面對族群認同危機。[160]在漢文化的強勢包圍下，匈奴後裔對異文化步步逼近的現實肯定心存抵觸。但匈奴傳統文化在入塞後逐漸式微，有什麼辦法能讓其後裔應對文化危機？於是稽胡向宗教求助，「宗教認同是一種自我選擇的邊界形成機制，意在強化政治和社會差異」。[161]在十六國

---

[157] 房玄齡，《晉書》，卷一百三，〈劉曜載記〉，頁 2683。

[158] 房玄齡，《晉書》，卷一百一，〈劉元海載記〉，頁 2647。

[159] 房玄齡，《晉書》，卷一百一，〈劉元海載記〉，頁 2648。

[160] 王明珂，《華夏邊緣》（北京：社會科學文獻出版社，2006），頁 14。

[161] 詹姆士·斯科特著，王曉毅譯，《逃避統治的藝術》，頁 192。

時期，佛教外來色彩十分濃重，「佛是戎神」的胡文化背景與稽胡強調自身之非漢屬性一拍即合。[162]故以非漢人之宗教立於漢文化包圍之地，藉以維護自身獨立性。而當佛教逐漸本土化，周圍漢人也接受三寶後，稽胡又一度擁抱其中的非主流派——彌勒教，從某種角度而言此舉也是出自對族群認同的堅守。在舉事年號之出典方面，與漢人年號多來自儒經不同，稽胡不乏出自梵典內經者，如劉沒鐸之「石平」當出自《迦葉赴佛般涅槃經》之「時有方石平正，其色如琉璃」，為迦葉尊者對羅漢講經時常坐之處。[163]劉迦論之「大世」當與《別譯雜阿含經》之「釋種大世尊，無比之丈夫」有關，將自己比附為佛陀世尊。[164]

　　當時間進入隋唐後，面對不可能戰勝的強大政府，考量到作為「胡」存在的經濟基礎——牧獵經濟逐漸為官方倡導的農業所取代，稽胡只能由經濟之「胡」轉向更加堅定的心理之「胡」。即使是在語言逐漸被漢語取代，作為獨立族群存在的關鍵心理要素日益流失，其族也堅定地要將自身與漢人區隔。

　　在匈奴歷史重塑嘗試遭到挫敗後，匈奴祖先認同至少在表面上為稽胡選擇性遺忘。如果說北魏時出生的大利稽冒頓還可以自豪地用英雄祖先為自己命名，北朝末期劉沒鐸（中古音：muət dɑk）則只能看到疑似祖先冒頓（上古音：mok tuot）單于的影子，而到唐時匈奴英雄已經成為稽胡民眾生活中的調侃對象。《劉薩訶因緣記》有「於是驢耳王，焚香禮敬千拜，和尚以水灑之，遂復人耳」之故事。[165]關於此驢耳王本係何人，敦煌文書 P.3727 號寫本之末有附一條註釋——「赫連驢耳

---

[162] 房玄齡，《晉書》，卷九十五，〈佛圖澄傳〉，頁 2488。

[163] 竺曇無蘭譯，《迦葉赴佛般涅槃經》（收入大藏經刊行會編，《大正新脩大藏經》，冊十二），頁 1115-2。

[164] 失譯人名，《別譯雜阿含經》，頁 456-2。

[165] 《劉薩訶因緣記》，參見陳祚龍，〈劉薩訶研究——敦煌佛教文獻解析之一〉，頁 34。

王」。[166]則此傳說人物必與赫連夏諸帝有關，無論是赫連勃勃還是其
子赫連昌、赫連定，匈奴正胤的身份毋庸置疑，亦在十六國末叱吒一
時。如果唐初一般胡民對自己的族源尚有些許記憶，當不至於將本族的
英雄置於這類惡搞境地。可見其民對於自身的來源或已選擇性遺忘。故
此時擬製新的祖先又成為重新整合族群的途徑之一。在北朝後期稽胡酋
帥地位較以往有所提高的時代背景下，印度這一選擇進入了胡酋眼中。
盧水胡裔稽胡豪強郝伏顛自稱「望出西瞿國」，[167]西瞿國為佛教傳說
中四大部洲之一的西瞿陀尼洲（西牛貨洲、西牛賀州），即古印度。在
佛教弘傳的加持下，印度乃當時中原人士眼中可與中華分庭抗禮的少數
國度之一。稽胡豪酋以印度後裔自居，自然是希望向佔優勢地位的漢人
爭取更多利益與話語權，甚至平等地位。

　　然而在華夷之辯的影響下，加之譜學之風盛行，稽胡以印度為祖
先之嘗試只是曇花一現，並未得到太多認可，得來的恐怕只是譜學家的
冷嘲熱諷。最終比匈奴更加有別於漢人的白狄成為新的共同「祖先」。
匈奴雖然在歷史上長期與漢人對立，但自漢代起，在漢人所構築的炎黃
祖先神話中，匈奴即與漢人有了相同的起源。司馬遷認為「其先祖夏后
氏之苗裔也，曰淳維」。[168]對於被視為匈奴祖先的淳維，司馬貞《史
記索隱》云：

> 張晏曰「淳維以殷時奔北邊」。又樂產《括地譜》云「夏桀無
> 道，湯放之鳴條，三年而死。其子獯粥妻桀之眾妾，避居北野，
> 隨畜移徙，中國謂之匈奴」。[169]

---

[166] [法]魏普賢，〈敦煌寫本和石窟中的劉薩訶傳說〉，收入謝和耐等著，耿昇等譯，《法
國學者敦煌學論文選萃》（北京：中華書局，1993），頁 438。

[167] 〈郝伏顛墓誌〉，參見延安市文物編纂委員會編，《延安市文物志》，頁 373。

[168] 司馬遷，《史記》，卷一百十，〈匈奴列傳〉，頁 2879。

[169] 司馬遷，《史記》，卷一百十，〈匈奴列傳〉引注司馬貞《索隱》，頁 2879。

　　從有其父必有其子的遺傳角度，桀為無道之君，其子品行必然好
不到哪去，所以這也從漢人的角度解釋了匈奴收繼婚等「陋俗」之成
因。但夏桀畢竟是大禹之後，故匈奴與漢人一樣有著炎黃子孫的族籍。
然而白狄則不一樣，關於狄人之起源，《山海經・大荒西經》云：「有
北狄之國。黃帝之孫曰始均，始均生北狄」。[170]雖然狄人也有華夏起
源之說，但以記錄二者起源傳說之載體而言，權威性完全不可等而視
之。匈奴之華夏起源出自良史名家編撰的權威史籍，《史記》「前四
史」之首的地位自不待言。而狄人之炎黃起源始見於《山海經》這種近
似巫書的海外奇談，因此白狄的夷狄屬性甚於匈奴。其族在春秋時期也
一如後世匈奴，多次與中原各國發生衝突，甚至令齊桓公喊出「尊王攘
夷」口號，歷史上的重要性未必次於匈奴。而稽胡居住區域也為曾經的
白狄分佈區，將白狄後裔的身份加於自身也可在與漢人的土地爭議中獲
得較為有利的歷史依據，增加居住正當性。因此自西晉漢人將西河之白
部胡與白狄望文生義相結合後，匈奴祖先逐漸遠去的稽胡也順水推舟將
與自己無甚關聯的白狄認作新的祖先。

　　需要注意的是，經常與漢人發生衝突的歷史也在其他方面左右了
稽胡的生活，令其在與漢人接觸中試圖尋求對等。《太平寰宇記・關西
道十一・丹州》下引《隋圖經》云：「川南是漢，川北是胡，胡漢之
人，於川內共結香火，故喚香火為庫禍，因此為名」。[171]胡、漢結為
兄弟當然有助於二者和平接觸，相互交流，但「兄弟」的結成自然象徵
地位對等，這一關係的擬製可能亦反映了稽胡「和而不合」的心理底
線。在胡漢交流中雙方可以和睦共處，但絕不能被漢人融合。兄弟之盟
既然達成，則雙方子女自然互為從兄弟姊妹，婚姻之事礙於禮法難以啓
齒。從目前可見的稽胡造像、墓誌來看，一般階層之胡漢聯姻也不如胡

---

[170] 袁珂，《山海經校注》，卷十一，〈大荒西經〉，頁 395。

[171] 樂史，《太平寰宇記》，卷三十五，〈關西道十一・丹州〉「宜川縣」條，頁 744。

人族內婚普遍。稽胡族人心理上對非漢文化的堅守也影響了當地的文化，原稽胡居住區之社會風俗在稽胡印記逐漸模糊的唐代仍然迥異於其他地區，不得不令地方牧守感嘆「汾州點俗，舊難銜轡」，[172]抱怨「汾水之曲」，「俗異於華」。[173]

在文化模式中，丁零表現為重視同胞，服從領袖，崇拜英雄；而匈奴—稽胡則對自己的傳統文化抱有自信，對歷史自豪，此為二者之顯著區別。美國學者德魯普（Michael Drompp）認為游牧國家的形成中有一重要因素——對權力的渴望，即渴望統治別人，而不是被別人統治。其子民盼望的是取代既有政權，以圖享受統治的特權。[174]作為曾經稱霸草原的游牧國家後人，身體中仍然流淌著祖先馳騁疆場、牧馬中原的血液，稽胡對祖先輝煌往事的記憶恐怕難以消失，自然對權力遊戲頗有興趣，尤其是在面對來自外族的統治壓力時。相反，沒有建立統一政權的丁零在這方面經驗要少的多，多少存在逆來順受的心理。文化變遷為人類社會的普遍規律，在不同族群中，變遷的速度、程度、過程亦不相同。通常一個族群若有深厚的歷史文化背景，其變遷速度就較慢，變遷的過程也比較困難，引起的痛苦亦比較大。[175]因此相對於歷史負擔較輕的丁零，曾經的匈奴後代即使以白狄認同成為其心理領域去匈奴化之反意識，可匈奴的某些歷史仍是稽胡心中揮之不去的潛意識，這也成為其在漢化道路上遠落後於丁零的心理包袱。

---

[172] 毛漢光，《唐代墓誌銘彙編附考》，冊六，〈顏仁楚誌〉，頁 417。

[173] 毛漢光，《唐代墓誌銘彙編附考》，冊十七，〈長孫安誌〉，頁 317。

[174] 德魯普撰、陳浩譯，〈內陸亞洲帝國形成論——以突厥汗國和回鶻汗國為例〉，頁 226。

[175] 孫秋雲，《文化人類學教程》（北京：北京大學出版社，2018），頁 70。

（二）原文化之保留與文化衝突

1、入塞丁零之原文化殘留

丁零在入塞之後久居漢文化較為發達的中山、常山等地，因此其生產漸習農事，日常生活日趨漢化，不過在十六國魏初，入塞丁零仍然保留了一些草原文化特徵。

（1）部落組織

十六國魏初的丁零社會組織中有營部與渠帥存在。明元帝時，榆山丁零翟蜀即率營部通劉裕。[176]丁零之營部當非營寨之類建築，《晉書·職官志》有尚書郎「其一人主匈奴單于營部」，[177]匈奴單于治下為部落組織無疑，故丁零之「營部」當與之相似。此外在魏太武帝時，上黨丁零還保留有渠帥，參考《魏書·崔浩傳》之「新降高車渠帥數百人」，[178]此丁零「渠帥」亦當為部落酋長。對於入塞丁零之氏族構成，可參見下表：

表 7-4　入塞丁零姓氏表

地域	姓氏	翟	鮮于	嚴	故	洛	不詳
定州	中山	翟鼠	鮮于乞		故堤		
		翟斌	鮮于成				
		翟檀					
		翟敏					
		翟遼					

---

[176] 魏收，《魏書》，卷三，〈明元紀〉，頁 57。

[177] 房玄齡，《晉書》，卷二十四，〈職官志〉，頁 731。

[178] 魏收，《魏書》，卷三十五，〈崔浩傳〉，頁 819。

表 7-4　入塞丁零姓氏表（續）

地域＼姓氏		翟	鮮于	嚴	故	洛	不詳
定州	中山	翟成					
		翟釗					
	常山	翟遙	鮮于次保				
			鮮于乞				
	定州	翟喬	鮮于臺陽				
榆山		翟蜀				洛支	
濩澤		翟猛雀（翟猛）					
西河		翟同					
上黨		翟都					
隴西		翟瑤					
		翟勍					
		翟紹					
建安				嚴生			
并州							√
密雲							√
井陘							√
合計		16	5	1	1	1	

資料來源：《晉書》、《魏書》、《資治通鑑》。

　　入塞丁零部落中，翟氏無疑具有壓倒性優勢。不過翟氏內部可能存在多個支系，因此才有面對石趙時翟鼠、翟斌之不同態度。至於其他氏族，鮮于氏當為聯盟內僅次於翟氏的輔弼存在，二者的關係或相當於

匈奴內部劉氏與呼延氏之關係。以上黨丁零存在酋長來看，翟斌麾下諸翟與其以漢人的視角解釋為宗人，倒不如說是與部落聯盟領袖存在親緣關係的次一級部落首領，作戰時各率領本部丁壯隨上一級領袖衝殺。從魏太武帝時期定州、井陘丁零的基層結構已為「家」來看，在北魏對該地區的統治穩定後，部落組織可能已在國家干預下遭到強行解散，但仍聚族而居。

在部落制度長期影響下，丁零人保留了一些相應的草原民俗。其中最顯著的社會習慣即取名方式偏愛使用動物名，這種風俗廣泛存在於北亞草原各族中，《魏書‧官氏志》云：

> 初，帝欲法古純質，每於制定官號，多不依周漢舊名，或取諸身，或取諸物，或以民事，皆擬遠古雲鳥之義。諸曹走使謂之鳧鴨，取飛之迅疾；以伺察者為候官，謂之白鷺，取其延頸遠望。自餘之官，義皆類此，咸有比況。[179]

在入塞丁零酋長中，可以體現這一習俗的主要有翟鼠、翟猛雀之命名。尤其是後者的得名可能來自丁零鳥圖騰崇拜之傳統，第二章已有提及丁零之崇翟鳥習俗，段連勤先生不贊同許慎《說文解字》將「翟」釋為野雞之說，而是據《蒙古祕史》進一步推測其或為草原部族飼養的黃鷹。[180]「猛雀」恰為猛禽之名，此名或即得自其族之舊有傳說。也可說明十六國末魏初之丁零人中，仍有保留有一些傳承自祖先的草原族群意識。

對於鳥崇拜，仕丁零後裔墓葬中尚有體現。敦煌翟曹明墓雖然已主要是漢文化影響的產物，可其墓室畫像磚中卻多有刻畫朱雀、赤雀、

---

[179] 魏收，《魏書》，卷一百十三，〈官氏志九〉，頁 2973。

[180] 段連勤，《北狄族與中山國》，頁 3。

玄鳥等鳥類形象。[181]在當初未東遷的翟氏後裔中也可尋獲此崇拜之蛛
絲馬跡。北朝末期之粟特化丁零後裔翟曹明墓室門楣上即刻有兩隻公
雞，有學者認為公雞為祆教的聖禽——斯勞沙（Sraosha）。[182]依筆者
之見，雖然公雞非傳統之猛禽，但卻與釋「翟」為野雞的觀念有所重
合，或可解釋為由於其人長期粟特化，祖先神話流失嚴重，但仍留有一
些印象，進入中原後，結合當時翟為野雞之流行觀念，望文生義以公雞
形象詮釋祖先傳說。

（2）母系社會遺存

丁零人入塞後，雖然採取從父姓習俗，但一些證據顯示，其內部
可能以母系為組織紐帶，存在較強的母系社會遺風。《晉書·慕容垂載
記》云：

> 丕謂垂曰：「翟斌兄弟因王師小失，敢肆凶勃，子母之軍，殆難
> 為敵，非冠軍英略，莫可以滅也。欲相煩一行可乎？」[183]

可知丁零翟斌手中之精銳部隊為子母軍，對於子母軍的得名原
因，或可從草原族群之社會形態予以考察。相較中原漢人，北亞草原各
族之女性地位往往較重要，家庭內母親擁有一定地位。對於入塞丁零人
之性別角色地位，可以參考其塞上之胞族高車、鐵勒，《魏書·高車
傳》云：

> 婚姻用牛馬納聘以為榮……迎婦之日，男女相將，持馬酪熟肉節
> 解。主人延賓亦無行位，穹廬前叢坐，飲宴終日，復留其宿。明

---

[181] 殷光明，〈西北科學考察團發掘敦煌翟宗盈畫像磚墓述論〉，頁 161-164。

[182] 沈睿文，〈吉美博物館所藏石重床的幾點思考〉，收入張小貴，《三夷教研究——林悟
殊先生古稀紀念》（蘭州：蘭州大學出版社，2014），頁 426-483。

[183] 房玄齡，《晉書》，卷一百二十三，〈慕容垂載記〉，頁 3080。

日，將婦歸，既而將夫黨還入其家馬群，極取良馬。[184]

《隋書‧鐵勒傳》則云：「唯丈夫婚畢，便就妻家，待產乳男女，然後歸舍，死者埋殯之，此其異也」。[185]《魏書》之高車為從夫婚，而《隋書》之鐵勒則為半從妻婚，其中差異除文化變遷之可能外，空間差異也是需要考量的因素。北魏人熟悉的高車多為其治下之北疆高車，大體位置在今蒙古草原東部；而隋人所謂之鐵勒則偏西部。入塞丁零諸翟為西丁零之後，其風俗當與西部鐵勒更為接近，因此其中女性地位當不低。另一個可以說明入塞丁零母子關係的事例為公孫軌威逼丁零渠帥，《魏書‧公孫軌傳》云：

> 丁零渠帥乘山罵軌，軌怒，取罵者之母，以矛刺其陰而殺之，曰：「何以生此逆子！」從下到擘，分磔四支於山樹上以肆其忿。[186]

公孫軌能擒獲丁零酋長之母多少有意外因素在內，但公孫軌為後燕官員家庭出身，後燕與丁零接觸頗多，當知其習俗。故可能利用丁零之重母習俗報復起事酋長，實施心戰。

根據「白蘭羌，吐蕃謂之丁零」的記錄，[187]羌與丁零在社會組織、部落構成上可能存在相似處。羌人中存在以母系血緣記憶強調垂直之母子家系傳承的習慣，在羌人部落中，凝聚各部落的是共同的母親或祖母，其祖母與母親在部落之中有重要地位。[188]在近代多妻制之游牧

---

[184] 魏收，《魏書》，卷一百三，〈高車傳〉，頁 2307。

[185] 魏徵，《隋書》，卷八十四，〈鐵勒傳〉，頁 1880。

[186] 魏收，《魏書》，卷三十三，〈公孫軌傳〉，頁 784。

[187] 歐陽修、宋祁，《新唐書》，卷二百二十一上，〈党項傳〉，頁 6215。

[188] 王明珂，《游牧者的抉擇：面對漢帝國的北亞游牧部族》，頁 192、194。

社會中，也不乏每一位母親與其子女構成人群基本單位的例子。非洲之游牧族群努爾人會在有多個妻子且每個妻子都有兒子的情況下分出世系，世系群常常以母親的名字命名。[189]

因此丁零人子母軍可能為以母系關係為紐帶組建之部落兵，因為同袍間有共同血緣關係，因此在戰場遇險時挺身相救可為常態，凝聚力也較一般非親族軍隊強，故能在十六國諸軍中佔有一席之地。

（3）蓄猴之俗

粟特人中存在蓄養猿猴之嗜好，在商貿旅程之長距離跋涉中，為了排遣寂寞與增添樂趣，不少粟特人養猴為寵物。在粟特美術中，猴子也經常出現。敦煌佛爺廟唐墓之胡人牽駱駝墓磚中，就有一隻猴子在駱駝的馱囊上，新疆和田約特干遺址也出現諸多陶製小猴子。[190]由於丁零的原居地在康居以北，因此被臨近的粟特文化影響當在情理之中。丁零王翟釗即蓄猴，《太平廣記·畜獸十三》云：「太元中，丁零王翟昭後宮養一獼猴」。[191]此故事後文雖多有怪誕演繹，但反映的喜猴之俗當是事實。

2、稽胡之匈奴文化留存

由於稽胡在入居塞內後處於山區、臺塬等較為封閉的環境中，因此保留了較多的匈奴舊習，除前文提及的牧獵經濟外，尚有其他方面。

（1）婦女飾品

與其他社會的女性一樣，稽胡婦女也在其族審美標準下追求儀表鮮妍。在各種化妝首飾中，對貝類飾品有著特殊偏好，「多貫蜃貝以為

---

[189] E·E·埃文思·普里查德著，褚建芳譯，《努爾人——對一個尼羅特人群生活方式和政治制度的描述》（北京：商務印書館，2014），頁280。

[190] 沙武田，〈唐、吐蕃、粟特在敦煌的互動〉，《敦煌研究》，2020年第3期，頁19-20。

[191] 李昉等，《太平廣記》，卷四百四十六，〈畜獸十三〉「獼猴」條，引陶潛《續搜神記》，頁3645。

耳及頸飾」。[192]雖然林幹先生認為「此點尤與匈奴和西域胡異」，[193]
不過隨著考古發掘的深入，一些地區的匈奴墓中出土了裝飾用之海貝，
如寧夏同心倒墩子匈奴墓即在女性墓主隨葬品中發現有海貝，而且位於
其頸部。[194]這無疑對應了後世稽胡婦女喜用蜃貝作為裝飾之俗，稽胡
之貝類飾品習俗為繼承匈奴無疑。

（2）草原文化禮器

西元 2006 年寧夏鹽池縣出土、被學界稱為「方奇」的器物對說明
稽胡受袄教影響可能有所幫助，這點在第六章已有論及。該金器長 18
公分，寬 14 公分，厚 1 公分，正面圖案為騎馬張弓之武士形象，兩下
角也為張弓武士圖案，周圍是鳥、猴、虎、犬等鳥獸圖案。背面有銘文
如下：

> 金鋥靈質，盛衰不移。良工刻構，造茲方奇。明明穀騁，百擒飛
> 馳。猿猴騰蹦，狡兔奮髭。九龍銜穗。韓盧眄陂。洸洸巨例，禦
> 世莊麗。保國宜民，千載不虧。白烏二年歲在戊午三月丙申朔九
> 日甲辰，中御府造，用黃金四斤。[195]

因其背面銘文中有「方奇」字樣，故該金器被稱為方奇。由於
「白烏二年」紀年與其年干支「戊午」不合，因此關於其製作年代存在
兩說。其一以「白烏二年」為準，代表者為白述禮、張樹彬、任曉霞
等，[196]認為白烏二年為隋末向海明起事之年號，故其鑄造時間當在西

---

[192] 令狐德棻，《周書》，卷四十九，〈稽胡傳〉，頁 897。

[193] 林幹，〈稽胡（山胡）略考〉，頁 150。

[194] 寧夏回族自治區博物館、同心縣文館所、中國社會科學院考古研究所寧夏考古組，〈寧
夏同心縣倒墩子匈奴墓地發掘簡報〉，《考古》，1987 年第 1 期，頁 34。

[195] 白述禮，〈試論寧夏鹽池發現新的黃金方奇〉，《寧夏大學學報》（人文社會科學
版），2007 年第 4 期，頁 83。

[196] 參見白述禮，〈試論寧夏鹽池發現新的黃金方奇〉，頁 82-87。張樹彬，〈鹽池白烏二

元 614 年，至於干支與年號的不合當與向海明更改曆法有關。[197]其二以馬強、倪玉湛、王文廣為代表，[198]認為應當以干支為準，故其鑄造年代當在西元 418 年，而且向海明起事不到一年，故白烏紀年與向海明無關，此物當為十六國末期某匈奴政權所為。

圖 7-3　寧夏博物館藏金方奇

（筆者西元 2021 年 5 月攝於銀川。）

不過無論採取何種說法，金方奇可能都與稽胡存在一定關係。後說自不待言，即使採用前說，此物可能也與稽胡有關。筆者推測，可能由於共同的彌勒信仰，向海明或被稽胡奉為盟主，或存在其他往來，因

年金版「方明」說〉，《東方收藏》，2010 年第 10 期，頁 84-85。任曉霞，〈破譯鹽池古峰莊出土金版上的歷史密碼〉，《東方收藏》，2010 年第 6 期，頁 62-63。

[197] 參見張樹彬，〈鹽池白烏二年金版「方明」說〉，頁 85。

[198] 參見馬強，〈白烏二年金方奇及相關問題〉，《文物》，2015 年第 4 期，頁 91-95。倪玉湛、王文廣，〈白烏二年金方奇年代補證〉，《裝飾》，2016 年第 11 期，頁 82-84。

此其政權之「中御府」以胡人形象鑄造方奇，用來滿足向氏渴望四夷來朝的虛榮心。

拋開具體時間不說，就做工而言此方奇充滿了草原游牧族氣息，斯基泰文化之馬具、武器、動物紋飾三要素交融，與薩珊波斯、嚈噠之狩獵圖極為相似。其中獵豹狩獵的存在，表明可能與中亞或西亞有關。[199]不過與波斯、嚈噠相比，該器物在設計上又存在一些改變。馬鬃被扎起為薩珊波斯塑造戰馬的典型藝術手法，[200]在波斯及嚈噠之狩獵圖中這一裝飾較為常見。然而金方奇的戰馬卻沒有採用波斯風格的鬃毛造型，或許是融入本族審美取向之結果。總之此器物的出現說明至少到北朝初期，稽胡在心理上仍然強烈認同匈奴草原文化。

（3）婦女地位

稽胡婦女在族群中之地位，《周書·稽胡傳》云：

> 俗好淫穢，處女尤甚。將嫁之夕，方與淫者敘離，夫氏聞之，以多為貴。既嫁之後，頗亦防閒，有犯姦者，隨事懲罰。[201]

又《隋書·地理志上》云：「雕陰、延安、弘化，連接山胡，性多木強，皆女淫而婦貞，蓋俗然也」。[202]在稽胡的性別角色地位中，女性婚前自由較為突出，給漢人留下了深刻的印象。

對於這種婚前自由行為，E·A·韋斯特馬克將其視為結婚前的準備，「這可能是一種正常的求偶方式，也可能是在建立長久關係之前所

---

[199] 張廣達，〈唐代的豹獵——文化傳播的一個實例〉，收入《唐研究》（北京：北京大學出版社，2001年），第七卷，頁177。

[200] 林梅村，〈中國與近東文明的最初接觸——2012年伊朗考察記之五〉，《紫禁城》，2012年第10期，頁39-40。

[201] 令狐德棻，《周書》，卷四十九，〈稽胡傳〉，頁897。

[202] 魏徵，《隋書》，卷二十九，〈地理志上·雍州〉，頁817。

進行的試婚」。[203]《太平廣記》延州婦人的故事表明這種較為開放的兩性觀念可能直到中唐仍在稽胡地區流行。與稽胡婦女較為自由相似的是，大眾文化中被認為與西遷匈奴有關的匈人，其婦女也擁有較大的自由。根據羅馬人 Ammianus 之記載：

> 記得當阿提拉進入他的主要村莊時，匈奴婦女從四面八方跑去看望他：其中一些人圍著他的馬，唱著歡迎他的歌。有時當阿提拉沿著路走得更遠時，昂熱修斯的妻子帶著一群女僕從她的小屋裡出來，向酋長提供食物和飲料……這名婦女也公開露面並在人群中揉肩膀，不僅是與自己的人，還有陌生人和外國人。[204]

在婦女地位較高方面，稽胡與匈人這兩大可能起源於同一祖先的族群無疑較為相似。需要注意的是在佛教傳入胡區後，稽胡並未如多數佛教部派一樣歧視女性，而是對女性地位予以肯定。如傳說之延州婦人真身為鎖骨菩薩，其死後「視遍身之骨，鉤結皆如鏁狀」。[205]這種形狀不禁令人想起稽胡高僧劉薩訶圓寂之後，法身「形骨小細狀如葵子，中皆有孔，可以繩連」。[206]二者遺骨在外形上之相似不應僅視為巧合，而當有其文化觀念蘊藏在內，即稽胡可能認為無論男女均可修行得道成佛，而促使這一觀念形成的原因當即其族男女之間社會地位差異較小的現實。

---

[203] E·A·韋斯特馬克著，李彬等譯，《人類婚姻史》（北京：商務印書館，2015），頁127。

[204] E. A. Thompson, *The Huns* (*The Peoples of Europe Series*), Wiley-Blackwell, 1996, p.185-186.

[205] 李昉等，《太平廣記》，卷一百一，〈釋證三〉「延州婦人」條，引牛僧孺《續玄怪錄》，頁682。

[206] 釋道宣，《集神州三寶感通錄》，卷下，〈神僧感通錄〉「釋慧達」，頁435-1。

（4）收繼婚

稽胡婚姻關係中收繼婚之存在令外界漢人尤為注意，《周書·稽胡傳》云：「兄弟死，皆納其妻」。[207]收繼婚又被稱作轉房婚，此習俗的出現除與照顧親屬有關外，更重要的意義即防止父系家財因婦女改嫁而流入外姓手中。稽胡的這一風俗當繼承自匈奴「父死，妻其後母；兄弟死，皆取其妻妻之」之傳統習俗。[208]

（5）猛禽崇拜

草原游牧族對雄鷹等猛禽普遍較為崇拜，至今蒙古地方在舉行摔跤比賽時，跤手猶有賽前振臂模仿雄鷹翱翔之動作。匈奴雄鷹崇拜最典型的例子當為內蒙古阿魯柴登匈奴墓出土的匈奴單于鷹形冠，冠頂中間為一綠松石首、黃金鑄身之雄鷹，王冠上之鷹目視前方，展翅欲飛，為匈奴首領的權力象徵。無獨有偶，在稽胡酋長中亦不乏以鷹類猛禽取名者，如北魏三城胡酋鷂子，隋末唐初胡帥劉鷂子。

（6）蹛林遺俗

唐貞觀年間，道宣律師入稽胡中遊歷，發現當地有一特殊習俗——「今諸原皆立土塔，上施柏剎繫以蠶繭，擬達之栖止也」。[209]道宣將土塔上樹柏枝並掛蠶繭的風俗歸因於當地百姓對稽胡高僧劉薩訶之紀念，此非其主觀臆斷，當為此時胡中公認說法。

但此風俗恐怕不僅與劉薩訶有關，更可能出自對匈奴舊俗之繼承與發展。《史記·匈奴列傳》云：「秋，馬肥，大會蹛林，課校人畜計」。對於「蹛林」之意，張守節《正義》引顏師古之說，解釋為「蹛者，遶林木而祭也。鮮卑之俗，自古相傳，秋祭無林木者，尚豎柳枝，眾騎馳遶三周乃止，此其遺法也」。[210]顏師古為唐初人，時距離北朝

---

[207] 令狐德棻，《周書》，卷四十九，〈稽胡傳〉，頁897。

[208] 司馬遷，《史記》，卷一百十，〈匈奴列傳〉，頁2879。

[209] 釋道宣，《集神州三寶感通錄》，卷下，〈神僧感通錄〉「釋慧達」，頁435-1。

[210] 司馬遷，《史記》，卷一百十，〈匈奴列傳〉，頁2892。

未遠，而其祖父顏之推曾出仕北齊，對於鮮卑之俗不會陌生，故其說當屬可信。《魏書‧禮志四》有記載魏太武帝遣李敞至烏洛侯國祭拜先祖石室之禮儀，「敞等既祭，斬樺木立之，以置牲體而還。後所立樺木生長成林，其民益神奉之」。[211]

直到現在蒙古地方仍存在相似習俗，各旅遊景區常見的敖包即為在石塊累積之圓形底座上樹立柳枝作為祭祀場所，蒙古人在向其獻貢物後，繞行三圈方完成祭拜。稽胡的土塔樹以柏樹枝無疑是對這一北亞草原諸族常見習俗的繼承，只不過融入佛教高僧故事加以詮釋。

（7）抄掠經濟

匈奴的傳統價值觀被漢人斥為「苟利所在，不知禮義」，[212]稽胡居住地區直到唐代還被視為「人貪於利，俗異於華」。[213]這種對利益的追求如果上升到極端利己階段，則必然表現出對他人財產甚至人身的漠視，換言之，即搶奪行為盛行。

稽胡的各種經濟活動中，有一類對周邊族群傷害極大，即以掠奴為代表的抄掠經濟。在其祖先匈奴身上，抄掠經濟尤為明顯，如漢文帝十四年（西元前 166 年），匈奴單于發十四萬騎入朝那、蕭關，「殺北地都尉印，虜人民畜產甚多」。[214]到魏晉匈奴五部時期，入塞匈奴中仍有此風，甚至不惜以其他胡人作為掠奪對象，石勒就曾經淪為受害者。其因饑荒與同伴逃難，準備「自雁門還依甯驅」，卻遭「北澤都尉劉監欲縛賣之」。[215]對於北澤都尉，清人周家祿認為「北澤當是北部之誤」，[216]故此次掠奴當為匈奴北部所為。作為與匈奴有直接關係之

---

[211] 魏收，《魏書》，卷一百八之一，〈禮志四之一〉，頁 2738。

[212] 司馬遷，《史記》，卷一百十，〈匈奴列傳〉，頁 2879。

[213] 毛漢光，《唐代墓誌銘彙編附考》，冊十七，〈長孫安誌〉，頁 317。

[214] 司馬遷，《史記》，卷一百十，〈匈奴列傳〉，頁 2901。

[215] 房玄齡，《晉書》，卷一百四，〈石勒載記上〉，頁 2708。

[216] 周家祿，《晉書校勘記》，卷五，收入《叢書集成新編》，冊六，頁 735。

後代，稽胡的掠奴、抄掠也數見不鮮。《周書·韋孝寬傳》云：

> 時又有汾州胡抄得關東人，孝寬復放東還，並致書一牘，具陳朝
> 廷欲敦隣好。
>
> ……
>
> 汾州之北，離石以南，悉是生胡，抄掠居人，阻斷河路。[217]

縱使有高洋蕩平石樓之餘威，呂梁百姓仍有淪為胡人掠奴受害者之
憂。如《隋書·侯莫陳穎傳》云：「稽胡叛亂，輒略邊人為奴婢」。[218]
在劉蠡升反魏時，北魏、東魏「西土歲被其寇，謂之胡荒」，高歡在擊
敗胡兵後，獲得「胡、魏五萬戶」，[219]其中的魏人（漢人）即使並非
全部來自被掠之奴，也必有相當部分為胡人掠奴所得。需要注意的是北
朝這些稽胡掠奴行為主要發生在河東，而河東稽胡之主要來源即原入塞
匈奴，對於其較為頻繁的抄掠行為，與其稱之為巧合，倒不如說是對原
匈奴陋俗的繼承。

河西也存在稽胡劫掠行為，但與河東胡人掠人為奴用於生產不太
一樣，河西胡人掠人的目的似乎為滿足殺戮慾望。《法苑珠林·救厄篇
第七十六》云：

> （徐善才）道逢胡賊，被捉將去，至豳州南界。胡賊凶毒，所捉
> 得漢數千人，各被反縛，將向洪崖，差人次第殺之，頭落懸崖。[220]

---

[217] 令狐德棻，《周書》，卷三十一，〈韋孝寬傳〉，頁538。

[218] 魏徵，《隋書》，卷五十五，〈侯莫陳穎傳〉，頁1381。

[219] 李百藥，《北齊書》，卷一，〈神武紀上〉，頁18。

[220] 釋道世撰、周叔迦等校注，《法苑珠林校注》，卷六十五，〈唐居士徐善才〉，頁1971。

即使當河東、河西之稽胡起事逐漸為唐朝平定，天下經歷了貞觀之治的恩澤。可是到高宗時期，某些地區似乎還存在以劫掠為業的稽胡。《舊唐書·田仁會傳》云：

> 五遷勝州都督，州界有山賊阻險，劫奪行李，仁會發騎盡捕殺之。[221]

這段記錄在《新唐書》中也有收入，不過「山賊」作「夙賊」，[222]可見劫掠由來已久，勝州地處稽胡傳統聚居區之北端，故此山賊可能為仍不願接受政府統治之稽胡。

對於稽胡抄掠的方式，史籍缺乏詳細記載，或許可以參考近代涼山彝族的掠奴方式。在涼山黑彝頭目組織的劫掠行動中，劫掠者一般分為小股，多在十人左右，由熟悉情況、能指揮帶路之人直接率領，攜帶武器，趁各地區防備不周時出擊。最常見的是夜間到延邊的漢人農舍劫掠，也有趁延邊漢人農民在從事農活時突然襲擊，將其驅趕回山。更大規模的劫掠則為成百上千人馬攻打延邊漢區城鎮，這種大規模行動中獲得奴隸往往以百、千計。[223]

需要指出的是，對奴隸之需求並非在所有發展程度較落後的族群中均存在。筆者曾經向賽德克耆老田貴實先生請教，得知近代臺灣泰雅系諸族雖然有出草獵首之習，但掠奪外族為奴隸的現象幾乎不存在。[224]因此這一習俗可能在對勞動力、技術之獲取有較高需求的族群中才易出現。王明珂推測匈奴熱衷掠奪外族為奴之目的當為補充人力資源，以解

---

[221] 劉昫，《舊唐書》，卷一百八十五上，〈田仁會傳〉，頁4793。

[222] 歐陽修、宋祁，《新唐書》，卷一百九十七，〈田仁會傳〉，頁5623。

[223] 胡慶鈞，《涼山彝族奴隸制社會形態》，頁115-116。

[224] 筆者於西元2021年3月8日向居住花蓮的賽德克耆老田貴實先生（Kimi Sibal）請教。

決畜牧業發展與勞動力不足的矛盾。[225]因此稽胡的掠奴可能也存在相似的動因，或為獲得農牧業所需要的勞動力，或為從漢人手中得到農牧、紡織、冶煉等技術。應當注意的是，胡人中存在與漢人結義以及對外商貿交易，這些在客觀上需要一個和平的氛圍，既然存在對外界社會的依賴，則不可能殺雞取卵、涸澤而漁，可屢見史冊的掠奴行為顯然與這一要求矛盾。如何解釋這一矛盾呢？除去時空差異外，如果參考近現代山區族群與外界之關係，或許可將胡人眼中的外界社會分為夥伴村與非夥伴村。前者為存在固定商貿往來的盟友，後者則不在此列，可能淪為劫掠對象。而不同胡帥率領的部落也可能有著不同的夥伴村落，在甲胡帥與甲村為夥伴關係的前提下，甲村並不能免於乙胡帥之覬覦。美國學者斯科特歸納山地政治結構為「存在多個相互競爭的小政體」，每一小政體都有受其保護的谷地夥伴村落。[226]近代在涼山彝區經商的漢商即使有向黑彝繳納保費，可也只能保證其免遭該黑彝轄區內彝人之劫掠，對其他區域則無能為力。[227]這也可以解釋為何胡中同時存在對外劫掠與結盟這兩種明顯矛盾的現象，如果這一推論成立，或許也可進一步推測由於利益糾紛，胡人部落之間肯定也存在矛盾衝突，類似近代彝族中流行的「打冤家」械鬥在胡中亦當存在。

　　稽胡入塞居住，誠然也出現了一些新的社會風俗習慣，不過在任何社會中，文化均不可能憑空出現。依據現代文化人類學理論，「每一條文化創新的主線都與現存的信念與實踐之網交織在一起」，建立在此前的結構之上，文化的變化「是對現存文化基礎的修正，而不是重新產生一個新的文化」，因為「早期的文化結構可以影響幾個世紀後的文化規範」。[228]所以與其將稽胡中出現的新文化現象視為佛教等外來因素

---

[225] 王明珂，《游牧者的抉擇：面對漢帝國的北亞游牧部族》，頁158。

[226] 詹姆士・斯科特著，王曉毅譯，《逃避統治的藝術》，頁183。

[227] 胡慶鈞，《涼山彝族奴隸制社會形態》，頁83-84。

[228] Steven J. Heine 著，張春妹等譯，《文化心理學》，頁89。

影響下之移風易俗，倒不如稱為佛教等外來文化包裝下匈奴舊俗的改頭換面。《集神州三寶感通錄・釋慧達》云：

> 稽胡專直信用其語，每年四月八日大會平原，各將酒餅及以淨供。從旦至中酺飲戲樂，即行淨供至中便止，過午已後共相讚佛歌詠三寶，乃至於曉。[229]

劉薩訶訓導下產生的稽胡集會時間與匈奴祖先存在明顯差異。關於匈奴之集會時間，《史記・匈奴列傳》云：

> 歲正月，諸長小會單于庭，祠。五月，大會蘢城，祭其先、天地、鬼神。秋，馬肥，大會蹛林，課校人畜計。[230]

附塞之後，南匈奴之集會時間大體不變，《後漢書・南匈奴列傳》云：

> 匈奴俗，歲有三龍祠，常以正月、五月、九月戊日祭天神。南單于既內附，兼祠漢帝，因會諸部，議國事，走馬及駱駝為樂。[231]

從匈奴舊俗正月、五月、九月之三龍祠變為四月初八大會，不能不說是傳統習俗的改變。需要注意的是，四月初八不是普通的日子，「佛以四月八日生」，[232]故為佛誕日。稽胡攜帶酒餅之習慣也當為出

---

[229] 釋道宣，《集神州三寶感通錄》，卷下，〈神僧感通錄〉「釋慧達」，頁 434-3。

[230] 司馬遷，《史記》，卷一百十，〈匈奴列傳〉，頁 2892。

[231] 范曄，《後漢書》，卷八十九，〈南匈奴列傳〉，頁 2944。

[232] 白法祖譯，《佛般泥洹經》（收入大藏經刊行會編，《大正新脩大藏經》，冊一），卷下，頁 175-3。

自佛經規範。《毘尼母經》云：

> 佛言：病者聽甕上嗅之，若差不聽嗅；若嗅不差者聽用酒洗身；
> 若復不差聽用酒和麵作酒餅食之；若復不差聽酒中自漬。[233]

這些習俗的出現當然屬於文化創新，但其背後並非憑空植入，與其說是對外族文化的移植，倒不如說是在適應入塞生活的基礎上，對匈奴舊俗的妥協與改造。酒餅的佛典本來即為出家戒律與飲酒矛盾之妥協。童丕先生（Eric Trombert）提出稽胡存在受粟特人影響種植葡萄之可能，對於山西地區的葡萄種植業、葡萄酒釀造業，稽胡可能起到了引入作用。[234]如若此說成立，則胡人聚會所使用之酒類或許並非習自漢人之糧食發酵酒，可能為西域粟特胡傳來的葡萄酒，亦屬於非漢文化因子。稽胡年中集會時間之調整也當為妥協原則下之實踐。匈奴正月大會之俗始見於西漢，而此時高緯度之草原地區已是寒風刺骨、冰天雪地，並不利於人群大規模移動。江上波夫即認為，正月之龍祠為匈奴單于效仿中原王朝正月朝會制度之產物，為其國家性質之表現。[235]如果按照此理論，當作為匈奴最高領袖的單于權威不復存在時，正月龍祠即無存在基礎。在剩下的兩次大會中，五月龍祠可能即為稽胡四月初八大會的源頭。大會時間提前的原因或與入塞後氣溫、環境、經濟的變化有關。稽胡在農業方面主要作物為粟與麻，關於這兩種作物的播種時間，《齊民要術》云：

---

[233] 失譯人名，《毘尼母經》（收入大藏經刊行會編，《大正新脩大藏經》，冊二十四），卷五，頁 825-2。

[234] 童丕撰，阿米娜譯，〈中國北方的粟特遺存——山西的葡萄種植業〉，頁 212-213。

[235] 江上波夫，《匈奴的祭祀》，收入劉俊文主編，辛德勇等譯，《日本學者研究中國史論著選譯》（北京：中華書局，1993），卷九，頁 17。

（粟）三月上旬種者為上時，四月上旬為中時，五月上旬為下
時……常記十月、十一月、十二月凍樹日種之，萬不失一……
《氾勝之書》曰：「黍者暑也，種者必待暑」。先夏至二十日，
此時有雨，彊土可種黍。

（種麻）夏至前十日為上時，至日為中時，至後十日為下時。[236]

農業之外，羊是胡人畜牧業的主要畜種，對於牧羊的關鍵年中行
事時間，《齊民要術》云：

白羊，三月得草力，毛牀動，則鉸之。五月，毛牀將落，又鉸取
之。八月初，胡菉子未成時，又鉸之……羖羊，四月末，五月初
鉸之。[237]

塞內氣候較塞外溫暖，因此年中行事可能不同於草原時間。根據
北魏之時令可以推知農曆五月時稽胡農民要忙於粟、麻播種，牧民則要
剪羊毛、閹割公羊，屬於比較繁忙的季節。因此若要其如草原時代一
樣，於五月舉行集會則必須放棄生產活動，這顯然是普通民眾難以接受
的，但是如果不舉行大會，則無法相互交流、娛樂，維持本族之特性。
因此在參照佛教文化與考慮現實生產後，作為妥協結果的四月初八大會
應運而生。不但在時間上較為接近傳統節日，而且集會時「酣飲戲樂」
的娛樂活動也為對傳統龍祠上娛樂精神之傳承，可以視為佛教理論包裝
下對傳統節日之調整性繼承。

綜上可見，稽胡、丁零並非入塞後即一蹴而就拋棄傳統習慣，而

---

[236] 賈思勰撰，繆啟愉校釋，繆桂龍參校，《齊民要術校釋》（北京：中國農業出版社，
1982），卷二，〈黍穄第四〉，頁 74-75。〈種麻第八〉，頁 86。

[237] 賈思勰撰，繆啟愉校釋，繆桂龍參校，《齊民要術校釋》，卷六，〈養羊第五十七〉，
頁 314-315。

是仍然保留了一定的草原習俗。但是丁零保存的舊習較稽胡少，因此在接受漢文化時包袱更輕。反之，稽胡濃厚的草原積習頑強地抵禦著漢文化的影響，令其在漢化道路上步履蹣跚。

另外這些不同的習俗在與異文化交流中作用也不盡相同，影響也各異。丁零人在部落組織遭到解散後，取名習慣只是無足輕重的小問題。蓄養獼猴之俗更容易轉變為馬戲雜技——耍猴，成為周邊人群喜聞樂見的娛樂方式，融洽族群關係。而母系社會殘留之重母習俗在北朝並無太多衝突之處，北朝本身即有「越來越重視母親的趨勢」，「強調母子之間的感情紐帶」。[238]在「二十四孝」、「目蓮救母」等儒、佛故事的加持下，丁零的母系社會遺俗更能與漢人的孝道觀念相合，為其融入漢人起到促進作用。

與之相反，稽胡之俗卻多與漢文化存在衝突。如其掠奴行為直接危害到漢人及其他族群的生命安全，除受到來自政府的打擊外，也必然擴大與其他族群的心理間隔。而胡中女性之婚前性自由則為傳統漢人社會所不容，被儒家視為「無夫姦」，在漢人中甚至要被追究法律責任，「徒一年半」。[239]此後雖然也有稽胡婦女以門風有禮著稱，可那已經是唐代之事，而且為上層女性。文化衝突的存在令稽胡與漢人相互接觸時，難以卸下心防去相互接受對方，遑論其文化。稽胡長期在漢化道路上彷徨不前，其主觀因素即文化衝突之負面影響。

---

[238] Mark Edward Lewis 著，李磊譯，《分裂的帝國：南北朝》（北京：中信出版社，2016），頁 184。

[239] 長孫無忌等，《唐律疏議》（北京：中華書局，1983），卷二十六，〈雜律一‧凡姦〉，頁 493。

結論　兼論漢化後續與文化遺蹤

　　魏晉時期，大量草原游牧族群在各種因素作用下入塞定居，掀起了國史上所謂的「五胡亂華」大幕。在入華之主要五胡外，尚有如丁零等其他胡族。其影響力雖然不及前五者，但也是這一幕大戲中不可或缺的配角。丁零人原本生活於貝加爾湖一帶，秦漢時被中原人認識。到漢代，丁零已分為兩支，即匈奴以北其原居地區之北丁零，以及中亞康居以北之西丁零。由於當時匈奴對西域各國之控制，因此有部分西丁零可能淪為匈奴役屬，並以部落的形式隨之東遷。由於兩漢之交匈奴內亂頻發，其對下屬部落控制力大不如前，一部分丁零人也伺機聯合其他被統治族群脫離匈奴控制，在涼州一帶駐牧，並不時與漢人發生衝突，成為漢人所謂的「貲虜」。丁零雖為貲虜的一種，但似乎保持了族群的獨立性，直到魏晉時尚有部落在河西涼州活動。另一部分丁零則繼續南下，直至今天甘肅成縣一帶。在漢末大亂中，一些丁零人可能成為地方軍閥的傭兵，或為之裹挾，東入中原。在主帥幾經轉換後，落入曹操的手中，最終在今天的太行山東麓定居，其中最重要的部分即日後躍馬黃河的翟氏部落。

　　五胡之首的草原驕子匈奴在經歷了南北匈奴分裂後，南單于附漢保塞，成為漢朝之蕃臣。漢末動亂中，南單于庭一分為二，塞上在新主死後以老王主政，其後不詳；塞內之平陽則成為入塞匈奴王庭之所在。後者在經歷與屠各等族融合後，經政府拆分以入塞匈奴五部見世。其後劉淵起兵反晉，血洗百年之恥，然而隨著石趙的興起，五部匈奴的時代終結，剩下的匈奴遺民則繼續在塞內舊地生活，與西域胡、鮮卑等不同部族融合，終於在北魏末年正式形成了新的族群——稽胡。以劉薩訶之劉師佛信仰與胡女布文化區為紐帶，新的族群分佈於呂梁山區、黃土高

原，其文化影響甚至重抵塞上。

出於增加賦稅，擴大控制戶口之考量，歷代政府都試圖控制這些山居或半山居族群，在其居住地區設置行政機構，委派官吏進行管理。當政府向其一般百姓徵收賦稅，分派徭役時，也不忘對其上層進行拉攏，以期將這些不服王化的生胡（丁零營部）教化為可以納糧服役的民戶，進而將之同化。勸課農桑、興學重教、打擊豪酋成為射向這些非漢族群的三隻箭，在一些地區也取得了一定效果。不過這種控制力的施加絕非和風細雨般的存在，而是多伴隨著腥風血雨，歷代政府無論為漢人政權還是少數族政權，都沒有將丁零、稽胡視為擁有平等地位之族群。即使中間有部分統治者改弦更張，採取溫和懷柔手段，也改變不了這些族群「戎狄小人」的被歧視地位。所以出於反抗壓迫等原因，丁零、稽胡頻頻舉事，向統治者發難，希望能改變自己的命運與地位。但由於強弱過於懸殊等原因，這些抗爭無不以失敗告終。在造成起事頻繁的諸多原因中，雖然有其傳統族群特性及領導酋長對個人利益之追求、外部力量煽動等因素，但最直接的原因應該是天災人禍下對生存權利的爭取。

為了能在武裝鬥爭中有更多籌碼應對強大的政府，丁零與稽胡嘗試了不同方式。在尋求外援的道路上，西燕、劉宋成為丁零的爭取對象，可惜效果不彰。而突厥倒是給予了稽胡實際援助，但在中原政權的強力回擊下，對大局於事無補。在內政建設上，兩族進行了不同方式之嘗試。丁零翟魏政權為維持運行，統治者採取了跨族群合作之模式，不但與漢人武裝取得聯繫，也積極爭取漢人士大夫為政權效力，其中不乏清河崔氏等高級門閥。但在後者堅持的族群優劣狹隘視角下，丁零人很難獲得漢人士族的認同，太原郝軒之所謂「鷃雀飛沉」即代表了漢人門閥之不屑態度。[1]稽胡在建政中則更傾向基於構建胡族本位政權，儘管北魏初為適應漢人盟友之加入，曾重拾匈奴先人之胡漢分治原則，但在

---

[1] 魏收，《魏書》，卷二十四，〈崔玄伯傳〉，頁 620。

與漢人關係切斷後，又重歸胡族本位，甚至走向極端排外。到北魏後期，為適應族中非匈奴系族群增多的現實，又採取調和妥協原則，創制了新的族群名稱——步落稽。不過僅憑此新族名還遠無法構築新的族群認同、整合胡區，於是宗教又成為了團結諸胡之思想武器。劉薩訶將佛教信仰帶入胡中後，佛教與匈奴舊習、西域祆教等元素結合，成為了指導起事的思想工具——胡區彌勒教。在彌勒教這一宣傳彌勒下生、解救世人的異端佛教宗派的催化下，自魏末到唐初，稽胡各部在其大旗下整合、起事，然而在自身與政府巨大的實力差距面前，即使能收到一時之效卻還是無法改變終歸失敗的命運。到唐代，稽胡的彌勒崇拜已漸漸為禪宗、淨土等其他修行簡便的佛教派別取代。宣揚反抗思想的未來佛彌勒也逐漸讓位於引導信眾來世解脫的阿彌陀佛，宗教變遷的背後實屬胡人對政府強力控制的無奈與屈服。

　　儘管兩大族群先後開啓漢化之路，但二者的歷程截然不同。雖然呂思勉先生推測漢末至唐初，由於入山居住的漢人甚多，憑藉自身文化優勢，同居之胡人為之同化，黃河流域也因此徹底開闢。[2]但實際上，稽胡的漢化過程恐非如呂老所言之同居同化。相較於丁零人的迅速融入，稽胡則出現了反覆與曲折。由於居住地理環境差異，半山居的丁零顯然更容易與外界接觸，接受漢人農耕文明影響。相比之下，稽胡所居封閉的山區、臺塬環境成為了影響其與外界交流的自然障礙。而畜牧經濟的傳統及農牧混合區的地理位置，令其在從事農業外保留了相當程度的牧獵經濟。使得胡人在與漢人農耕文化區隔外，也一定程度保留了武勇傳統，在入塞數百年後劉仁願、劉神、劉明德等胡人仍憑藉武藝精湛見用。丁零所在的河北定州相比呂梁山區、黃土高原更為富饒，對政府吸引力也更大，因此對於國家的威權與恩澤，丁零比稽胡更容易感知。

---

[2]　呂思勉，《蒿廬論學叢稿》（收入氏著，《呂思勉遺文集》，上海：華東師範大學出版社，1997，上冊），〈《史籍選文》評述・喬光烈招墾里記〉，頁 915-916。

這些因素在客觀上促進了丁零的迅速漢化。

而在主觀方面，二者相似的草原祖先背景外，更存在是否曾為草原霸主這一差別性記憶。未曾稱霸草原的丁零對被他族統治已較為熟悉，逆來順受甚至成為習慣，故心理顧慮較少。與匈奴存在直接關係的稽胡卻可能無法忘記祖先的輝煌，「胡者，天之驕子」的回憶已是其心中難以忘懷的記憶。[3]自豪的過去成為其族群記憶之潛意識，即使當匈奴記憶日漸遠去後，仍然找來了與自己毫無關係的白狄作為理想替代祖先。稽胡在本族與漢人之間砌上了一道心理防線，試圖延緩自身被融合的進程。所以幾乎在同一時期，當丁零後裔可以與漢人一起修建橋樑、施捨義田、造福鄉里時，稽胡卻總體上仍對漢人較為排斥，甚至在起事時「殺掠人吏，焚燒村落」，[4]與丁零起事時重視獲取管理人才——吏頗為不同。除州郡治所、交通幹線沿途之胡人外，直到北宋中葉，稽胡後裔的社會活動仍以本族為中心展開。

羅新先生在論及東晉南朝與南方諸蠻的互動關係時，認為對於多數蠻族而言，其被華夏政府控制越強，即越陷入沉重的徭役之中。面對這種局面，不少蠻族選擇抗拒，逃入深山，以圖躲避政府控制。對於這些族群而言，唯有「霑沐王化」與「依阻山險」兩個選擇，選擇後者往往會遭到更加猛烈的打擊，隨之而來的是更徹底的「霑沐王化」。[5]南方少數族與政府的這一尷尬關係亦可在北方山居少數族身上看到影子，實際上這一二難選擇不僅適用於當時，在近代山居族群中也存在。第七章中提到的、被稱為贊米亞的東南亞地塊之出現即「國家建設和國家擴張的結果」，居民為了逃避國家，進入山地。[6]丁零與稽胡的山居亦非出於自身喜好，同樣是逃避國家控制的結果。當平原地區或已被漢人開

3　班固，《漢書》，卷九十四上，〈匈奴傳上〉，頁 3780。

4　劉昫，《舊唐書》，卷八十三，〈程務挺傳〉，頁 2785。

5　羅新，〈王化與山險——中古早期南方諸蠻歷史命運之概觀〉，頁 14-15。

6　詹姆士・斯科特著，王曉毅譯，《逃避統治的藝術》，頁 407-413。

發，或被政府掌控時，這些族群只能進入國家控制力薄弱的山區居住。然而「任是深山更深處，也應無計避征徭」，[7]不過層層山谷的阻隔多少也推遲了政府進入的腳步。在一次次的抵抗失敗後，拒絕「王化」的胡人還是難免納入國家控制的命運。

　　需要看到的是經濟上的胡風容易消失，但心理上胡風遺存的消失卻需要時間的沖刷。丁零雖然在北魏中期後已經逐漸融合於漢人，但與後者之間可能直到隋初仍然存在一定的心理區別。隋開皇五年（西元585 年）〈七帝寺碑〉中仍有「演說軍人契心歸善，胡漢士女、邑義一千五人併心四方」之語。[8]〈七帝寺碑〉立於定縣，正好為百年前丁零活動之核心地區，「丁零盤據定縣一帶最久」。[9]其「胡漢士女」所指之「胡」除題名中之商胡何永康外，更多當指丁零後裔。陳寅恪先生亦懷疑隋末唐初的河北豪強中多有丁零遺族。[10]即使在東遷路上的滾滾黃沙早已散去，翟魏政權的金戈鐵馬業已鑄劍為犁的唐代，仍不乏入居中原的翟氏在婚姻方面對曾經是自己鄰居的粟特人存在偏好。〈康國大首領康公夫人翟氏墓誌〉云：

　　夫人翟氏，汝南上蔡郡人也。家傳軒冕之榮，門出士林之秀。曾
　　祖瓚，隋朝議郎，檢校馬邑郡司馬。[11]

　　所謂「汝南上蔡」之籍貫不過是攀附漢代名臣翟方進之詞藻，但從翟氏曾祖之經歷而言，當非較晚入華之粟特化翟氏。然而就是此等「冠冕之家」，卻能與身為酋長的粟特人結縭，與其說促使其突破胡漢

---

[7]　彭定求等，《全唐詩》，冊二十，卷六九二，杜荀鶴，〈山中寡婦〉，頁 7958。

[8]　何其章修，賈恩紱纂，《（民國）定縣志》，卷十八，〈金石篇上〉，頁 640。

[9]　何其章修，賈恩紱纂，《（民國）定縣志》，卷二，〈古蹟篇・城村〉，頁 416。

[10]　陳寅恪，〈論隋末唐初所謂「山東豪傑」〉，頁 255。

[11]　周紹良，《唐代墓誌彙編》，下冊，〈康國大首領康公夫人翟氏墓誌〉，頁 1634。

之防的是唐代社會風氣，倒不如說是其體內流淌的丁零血統與牧馬西域的那一段歷史記憶所致。[12]需要看到的是，即使在入塞丁零漢化基本完成的唐代，塞外居住的部分丁零後裔仍有強烈的非漢意識。武后時期的冠軍大將軍翟奴子自認「肅慎開家」、「桂樓疏族」。[13]其籍貫燕郡遼西正位於白狼水流域，與後燕時活動於塞外的白鹿丁零或存在關係。從其墓誌書寫來看，此部當在十六國後融入高句麗，故保持了不同於入塞同胞的心理認同。[14]

可以說丁零人在華北平原之嘯聚歷史直到近代仍是當地士紳、知識階層心中揮之不去的陰影。《（民國）定縣志》仍言：「此邦自周迄清，金革之禍世與外夷有不解之緣，白狄據土而後即以五胡丁零之患為最久」。[15]但在時間的沖刷下，這些曾經的痕跡除了文物遺址的斷壁殘垣外，其他早已化為過眼煙雲。在今天的河北正定等地，翟姓仍然是當地大姓之一，[16]然而當這些丁零後人追憶其自己祖先時，只會談及那位被冒認的漢代大臣翟方進，絲毫不會提到翟斌等丁零諸翟，而且其姓氏的讀音也從「ㄉㄧˊ」變為「ㄓㄞˊ」，[17]完全無視自己曾經的過去。丁零祖先在十六國北朝時期躍馬中原的歷史除了專家學者還有知曉外，其故地的街頭巷陌已無人記得。今天當我們談及這一歷史悠久的族群

12　翟氏與粟特康氏聯姻者尚有武后時之遷代丁零後裔洛州翟公，參見陳長安，《隋唐五代墓誌彙編・洛陽卷》，冊七，〈翟公妻康氏墓誌〉，頁210。

13　趙君平、趙文成，《秦晉豫新出墓誌蒐佚》，冊二，〈唐翟奴子墓誌〉，頁377。

14　「桂樓」即高句麗五族之一的桂婁部。高句麗盛時疆域仍未擴張至白狼水流域，翟奴子先人成為高句麗部屬或與北燕滅國後馮弘率部奔高麗有關，遼西燕郡或為祖籍，非實際出生地。

15　何其章修，賈恩紱纂，《（民國）定縣志》，卷十七，〈兵事篇〉，頁622。

16　正定縣地方誌編纂委員會編，《正定縣志》（北京：中國城市出版社，1992），頁841。

17　筆者西元2021年5月至歷史上丁零活動的大本營河北石家莊市行唐縣走訪，當地地名中仍有「南翟營」等可能與丁零有關之殘留，但「翟」已不唸ㄉㄧˊ，當地翟姓人士亦自稱姓ㄓㄞˊ。

時，喚起記憶的工具似乎也只有其塞外胞族的〈敕勒歌〉，或者納蘭性德筆下「去去丁零愁不絕，那堪客裏還傷別」的離愁別緒。[18]除了從「翟」、「鮮于」等姓氏中還能隱約窺見入塞丁零之過去外，其他已難尋蹤跡。

因為唐中葉後其他少數族群的融入，稽胡的漢化歷程一度中斷，在晚唐五代沙陀人的統治下，河東軍團中也有稽胡後裔出現。如劉訓，「隰州永和人也。出身行間，初事武皇為馬軍隊長，漸至散將」。[19]隰州永和為稽胡故地，劉訓極可能為出仕晉王李克用的稽胡後裔，從其得為馬軍隊長可知當時稽胡後人中騎射之風不衰。沙陀之外的其他勢力中也有稽胡後裔活動的痕跡。如延州高萬興、高萬金兄弟，「梁、唐之間為延州節度使」。[20]又延州劉景巖，「事高萬金為部曲，其後為丹州刺史」。[21]

此時的稽胡後裔大多如同祖先一樣崇尚武力而不似漢人尚文，故得以在五代亂局中憑軍功立足。更為家喻戶曉者當屬宋初之呼延贊家族，對於其籍貫，《宋史·呼延贊傳》謂其「并州太原人」，[22]《寰宇通志》稱其石樓忠孝村人，墓在「石樓縣西南九十里忠孝村，舊有碑」。[23]不管籍貫何處，其為稽胡後裔無疑。至今呼延贊的家族事蹟仍是民間茶餘飯後的談資，即評書藝人演繹的《呼家將》，其與《楊家將》、《岳家將》一道成為書場、廣播的寵兒，你方唱罷我登場。

不過歷史的發展總是弔詭，五代時尚為沙陀政權效力之稽胡後裔，到兩宋之交卻出現了大宋的救世之將。南宋中興四將中一半有稽胡

---

[18] 納蘭性德，《納蘭詞》（臺北：中華書局，1966），卷三，〈蝶戀花〉，頁9。

[19] 薛居正，《舊五代史》，卷六十一，〈劉訓傳〉，頁820。

[20] 薛居正，《舊五代史》，卷一百二十五，〈高允權傳〉，頁1646。

[21] 歐陽修，《新五代史》，卷四十七，〈劉景巖傳〉，頁536。

[22] 脫脫，《宋史》，卷二百七十九，〈呼延贊傳〉，頁9488。

[23] 陳循、彭時等，《寰宇通志》，〈平陽府上〉「陵墓」條，頁5971。

血統之嫌。與岳飛齊名的韓世忠在母系血統中即有稽胡，其曾祖母郝氏、祖母高氏、母賀氏，[24]三姓均為稽胡舊姓，即使是韓世忠本人也有出自匈奴破六韓氏之可能。而另一位劉光世雖然父系可能出於党項，但其曾祖母為白氏，[25]出於延州稽胡後裔之可能性較大。從祖上「胡荒」的製造者、中華文明的威脅者到宋金戰爭中華夏王朝的捍衛者，稽胡及其後人的位置變化令人頗感意外，不能不感嘆今非昔比。

不同於丁零遺蹟已難尋蹤影，在今天的山西、陝西一帶仍然保留了一些當年稽胡活動的痕跡。在呂梁山區、黃土高原的原稽胡活動中心地帶，尚有不少地名、村名來源非漢語，胡族色彩強烈。茲將其部分列表於下：

表 8-1　山、陝非漢語地名略表

地名	地點	中古漢語讀音	推測語族	拼寫	推測意思
索達干村	山西臨縣磧口鎮	sak tat gan	突厥	sart	商人、經商
赤普浪村	山西臨縣白文鎮	qiek pó lang	突厥	Çipura	海鯛
奇奇里村	山西永和縣閣底鄉	ġie ġie lí	蒙古	čečerege	顫抖的
東索基村	山西永和縣桑壁鎮	sak gi	突厥	saq	頭髮
都蘇村	山西永和縣交口鎮	tu su	突厥	tusu	益處、療效
赤奴村	山西大寧縣曲峨鎮	qiek no	蒙古	čino_α	狼
它支村	山西汾西縣勍香鎮	ta jie	突厥	taz	豹花馬、貧瘠
可也村	陝西延長縣雷赤鎮	kʰa ǐa	突厥	qala	城堡、堡壘
蘇羅村	陝西延長縣安河鎮	su la	蒙古	sumu	蘇木村鎮

---

[24] 王昶，《金石萃編》，卷一百五十，〈韓蘄王碑〉，頁 2780。

[25] 張嵲，《紫薇集》（收入《叢書集成續編》，臺北：新文豐出版公司，1989，冊一二七），卷十四，〈故曾祖母白氏可特贈吳國夫人制〉，頁 469。

表 8-1　山、陝非漢語地名略表（續）

地名	地點	中古漢語讀音	推測語族	拼寫	推測意思
窟野河	內蒙古—陝西	kʰuət jǐa	突厥	kaya	峭壁

資料來源：《臨縣志》、《永和縣志》、《大寧縣志》、《汾西縣志》、
　　　　　《延長縣志》。

圖 8-1　陝西延長縣可也村村牌樓
（筆者西元 2021 年 5 月攝於陝西延長。）

　　以上諸村名究竟為何族留下已難一一考證，不過其中一部分必與
長期在此生活的稽胡有關。陝西延長可也村即在名稱上直接對應了稽胡
語「可野」（城堡），[26] 其地與唐代雲巖縣相去不遠，後者治下曾經存

---

[26] 何星亮先生認為，「可野」源於突厥毗伽可汗碑中出現的 korɣan 一詞，參見何星亮，
　〈稽胡語若干詞試釋〉，頁 40。而據土耳其 Izmir Katip Çelebi 大學突厥語言與藝術系
　Rysbek Alimov 教授之意見，「可野」（qala）可能源於阿拉伯語，最早出現於 12 世紀
　之維吾爾語法條中，為突厥語族之阿拉伯語借詞。稽胡在隋唐之時使用該詞，除巧合

在稽胡名僧劉薩訶修行的可野寺，今天在距其不遠處尚有兩座稽胡後裔村莊——呼延村與呼家村。[27]可也村名為稽胡活動故跡無疑，只不過當筆者向當地耆老問及村名來歷時，卻被告知意為此地平安吉祥，適於生活，定居「可也」，故名曰「可也村」。[28]這顯然是漢語思維下對胡語原名望文生義的附會解釋。

圖 8-2　山西介休縣張壁古堡可汗祠供奉之可汗
（筆者西元 2021 年 5 月攝於介休。）

　　對原稽胡領袖的追憶也可能通過民間信仰的形式隱藏於呂梁山區，在今天的山西介休、中陽、石樓等地，尚保留了名曰可汗廟的民間

　　外，較為合理的解釋當與其族群融合，吸納不同族裔之詞彙有關。

[27] 可也村東北直線距離 14.5 公里處有呼延村，村南直線距離 8 公里處有呼家村。

[28] 筆者西元 2021 年 5 月 19 日赴陝西延長可也村，向村民耆老請教名稱來歷。

宮廟。對於所供奉的可汗為何人，無論是地方志還是民間傳說都未提供確切的答案。央視節目推測為劉武周，[29]張慶捷先生提出為斛律光。[30]若為前者，則難以解答為何在劉武周勢力未曾達到的石樓等地仍存在可汗祠；而張氏之說成立的重要前提為可汗祠乃符合官方奉祀精神之民間崇拜，但如果可汗祠本身即無官方背書，而為民間「淫祠」，則其說值得商榷。可汗祠的分佈地域除與張氏推測的斛律光征戰區域大致重合外，更與傳統胡區相合，又可汗之稱必然令人聯想到自稱突利可汗的隋末胡酋劉季真。在中陽、石樓等地的可汗廟殘碑上，可汗信仰已經與龍王崇拜結合，成為龍天可汗，[31]「龍」的出現似乎又對應了劉季真之父劉龍兒。參考臨縣原為紀念劉淵之「劉王溝」因口耳相傳之諧音語訛變成「龍王溝」，[32]是否可能因「劉」、「龍」發音相近而混淆？與其將可汗視為斛律光或其他單一歷史人物，倒不如換個思路，將其視為融合劉龍兒、劉季真父子數人形象在內的崇拜對象。即使在劉氏父子失敗後，其對當地胡人的影響力仍不可等閒視之，也許稽胡出於懷念父子二人（或三人）的目的，立廟奉祀之。但在成王敗寇的定律下，其廟自然不可能得到當時官方的認可。在唐太宗一紙「私家不得輒立妖神，妄設淫祀，非禮祠禱，一皆禁絕」的詔令下，[33]可汗崇拜只能在偏鄉悄悄存在。久而久之，稽胡的後人們也忘記了祖先糅合劉氏父子形象塑造的可汗本為何人，但這一曾經存在的可汗卻成為模糊的歷史記憶，至今仍在傳承。

如果查尋呂梁山區流傳的民間傳說，可以發現不少耐人尋味的元

[29] 鄭廣根、王融亮，中央10臺2011年7月5日《探索與發現‧暗道之謎》節目訪談。

[30] 張慶捷，〈可汗祠探源〉，《歷史研究》，2019年第1期，頁36-54、190。

[31] 張慶捷，〈可汗祠探源〉，頁42-46。

[32] 胡宗虞修，吳命新纂，《（民國）臨縣志》，卷十六，〈古蹟考〉，頁453。

[33] 劉昫，《舊唐書》，卷二，〈太宗紀上〉，頁31。

素存在。如臨縣民間有供奉傳說為石勒的浮濟大王，[34]有所謂石勒飲馬泉之遺蹟傳世，[35]相傳為埋葬劉曜之妹的皇姑墓直到清末民初仍「樵採者不敢犯」。[36]石勒也好，劉曜也好，其體現的均為非漢人的胡族元素，當地居民祖祖輩輩、口耳相傳的這些胡族帝王傳說或許暗示了當地百姓對於自身歷史的認同，即非漢人祖先之暗示。換言之，胡族英雄故事的流傳或隱含了當地人稽胡後裔的身份，劉石等人在傳統漢人史家的筆下只能作為《載記》之偏霸存在，不能堂堂正正進入帝王天子之《本紀》，可是對於當地居民而言，這已經足夠，至少比屢戰屢敗的稽胡更值得託附。只是劉石之匈奴五部、羯胡後裔留在當地者後世成為稽胡，村民對劉石之崇拜並不能否定其祖先曾經歷稽胡的這一演進階段。

逯耀東先生指出，即使入華邊疆民族放棄自身原有文化傳統，完全與漢人融合，其過程也往往十分艱辛。其縱然完全放棄本族文化，但仍有某些文化因子無法被融合而得保存。[37]如陳寅恪先生所言，漢語中對體力勞動者之稱呼「苦力」來自突厥語「奴」。[38]只是這留下無法融合印記的突厥語族群未必只有東、西突厥，稽胡的位置也不應被忽視，以「庫利」稱呼奴婢的稽胡等族群為今人帶來的影響或許仍在我們身邊卻未被查覺。更有可能與稽胡存在關係的遺痕也許就存在於今日的陝北，黃土高原鄉村農夫的標誌性裝扮——羊皮襖可能即承自稽胡「丈夫服皮」的傳統習慣，[39]而聞名中外的陝北民歌——信天游抑或屬於胡人遺音。據牛冬梅研究，〈匈奴歌〉、〈敕勒歌〉、古代突厥民歌和陝北

---

[34] 胡宗虞修，吳命新纂，《（民國）臨縣志》，卷九，〈山川略〉，頁 212。

[35] 胡宗虞修，吳命新纂，《（民國）臨縣志》，卷九，〈山川略〉，頁 215。

[36] 胡宗虞修，吳命新纂，《（民國）臨縣志》，卷十六，〈古蹟考〉，頁 454-455。

[37] 逯耀東，《從平城到洛陽：拓跋魏文化轉變的歷程》，頁 4。

[38] 蔡鴻生，《唐代九姓胡與突厥文化》（北京：中華書局，1998），頁 267。

[39] 杜佑撰，長澤規矩也、尾崎康校，《日本宮內廳書陵部藏北宋版通典》（上海：上海人民出版社，2008），卷一百九十七，〈邊防十三〉，頁 412。

信天游在曲體結構以及內部的韻律結構之間存在明顯的傳承關係。[40]但相比突厥、敕勒等族，稽胡在黃土高原的生活歷史更為長久，且其音樂「皆馬上樂」，[41]自然也保留了草原遺聲。今天聽到信天游那高亢嘹亮的聲韻時，難免不聯令人想起胡人的善嘯之風，後趙君主石勒倚嘯洛陽東門，[42]稽胡軍官劉明德之父且歌且嘯。[43]所以影響信天游更多的當是從塞外走來的匈奴後代——稽胡的北狄馬上樂。

在感嘆國史上漢文化對其他文化的巨大涵化力量時，我們往往忽視了其他族群即使被迫接受漢文化，也力圖保留一些原生文化傳統。而保留的程度無疑與自身文化底蘊密切相關，越是有悠久歷史與強大力量的族群後裔，其保留的遺產越是厚重，畢竟沒有多少人能藉族群融合口號自我安慰，徹底遺忘自己曾經的歷史，拋棄自身族群特有的血脈傳承、信仰文化、語言文字以迎合優勢統治族群。即使在優勢族群掌握話語權的語境下，此輩可得到大書特書，甚至被塑造為識時務之俊傑、先鋒，但在族內，迎接他們的必然是賣族求榮、數典忘祖的唾罵與「族奸」的痛斥。

雖然在所謂鼓吹民族融合的御用文人、「進步史家」眼中，對漢化持審慎甚至否定意見是後進族群抱殘守缺、落後保守的表現，堅持民俗者往往遭到站在所謂「歷史高度」的前者之口誅筆伐、冷嘲熱諷。但劉浦江先生在分析女真漢化問題時指出：

每一種民族文化都有它的生存權力和存在價值，文明和野蠻、先

---

[40] 見牛冬梅，〈陝北信天游與古代突厥民歌親緣關係之比較（上）〉，《交響（西安音樂學院學報）》，2007 年第 1 期（西安，2007.3），頁 14-20。牛冬梅，〈陝北信天游與古代突厥民歌親緣關係之比較（下）〉，《交響（西安音樂學院學報）》，2007 年第 2 期（西安，2007.06），頁 27-32。

[41] 劉昫，《舊唐書》，卷二十九，〈音樂二‧北狄之樂〉，頁 1071。

[42] 房玄齡，《晉書》，卷一百四，〈石勒載記上〉，頁 2707。

[43] 胡聘之，《山右石刻叢編》，卷八，〈劉明德墓誌〉，頁 15101。

進和落後，都不能構成一種文化必當同化於另一種文化的全部理
由。不管歷史的最終結局如何，他們為保存民族文化、維護民族
傳統所作的努力，都是值得尊敬的。[44]

　　這段話不但適用於女真，同樣也適用於面對文化危機的稽胡等
族。儘管統治階層一再標榜「脩其教，不易其俗。齊其政，不易其
宜」，[45]宣稱尊重少數族文化風習，可實際上「非我族類，其心必異」
才是不能說的祕密。故歷朝歷代的統治族群不管是鐵腕還是懷柔，其對
少數族的統治實質不過是憑藉自身權力、資源優勢實行或明或暗的族群
同化，某些政權甚至對推行強制同化無所不用其極，令人髮指。

　　可對於有著悠久歷史以及強烈自我認同的族群而言，政府這些不
得族心的同化措施必將受到頑強抵制，身體內流淌著匈奴光榮血統的稽
胡即屬此類。美國社會學家米爾頓‧M‧戈登（Milton Myron Gordon）
將族群同化概括為七個變量：文化或行為同化、結構同化、婚姻同化、
認同意識同化、態度接受同化、行為接受同化、公民同化。[46]對於稽胡
下層民眾而言，直到中唐其同化也只符合或基本符合文化或行為同化、
結構同化兩個變量，[47]其餘變量並未在族中發生廣泛影響。對同化的抵
制使得稽胡較丁零而言，在更長時間內維持了族群獨立與文化風俗，令

[44] 劉浦江，〈女真的漢化道路與大金帝國的覆亡〉，收入袁行霈主編，《國學研究：第 7
卷》（北京：北京大學出版社，2000），頁 190。

[45] 《禮記正義》（收入《十三經注疏》整理委員會，《十三經注疏》，冊十六），卷十
二，〈王制〉，頁 467。

[46] 米爾頓‧M‧戈登著，馬戎譯，《美國生活中的同化》（南京：譯林出版社，2015），
頁 65-66。

[47] 戈登將「把文化模式變為主流社會的文化模式」這一轉變稱為「文化或行為同化」，稽
胡逐漸採用漢語，主要經濟形態由半農半牧獵轉為農業，這些變化基本符合這一變量。
「在基層群體層次上」，大規模進入主流社會的「小集群、俱樂部、機構」之現象被戈
登稱為「結構同化」，由於北周以來府兵制的推行，稽胡丁壯亦被編入軍府，雖然屬於
被動納入，但也基本符合這一變量。參見米爾頓‧M‧戈登著，馬戎譯，《美國生活中
的同化》，頁 65-66。

源自草原的胡風浸染山陝山區五百餘年。

　　當丁零與稽胡最終走入漢人中後，其直接後裔保留的原文化亦不相同。在歷史傳統的作用下，舊的習俗並不會全部化為時間的灰燼，往往是以另一種形式改頭換面加以存在，在包圍自己的外族文化中頑強地留下自身印記。今天當身穿傳統羊皮襖的陝北村民吼出高亢的信天游時，儘管其本人未必知曉祖先的過去，但其身上披覆的卻是祖先遺俗，傳唱的曲調也是祖先留傳的草原遺曲，致敬的是祖先曾經的金戈鐵馬生活、天之驕子歷史，呼喚的是那一個個曾經策馬中原的族名。

參考書目

一、傳統史料

（一）正史、編年、載記

司馬遷，《史記》，北京：中華書局，1982。

班固，《漢書》，北京：中華書局，1975。

范曄，《後漢書》，北京：中華書局，1965。

陳壽，《三國志》，北京：中華書局，1959。

房玄齡，《晉書》，北京：中華書局，1974。

沈約，《宋書》，北京：中華書局，1974。

蕭子顯，《南齊書》，北京：中華書局，1972。

姚思廉，《梁書》，北京：中華書局，1973。

姚思廉，《陳書》，北京：中華書局，1972。

魏收，《魏書》，北京：中華書局，1974。

李百藥，《北齊書》，北京：中華書局，1972。

令狐德棻，《周書》，北京：中華書局，1971。

魏征，《隋書》，北京：中華書局，1973。

李延壽，《北史》，北京：中華書局，1974。

李延壽，《南史》，北京：中華書局，1974。

劉昫，《舊唐書》，北京：中華書局，1975。

歐陽修、宋祁，《新唐書》，北京：中華書局，1975。

薛居正，《舊五代史》，北京：中華書局，1976。

歐陽修，《新五代史》，北京：中華書局，1974。

脫脫，《宋史》，北京：中華書局，1985。

中央研究院歷史語言研究所校勘，《明實錄》，臺北：中研院史語所，
　　　1984。

袁宏撰，周天游校注，《後漢紀校注》，天津：天津古籍出版社，
　　　1987。

司馬光，《資治通鑑》，北京：中華書局，1956。

李燾，《續資治通鑑長編》，北京：中華書局，1992。

崔鴻撰，屠喬孫輯，《十六國春秋》，收入紀昀等總纂，臺灣商務印書
　　　館編審委員會主編，《景印文淵閣四庫全書》，臺北：臺灣商務
　　　印書館，1983，冊四六三。

（二）地理、方誌

酈道元撰，楊守敬、熊會貞疏，《水經注疏》，南京：江蘇古籍出版
　　　社，1989。

楊衒之，《洛陽伽藍記》，北京：中華書局，1983。

李吉甫，《元和郡縣圖志》，北京：中華書局，1983。

樂史，《太平寰宇記》，北京：中華書局，2007。

王存，《元豐九域志》，北京：中華書局，1984。

孛蘭肹等，《大元大一統志殘》，收入鄭振鐸輯，《玄覽堂叢書》，揚
　　　州：廣陵書社，2012，冊七。

陳循、彭時等，《寰宇通志》，收入鄭振鐸輯，《玄覽堂叢書》，揚
　　　州：廣陵書社，2012，冊七—九。

顧祖禹，《讀史方輿紀要》，北京：中華書局，2005。

穆彰阿、潘錫恩，《大清一統志》，上海：上海古籍出版社，2008。

洪亮吉，《十六國疆域志》，臺北：文海出版社，1968。

丁謙，《蓬萊軒地理學叢書》，北京：北京圖書館出版社，2008。

查郎阿等，《四川通志》，收入紀昀等總纂，臺灣商務印書館編審委員
　　　會主編，《景印文淵閣四庫全書》，臺北：臺灣商務印書館，

1983，冊五百六十。

曹樹聲，《（萬曆）平陽府志》，萬曆四十三年刻順治二年遞修本。

劉棨修、孔尚任，《（康熙）平陽府志》，收入中國科學院圖書館選
編，《稀見中國地方志彙刊》，北京：中國書店，1992。

孫和相修，戴震纂，《（乾隆）汾州府志》，收入《續修四庫全書》，
上海：上海古籍出版社，2002，冊六百九十二。

謝汝霖，《（康熙）永寧州志》，嘉慶同治間增補重印本。

袁學謨，《（雍正）石樓縣志》，鈔本缺卷以刻本配之。

李熙齡，《（道光）榆林府志》，道光二十一年刻本。

潘崒修、高照煦，《（光緒）米脂縣志》，清鈔本。

孔繁樸、高維嶽，《（光緒）綏德直隸州志》，光緒三十一年序本。

（三）金石

毛鳳枝，《關中石刻文字新編》，收入《石刻資料新編》，臺北：新文
豐出版公司，1977，冊二十二。

王昶，《金石萃編》，收入《石刻資料新編》，臺北：新文豐出版公
司，1977，冊一。

王軒，《山西碑碣志》，收入《石刻史料新編（第三輯）》，臺北：新
文豐出版公司，1986，冊三十。

吳式芬，《金石彙目分編》，收入《石刻資料新編》，臺北：新文豐出
版公司，1977，冊二十八。

周悅讓，《登州金石志》，收入《石刻史料新編（第三輯）》，臺北：
新文豐出版公司，1986，冊二十七。

胡聘之，《山右石刻叢編》，收入《石刻資料新編》，臺北：新文豐出
版公司，1977，冊二十。

張維，《隴右金石錄》，收入《石刻資料新編》，臺北：新文豐出版公
司，1977，冊二十一。

陸增祥，《八瓊室金石補正》，收入《石刻資料新編》，臺北：新文豐
　　出版公司，1977，冊六。

端方，《陶齋臧石記》，收入《石刻資料新編》，臺北：新文豐出版公
　　司，1977，冊十一。

趙明誠，《金石錄》，收入《石刻資料新編》，臺北：新文豐出版公
　　司，1977，冊十二。

羅振玉，《芒洛冢墓遺文續編》，收入《石刻資料新編》，臺北：新文
　　豐出版公司，1977，冊十一。

（四）佛藏

慧皎，《高僧傳》，北京：中華書局，1992。

釋道宣，《續高僧傳》，北京：中華書局，2014。

釋道宣，《集神州三寶感通錄》，收入大藏經刊行會編，《大正新脩大
　　藏經》，臺北：新文豐出版公司，1983，冊五十二。

釋道宣，《廣弘明集》，收入大藏經刊行會編，《大正新脩大藏經》，
　　臺北：新文豐出版公司，1983，冊五十二。

釋贊寧，《宋高僧傳》，北京：中華書局，1987。

志磐撰，釋道法校注，《佛祖統記校注》，上海：上海古籍出版社，
　　2012。

釋道世撰，周叔迦等校注，《法苑珠林校注》，北京：中華書局，
　　2003。

道原，《景德傳燈錄》，海口：海南出版社，2011。

善無畏、一行譯，《大毗盧遮那成佛神變加持經》，收入大藏經刊行會
　　編，《大正新脩大藏經》，臺北：新文豐出版公司，1983，冊十
　　八。

竺法護譯，《佛說彌勒下生經》，收入大藏經刊行會編，《大正新脩大
　　藏經》，臺北：新文豐出版公司，1983，冊十四。

澄觀，《大方廣佛華嚴經隨疏演義鈔》，收入大藏經刊行會編，《大正新脩大藏經》，臺北：新文豐出版公司，1983，冊九。

失譯人名，《別譯雜阿含經》，收入大藏經刊行會編，《大正新脩大藏經》，臺北：新文豐出版公司，1983，冊二。

竺曇無蘭譯，《迦葉赴佛般涅槃經》，收入大藏經刊行會編，《大正新脩大藏經》，臺北：新文豐出版公司，1983，冊十二。

白法祖譯，《佛般泥洹經》，收入大藏經刊行會編，《大正新脩大藏經》，臺北：新文豐出版公司，1983，冊一。

失譯人名，《毘尼母經》，收入大藏經刊行會編，《大正新脩大藏經》，臺北：新文豐出版公司，1983，冊二十四。

（五）詩文筆記

蕭統，《文選》，北京：中華書局，1974。

逯欽立，《先秦漢魏南北朝詩》，北京：中華書局，1983。

張鷟，《朝野僉載》，北京：中華書局，1979。

尉遲偓，《中朝故事》，收入紀昀等總纂，臺灣商務印書館編審委員會主編，《景印文淵閣四庫全書》，臺北：臺灣商務印書館，1983，冊一〇三五。

董誥等，《全唐文》，北京：中華書局，1983。

彭定求，《全唐詩》，北京：中華書局，1960。

杜甫撰，仇兆鰲注，《杜少陵集詳注》，上海：商務印書館，1939。

白居易，《白氏長慶集》，收入紀昀等總纂，臺灣商務印書館編審委員會主編，《景印文淵閣四庫全書》，臺北：臺灣商務印書館，1983，冊一〇八〇。

元稹，《元稹集》，北京：中華書局，2010。

李昉，《文苑英華》，北京：中華書局，1966。

李昉，《太平廣記》，北京：中華書局，1961。

沈括，《夢溪筆談校證》，上海：上海人民出版社，2011。

江復休，《醴泉筆錄》，收入《筆記小說大觀六編》，臺北：新興出版
　　有限公司，1975，冊四。

范鎮，《東齋記事》，北京：中華書局，1980。

元好問撰、施國祁注，《元遺山詩注》，臺北：中華書局，1966。

耶律鑄，《雙溪醉隱集》（收入紀昀等總纂，臺灣商務印書館編審委員
　　會主編，《景印文淵閣四庫全書》，臺北：臺灣商務印書館，
　　1983，冊一一九九。

納蘭性德，《納蘭詞》，臺北：中華書局，1966。

（六）其他

《毛詩正義》，收入《十三經注疏》整理編委會，《十三經注疏》，北
　　京：北京大學出版社，2000。

《尚書正義》，收入《十三經注疏》整理編委會，《十三經注疏》，北
　　京：北京大學出版社，2000。

《禮記正義》，收入《十三經注疏》整理委員會，《十三經注疏》，北
　　京：北京大學出版社，2000。

《春秋左傳正義》，收入《十三經注疏》整理編委會，《十三經注
　　疏》，北京：北京大學出版社，2000。

方向東，《大戴禮記彙校集解》，北京：中華書局，2008。

王欽若，《冊府元龜》，南京：鳳凰出版社，2006。

王溥，《唐會要》，上海：上海古籍出版社，2006。

王應麟，《玉海》，臺北：大化書局，1977。

史炤，《資治通鑑釋文》，臺北：臺灣商務印書館，1981。

史游撰，顏師古注，《急就篇》，收入紀昀等總纂，臺灣商務印書館編
　　審委員會主編，《景印文淵閣四庫全書》，臺北：臺灣商務印書
　　館，1983，冊二二三。

托津，《欽定大清會典圖（嘉慶朝）》，臺北：文海出版社，1992。

宋綏、宋敏求，《唐大詔令集》，北京：中華書局，2008。

李昉，《太平御覽》，北京：中華書局，1998。

杜佑，《通典》，北京：中華書局，1988。

杜佑撰，長澤規矩也、尾崎康校，《日本宮內廳書陵部藏北宋版通
　　典》，上海：上海人民出版社，2008。

杜預，《春秋釋例》，收入紀昀等總纂，臺灣商務印書館編審委員會主
　　編，《景印文淵閣四庫全書》，臺北：臺灣商務印書館，1983，
　　冊一四六。

沈欽韓，《春秋左氏傳補注》，收入《叢書集成新編》，臺北：新文豐
　　出版公司，1985，冊一○九。

周家祿，《晉書校勘記》，收入《叢書集成新編》，臺北：新文豐出版
　　公司，1985，冊六。

林寶，《元和姓纂》，北京：中華書局，1994。

長孫無忌等，《唐律疏議》，北京：中華書局，1983。

唐慎微，《證類本草》，收入紀昀等總纂，臺灣商務印書館編審委員會
　　主編，《景印文淵閣四庫全書》，臺北：臺灣商務印書館，
　　1983，冊七百四十。

袁珂校注，《山海經校注》，上海：上海古籍出版社，1980。

馬國翰，《紅藕花軒泉品》，清末刻本。

清高宗敕撰，《續通典》，臺北：臺灣商務印書館，1987。

許慎，《說文解字》，北京：中華書局，1963。

陳毅，《魏書官氏志疏證》，收入《四庫未收書輯刊（第十輯）》，北
　　京：北京出版社，2000，冊三。

賈思勰撰，繆啟愉校釋，繆桂龍參校，《齊民要術校釋》，北京：中國
　　農業出版社，1982。

歐陽詢，《藝文類聚》，上海：上海古籍出版社，1982。

鄧名世，《古今姓氏書辯證》，南昌：江西人民出版社，2006。

鄭樵，《通志》，北京：中華書局，1987。

二、近人著述

（一）專書（依姓氏筆畫為序）

乜小紅，《唐五代畜牧經濟研究》，北京：中華書局，2006。

三晉文化研究會學術部，《三晉文化研究論叢》，太原：山西人民出版社，1994。

山西省考古研究所，《三晉考古》（第四輯），上海：上海古籍出版社，2012。

山西省考古研究所，《三晉考古》（第三輯），太原：山西人民出版社，2006。

中國社會科學院民族研究所主編，《中國民族史研究》，北京：中國社會科學出版社，1987。

中國唐代學會編，《唐代研究論集》，臺北：新文豐出版公司，1992。

方山縣縣志編纂辦公室編，《方山縣志》，太原：山西人民出版社，1993。

毛陽光，《洛陽流散唐代墓誌彙編》，北京：北京圖書館出版社，2013。

毛漢光，《中國中古政治史論》，臺北：聯經出版事業股份有限公司，1990。

毛漢光，《唐代墓誌銘彙編附考》，臺北：中研院史語所，1994。

毛遠明，《漢魏六朝碑刻校注》，北京：線裝書局，2008。

王仲犖，《北周六典》，北京：中華書局，1979。

王仲犖，《北周地理志》，北京：中華書局，1980。

王其英，《武威金石錄》，蘭州：蘭州大學出版社，2001。

王其禕、周曉薇，《隋代墓誌銘彙考》，北京：線裝書局，2007。

王明珂，《羌在漢藏之間》，臺北：聯經出版有限公司，2003。

王明珂，《華夏邊緣》，北京：社會科學文獻出版社，2006。

王明珂，《游牧者的抉擇：面對漢帝國的北亞游牧部族》，臺北：聯經出版，2012。

史念海，《史念海全集》，北京：人民出版社，2013。

正定縣地方誌編纂委員會編，《正定縣志》，北京：中國城市出版社，1992。

田餘慶，《拓跋史探》，北京：生活・讀書・新知三聯書店，2003。

白翠琴，《魏晉南北朝民族史》，成都：四川人民出版社，1996。

安介生，《山西移民史》，太原：山西人民出版社，1999。

朱滸，《漢畫像胡人圖像研究》，北京：生活・讀書・新知三聯書店，2017。

何其章、賈恩紱，《（民國）定縣志》，收入《中國地方志集成》，上海：上海書店出版社，2006。

吳鋼，《全唐文補遺》，西安：三秦出版社，1998。

呂思勉，《呂思勉遺文集》，上海：華東師範大學出版社，1997。

岑仲勉，《突厥集史》，北京：中華書局，1958。

李貴龍、王建勤，《綏德漢代畫像石》，西安：陝西人民美術出版社，2001。

李學勤，《李學勤集》，哈爾濱：黑龍江教育出版社，1989。

李憑，《北朝研究存稿》，北京：商務印書館，2006。

李曉傑，《水經注校箋圖釋・渭水流域諸篇》，上海：復旦大學出版社，2017。

杜斗誠、王亨通，《炳靈寺石窟內容總錄》，蘭州：蘭州大學出版社，2006。

周一良，《魏晉南北朝史論集》，北京：北京大學出版社，1997。

周阿根，《五代墓誌彙考》，合肥：黃山書社，2011。

周偉州，《漢趙國史》，桂林：廣西師範大學出版社，2006。

周偉洲，《敕勒與柔然》，桂林：廣西師範大學出版社，2006。

周偉洲，《新出土中古有關胡族文物研究》，北京：社會科學文獻出版
　　社，2016。

周紹良，《唐代墓誌彙編》，上海：上海古籍出版社，1992。

尚剛，《隋唐五代工藝美術史》，北京：人民美術出版社，2005

延安市文物研究所編，《延安石窟碑刻題記》，西安：陝西人民出版
　　社，2020。

延安市文物編纂委員會編，《延安市文物志》，西安：陝西旅遊出版
　　社，2004。

林惠祥，《中國民族史》，臺北：臺灣商務印書館，1965。

林幹，《中國古代北方民族通論》，呼和浩特：內蒙古人民出版社，
　　2007。

林幹，《突厥與回紇史》，呼和浩特：內蒙古人民出版社，2007。

侯旭東，《五六世紀北方民眾佛教信仰：以造像記為中心的考察》，北
　　京：社會科學文獻出版社，2015。

侯旭東，《北朝村民的生活世界——朝廷、州縣與村里》，北京：商務
　　印書館，2005。

姚薇元，《北朝胡姓考》，北京：中華書局，2007。

施和金，《北齊地理志》，北京：中華書局，2008。

施瑛，《中國民族史講話》，北京：中國圖書館學會高校分會委託中獻
　　拓方電子製印公司複印，2009。

段連勤，《丁零、高車與鐵勒》，桂林：廣西師範大學出版社，2006。

段連勤，《北狄族與中山國》，桂林：廣西師範大學出版社，2007。

胡秋原，《丁零‧突厥‧回紇——其起源，其興衰，其西遷及其文化史
　　意義》，臺北：中土文化協會出版，1961。

胡慶鈞，《涼山彝族奴隸制社會形態》，北京：中國社會科學出版社，

1985。

苗威，《高句麗移民研究》，長春：吉林大學出版社，2011。

唐長孺，《山居存稿》，北京：中華書局，2011。

唐長孺，《山居存稿三編》，北京：中華書局，2011。

唐長孺，《唐長孺文存》，上海：上海古籍出版社，2006。

唐長孺，《唐長孺文集》，北京：中華書局，2011。

唐長孺，《魏晉南北朝史論叢》，北京：中華書局，2011。

孫秋雲，《文化人類學教程》，北京：北京大學出版社，2018。

翁俊雄，《唐代人口與區域經濟》，臺北：新文豐出版公司，1995。

袁行霈，《國學研究：第 7 卷》，北京：北京大學出版社，2000。

馬長壽，《北狄與匈奴》，桂林：廣西師範大學出版社，2006。

馬長壽，《氐與羌》，桂林：廣西師範大學出版社，2006。

馬長壽，《突厥人和突厥汗國》，桂林：廣西師範大學出版社，2006。

馬長壽，《烏桓與鮮卑》，桂林：廣西師範大學出版社，2006。

馬長壽，《碑銘所見前秦至隋初的關中部族》，桂林：廣西師範大學出版社，2006。

馬俊民、王世平，《唐代馬政》，臺北：五南出版有限公司，1995。

國立北平研究院史學集刊編輯委員會編，《史學集刊》，臺北：臺灣學生書局，1969。

康蘭英，《榆林碑石》，西安：三秦出版社，2003。

張小貴，《三夷教研究——林悟殊先生古稀紀念》，蘭州：蘭州大學出版社，2014。

張少志、張建國，《賀蘭山巖畫研究集萃》，銀川：寧夏人民出版社，2017。

張澤咸、朱大渭，《魏晉南北朝農民戰爭史料彙編》，北京：中華書局，1980。

陳序經，《匈奴史稿》，北京：中國人民大學出版社，2007。

陳長安，《隋唐五代墓誌彙編・洛陽卷》，天津：天津古籍出版社，
　　1991。

陳勇，《漢趙史論稿——匈奴屠各建國的政治史考察》，北京：商務印
　　書館，2009。

陳寅恪，《金明館叢稿二編》，上海：上海古籍出版社，2020。

陳寅恪，《唐代政治史述論稿》，北京：生活・讀書・新知三聯書店，
　　2009。

陳寅恪，《唐代政治史述論稿》，臺北：五南圖書出版，2020。

陳寅恪，《隋唐制度淵源略論稿》，北京：生活・讀書・新知三聯書
　　店，2009。

陳連慶，《中國古代少數民族姓氏研究——魏晉南北朝民族姓氏研
　　究》，長春：吉林文史出版社，1993。

陳登武，《從人間世到幽冥界——唐代的法制、社會與國家》，臺北：
　　五南圖書出版公司，2005。

陳菊霞，《敦煌翟氏研究》，北京：民族出版社，2012。

湯用彤，《漢魏兩晉南北朝佛教史》，北京：中華書局，1983。

童嶺，《皇帝・單于・士人——中古中國與周邊世界》，上海：中西書
　　局，2014。

舒大剛，《春秋少數民族分佈研究》，臺北：文津出版社，1994。

逯耀東，《從平城到洛陽：拓跋魏文化轉變的歷程》，臺北：東大圖書
　　股份有限公司，2001。

馮巧英、趙桂溟，《山西佛道擷存》，太原：三晉出版社，2016。

馮承鈞，《西域南海史地考證論著彙輯》，香港：中華書局香港分局，
　　1976。

黃永武，《敦煌寶藏》，臺北：新文豐出版公司，1981。

楊光輝，《漢唐封爵制度》，北京：學苑出版社，2002。

楊富學，《北國石刻與華夷史蹟》，北京：光明日報出版社，2020。

楊曾文、鎌田茂雄，《中日佛教學術會議論文集》，北京：中國社會科
　　學出版社，1997。

楊聖敏，《回紇史》，長春：吉林教育出版社，1991。

萬繩楠，《陳寅恪魏晉南北朝史講演錄》，貴陽：貴州人民出版社，
　　2007。

葛劍雄，《分裂與統一——中國歷史的啟示》，北京：中華書局，
　　2008。

鄒逸麟，《黃淮海平原歷史地理》，合肥：安徽教育出版社，1993。

鄒逸麟，《椿廬史地論稿》，天津：天津古籍出版社，2005。

榮新江，《中古中國與外來文明》，北京：生活‧讀書‧新知三聯書
　　店，2001。

榮新江，《中古中國與粟特文明》，北京：生活‧讀書‧新知三聯書
　　店，2015。

榮新江、張志清，《從撒馬爾罕到長安：粟特人在中國的文化遺蹟》，
　　北京：北京圖書館出版社，2004。

趙力光，《西安碑林博物館新藏墓誌彙編》，北京：線裝書局，2007。

趙君平、趙文成，《秦晉豫新出墓誌蒐佚》，北京：國家圖書館出版
　　社，2012。

趙超，《漢魏南北朝墓誌彙編》，天津：天津古籍出版社，2008。

趙萬里，《漢魏南北朝墓誌集釋》，收入《石刻史料新編（第三
　　輯）》，臺北：新文豐出版公司，1986。

齊運通、楊建鋒，《洛陽新獲墓誌二〇一五》，北京：中華書局，
　　2017。

劉迎勝，《元史及民族與邊疆研究集刊》（第二十二輯），上海：上海
　　古籍出版社，2010。

劉義棠，《中國邊疆民族史》，臺北：臺灣中華書局，1969。

樊錦詩、榮新江、林世田，《敦煌文獻‧考古‧藝術綜合研究：紀念向

　　達先生誕辰 110 週年國際學術研討會論文集》，北京：中華書局，
　　2011。

霍巍，《吐蕃時代考古新發現及其研究》，北京：科學出版社，2011。

繆鉞，《讀史存稿》，北京：生活・讀書・新知三聯書店，1963。

薛宗正，《突厥史》，北京：中國社會科學出版社，1992。

韓振京，《定縣地名資料彙編》，定縣：河北定縣地名辦公室，1983。

韓理洲，《全隋文補遺》，西安：三秦出版社，2004。

顏娟英，《北朝佛教石刻拓片百品》，臺北：中研院史語所，2008。

魏宏利，《北朝關中地區造像記整理與研究》，北京：中國社會科學出
　　版社，2017。

羅振玉，《增訂歷代符牌圖錄》，哈爾濱：哈爾濱出版社，2003。

羅新，《中古北族名號研究》，北京：北京大學出版社，2009。

羅新、葉煒，《新出魏晉南北朝墓誌疏證》，北京：中華書局，2005。

羅福頤，《古璽印考略》，北京：紫禁城出版社，2010。

羅豐，《絲綢之路上的考古、宗教與歷史》，北京：文物出版社，
　　2011。

羅豐、榮新江，《粟特人在中國：考古發現與出土文獻的新印證》，北
　　京：科學出版社，2016。

譚其驤，《長水集》，北京：人民出版社，2011。

嚴耕望，《中國地方行政制度史——魏晉南北朝地方行政制度》，上
　　海：上海古籍出版社，2007。

嚴耕望，《唐代交通圖考》，臺北：中研院史語所，1985。

蘇毓琦、伊承熙，《（民國）寧晉縣志》，收入《中國地方志集成》，
　　上海：上海書店出版社，2006。

（二）期刊論文（依姓氏筆畫為序）

大同市考古研究所，〈山西大同沙嶺北魏壁畫墓發掘簡報〉，《文

物》，2006 年第 10 期，頁 4-24。

山西省考古研究所、吉縣文物管理所，〈山西吉縣掛甲山摩崖造像調查簡報〉，《文物》，2010 年第 10 期，頁 40-51。

毛漢光，〈唐代軍衛與軍府之關係〉，《國立中正大學學報》（人文分冊），1994 年第五卷第 1 期，頁 111-171。

王丁，〈胡名釋例〉，京都大學人文科學研究所中國中世寫本研究班，《敦煌寫本研究年報》，2019 年第 13 號，頁 99-132。

王晶，〈論漢宋間翟氏的民族融合〉，《中國邊疆史地研究》，2015 年第 1 期，頁 104-111。

田建文，〈辨識南呂梁白狄墓〉，《中原文物》，2021 年第 1 期，頁 73-82。

田毅、王傑瑜，〈南北朝時期呂梁山區的稽胡叛亂與行政區劃變遷〉，《山西檔案》，2015 年第 6 期，頁 15-18。

白文、尹夏清，〈陝西延長的一批唐代窖藏造像碑調查〉，《文博》，2008 年第 2 期，頁 17-26。

白述禮，〈試論寧夏鹽池發現新的黃金方奇〉，《寧夏大學學報》（人文社會科學版），2007 年第 4 期，頁 82-87。

任曉霞，〈破譯鹽池古峰莊出土金版上的歷史密碼〉，《東方收藏》，2010 年第 6 期，頁 62-63。

牟發松，〈十六國北朝政區演變的背景、特徵及趨勢略論——以特殊政區為中心〉，《華中師范大學學報》（人文社會科學版），2017 年第 5 期，頁 129-136。

牟發松，〈十六國地方行政的軍政化〉，《晉陽學刊》，1985 年第 6 期，頁 39-47。

牟發松，〈北魏軍鎮起源新探〉，《社會科學》，2017 年第 11 期，頁 129-141。

何星亮，〈稽胡語若干詞試釋〉，《民族語文》，1982 年第 3 期，頁

38-42。

吳宏岐，〈「護軍」起始時間考辨〉，《中國史研究》，1997 年第 4
　　　期，頁 165-167。

李志敏，〈魏晉六朝「雜胡」之稱釋義問題〉，《民族研究》，1996
　　　年第 1 期，頁 75-83。

沙武田，〈唐、吐蕃、粟特在敦煌的互動〉，《敦煌研究》，2020 年
　　　第 3 期，頁 14-26。

周偉洲，〈論魏晉南北朝時期北方的民族融合〉，《社會科學戰線》，
　　　1990 年第 3 期，頁 161-166。

周國琴，〈十六國時期太行山區丁零翟魏政權初探〉，《內蒙古社會科
　　　學》（漢文版），2015 年 1 月，頁 54-57。

周國琴，〈淺談丁零在十六國時期北方政權博弈中的作用〉，《黑龍江
　　　民族叢刊》，2016 年第 5 期，頁 85-89。

周連寬，〈丁零的人種和語言及其與漠北諸族的關係〉，《中山大學學
　　　報》（社會科學版），1957 年第 2 期，頁 49-73。

季愛民，〈唐元和三年《先藏禪師塔銘》考釋〉，《文物》，2020 年
　　　第 2 期，頁 59-65。

尚麗新，〈從劉薩訶和番禾瑞像看中古絲路上民間佛教的變遷〉，《西
　　　南民族大學學報》（人文社會科學版），2018 年 11 期，頁 68-72。

尚麗新，〈敦煌本《劉薩訶因緣記》解讀〉，《文獻》，2007 年第 1
　　　期，頁 65-74。

尚麗新，〈劉薩訶信仰解讀——關於中古民間佛教信仰的一點探索〉，
　　　《東方叢刊》，2006 年第 3 期，頁 6-23。

林梅村，〈中國與近東文明的最初接觸——2012 年伊朗考察記之
　　　五〉，《紫禁城》，2012 年第 10 期，頁 30-41。

林梅村，〈稽胡史蹟考——太原新出隋代虞弘墓誌的幾個問題〉，《中
　　　國史研究》，2002 年第 1 期，頁 71-84。

林幹，〈稽胡（山胡）略考〉，《社會科學戰線》，1984 年第 1 期，頁 148-156。

侯旭東，〈北魏境內胡族政策初探——從《大代持節豳州刺史山公寺碑》說起〉，《中國社會科學》，2008 年第 5 期，頁 168-208。

俄玉楠，〈甘肅省博物館藏卜氏石塔圖像調查研究〉，《敦煌學輯刊》，2011 年第 4 期，頁 67-78。

段志凌、呂永前，〈唐《拓跋馱布墓誌》——党項拓跋氏源於鮮卑新證〉，《中國國家博物館館刊》，2018 年第 1 期，頁 49-56。

孫鋼，〈河北唐縣「賽思顛窟」〉，《文物春秋》，1998 年第 1 期，頁 30-33。

陝西省文物管理委員會，〈陝西省三原縣雙盛村隋李和墓清理簡報〉，《文物》，1966 年第 1 期，頁 27-42。

馬強，〈白烏二年金方奇及相關問題〉，《文物》，2015 年第 4 期，頁 91-95。

馬劍斌、彭維斌，〈讀《北魏虎符跋》箚記〉，《中國國家博物館館刊》，2013 年第 5 期，頁 59-62。

馬衡，〈北魏虎符跋〉，《考古通訊》，1956 年第 4 期，頁 76。

張金龍，〈十六國「地方」護軍制度補正〉，《西北史地》，1994 年第 4 期，頁 30-38。

張敏、楊軍，〈陝西省志丹縣永寧鎮石窟、摩崖造像調查簡報〉，《敦煌研究》，2019 年第 2 期，頁 76-84。

張慶捷，〈可汗祠探源〉，《歷史研究》，2019 年第 1 期，頁 36-54、190。

張頷，〈古代少數民族在今山西遺蹤拾遺〉，《晉陽學刊》，2009 年第 1 期，頁 122-123。

張樹彬，〈鹽池白烏二年金版「方明」說〉，《東方收藏》，2010 年第 10 期，頁 84-85。

張繼昊，〈北魏的彌勒信仰與大乘之亂〉，《食貨月刊》復刊，1986 年第 3-4 期，頁 59-79。

郭物，〈青銅鍑在歐亞大陸的初傳〉，《歐亞學刊》，1999 年第一輯，頁 122-150。

陳祚龍，〈劉薩訶研究——敦煌佛教文獻解析之一〉，《華岡佛學學報》，1973 年第三冊，頁 33-57。

程有為，〈內遷丁零與翟魏政權〉，《許昌師專學報》（社會科學版），1988 年第 4 期，頁 69-74。

程林泉、張翔宇、山下將司，〈北周康業墓誌考略〉，《文物》，2008 年第 6 期，頁 82-84。

黃敏枝，〈唐代民間的彌勒信仰及其活動〉，《大陸雜誌》，1989 年第 6 期，頁 7-19。

楊宏明，〈安塞縣出土一批佛教造像〉，《文博》，1991 年第 6 期，頁 55、61。

楊長玉，〈閒壤與閑田——唐蕃間的中立緩衝區初探〉，《西域歷史語言研究集刊》，2020 年第 1 期，頁 10-25。

楊軍、安彩虹，〈陝西延安葫蘆河水磨摩崖造像調查〉，《東方博物》，2020 年第 2 期，頁 100-109。

雷家驥，〈後趙文化適應及其兩制統治〉，《國立中正大學學報》（人文分冊），1994 年第 1 期，頁 173-231、233-235。

雷家驥，〈漢趙國策及其一國兩制下的單于體制〉，《國立中正大學學報》（人文分冊），1992 年第 1 期，頁 51-96。

靳之林，〈延安地區發現一批佛教造像碑〉，《考古與文物》，1984 年第 5 期，頁 32-45。

靳之林，〈陝北發現一批北朝石窟和摩崖造像〉，《文物》，1989 年第 4 期，頁 60-67、83。

寧夏文物考古研究所、中國社會科學院考古研究所寧夏考古組、同心縣

文物管理所，〈寧夏同心倒墩子匈奴墓地〉，《考古學報》，1988 年第 3 期，頁 333-356、377-388。

寧夏回族自治區博物館、同心縣文館所、中國社會科學院考古研究所寧夏考古組，〈寧夏同心縣倒墩子匈奴墓地發掘簡報〉，《考古》，1987 年第 1 期，頁 33-37、99。

廖幼華，〈丹州稽胡漢化之探討——歷史地理角度的研究〉，《國立中正大學學報》，1996 年第 1 期，頁 281-313。

齊東方，〈虞弘墓人獸搏鬥圖像及其文化屬性〉，《文物》，2006 年第 8 期，頁 78-84。

劉苑如，〈重繪生命地圖——聖僧劉薩訶形象的多重書寫〉，《中國文哲研究集刊》，第 34 期，頁 1-51。

樓宇烈，〈《法華經》與觀世音信仰〉，《世界宗教研究》，1998 年第 2 期，頁 64-69。

鄭慶春、王進，〈山西隰縣七里腳千佛洞石窟調查〉，《文物》，1998 年第 9 期，頁 71-80。

魯西奇，〈觀念與制度：魏晉十六國時期的「雜胡」與「雜戶」〉，《思想戰線》，2018 年第 4 期，頁 35-49。

謝劍，〈匈奴的宗教信仰及其流變〉，《歷史語言研究所集刊》，第 42 本第 4 分，頁 571-614。

羅新，〈王化與山險——中古早期南方諸蠻歷史命運之概觀〉，《歷史研究》，2009 年第 2 期，頁 4-20。

羅豐，〈北周大利稽氏墓磚〉，《考古與文物》，2003 年第 4 期，頁 68-70。

嚴耕望，〈佛藏所見之稽胡地理分佈區〉，《大陸雜誌》，1986 年第 4 期，頁 3-5。

（三）學位論文（依姓氏筆畫為序）

付堨，〈隋李和墓研究〉，北京：中央民族大學碩士論文，2013。

呂思靜，〈稽胡史研究〉，武漢：華中師範大學碩士論文，2012。

周國琴，〈十六國時期太行山區丁零翟氏研究〉，呼和浩特：內蒙古師
　　範大學碩士論文，2003。

曹麗娟，〈大同沙嶺北魏壁畫墓研究〉，北京：中央美術學院碩士論
　　文，2009。

潘豐嬌，〈山西北朝隋唐時期小型石窟的研究〉，太原：山西大學碩士
　　論文，2019。

三、漢譯著作

《法國漢學》叢書編委會編，《粟特人在中國：歷史、考古、語言的新
　　探索》，北京：中華書局，2005。

余人鈞譯註，《蒙古祕史》，石家莊：河北人民出版社，2001。

周一良著，錢文忠譯，《唐代密宗》，上海：上海遠東出版社，1996。

陳浩，《西方突厥學研究文選》，北京：商務印書館，2020。

劉俊文主編，辛德勇等譯，《日本學者研究中國史論著選譯》，北京：
　　中華書局，1993。

[日]白鳥庫吉著，傅勤家譯，《康居粟特考》，太原：山西人民出版
　　社，2015。

[日]前田正名著，李憑等譯，《平城歷史地理學研究》，上海：上海古
　　籍出版社，2012。

[日]谷川道雄著，李濟滄譯，《隋唐帝國形成史論》，上海：上海古籍
　　出版社，2004。

[日]三石善吉著，李遇玫譯，《中國的千年王國》，上海：上海三聯書
　　店，1997。

[日]仁井田陞著，栗勁等編譯，《唐令拾遺》，長春：長春出版社，

1989。

[日]石見清裕著，胡鴻譯，《唐代北方問題與國際秩序》，上海：復旦
　　大學出版社，2019。

[美]Mark Edward Lewis著，李磊譯，《分裂的帝國：南北朝》，北京：
　　中信出版社，2016。

[美]拉鐵摩爾著，唐曉峰譯，《中國的亞洲內陸邊疆》，南京：江蘇人
　　民出版社，2005。

[美]巴菲爾德著，袁劍譯，《危險的邊疆：游牧帝國與中國》，南京：
　　江蘇人民出版社，2011。

[美]班茂桑著，耿協峰譯，《唐代中國的族群認同》，北京：人民出版
　　社，2016。

[美]詹姆士‧斯科特著，王曉毅譯，《逃避統治的藝術》，北京：生
　　活‧讀書‧新知三聯書店，2020。

[美]露絲‧本尼迪克特著，王煒譯，《文化模式》，北京：社會科學文
　　獻出版社，2009。

[美]米爾頓‧M‧戈登著，馬戎譯，《美國生活中的同化》，南京：譯
　　林出版社，2015。

[加]Steven J. Heine 著，張春妹等譯，《文化心理學》，北京：中國輕
　　工業出版社，2012。

[芬]E‧A‧韋斯特馬克著，李彬等譯，《人類婚姻史》，北京：商務印
　　書館，2015。

[法]謝和耐等著，耿昇等譯，《法國學者敦煌學論文選萃》，北京：中
　　華書局，1993。

[英]巴克爾著，向達、黃靜淵譯，《韃靼千年史》，太原：山西人民出
　　版社，2015。

[英]E‧E‧埃文思‧普里查德著，褚建芳譯，《努爾人——對一個尼羅
　　特人群生活方式和政治制度的描述》，北京：商務印書館，

2014。

[英]M. Aurel Stein 著、巫新華等譯，《古代和闐——中國新疆考古發掘
　　的詳細報告》，濟南：山東人民出版社，2009。

[德]威廉·馮·洪堡特著，姚小平譯，《論人類語言結構的差異及其對
　　人類精神發展的影響》，北京：商務印書館，2008。

四、其他語言

（一）日文

石見清裕，《ソグド人墓誌研究》，東京：汲古書院，2016。

江上波夫，《エウラシア古代北方文化》，東京：山川出版社，1948。

百橋明穗、田林啓，《神異僧と美術伝播》，東京：中央公論美術出
　　版，2021。

松下憲一，《北魏胡族体制論》，札幌：北海道大学出版会，2007。

倉本尚德，《北朝佛教造像銘研究》，京都：株式會社法藏館，2016。

內田吟風，〈北朝政局に於ける鮮卑及諸北族系貴族の地位〉，《東洋
　　史研究》，1936 年第 1 期，頁 209-225。

河地重造，〈北魏王朝の成立とその性格について——徙民政策の展開
　　かり均田制へ〉，《東洋史研究》，1953 年第 5 期，頁 394-422。

護雅夫，〈二四大臣——匈奴國家の統治機構の研究〉，《史學雜
　　誌》，1971 年第 1 期，頁 43-60。

江上波夫，〈匈奴の経済活動：牧畜と掠奪の場合〉，《東洋文化研究
　　所紀要》，1956 年第 9 期，頁 45-69。

佐藤智水，〈中国における初期の「邑義」について（中）〉，龍谷大
　　学佛教文化研究所，《龍谷大学仏教文化研究所紀要》，2007 年
　　46 號，頁 181-237。

滝川正博，〈北周における「稽胡」の創設〉，《史觀》，160 期，頁
　　37-56。

（二）西文

[英]E. A. Thompson, *The Huns*, Wiley-Blackwell, 1996.

[美]Mallory, J. P., *Encyclopedia of Indo-European Culture*, Taylor & Francis, 1997.

[蘇俄]Академия Наук *СССР：Всемирная история*, ТОМ I, стр. 458, М. 1956.

[蘇俄]Леонид Романович Кызласов, *Очерки по истории Сибирии и Центральной Азии*, Изд-во Красноярского университета, 1992.

[蘇俄]Таскин В. С., Материалы по истории сюнну (по китайским источникам), Предисловие, перевод и примечания В. С. Таскина М., 1968.

Sanping Chen（陳三平）, *Multicultural China in the Early Middle Ages*, University of Pennsylvania Press, 2012.

[美]Peter A. Boodberg（卜弼德）, "Two Notes on The History of The Chinese Frontier", *Harvard Journal of Asiatic Studies*, Harvard-Yenching Institute, Nov., 1936, Vol. 1, No. 3/4, p.283-307.

[加]E. G. Pulleyblank（蒲立本）, "JI HU 稽胡：Indigenous Inhabitants of Shanbei and Western Shanxi", in E. H. Kaplan and D. W. Whisenhunt (ed.), Opuscula Altaica：Essays Presented in Honor of Henry Schwarz, Western Washington, 1994, p.499-531.

（三）少數民族語文（蒙古文）

ᠤᠴᠢᠷᠠᠯᠲᠤ，《ᠬᠦᠩᠨᠦ ᠬᠡᠯᠡᠨ ᠦ ᠰᠤᠳᠤᠯᠤᠯ》，ᠬᠦᠬᠡ ᠬᠣᠲᠠ᠄ ᠥᠪᠦᠷ ᠮᠣᠩᠭᠣᠯ ᠤᠨ ᠶᠡᠬᠡ ᠰᠤᠷᠭᠠᠭᠤᠯᠢ ᠶᠢᠨ ᠬᠡᠪᠯᠡᠯ ᠦᠨ ᠬᠣᠷᠢᠶ᠎ᠠ，2013。

（烏其拉圖，《匈奴語研究》，呼和浩特：內蒙古大學出版社，2013）

五、工具書

《羌族詞典》編委會編，《羌族詞典》，成都：巴蜀書社，2004。

中國大百科全書出版編輯部編，《中國大百科全書》，北京：中國大百
　　科全書出版社，1986。

內蒙古大學蒙古學研究院蒙古語文研究所編，《蒙漢詞典》，呼和浩
　　特：內蒙古大學出版社，1999。

方詩銘，《中國歷史紀年表》，上海：上海人民出版社，2007。

郭錫良，《漢字古音手冊》，北京：商務印書館，2015。

陳垣，《二十史朔閏表：附西曆回曆》北京：中華書局，1962。

麻赫默德・喀什噶里著，校仲彝等譯，《突厥語大辭典》，北京：民族
　　出版社，2002。

譚其驤，《中國歷史地圖集》，上海：地圖出版社，1982。

六、電子資源

中研院史語所，《漢籍全文資料庫》。

北京愛如生數字化技術研究中心，《中國基本古籍庫》。

甘肅省古籍文獻整理編譯中心，《中國金石總錄》。

劉澤民、李玉明等主編，《三晉石刻大全》。

北京籍古軒圖書數位技術公司，《中國數位方志庫》。

附錄一　丁零、稽胡活動大事記

時間 （西元）	丁零	稽胡
10	新莽始建國二年，嚴尤領烏桓、丁零兵屯代郡。	
48		建武廿四年，南匈奴附漢。
211	建安十六年，酒泉蘇衡與丁零、羌攻邊郡。	
231	太和五年，大人兒禪至幽州貢馬。	
266-289	晉初，白山（祁連山）丁令歸附。	
295		元康五年，猗盧出并州，遷雜胡北徙雲中、五原、朔方。
304		漢元熙元年，劉淵建漢（前趙）。
307		永嘉元年，劉琨上表「群胡數萬，周匝四山」，為「山胡」之名來源之一。
310		永嘉四年，猗盧、劉琨陘嶺分界，遷鮮卑、雜胡實之。
314		建興二年，溫嶠「西討山胡」，「山胡」之名首次出現。 匈奴雜胡謀叛猗盧。
316	漢麟嘉元年，翟鼠叛，為石勒所敗。	

時間（西元）	丁零	稽胡
329		後趙太和二年，匈奴前趙亡。
330	後趙建平元年，翟斌入朝石勒，封句町王。	
350	後趙永寧二年，翟鼠降燕，封歸義王。	
353		前秦皇始三年三月，劉康反於平陽；四月為苻飛平定。
354		前燕元璽三年，劉薩訶（釋慧達）出生。
365		前秦建元元年七月，匈奴劉衛辰、曹轂攻杏城。 八月，苻堅破曹轂，鄧羌擒劉衛辰。 九月，苻堅巡撫朔方胡。
367		建元三年五月，曹轂使燕。 六月（？），曹轂卒，長子曹璽受封洛川侯，居貳城西；少子曹寅為力川侯，居貳城東。
371	建元七年，苻堅徙翟斌於新安、澠池。	
384	建元十九年十二月（384年1月），翟斌反於河南。 後燕燕元元年正月（384年2月），翟斌奉慕容垂為主，封河南王。 二月，翟斌助燕攻鄴城。	建元二十年，劉薩訶出家，法名慧達。

時間 （西元）	丁零	稽胡
384	七月，翟斌謀通苻丕，與弟翟檀、翟敏為慕容垂所殺。翟真走邯鄲，敗慕容楷。 八月，翟真屯承營。 十一月，慕容農敗翟遼於魯口，遼退至無極。	
385	燕元年十二月（385年1月），慕容麟、慕容農破翟遼，遼投翟真。 燕元二年二月，慕容農、慕容麟破翟真，克承營。 三月，翟真襲中山，為慕容溫擊退。 四月，翟真屯行唐，為鮮于乞所殺。鮮于乞自立趙王，為部下所殺，翟成得立。 閏月（7月），慕容垂圍翟成於行唐。 七月，鮮于得殺翟成降燕。	
386	燕元二年正月，翟遼據黎陽。 後燕建興元年三月，泰山太守張願降翟遼。 八月，鮮于乞反，為慕容麟所擒；翟遼攻譙，為晉將朱序所敗。	
387	太元十二年（燕建興二年）正月，翟釗攻陳、穎，為朱序擊退；齊涉叛燕，得張願、翟遼響應。 四月，翟暢以高平降翟遼。 五月，後燕討翟遼，遼降。北山丁零翟遙襲中山，為慕容	

時間 （西元）	丁零	稽胡	
	宙、慕容寶所敗。 十月，翟遼叛燕，攻清河、平原。		
388	太元十三年（燕建興三年）二月，翟遼請降於燕，遭拒，自稱天王，國號魏。 五月，翟遼徙滑臺。		
389	太元十四年（燕建興四年）四月，翟遼攻滎陽。 十月，翟遼遣故堤殺燕冀州刺史王溫，謀奔西燕，為慕容農所敗。		
		後秦	北魏
390	太元十五年正月，翟遼圖洛陽，為朱序擊退。 八月，劉牢之敗翟釗於甄城，敗翟遼於滑臺。	建初五年，曹寅、土達獻馬於後秦。	
391	太元十六年（燕建興六年）十月，翟遼卒，翟釗立，攻鄴為慕容農擊退。		
392	太元十七年（燕建興七年）二月，翟都攻館陶。 三月，慕容垂攻翟釗。 四月，翟都走滑臺；翟釗求救於西燕未果。 六月，慕容垂破翟釗於黎陽，翟釗走滑臺，入白鹿山，後奔西燕。		登國六年十二月（392年1月）胡酋幡頹、業易于降魏，居馬邑。
393	後燕建興八年三月翟釗攻河南，後為西燕所殺。	建初八年夏，曹寅（曹覆寅）遭三城薛	登國八年六月，拓跋虔、庾岳破類拔部

時間 （西元）	丁零	稽胡
	干部襲擊。	劉曜，徙其於秀容。
394		登國九年八月，拓跋虔、庾岳破山胡高車門。
396		皇始元年九月，魏將奚牧俘獲燕離石護軍高秀和。
397	後燕永康二年元年三月，慕容麟奔西山，依丁零。	
398		天興元年三月，離石胡呼延鐵、西河胡張崇叛，為庾岳討平。
399	北魏天興二年三月，中山太守仇儒引丁零等為亂，為長孫肥討平 八月，西河丁零帥翟同附魏。	天興二年八月，西河胡帥護諸于附魏。
402	天興五年二月，鮮于次保與沙門張翹反於行唐。 四月，樓伏連斬鮮于次保。 十一月，莫題討翟都於壺關，翟都走林慮。	十一月，秀容胡帥劉曜叛，敗亡。
404		天賜元年正月，魏遣離石護軍劉託襲蒲子。

時間 （西元）	丁零	稽胡
408		天賜五年（秦弘始十年），魏臣賈彝為胡劫持，送於後秦。
410		弘始十二年三月，赫連勃勃遣侄羅提攻定陽，前秦戍將曹熾、曹雲、王熾佛率部內徙。
411		永興二年十二月（411 年 1 月）周觀鎮撫西河、離石山胡。
	二月，安同循行慰勞并、定二州丁零、山胡。	
413		永興五年五月，西河胡張外叛。 七月，河西胡曹龍、張大頭入蒲子，逼張外。 八月，曹龍降，斬張外。 十月，離石胡出以眷叛，引夏軍。 同月，元屈、劉潔等討吐京胡失利。
414		神瑞元年二月，西河胡曹

時間（西元）	丁零	稽胡
		成、吐京民劉初原破夏吐京護軍，擒叛胡阿度支等。 六月，河西胡劉遮、劉退孤附魏。
415	弘始十七年四月，北魏欲與秦洛陽戍守將合圖上黨反胡，未果。	神瑞二年二月，河西胡劉雲附魏。 三月，河西胡劉虎、白亞栗斯反於上黨，立白亞栗斯為單于。 四月，魏遣五將討胡，胡廢白亞栗斯，立劉虎。
416	泰常元年，翟猛雀驅吏民入白澗山起事，為冀州刺史長孫道生等平定。	永和元年六月，定陽胡叛秦，入平陽，推曹弘為大單于，攻匈奴堡。為姚懿平定，遷豪右於雍州（安定）。 九月，叔孫建等破劉虎。
417	泰常二年四月，榆山丁零翟蜀、洛支通劉裕。 十一月，長孫嵩破翟蜀等。	
418		泰常三年正月，河東胡、蜀附魏。

時間 （西元）	丁零	稽胡
420		泰常五年五月，三城胡酋王珍、曹栗與降魏晉宗室謀外叛，被殺。
409-424	明元時，并州丁零多次騷擾山東。	
427		始光四年五月，三城胡鷂子附魏。
428	神麚元年閏月（428 年 12月），定州丁零鮮于臺陽、翟喬等叛入西山。	二月，俘赫連昌，以其胡戶作胡地城。 六月，并州胡酋卜田謀反被殺，魏以王倍斤鎮慮虎撫慰餘眾。
429	神麚二年正月，鮮于臺陽等降。	
430	神麚三年，上黨丁零反，為公孫軌平定。	
430-440？		太武時，離石胡反，為周觀等平定。
432	延和元年七月，北魏發密雲丁零運攻具攻北燕。	
434		延和三年七月，拓跋熹討白龍於西河。 九月，破白龍於西河。 十月，破白龍於五原（五城？）。
435		太延元年，劉薩訶圓寂。
437		太延三年七月，長孫道生討白龍餘黨與西河。
444	太平真君五年，景穆監國，劉	六壁胡反。

時間 （西元）	丁零	稽胡
	黃為丁零護軍。	五城胡反，為源賀等平定（時在太武擊柔然、吐京之間，繫於此年）。
445		太平真君六年二月，吐京胡反，為拓跋燾鎮壓。 十一月（445 年 12 月 15 日-446年 1 月 12 日），安定諸族響應盧水胡蓋吳部將白廣平。
446	太平真君七年三月，徙定州丁零三千家於平城。	正月，吐京胡反，拓跋提、拓跋他討之不克。吐京胡曹僕渾渡河西，結連朔方胡。 二月，拓跋提、拓跋他破朔方胡，攻殺曹僕渾。
448		太平真君九年二月，徙西河、離石民五千餘家於平城。
456	太安二年二月，井陘丁零為盜，許宗之、乞伏成龍平之。	
460		和平元年二月，皮豹子討河西叛胡。 六月，叛胡歸降。
462		和平三年六月，賀略孫反於石樓，為陸真平定。
466-470中	獻文時，廣阿鎮大將韓均剿撫西山丁零。	獻文時，彭城戍胡呼延籠達謀叛未遂。
471-488中		孝文時，劉什婆掠郡縣，為穆罷平定。 河西定陽胡人渡河，魏設定陽郡。
471		延興元年十月，朔方曹平原反，破石樓。

時間（西元）	丁零	稽胡
472		延興二年正月，統萬胡北走，為韓拔攻滅。 三月，石城郡獲曹平原。
473		延興三年，李洪之討河西山胡。 降宋胡將王敕懃率軍騷擾魏邊境。
?-488		孝文時，劉升為吐京太守治胡。
496		太和二十年十月，吐京胡反，號辛支王，為元彬平定。 汾州胡去居等反，為元彬平定。 李彪慰喻汾州胡（當在此年）。
497		太和二十年閏月（497 年 1 月），元隆破汾州胡。 太和二十一年三月，離石胡降於孝文。
511		永平四年正月，汾州胡劉龍駒反，擾華州、夏州。 四月，薛和平劉龍駒。 封軌慰勞汾州山胡（當在此年）。
516-526中		孝明時，并州刺史元徽治胡。
518		神龜元年，稽胡懷化，置大斌縣。
?-518		宣武、孝明時，檀賓為西河內史治胡。
512-523		宣武、孝明時，李謀為介休縣令，平山胡。

時間 （西元）	丁零	稽胡
524		正光五年七月，呼延雄等據涼州反。 十月，源子雍招降朔方胡帥曹阿各拔、曹桑生。 源子雍鋸谷擒康維摩。
524-526		正光、孝昌之交，內附胡乞扶□、步落堅胡劉阿如擾汾、肆，稽胡始有「部落稽」之名。同時秀容胡民乞扶莫于破郡縣。
525		正光五年十二月（525 年 1 月），吐京胡薛羽反，正平、平陽山胡反，元融討之。 五城胡馮宜都、賀悅回成反。 吐京胡薛悉公、馬朏騰自立為王。 裴慶孫討吐京胡，斬郭康兒、范多。
526	孝昌二年正月，鮮于脩禮反於定州。 八月，元洪業殺鮮于脩禮降魏。	孝昌元年十二月（526 年 1 月），劉蠡升反。 孝昌二年五月，宗正珍孫討汾州胡。 山胡破西河。 王椿慰勞汾胡。
523-528 中	孝明時，山胡破介休。	
531	普泰元年，于謹破賀遂有伐於夏州。	
533？	永熙、天平時，韓軌晉州撫胡。	
534	東魏—北齊	西魏—北周—隋唐
	天平元年，堯奮為南汾州刺	

時間 （西元）	丁零	稽胡
	史，胡人憚之。	
534-537 中		永熙、大統時，楊標撫慰稽胡。
535	天平二年三月，高歡破劉蠡升。	
536	天平三年正月，西魏靈州刺史曹泥、劉豐附東魏。 九月，汾州胡王迢觸、曹貳龍反，為高歡平定，綦連猛追其餘黨至覆鉢山（疑為覆甑山）。	
537	天平四年，秀容民叛入山胡，為高市貴平定。	
539	興和元年十一月，劉貴卒。	大統五年，黑水稽胡反，為楊忠、李遠所破。
540	興和二年，晉州刺史薛脩義招降胡酋胡垂黎，置五城郡。	大統六年，李弼、宇文深破白額稽胡。
541	興和三年，高歡、斛律金破山胡。	大統七年三月，夏州刺史劉平伏反於上郡，于謹、侯莫陳崇等平之。
544	武定二年十一月，高歡討山胡。	
546	武定四年二月，山胡反，侵擾數州，為晉州刺史薛脩義平定。	
548		大統十四年，北稽胡（汾州）反，趙昶慰勞後，李弼率韓果等平之。
552	天保三年十月，北齊修築黃櫨嶺至社干戍之長城防胡。	

時間 （西元）	丁零	稽胡
553	天保四年正月，山胡圍離石，高洋討之未果。	
554	天保五年正月，高洋、斛律金、高演討胡，平石樓。	
559	天保十年，文慶安為石樓戍主。	武成元年，延州胡郝阿保、劉桑德附齊，豆盧寧平之。
560		武成二年，郝阿保部將郝狼皮叛，韓果破之。
561		保定元年，辛威討丹州反胡。 二月，韋孝寬南汾州築城防胡。 夏州總管赫連達懷柔胡民。
563	河清二年，房豹為西河太守治胡。	
564		保定四年十月，楊忠於胡中徵糧。
565		保定、天和之交，丹、綏、銀州胡與蒲川胡帥郝三郎屢反。
566		天和元年，稽胡破臨真縣。 達奚震破叛胡。
567		天和二年，白郁久同、喬是羅襲銀州，為宇文盛敗。 宇文盛破胡別帥喬三勿同。 蒲川胡帥郝三郎攻丹州，為于寔擊殺。
570		天和五年，劉雄破川路稽胡帥喬白郎、喬素勿同。
571		天和六年，郭榮於上郡、延安築五城防胡。

時間 （西元）	丁零	稽胡
573		建德二年二月，賀遂禮使齊。
576	武平七年（周建德五年）十月，胡人立劉蠡升孫劉沒鐸為帝。	
577		建德六年十一月，稽胡反，宇文憲督宇文逌、宇文盛、宇文招、宇文儉、宇文慶等軍討胡，斬劉沒鐸。
578	宣政元年九月，汾州胡帥劉受邏干反，宇文盛、高穎等討平 虞慶則為石州總管，稽胡八千戶歸化。	
579	大象元年，石州（離石）設定胡、窟胡郡。	
581	開皇元年四月，隋文帝發胡築長城，韋沖安撫之。	
583	開皇二年十二月（583 年 1 月），虞慶則屯弘化備胡。	
581-617 中	隋時，張思道祖父治定胡（或窟胡）。	
約 600	開皇末，釋法通出家，於胡區弘法。	
602	仁壽二年，西河胡遇風災，遇難。	
604	仁壽四年八月，豆盧毓遷稽胡守并州。	
612	大業八年，朝請大夫郝伏顧卒（？-612）。	
613	大業九年正月，靈武白榆妄反，號「奴賊」。	
614	大業十年五月，劉迦論據雕陰反，與胡帥劉拔真、劉鷂子通， 為屈突通平定。 十一月，離石胡劉苗王（劉龍兒）反，次年為梁德擊殺。 胡帥郝仁郎攻破汾州縣（丹州）。	
614-617 中	隋末，曇韻禪師於離石遭遇稽胡襲擊。	
615	大業十一年，劉季真、劉六兒復反，為楊子崇所彈壓。	
617	大業十三年正月，弘化胡帥劉仚成反。 離石胡再亂，七月，張綸將兵徇稽胡，克石州、文城、龍泉，	

時間 （西元）	丁零	稽胡
	劉季真降。 九月，李世民破劉鷂子於涇陽。 劉步祿據丹州。 延州臨真胡酋降唐。[1]	
618	武德元年四月，稽胡入富平，為王師仁所破；胡入宜君，為竇軌所破。 夏，馬三寶破劉拔真於北山。[2]	
619	武德二年五月，劉季真、劉六兒再叛，引劉武周兵陷石州。六兒降唐，為嵐州刺史。 十月，李琛為隰州總管，鎮撫稽胡。 十一月，徐善才長安回醴泉途中遇稽胡劫持。[3]	
620	武德三年三月，劉季真降唐，為石州總管。 四月，李世民殺劉六兒於介休，劉季真奔馬邑，為高滿政所殺。 七月，延州總管段德操破梁師都之稽胡、突厥兵。 九月，叛胡陷嵐州。	
621	武德四年正月，李建成討劉仚成。 二月，延州總管段德操敗劉仚成。 三月，李建成坑胡眾，劉仚成奔梁師都。 十一月，林州總管劉旻破劉仚成，降其部落，劉仚成逃走，後為梁師都所殺。	
622？	武德中，隰州大寧賀悅永興牛舌事件。	
623	武德六年三月，梁師都將賀遂降唐。	
唐初	卜沖為定胡縣令（具體時間不詳）。	
637-638	貞觀十一年，道宣律師入胡兩年，巡禮慧達（劉薩訶）故跡。	
644	貞觀十八年，延州胡白伏原造彌勒、阿彌陀像。	

---

[1] 或即劉步祿。

[2] 馬三寶破北山稽胡劉拔真在其授太子監門與征薛仁杲之間，故繫於此時。

[3] 當為劉仚成部。

時間 （西元）	丁零	稽胡
651	永徽二年二月，賀遂亮撰〈益州學館廟堂記〉。	
654	永徽五年，海禪師圓寂（589-654）。	
660	顯慶五年，八月，劉仁願征百濟，賀遂亮撰〈大唐平百濟國碑銘〉。 十月，延州胡劉細利造阿彌陀像。	
683	永淳二年四月，綏州白鐵余據城平反，攻綏德、大斌，為程務挺、王方翼平定。	
753？	天寶末，先藏禪師入汾曲講經。	
763	廣德元年八月，鄜、坊二州稽胡起事。	
772？	大曆中，普滿和尚入胡弘法。	
774	大曆九年四月，發稽胡兵備邊。	
790	貞元六年正月，校尉劉明德卒（725-790）。	
唐中後期	釋金和尚入胡弘法（時間不詳）。	

附錄二　金石資料中稽胡婚姻關係表

姓名	配偶			年代	發現地點	出處	備註
	姓名	關係	族裔				
白顏容	孟永興	夫	漢	西魏大統元年（535）	陝西宜君	〈福地水庫石窟造像〉	龜茲裔
張□？	曹奴？	妻？	稽胡	西魏大統十四年（548）	陝西延安	〈張迴興造像記〉	
梁俗男	王洛容	妻	屠各／羌	西魏	甘肅莊浪	〈梁俗男等造像題名〉	休屠裔
梁□	王阿妃	妻	屠各／羌	西魏	甘肅莊浪	〈梁俗男等造像題名〉	休屠裔
呼延卒□	焦故曹	夫	氐	西魏	陝西富平	〈焦延昌造像記〉	
呼延虎	焦拔拔	夫	氐	西魏	陝西富平	〈焦延昌造像記〉	
張醜奴	路女妃	妻	屠各	北周保定四年（564）	甘肅華亭	〈張醜奴造像記〉	屠各裔
劉貴（劉懿）	元氏	妻	鮮卑	東魏	河北臨漳	〈劉懿墓誌〉	
劉元孫	元氏	妻	鮮卑	東魏	河北臨漳	〈劉懿墓誌〉	
劉洪徽	高氏	妻	漢	北齊	河北臨漳	〈劉懿墓誌〉	

姓名	配偶			年代	發現地點	出處	備註
	姓名	關係	族裔				
蓋裏□	似先土□	妻	高麗	北朝	陝西黃陵	〈香坊石窟造像題名〉	盧水裔
	王阿清	妻	屠各／羌				
	王明姬	妻	屠各／羌				
蓋阿默	李女□	妻	漢	北朝	陝西黃陵	〈香坊石窟造像題名〉	盧水裔
	孟三姬	妻	漢				
白顯景	劉□	妻	稽胡	隋開皇三年（583）	陝西彬縣	〈白顯景造像記〉	龜茲裔
白洪善	蓋磨	妻	盧水	隋開皇三年（583）	陝西彬縣	〈白顯景造像記〉	龜茲裔
賀遂氏	叱奴延輝	夫	鮮卑	隋開皇十三年（593）	陝西榆林	〈叱奴延輝墓誌〉	
王洪暉	□□□	夫	不詳	隋仁壽三年（603）	陝西洛川	〈衛道進造像記〉	
呼延牒陁	劉細利	妻	稽胡	唐顯慶五年（660）	陝西安塞	〈劉細利造像記〉	
張藥師	卜氏	妻	稽胡	唐永隆二年（681）	山西鄉寧	〈張善思造像記〉	
劉保	席氏	妻	漢	唐景龍三年（709）	陝西榆林	〈劉保墓誌〉	
曹惲	賈氏	妻	漢	唐開元十四年（726）	陝西榆林	〈曹惲墓誌〉	
劉明德	高氏	妻	稽胡	唐貞元六年（790）	山西臨縣	〈劉明德墓誌〉	

後　記

　　從新冠肆虐之時博士論文開始動筆到最終書稿修改完成，前前後後也經歷了三年。臺灣海峽雖然沒有加蓋，但經歷過這幾年兩岸往返的人們肯定忘不了其中的艱難險阻、世態炎涼。一場新冠無疑給兩岸、給世界帶來了極大的衝擊與損失，但也拜新冠所賜，兩岸高昂的往返（隔離）成本令筆者不得不在這段期間放棄錄影活動，全力投入博士論文的撰寫之中。現在回想起搜集、整理史料的眼花繚亂，「疫情常態化管理」期間赴冀、山、陝等地實地考察的層層加碼，最瘋狂的全民核酸時代赴陸查找文獻的種種「奇遇」，還真是哭笑不得。

　　說來也好笑，之所以會對稽胡這個問題產生興趣竟然是源於小學時期在舊書攤上淘到的一本「閒書」，雖然書早不知去向，書名也已記不清，可是對於其中作為域外殊俗呈現的稽胡族群的記載卻至今歷歷在目。雖然以現在的知識層次知道其不過是照搬《周書・稽胡傳》，可是對於當時只是小學生的筆者而言，匈奴後裔的種種習俗卻點燃了幼小心靈中的好奇之火。

　　從小學到大學一直帶著對此族群的興趣卻長期未有深入，大四時終於以其族彌勒信仰為主題，撰寫了個人第一篇關於此族的論文，一不小心還在「上海汽車教育盃」論文大賽中意外獲得二等獎（可是獎狀十幾年前被某政法學院借走，用於學校「學風建設」評審，至今未歸還筆者）。到花蓮東華交換後，後山的山（交）水（通）田（不）園（便）令筆者倘（難）佯（以）其（北）中（上），所以利用閒暇時間又撰寫一篇關於稽胡的論文，幸蒙系刊採納。進入政大讀博後，得蒙藏會原主任祕書劉學銚教授錯愛，新撰之稽胡論文有幸為《中國邊政》收入。以此為基礎，博二在長沙嶽麓書院舉行的兩岸三地論壇中又發表了關於稽

胡之論文。

　　雖然在博論動筆之前，已撰寫多篇關於稽胡的論文，可是以現在的眼光來看，不得不說其中幼稚之處頗多，不少細節未加考訂，在此深表歉意。縱使撰寫了多篇有關稽胡的論文，可是直到新冠之前，筆者卻仍未確定畢業論文主題。一來是因為筆者長期往返兩岸參與各類綜藝攝影，無心向學；二來不經意間在 CNKI 見到呂思靜的大作〈稽胡史研究〉，自覺無力超越。於是有一段時間自暴自棄，甘於沉淪，直到無意間翻到琉球學者高良倉吉先生《琉球王國》一書的某一頁。高良先生提到史料就像樂器，不同的樂手可以吹出不同的樂曲。頓時醍醐灌頂，如夢初醒，何必拘泥於史料的相近？即使史料相同，可撰文者的視角可以不一樣。

　　於是又重新拾起史料，試著從其他方面加以解讀，又加入了同一時期的另一山居族群丁零予以對比，終於完成了論文初稿。不得不感謝那時疫情尚稱穩定，大陸上的隔離政策也未發展到去年一樣魔幻，故筆者得以在此之後赴河北、山西、陝西、內蒙、寧夏諸地實地探訪，更正了一些望文生義的淺見。在兩年間經歷了研究計劃發表、畢業論文發表等一系列程序之後，畢業論文終於完成並遞交。不過至今不明白為何原本擬訂的論文題目在計劃發表時被斃掉後，正式發表時又被要求換回被斃掉題目？而且均出自同一位學問很大的教授之強烈建議。大概是這位崇尚與時俱進，所以「髮夾彎」不是某女性領導人的專屬，不得不感嘆「南柯一夢」。

　　由於定稿上傳時間倉促，文中一些細節無法令筆者釋懷，同時也存在校對等問題。於是利用畢業到赴日間的一段賦閒時光，對一些細節進行了補強，材料及圖表重新進行了修訂，撰成書稿。感謝元華文創錯愛，令此塗鴉之作有望付梓。由於筆者之志並不在學界，資質愚鈍，故其中訛誤之處恐怕車載斗量，還望方家批判之時筆下留情。

　　在論文、書稿撰寫過程中，指導教授王德權老師、中研院張廣達

院士、原蒙藏會主任祕書劉學銚教授、國立臺灣師範大學陳登武教授、臺北市立教育大學王怡辰教授、華東師範大學牟發松教授等前輩學者在專業方面給予了大力支持，在此鞠躬感謝。由於本書涉及學門較多，筆者才疏學淺，缺乏某些方面之學術訓練，故在這些學門有向眾多專家學者請益。如南開大學江沛教授在交通史方面予以的指導，上海政法學院張可創教授在心理、社會學方面的教導，中國社科院邊疆所范恩實教授、土耳其 Izmir Katip Celebi 大學 Rysbek Alimov 教授、國立東華大學賈尚軒博士、內蒙古大學朝魯孟博士（蒙）、新疆社科院劉國俊研究員、原喬治城大學賓哲漢先生（滿）、原中央民族大學吳音萃女士（羌）、知名文史學者楊立強先生等在比較語言學方面給予的幫助，也少不了賽德克文史工作者田貴實先生（Kimi Sibal）以及走訪村莊的耆老等在民俗傳統方面予以的解答。李欣靜女士等善長仁翁的慷慨解囊也使筆者能夠完成部分田野考察，在此深表感謝。當然感謝人群中少不了ぽぽちゃん，雖然疫情三年無法赴日相見，不過每到手指痠痛之際，想想音容笑貌就多少恢復了鬥志。在此向本書撰寫過程中所有直接間接予以幫助的人士致謝：

嚴恩昊

癸卯秋寫於江戶

國家圖書館出版品預行編目(CIP) 資料

胡馬度陰山：中古華北山居族群丁零與稽胡 /
嚴昊著. -- 初版. -- 臺北市：元華文創股份有
限公司, 2024.05
面； 公分

ISBN 978-957-711-374-0 (平裝)

1.CST: 匈奴 2.CST: 民族史 3.CST: 族群問題
4.CST: 民族融合 5.CST: 中國

623.321　　　　　　　　　　　　113004726

胡馬度陰山：中古華北山居族群丁零與稽胡

嚴昊　著

發 行 人：賴洋助
出 版 者：元華文創股份有限公司
聯絡地址：100 臺北市中正區重慶南路二段 51 號 5 樓
公司地址：新竹縣竹北市台元一街 8 號 5 樓之 7
電　　話：(02) 2351-1607　　傳　　真：(02) 2351-1549
網　　址：www.eculture.com.tw
E - m a i l：service@eculture.com.tw
主　　編：李欣芳
責任編輯：陳亭瑜
行銷業務：林宜葶
出版年月：2024 年 05 月 初版
定　　價：新臺幣 600 元

ISBN：978-957-711-374-0 (平裝)

總經銷：聯合發行股份有限公司
地　址：231 新北市新店區寶橋路 235 巷 6 弄 6 號 4F
電　話：(02)2917-8022　　　　傳　真：(02)2915-6275